일본의 한국 보호국화와 강제 병합

일러두기

- 이 책의 러시아 인명은 외국어 표기법에 의거하여 표기했으나 러시아어 인명 확인이 불가능할 경우 선학들의 연구에 있는 표기를 그대로 따랐다.

일제침탈사연구총서
정치
4

일본의 한국 보호국화와 강제 병합

동북아역사재단 일제침탈사 편찬위원회 기획
김현숙·한성민 지음

동북아역사재단
NORTHEAST ASIAN HISTORY FOUNDATION

| 발간사 |

　일본이 한국을 침탈한 지 100년이 지나고 한국이 일본의 지배로부터 벗어난 지 70년이 넘었건만, 식민 지배에 대한 청산은 이루어지지 못하고 있다. 일본의 독도영유권 주장은 도를 넘어섰다. 일본은 일본군'위안부', 강제동원 등 인적 수탈의 강제성도 인정하지 않고 있다. 일본군'위안부'와 강제동원의 피해를 해결하는 방안을 놓고 한·일 간의 갈등은 최고조에 이르고 있다. 역사문제를 벗어나 무역분쟁, 안보위기 등 현실문제가 위기국면을 맞고 있다.
　한·일 간의 갈등은 식민 지배의 역사를 어떻게 볼 것인가 하는 역사인식에서 기인한다. 역사는 현재와 과거의 대화이며 이를 기반으로 미래로 나아갈 수 있다. 과거 침략의 역사를 미화하면서 평화로운 미래를 말하는 것은 불가능하다. 식민 지배와 전쟁발발의 책임을 인정하지 않고 반성하지 않으면 다시 군국주의가 부활할 수 있고 전쟁이 일어날 위험성도 배제할 수 없다. 미래지향적 한일관계를 형성하고 나아가 동아시아의 평화와 번영의 기틀을 조성하기 위해 일본은 식민 지배의 책임을 인정하고 그 청산을 위해 노력해야 할 것이다.
　식민 지배의 역사를 청산하기 위해서는 식민 지배는 어떻게 이루어졌는지 그 실상을 명확하게 규명하는 일이 긴요하다. 그동안 일본제국주의에 맞서 조국의 독립을 위해 헌신한 독립운동가들의 활동을 찾아내고 역사적으로 평가하는 일에는 상당한 성과를 거두었다. 반면 일제 식민침탈의 구체적인 실상을 규명하는 일에는 충분한 노력을 기울이지 못했다. 제국주의가 식민지를 침탈했다는 것은 너무나 당연한 사실로 여겨졌기 때문에, 굳이 식민 지배에서 비롯된 수탈과 억압, 인권유린을 낱낱이 확인할 필요가 없었는지도 모른다. 그러는 사이 일본은 식민 지배가 오히려 한국에 은혜를 베푼 것이라고 미화하고, 참혹한 인권유린을 부인하는 역사부정의 인식을 보이는 데까지 이르고 있다. 일제의 통치와 침탈 그리고 그 피해를 종합적으로 조사하고 편찬할 필요성이 여기에 있다.

일제침탈사를 체계적으로 정리하는 일은 개인이 감당하기 어렵다. 이에 우리 재단은 한국학계의 힘을 모아 일제침탈사 편찬위원회를 꾸렸다. 편찬위원회가 중심이 되어 일제의 식민지 침탈사를 정치·경제·사회·문화 모든 방면에 걸쳐 체계적으로 집대성하기로 했다. 일제 식민침탈의 실체를 파악하기 위해 2020년부터 세 가지 방면으로 사업을 추진하고 있다. 하나는 일제침탈의 실상을 구체적이고 생생한 자료를 통해서 제공하는 일로서 '일제침탈사 자료총서'로 편찬한다. 다른 하나는 이들 자료들을 바탕으로 연구한 결과물을 '일제침탈사 연구총서'로 간행한다. 그리고 연구의 결과를 대중들이 이해하기 쉽게 '일제침탈사 교양총서'를 바로알기 시리즈로 간행한다. 자료총서 100권, 연구총서 50권, 교양총서 70권을 기본 목표로 삼아 진행하고 있다.

'일제침탈사 연구총서'는 일제침탈의 실태를 정치·경제·사회·문화 분야로 대별한 뒤 50여 개 세부 주제로 구성했다. 국내외 학계 전문가들이 현재까지 축적된 연구 성과를 반영하면서 풍부한 자료를 활용하여 집필했다. 연구자뿐만 아니라 교육 현장에서도 활용되고 일반 독자들도 이해할 수 있도록 집필하기 위해 노력했다. 연구총서 시리즈가 일제침탈의 역사적 실상을 규명하고 은폐된 역사적 사실을 기억하고 왜곡된 과거사에 대한 인식을 바로 잡음으로써 역사인식의 차이로 인한 논란과 갈등을 극복하는데 기여하는 디딤돌이 되기를 바란다.

2022년
동북아역사재단 이사장

| 편찬사 |

　1945년 한국이 일제 지배로부터 해방된 지 77년의 세월이 지났다. 그럼에도 불구하고 일본 사회 일각에서는 여전히 일제의 한국 지배를 합리화하고 미화하는 주장이 나오고 있으며, 최근에는 한국 사회 일각에서도 일제 지배를 왜곡하고 옹호하는 주장이 나오고 있다. 이는 한국과 일본 사회, 한일관계와 동아시아 국제관계의 미래를 위해서도 결코 바람직하지 않은 일이다.
　이에 동북아역사재단은 일제의 한국 침략과 식민 지배에 대한 학계의 연구 성과를 총정리한 '일제침탈사 연구총서'를 발간하기로 하였다. 이에 따라 2019년 9월 학계의 전문가를 중심으로 편찬위원회를 구성하였으며, 편찬위원회는 학계의 연구 성과를 토대로 정치·경제·사회·문화 부문에서 일제의 침탈이 어떻게 이루어졌는지 정리하여 연구총서 50권을 발간하기로 하였다.
　주지하듯이 1905년 일제는 러일전쟁에서 승리한 뒤, 한국에 군대를 주둔시키면서 한국의 외교권을 빼앗고 통감부를 두어 내정에 간섭하였다. 1910년 일제는 군사력으로 한국 정부를 강압하여 마침내 한국을 강제 병합하였다. 이후 35년간 한국은 일제의 식민통치를 받았다.
　일제는 한국의 영토와 주권을 침탈하였을 뿐만 아니라, 군사력과 경찰력으로 한국을 지배하면서, 정치·경제·사회·문화의 모든 부문에서 한국인의 권리와 자유, 기회와 이익을 박탈하거나 제한하였다. 정치적으로는 군사력과 경찰력, 각종 악법을 동원하여 독립운동을 탄압하고, 한국인의 정치활동을 억압하고 참정권을 박탈하였으며, 집회와 결사의 자유를 억압하였다. 경제적으로는 일본 자본이 경제의 주도권을 장악하고, 일본인 위주의 경제정책을 수행했으며, 식량과 공업원료, 지하자원 등을 헐값으로 빼앗아 갔고, 농민과 노동자 등 대다수 한국인의 경제생활을 어렵게 하였다. 사회적으로는 한국인들을 차별적으로 대우하고, 한국인의 교육의 기회를 제한하고, 한국인으로서의 정체성을 박탈하여 결국은 일본의 2등 국민으로 만들고자 하였다. 문화적으로는 표현과 창작의 자유, 종교와 사상의 자유를 억압하고, 한글 대신 일본어를 주로 가르치고, 언론과 대중문화를 통제하였다. 중일전쟁, 아시아태평양전쟁을 도발한 뒤에는 인적·물적 자원을 전쟁에 강제동원하고, 많은 이들을 전장에 징집하여 생명까지 희생시켰다.

'일제침탈사 연구총서'는 침탈, 억압, 차별, 동화, 수탈, 통제, 동원 등의 단어로 요약되는 일제의 침략과 식민 지배의 실상과 그 기제를 명확히 밝히고자 하였다. 이를 통해 일제의 강제 병합을 정당화하거나 식민 지배를 미화하는 논리들을 비판 극복하고, 더 나아가 일제 식민 지배의 특성이 무엇이었는지, 식민통치의 부정적 유산이 해방 이후에 어떤 영향을 미쳤는지를 밝히고자 하였다.

편찬위원회는 연구총서와 함께 침탈사와 관련된 중요한 주제들에 관하여 각종 법령과 신문·잡지 기사 등 자료들을 정리하여 '일제침탈사 자료총서'도 발간하기로 하였다. 아울러 일반인과 학생들이 보다 쉽게 읽을 수 있는 '일제침탈사 교양총서'를 바로알기 시리즈로 발간하기로 하였다.

일제의 한국 침략과 식민 지배의 역사는 광복 후 서둘러 정리해 냈어야 했지만, 학계의 연구가 미흡하여 엄두를 내기 어려웠다. 이제 학계의 연구가 어느 정도 축적되어 광복 80주년을 맞기 전에 이와 같은 작업을 할 수 있게 된 것을 다행으로 생각한다. 한일 양국 국민이 과거사에 대한 올바른 역사인식을 갖고 성찰을 통해 미래를 향해 함께 나아갈 수 있기를 기대하면서 삼가 이 책들을 펴낸다.

2022년
동북아역사재단 일제침탈사 편찬위원회

차례

발간사 4
편찬사 7

서론 13
프롤로그 27

제1장 **점증하는 한반도 위기와 러일의 갈등**
    1. 러일의 팽창정책과 한반도   40
    2. 고조되는 극동 위기와 러일의 각축   64

제2장 **동맹체제와 러일전쟁의 발발**
    1. 심화하는 러일 갈등과 한국의 대응   108
    2. 러일전쟁의 발발과 전후처리   151

제3장 **통감부의 설치와 보호국체제의 성립**
    1. 을사조약의 체결과 보호권 강제   176
    2. 통감부의 설치와 보호국체제   218

제4장	**열강의 세력 재편과 일본의 국권 침탈 강화**	
	1. 제2회 헤이그만국평화회의와 열강의 세력 재편	246
	2. 제3차 한일협약 체결과 일본의 국권 침탈 확대	261

제5장	**일본의 한국 강제 병합**	
	1. 일본정부의 '한국병합' 방침 확정과 동아시아 국제관계	292
	2. '한국병합' 실행	349

결론   421

보론: '한국병합'의 불법·무효성   427

부록 439

참고문헌 459

찾아보기 470

서론

러일전쟁부터 한국병합에 이르는 시기는 제국주의 국가 간의 식민지 쟁탈전이 최고조에 이른 시기였다. 한국 보호국화, 나아가 병합의 단서가 되었던 러일전쟁도 일본과 러시아가 한반도와 만주를 대상으로 벌인 양국 간의 식민지 각축전으로 규정할 수 있다. 당사자인 한국의 관점에서 볼 때 러일전쟁은 침략국인 일본이 한반도를 불법 점령하고 전쟁터로 만들었을뿐더러, 대한제국의 멸망으로 이어지는 전쟁이었다. 이에 한국 국민은 일본의 침략에 맞서 불굴의 저항과 항일투쟁을 벌이기 시작했다.[1]

한편 20세기 초 제국주의 시대 국제관계의 층위에서 살펴볼 때, 이 전쟁의 이면에는 해양세력인 영국과 대륙세력인 러시아 간의 패권 대결이라는 구도가 작동하고 있었다. 또 하나의 그레이트 게임(Great Game)[2]이었고, 영국과 러시아를 중심으로 한 각각의 동맹관계가 복합적으로 작용한 결과이기도 했다. 이 전쟁은 영국과 미국 등 해양세력을 대표한 일본과, 프랑스·독일 등 대륙세력을 대표한 러시아가 직접 당사자였으며, 영국과 독일, 프랑스는 무기, 자금, 연료, 교통로, 정보 등에서 일정 부분 개입했기 때문에 제0차 세계대전이라고 보기도 한다.[3] 러일전쟁은 동아시아 및 세계체제에 일대 변혁을 초래한 사건이고 제1차 세계대전으로 이어지는 전쟁이었다.

---

1   대한제국 선포(1897.10.12) 이전은 '조선'으로 표기해야 하지만, 이 책에서 다루는 시기가 대체로 1897년 이후이므로 '한국'으로 표기했다. 그러나 시기적이나 문맥적으로 조선이 적당할 때는 '조선'으로 표기했음을 알려 둔다.
2   피터 홉커크 지음, 정영목 옮김, 2008, 『그레이트 게임』, 사계절.
3   이주천, 2014, 「러일전쟁 110주년을 기념하여: 과거 10년 동안 연구 동향을 중심으로」, 『서양사학연구』 33; 김석구, 2019, 『제0차 세계대전 러일전쟁의 기원』, 아이워크북.

한국의 보호국화와 '병합'도 세계사적인 흐름 속에서 진행된 것이었다. 러일전쟁과 1905년 '포츠머스조약(Treaty of Portsmouth)'을 전후로 일본은 열강의 반응과 국제관계를 주시하며 신중한 태도를 취하였고, 한국 보호국화에 대해 그들의 동의를 이끌어 냈다. 바로 1895년 삼국간섭의 학습효과였다. 이렇듯 일본의 한국 식민화 과정은 결코 일본의 침략과 한국의 저항이라는 한일관계의 구도만으로 설명할 수 없다. 일본에 의한 한국 강점의 역사적 성격을 충분히 해명하지 못할 뿐만 아니라, 한국은 군사 강국인 제국주의 일본에 대항하기에 불가항력이었다는 결론을 도출하게 한다.[4] 이와 같은 관점으로는 러일전쟁 이후 한국에 대한 직접적인 경쟁자가 사라진 상황에서 왜 일본은 한국 강점까지 5년이라는 시간이 필요했는지, 왜 영국, 미국, 러시아와 추가적인 협상이 필요했는지 설명할 수 없다. 한국에 이해관계를 가지고 있던 열강은 왜 개입하지 않았는지, 일본이 한국을 강점할 필연성이 있었는지 등 다양한 의문점을 해소할 수도 없다. 따라서 보호국화와 병합 문제는 한국과 일본이라는 양국 구도 외에 세계사적인 시야가 필요한 분야이다. 이 책은 동아시아 국제관계의 변동 속에서 일본의 한국 침탈과정을 심도 있게 규명하여 20세기 초 보호국화와 강제 병합으로 나아가는 원인과 과정 그리고 결과를 입체적으로 이해하는 데 기여하고자 한다.

이 책은 '일본의 한국 보호국화와 강제 병합'을 다루고 있다. 주제의 엄중함이 대변하듯이, 이와 관련하여 한국 및 일본, 그리고 서구 학계에서 장기간 많은 연구가 축적되었다. 기존의 한국의 보호국화와 병합 연

---

4 본 장의 문제의식은 공동집필자인 한성민의 2021, 『일본의 '韓國倂合' 과정 연구』, 경인문화사의 서론을 참고하였음을 밝혀 둔다.

구는 일본의 주도면밀한 침략정책과 불법적이고 약탈적인 침략성 및 부당성을 강조하였다. 아울러 이에 따른 한국인의 불굴의 저항이라는 한일관계사의 측면으로 분석을 진행했다.[5] 반면 일본 및 서구 학계의 연구는 독립된 주권과 통치체계를 가지고 있는 하나의 국가를 다른 국가의 통치체계로 흡수하는 거대한 사건을 단순화시켜 파악하는 동시에 '병합'의 대상인 한국이라는 국가를 러일전쟁의 전리품으로만 취급하는 한계를 보였다.

나아가 한국의 보호국화와 병합을 다룰 때 근대 중심주의 혹은 서구 중심주의 시각을 기저에 깔고 연구하는 경향도 농후하다. 이 경우 고종을 위시한 국제정세에 어두운 집권세력들이 '나라를 망쳤다"고 단죄하는 경향이 있었다. 물론 고종은 최고 권력자로서 망국의 책임에서 자유로울 수 없다. 그러나 한국 고유의 정치구조와 사회의 작동원리를 고려하지 않은 접근 방식은 정부 정책결정자들의 대내외적 정책이나 정치적 사건들을 지나치게 단편적으로 그리고 서구의 근대 지식체계에 맞추어 판단하고 기술하게 하였다.[6] 한국의 보호국화와 병합의 일차적이고 주요

---

[5] 윤병석 외, 1999, 『한국사: 대한제국』, 국사편찬위원회; 한명근, 2002, 『한말 한일합방론 연구』, 국학자료원; 현광호, 2007, 『대한제국과 러시아 그리고 일본』, 선인; 김혜정 외, 2009, 『통감부 설치와 한국 식민지화』, 독립기념관 한국독립운동사연구소; 서영희, 2012, 『일제 침략과 대한제국의 종말』, 역사비평사.

[6] 강진아, 2008, 「동아시아로 다시 쓴 세계사-포머란츠와 캘리포니아 학파」, 『역사비평』 82; 강상규, 2013, 『조선정치사의 발견』, 창비, 38쪽; 미야지마 히로시·배항섭 엮음, 2015, 『동아시아는 몇 시인가?』, 너머북스, 36-93쪽. 근대 중심주의가 '전근대와 근대 사이의 연속성'을 간과하고 근본적으로 다르다고 믿게 만듦으로써 전근대와 근대역사를 왜곡시킨다는 점을 지적한 벤틀리(J. H. Bently)의 날카로운 지적이 있다. 이에 서구 관점 혹은 현재의 관점으로 보았을 때 이해하기 어려웠던 19세기 조선 정치가들의 행위와 외교적 결정들을 재확인해 보는 작업이 필요하다.

한 책임은 분명히 침략자인 일본에 있다. 그러나 그것을 가능케 한 한국 내부 측의 구조와 부실한 대응도 지적하되, 이를 한국사적인 맥락에서 이해하고 확인하는 작업도 필요하다.

이 책에서 다루는 러일전쟁과 을사조약, 동아시아의 국제관계, 일본의 한국 침략정책과 '한국병합'에 대한 국제법적 검토 등의 주제와 관련하여 양적·질적인 연구가 상당히 축적되어 있다. 그중 일부 주제와 관련해서는 한국학계와 일본학계가 첨예하게 대립하고 있다. 또 기존 연구는 대상 국가별·분야별로 진행되었기 때문에 이를 아우르는 거시적 관점과 유기적 종합이 필요하다. 특히 세계사적 변동과 연동하여 일본의 한국 침탈을 타 지역과 비교·분석한 연구는 이제 시작 단계라 할 수 있다.

을사조약과 관련된 연구는 1990년대를 기준으로 나누어 볼 수 있다. 1990년대 이전에는 을사조약 그 자체를 본격적인 연구 대상으로 하기보다는 일본 제국주의의 팽창, 한국 침략과 그에 반대한 한국 측의 대응을 밝히려는 연구나,[7] 동아시아에서의 제국주의 열강의 동향을 검토하는 과정에서 부분적으로 다룬 정도이다.[8] 1990년대 이후 을사조약에 대한 연구가 본격화되었다. 주요 쟁점은 을사조약의 불법성 및 합법성 문제였다. 이 문제는 이후 '한국병합'의 불법성과 합법성 문제로 이어졌다. 한국의 학자들과 진보적인 일본의 학자들은 을사조약의 불법성 및 불성

---

[7] 최영희, 1968, 「을사조약을 전후한 한국민의 항일투쟁」, 『사총』 12·13합집; 정원옥, 1969, 「1904·5년 일제의 대한외교정책」, 『사학연구』 21; 山邊健太郎, 1966, 『日韓併合小史』, 岩波書店.

[8] 吉田和起, 1966, 「日本帝國主義の朝鮮併合-國際關係を中心に」, 『朝鮮史硏究會論文集』 2, 朝鮮史硏究會; 田中愼一, 1976, 「保護國問題-有賀長雄·立作太郎の保護國論爭」, 『社會科學硏究』 28-2, 東京大學校; 최문형, 1979, 『열강의 동아시아 정책』, 일조각.

립을 주장했고, 여타의 일본학자들은 침략성은 인정하면서도 국제법상의 시제법을 이용하여 당시의 국제법에서는 합법임을 주장하였다.[9]

러일전쟁 이후 동북아시아 국제관계에 관한 연구는 미시적 관점에서 러일협상, 영러협상, 불일협상의 체결 배경, 미일관계를 분석하는 방식으로 이루어졌다.[10] 한국학계에서는 일본의 한국 침탈과 관련하여 러일전쟁과 1907년의 중요성을 강조한다. 하지만 당시의 한일관계와 러시아의 외교혁명 및 '4국 앙탕트체제'가 구체적으로 어떠한 관련성을 맺는가, 그리고 이러한 국제관계의 변화가 일본의 한국 침탈과 구체적으로 어떻게 연결되는가에 대한 분석은 미진한 형편이다. 예를 들면 영러협상은 유럽의 두 강대국이 대립의 관계를 청산한 것이지만, 그 이면에는 한국의 문호개방을 야기한 국제적 계기로서 청국과 러시아의 국경 분쟁, 영국의 거문도 점령의 명분이 된 아프가니스탄 문제에 대한 합의가 포함되어 있었다. 즉, 일본의 한국 보호국화와 한국의 저항, 그리고 러시아의 외교혁명과 유럽의 세력 재편 사이에는 한일관계는 물론이거니와 당시 동북아시아 국제정세의 변화 및 유럽 국가 간의 외교적 관계가 복합적으로 투영되어 있었다. 이러한 거시적 관점의 국제관계에서 일본의 한국 침탈과정을 새로이 설명해야 할 것이다.

---

[9] 한성민, 2021, 앞의 책, 28-33쪽.

[10] 석화정, 2004, 「러일협약과 일본의 한국병합」, 『역사학보』 184; 김보연, 2005, 「1902년 제1차 영일동맹 체결 원인과 의미」, 『세계정치』 3; 최덕규, 2006, 「이즈볼스키의 '외교혁명'과 러시아의 동아시아정책(1905~1910)」, 『동북아역사논총』 9; 김원수, 2010, 「4국협조체제와 한일병합의 국제관계, 1907~1912」, 『동북아역사논총』 26; 최문형, 2001, 『한국을 둘러싼 제국주의 열강의 각축』, 지식산업사; 최문형, 2004, 『국제관계로 본 러일전쟁과 한국병합』, 지식산업사; 최문형, 2007, 『러시아의 남하와 일본의 한국 침략』, 지식산업사; 김원수, 2016, 『헤이그 만국평화회의 특사외교와 국제관계』, 독립기념관 한국독립운동사연구소.

한편 '한국병합'에 대한 연구 쟁점 중 하나는 '병합'의 추진 주체에 관한 것으로 일본정부 주도론과 민간 우익단체 주도론으로 대별된다. '한국병합'에 대한 한 연구에 따르면 '한국병합'은 일본이 열강으로부터 한국에 대한 '보호, 지도 및 감독'의 권리를 인정받은 '을사조약' 이래 예정된 수순대로 침략을 강화한 결과라고 한다.[11] 이 연구는 한국에 가중되는 일본의 침략을 시계열로 정리하는 데 유효하며 이후 연구에 많은 시사점을 주었다. 하지만 일본의 침략정책을 결과론적으로 분석하여 '한국병합'의 과정을 너무나 단순화시킨 한계가 있다. 이에 대해 다른 연구에서는 일본의 한국정책은 계속적으로 열강으로부터 규제받았고, 일본 정치세력들 간의 경쟁과 대립으로 '한국병합'은 결코 쉽지 않은 문제였다고 지적한다. 특히 직접적인 '병합안'에 대해서는 한국에 온건정책을 폈던 이토 히로부미(伊藤博文) 중심의 문관파와 강경책을 편 야마가타 아리토모(山県有朋) 중심의 무관파 사이에 경쟁과 이견이 있었다. 그러다 이토의 사망으로 인해 무관파의 주장이 반영된 결과라고 파악하였다.[12] 그러나 문관파와 무관파라는 이분법적인 구분이 타당한가의 문제가 있으며, 일본 국내정치에서의 경쟁과 대립이 한국정책 및 열강과의 관계에서도 동일한 양상으로 나타났는지도 의문의 여지가 있다.

'한국병합'에 대한 또 다른 쟁점은 '한국병합에 관한 조약'의 형식적·절차적 측면에서의 불법성 또는 합법성의 문제이다. 한국 쪽에서는 이태진, 일본 쪽에서는 운노 후쿠쥬(海野福壽)의 연구가 대표적이다.[13] 이

---

11 山邊健太郎, 1966, 앞의 책.
12 森山茂德, 1987, 『近代日韓關係史研究』, 東京大學出版會.
13 당시 『世界』(岩波書店)의 지면을 통해 전개된 한일 간의 논쟁은 이태진 편, 2001, 『한국병합, 성립하지 않았다』, 태학사; 이태진, 2003, 『한국병합의 불법성 연구』, 서

태진은 당시의 국제법을 이용하여 '한국병합에 관한 조약'의 불법성을 증명하고자 하였다. 국가 대표를 강박하여 체결한 '을사조약'이 불법이기 때문에 이를 전제로 성립한 '한국병합'도 불법이라는 논리에 기초하고 있다. 이에 대해 운노는 일본의 '한국병합'을 지배의 유효성이란 측면에서 현재의 관점에서는 부당하지만, 당시에는 합법이었다고 주장하였다.[14] 이는 현재까지 '한국병합'에 대한 주요 연구 쟁점이 되고 있는데, 상당히 우려스러운 점이 있다. 당시의 국제법으로 '한국병합'이 불법이었음을 입증하는 것은 일본의 침략성을 명백히 밝힌다는 점에서 매우 중요한 문제이다. 그런데 만약 '한국병합'이 당시의 국제법에서는 합법이었다는 결론이 나오면, 일본의 명백한 침략행위에 대해 더 이상의 책임 추궁은 무의미해지고, 단지 도덕성의 문제로 귀결된다. 그럴 경우 한국은 이를 인정할 수 있는가라는 문제가 있다. 또한 이 과정에서 불법 또는 합법에 대한 기준을 국제법에 절대적으로 의지하고 있다는 것도 우려스러운 점이다. 당시의 국제법은 제국주의 열강이 그들의 이해관계를 조정하고, 이익을 대변하기 위해 만든 법규라고 할 수 있다. 즉 제국주의 열강의 침략성을 전제로 형성된 것이다. 이것에 절대적으로 의지하는 것은 궁극적으로 제국주의의 침략을 정당화하고, 이를 묵인하는 결과가 된다. 무엇보다도 기존의 연구 경향은 당시의 국제질서와 한국의 상황 및 일본 내부의 조응 관계에서 형성된 일본의 실질적인 '한국병합' 정책의 진행 과정을 제대로 파악하지 못했다는 점이 가장 큰 한계로 지적

울대학교출판부; 이태진·사사가와 노리가츠 공편, 2009, 『한국병합과 현대』, 태학사에 정리되어 있다.

14 海野福壽, 2001, 『韓國併合史の研究』, 岩波書店(운노 후쿠쥬 지음, 정재정 옮김, 2008, 『한국 병합사 연구』, 논형); 海野福水, 2004, 『伊藤博文と韓國併合』, 靑木書店.

된다.

　이상과 같이 한국병합에 대해서 많은 연구가 진행되었고, 그 대부분은 일제의 침략을 비판하는 관점에서 서술되었다. 하지만 실제로 일본이 어떠한 준비와 과정을 통해 국권을 강탈했는가에 대한 연구는 상대적으로 많지 않다. 대체로 전반적인 일본의 침략론 또는 침략정책에 관한 연구이거나, 한국 관련 주요 인물들의 한국인식 또는 대한정책, 일본의 한국 침략과 관련한 국제관계의 변화와 열강의 대립 등의 측면에서 진행되어 왔다. 그 결과 일본에 의해 주도면밀하게 준비되고 실행된 '한국병합'에 대한 전문적인 연구를 찾아보는 것은 쉽지 않다. 그러나 최근 국제관계 속에서 일본 측 실무자들의 병합과정과 준비를 치밀하게 분석한 연구가 출판되어 주목할 만하다.[15]

　이 책에서는 러일전쟁 전후 국제관계의 변화를 토대로 일본의 한국 침탈과정을 고찰할 것이다. 이는 일본정부가 일본사회의 지지를 기반으로 한국과 일본의 국내외적 환경을 고려하여 '한국의 보호국화와 병합'을 중요한 국가정책으로 설정하고, 이를 조직적으로 추진했음을 입증하는 과정이 될 것이다.

　마지막으로 이 책에서 사용하고 있는 '한국병합'이라는 용어에 대해 설명하고자 한다. 한국의 국권이 일본에 강탈된 사건을 일반적으로 '한일합방', '한일병합', '강점', '병탄' 등의 용어를 사용하여 왔다. '합방'이나 '병합'은 두 나라가 '대등하게' 또는 '합의하여' 하나의 나라로 합친다는 뉘앙스를 주고 있으며, '강점', '병탄'이라는 용어는 일본 군사력에 의한 강제 점령을 강조한 것이다. 일제의 한국 침탈은 '강점'이 사실이지만

15　한성민, 2021, 『일본의 '韓國倂合' 과정 연구』, 경인문화사.

식민지배 전 기간을 아우르는 개념으로 확대 적용할 때 등장하는 문제와 침략과정에서 협조한 친일파들의 행위를 간과할 수 있다는 단점이 있다. 한편 '병합'이라는 용어는 한국의 국권을 침탈한 조약의 명칭이 '한국병합에 관한 조약'이었기 때문에 '병합'을 사용하자는 운노 후쿠쥬의 주장이 있다. '병합'은 '강점'이나 '병탄'과는 달리 일본의 침략적 성격을 대외적으로 은폐시키기 위해 고안된 용어로 판단된다. 그리고 그러한 의도하에 '조약' 체결의 형식으로 한국의 국권을 강탈하였다. 따라서 이 용어를 사용하는 것은 운노의 주장에 동의하는 것이 아니라 바로 이 책의 문제의식인 일본의 한국 보호국화와 강점이 제국주의 국가들의 동의와 국제법을 활용한 병탄이라는 점을 부각시키기 위한 목적에서 비롯되었다는 점을 밝히고자 한다.

다음으로는 각 장별 내용을 소개하고자 한다. 먼저 프롤로그에서는 한국의 보호국화와 병합을 이해하기 위한 배경을 설명하기 위해 개항 전부터 1900년까지의 동아시아 국제질서와 청일전쟁, 그리고 한국에 강요된 '조약항체제'를 개관하였다. 한국을 둘러싼 외압의 실태와 구조, 그리고 한국정부 측의 대응과 외교정책, 그리고 그 한계도 지적하였다.

제1장 「점증하는 한반도 위기와 러일의 갈등」에서는 러일전쟁의 전사라 할 수 있는 러-일 간의 갈등을 한반도라는 공간에서 확인하는 작업과 함께 한국정부의 위기 대처를 기술하였다. 먼저 한반도와 만주로 침략·팽창하는 러시아와 일본 양국의 입장을 국내외적인 측면에서 다각도로 규명하였다. 이 책의 본격적인 서술은 1895년 시모노세키조약(下關條約)과 삼국간섭, 아관파천을 시야에 넣되 1897년 12월 인천에서부터 시작하였다. 그 이유는 그해 말 인천에서 발생한 이른바 '인천항 위기'가 영러대립의 격화, 영일의 공조, 나아가 청국의 영토 분할, 러일전쟁과 극

동 지역의 재편으로 이어지는 시발점이 되기 때문이다. 영국·러시아·일본 간에 점증하는 갈등을 진남포·목포·마산포 사건과 의화단사건을 통해 확인해 보면서 그 위기들을 한국 및 열강들은 어떻게 제어·해결·이용하려 하였는지, 러일전쟁과의 관련하에서 분석하였다. 아울러 세계 패권을 장악한 영국의 극동정책과 새롭게 부상하는 독일의 동아시아 진출과 전략이 어떤 변수로 작용하는지도 고려하였다.

제2장 「동맹체제와 러일전쟁의 발발」에서는 1900년 의화단운동으로 촉발된 동아시아 정세 변동과 일본의 강경 외교를 다루었다. 러시아가 만주를 점령하자 일본에서는 그 대책으로 이토 히로부미의 만한교환론과 야마가타 아리토모의 영일동맹론이 등장한다. 이들의 주장과 더불어 일본 내부 정치세력과 관료들의 주장과 정책도 함께 검토하였다. 동시에 격화되는 러일 간의 대립 과정도 추적하면서, 러시아의 신노선와 용암포 충돌, 이에 대한 한국정부의 전쟁 방지 노력과 전시중립 선포 등을 추적하였다. 마지막으로 포츠머스 강화조약에서 논의된 한국 보호권 문제의 귀추를 확인하고, 일본 중심으로 새롭게 재편되어 가는 동아시아 국제질서를 기술하였다. 러일전쟁의 결과 일본은 한반도에 대한 '탁월한 이익'을 열강으로부터 확인받았고, 이후 8대 열강의 일원이자, 동북아시아의 패권국으로 성장할 수 있었다.

제3장 「통감부의 설치와 보호국체제의 성립」에서는 일제의 국권 침탈과 을사조약 체결과정을 프랑스의 튀니지와 영국의 이집트 보호령 설치 사례와 비교하면서 추적하였다. 아울러 일본이 한국을 보호국으로 삼기 위해 변화하는 동북아 정세를 어떻게 이용하고 준비하였는지 확인하기 위해 한일의정서와 제1차 한일협약을 분석하고, 을사조약의 체결과정을 상세히 추적하였다. 한편 보호국화에 대한 열강의 묵인을 가쓰라-

태프트 밀약과 '제2차 영일동맹'에 주목하여 분석하되, 가쓰라-태프트 밀약에 대한 이견도 정리하였다. 마지막으로 을사조약의 결과로 설치된 통감부와 대한제국 정부의 병렬적 권력구조 및 통감의 권력 행사의 특징을 분석하여 보호통치의 구조와 실상을 확인해 보았다. 특히 이토의 보호국 정책을 주이집트총영사 크로머(E. B. Cromer)의 보호국 정책과 비교하여 제국주의 국가 간의 보호국 및 식민지 지배의 유사성을 확인하였다.

제4장 「열강의 세력 재편과 일본의 국권 침탈 강화」에서는 1907년 이후 영국·프랑스·러시아·일본에 의한 동아시아에서의 열강의 세력 재편과 일본의 국권 침탈과정을 검토하였다. 동북아시아에서 러시아의 후퇴와 일본의 성장, 그리고 독일이 '3B정책'을 앞세워 중동 지역으로 세력을 확장하려 했던 시도는 열강의 세력 재편을 촉발시켰다. 유럽에서는 독일에 대한 견제라는 공통점을 바탕으로 영국, 프랑스, 러시아의 '삼국협상' 체제가 성립하여 독일을 중심으로 오스트리아와 이탈리아가 맺은 '3국동맹'과의 대립체제가 형성되었다. '삼국협상'과 '삼국동맹'의 대립의 연장선에서 '삼국협상'의 국가들은 '제2차 영일동맹(1905)'을 필두로 동아시아에서 자국의 세력권에 대한 안전을 보장받기 위해 새롭게 열강으로 대두한 일본과 협정을 체결하였다. 이와 같은 '삼국협상'이 완성된 시점이 제2차 헤이그(Hague) 만국평화회의(1907)가 개최되는 시기와 맞물려 있다. '불일협정'이 1907년 6월, '제1차 러일협정'이 7월, 최종적으로 '영러협상'이 8월이었다. 이 결과 동아시아에서는 일본을 중심으로 한 '1907년 체제'가 성립되었다. 이 체제는 유럽에서는 제1차 세계대전(1914)을 계기로 다시 한 번 재편되지만, 동아시아에서는 일본이 '만주사변(1931)'을 일으키기 전까지 기본 질서로 작동하였다. 따라서,

제4장에서는 일본이 한국에 대한 보호관계를 국제적으로 공인받는 동시에 더욱 강화하는 과정 및 제3차 한일협약(정미조약) 체결 이후 확대된 일본의 국권 침탈과정을 검토하였다. 특히 정미조약 체결 후 통감부의 내정권 확대, 군대해산과 경찰권, 사법권 장악 과정을 정리한 뒤 이에 대한 한국사회의 저항을 살펴보았다.

제5장 「일본의 한국 강제 병합」에서는 병합의 실행 과정과 그 결과로서의 식민통치 구조 및 성격을 검토하였다. 먼저 '안중근 의거'와 만주의 철도문제를 매개로 미국의 만주 진출을 막기 위해 체결된 '제2차 러일협약' 등 '한국병합'의 배경을 정리하였다. 일본정부는 1909년 '한국병합' 방침을 결정하였다. 그러나 일본정부는 그 시기를 쉽게 결정할 수 없었다. '한국병합'이 열강과의 관계에서 일본의 불평등조약 개정에 불리하게 작용하지 않을까 하는 우려 때문이었다. 이러한 일본의 우려는 1910년에 들어와 어느 정도 해소되었고, 데라우치 마사타케(寺內正毅)가 3대 통감으로 취임한 뒤 '한국병합'을 급속도로 추진하였다. 그 과정을 외무성과 육군성의 '한국병합안'의 내용과 성격, 병합준비위원회의 설치와 활동, 육군 세력 주도의 '한국병합' 실행을 통해 구체적으로 검토한 뒤 한국병합에 대한 한국사회의 대응을 분석하였다. 그리고 최종적으로, 일본의 영토이기도 하고 필요에 따라 식민지이기도 한, 한반도의 이중적이고 차별적이며 기형적인 통치구조의 성격을 규명하였다.

마지막 보론 「한국병합의 불법·무효성」에서는 을사조약과 한국병합조약의 불법성 또는 합법성을 형식적·절차적 측면에서 규명하였다. 기존의 한국학자들과 일부 진보적인 일본학자들의 불법성 주장 논리와 그 외 시제법을 이용한 일본학자들의 합법성 논리를 정리하면서, 논쟁의 한계와 문제점도 지적하였다.

이 책은 두 명의 필자가 공동집필하였다. 서론부터 프롤로그, 제1·2·3장은 김현숙이, 제4·5장과 결론 및 보론은 한성민이 집필하였다. 아울러 이 책은 필자들의 연구와 기존 연구 성과를 바탕으로 서술한 개설서이다. 선학들의 연구 성과는 주와 참고문헌에 기재하였고, 집필 과정에 참고한 필자의 기존 연구 중 하나는 『일본의 '한국병합' 과정 연구』(2021, 경인문화사)이다.

프롤로그

조선이 서양문명과 조우하기 시작한 것은 1842년 난징조약(南京條約)이 체결된 후였다. 아편전쟁과 난징조약은 청국과 영국 간의 전쟁이자 협상의 결과였지만, 조선을 둘러싼 동아시아 국제질서에 근본적인 변화를 초래했다. 전쟁에서 승리한 영국이 대변한 서양의 문명담론과 가치관, 그리고 국제법을 동양의 새로운 패러다임이자 기준으로 제시·강요하였다. 패배한 청국은 더 이상 '중화질서', '조공체제' 등으로 불리는 기존의 동아시아 국제질서에 따라 서양과 외교관계를 맺는 것이 아니라 서구의 국제법에 따라 타국과 조약을 체결하고 관계를 유지하는 시대를 맞이하게 되었다. 그 국제법은 제국주의 국가들이 주변부 지역을 침략하는 데 활용되고 정당화하는 데 기여하였다. 중화질서 속에 편재되어 있던 조선에도 동일하게 적용되는 것이었다.

1848년 가을 이후 중무장한 영국, 러시아, 프랑스의 이양선들은 조선의 해안을 탐사하고 통상을 요구하였다. 만약 통상을 불허하면 군대를 파견하겠다는 위협도 서슴지 않았다. 조선에게는 두 가지 길이 있었다. 개국과 쇄국, 서구의 근대 국제질서 속에 들어갈 것인가, 아니면 기존의 중화질서 속에 남아 있을 것인가의 선택이었다. 그러나 한반도 밖의 세상은 이미 서구 제국주의 국가의 헤게모니가 관철되는 공간이었다. 그런 점에서 제국주의 국가들이 구축해 놓은 '불공정한' 국제질서를 따라가야 하는 대다수의 주변부 약소국가에게 주어진 선택지는 애초부터 제한적이었다. 더구나 세도정치의 폐해로 삼정문란과 매관매직, 민란 발생, 중앙정부의 통치력 약화가 발생한 조선에게는 대내외적 위기가 동시다발로 밀어닥치는 어려운 상황이었다.

청에 대해서는 사대, 일본에 대해서는 단교라는 외교정책을 구사했던 대원군이 정권 초기에는 천주교에 대해 비교적 관대한 정책을 취했지만, 1866년 이후부터는 박해정책으로 급선회하였다. 위정척사사상을 기저에 깔고 있던 대원군과 집권세력이 서양에 대해 강경한 쇄국정책을 택했던 이유는 이질적인 사상 및 신앙을 주입하는 서학과 진기한 서양 물품, 그리고 막강한 화력을 보유하고 있는 서양의 군사력 때문이었다. 이 세 가지 요소는 도덕과 예에 기초한 조선 유교사회를 그 기저에서부터 흔드는 것이었다. 즉, 천주교의 평등사상과 제사 반대론은 유교의 근간인 효와 계서적인 신분제에 타격을 가하는 것이다. 또한 서양의 공장에서 생산된 질 좋은 상품의 대량 유입은 조선 경제를 파탄시키고 조선인들을 물질적으로 타락시킬 수 있는 것이었다. 아울러 청국의 수도까지 함락한 서양의 군사력은 한반도까지 초토화할 수 있었다. 특히 조선의 천주교 지도자들이 외세인 서양세력과 결탁하여 침략할 수 있다는 위기감이 팽배하였다. 당대의 시각으로 볼 때 대원군과 당대 유학집단들이 서구문명을 배척할 수밖에 없었던 타당한 이유가 있었다. 그렇지만, 그들은 막강한 화력을 가진 서양 여러 나라의 군사력의 실체를 파악하는 데에는 한계가 있었다.

1873년 10월 고종(1852~1919)의 친정이 시작되었다. 21세의 젊은 왕은 조정 내 집권세력을 교체한 후 외척인 여흥 민씨세력과 반대원군 세력을 기반으로 대원군의 쇄국정책과는 다른 정책, 즉 제한적이지만 일부 개방정책을 추구하였다. 고종은 부친인 대원군의 지도하에 10여 년 간 왕권 수업을 받아 왔으며 청국과 일본, 서양에 관심을 갖고 있었다. 최고 위정자로서 각종 고급 정보와 기밀들을 접하고, 사행에서 귀국한 사신들에게 청국과 동아시아 정세에 대해 자세한 보고를 받고, 서양과 관련된 각종 서책을 접하면서 고종의 세계관에 변화가 일기 시작하였다. 기본적으로 유교적 문명관을 근저에 깔고 있지만, 부국강병의 중요성을 인식하고 서양의 기술문명에 대해 긍정하였다. 친정 후 '조일수호조규(일명 강화도조약)'를 체결하게 된 계기는 일본의 군사적 강압 때문이었지만, 박규수(朴珪壽) 등의 개국론을 수용한 고종의 세계관 변화도 기저에 깔려 있었다.

1880년대는 문호개방을 추구하며 서구와 불평등조약을 체결하던 시기였다. 서양 오랑캐와의 국교 수립 및 개화정책에 대한 비판과 상소 투쟁이 조야에서 격렬하게 일어나고, 임오군란, 갑신정변, 고종폐위음모 등 정치적 격변이 연이어 발발했던 혼란의 시기이기도 했다. 1880년대를 관통했던 동도서기사상은 집권 노론과 고종의 사상적 기반이었고, 개국정책과 서양기술(西器)을 수용하는 개화정책을 도모하는 배경이 되었다. 물론 서구와의 수교는 대만을 침공하고 류큐(현 오키나와)를 병합하며, 한반도 독점과 침략 야욕을 숨기지 않는 일본을 견제하기 위해 청국의 리홍장(李鴻章)이 권고한 개국정책을 수용한 측면도 있었다. 또한 1880년 러시아-청국 간의 신장 이리 지역을 둘러싼 영토 분쟁이 한반도에서 재현되고 러시아가 남하할 것이라는 위기의식에 대한 대응책이기도 했다. 그러나 아쉽게도 일본을 비롯하여 서구와 체결한 일련의 불평등조약은 조선의 국권 상실로 이어지는 또 하나의 억압구조가 되었다. 조선에게 '독립국'이라는 국제적 지위를 부여해 주었고, 청국과 일본, 때로는 러시아의 남침과 팽창을 견제했다고 알려진 서구와의 조약도 알고 보면, 전통적인 속방 체제 못지않게 우리의 주권을 심각하게 훼손하는 것이었다.

조선 후기부터 농촌과 도시시장이 발달하고 상품 생산 및 상인자본이 성장했으나 그 규모나 질적인 측면에서 19세기 서구의 공장제 산업과 금융자본, 세계시장과 비교해 볼 때는 한계가 있었다. 전체 경제 규모는 작은 편이었다. 소농 중심, 농업 중심의 산업구조에 따라 정부의 총 조세 수입액 또한 적을 수밖에 없고, 민본의 이념하에서 재정을 운영한 정부는 만성 재정 적자를 면치 못하였다. 또한 대동법이나 환곡 등의 사례에서와 같이 상업과 시장을 국가가 관리하고 구휼을 비롯한 재정 지출을 국가 재원에서 감당하려 하였다.[1] 그것은 조선의 국가 이념이 물질보다는 예와 덕, 그리고 정신을 중시하는 도덕론에 경도되었기 때문이었다. 또한 조선은 '왕도정치'를 실현하고자 하는 성리학적 유교 원리로 운영되는 나라였기 때문이었다.

이런 상황에서 조선이 이질적인 문명권으로 편입되었을 때, 시장경제에 대한 지식과 상인자본가층이 충분하게 발달하지 못한 점은 개항 후 상인이나 기업가의 대응력을 약화시켰다. 조선의 경제를 한층 더 심각하게 만든 것은 일본 및 서구와 체결한 불평등조약이 대외 질곡을 구조화했다는 점이다. 불평등조약을 통해 성립된 '조약항체제'는 1876년 개항부터 1910년 강제 병합까지 조선 경제와 외교를 구획 짓는 주요 요소이자 시스템으로 작동하였다.

'조약항체제'란 고전적 의미의 식민지나 보호국, 즉 '공식적 제국'은 아니지만 개항장 영사관에 파견된 영사가 자국민의 경제활동을 보호하고, 해당 지역의 정치와 사법문제에까지 영향력을 행사하는 침략체제이다. 그것을 가능케 한 것은 자유무역, 거류지, 저율관세, 치외법권 등을 강제한 불평등조약이었고, 강력한 해군력을 배경으로 한 포함외교 덕분이었다. 또한 이 체제는 영토적 혹은 정치적 지배를 목표로 하지 않으며, 식민지로서의 명확한 국경선도 없으나 해상활동에 의거하여 상업상의

---

[1] 손병규, 2018, 『19세기 지방재정 운영』, 경인문화사.

이익을 추구하고 있다. 이 체제는 해외 해군기지, 영향권, 이권, 협정관세 등을 포함하여 서양 제국주의 안보체제에 유기적으로 연결되는 것이다.[2] 영토를 영유하지 않기에 행정비용과 군사비가 들지 않는 매우 경제적이고 효율적인 간접 지배이다. 필요할 때에는 해군을 동원하여 포함외교를 하고 해당 지역의 지배자를 지배할 뿐이었다. 19세기 말 제국주의의 팽창은 지역의 특수성에 따라 복잡하고 다층적·다면적 양상으로 전개되었다. 이렇듯 공식적 세계의 비율은 빙산의 일각이고, 서구는 '조약항체제'라는 시스템으로 세계의 수많은 지역을 제국의 군사·경제적 세력권으로 편입시키고 있었다.[3]

한국 역사에 등장한 '조약항체제'는 서구 제국주의 국가에 의해 그

---

2 '조약항체제'란 영어로는 'treaty port system'으로 '개항장체제'라고도 한다. 이 책에서는 조약항체제로 칭하고자 한다. 구대열, 1995, 『한국 국제관계사 연구』 I, 역사비평사, 26쪽.

3 일부 학자들은 '조약항(개항장)체제'에 편입된 주변부 지역을 비공식 제국이라 부르기도 한다. 그러나 '조약항체제'와 '비공식 제국'의 개념은 구분해야 한다. 일본의 사례에서처럼 불평등조약을 체결하였다고 해서 곧바로 서양의 비공식 제국이 되었다고 할 수 없다. 한국에서도 조약 당사국의 경제·영토적인 관심에 따라 상업적인 단계에 머무른 경우와 정치적 영향력을 강력하게 행사한 국가가 각기 다르게 나타나기 때문이다. 따라서 불평등조약을 토대로 중심부가 해당 지역을 얼마나 정치·군사·경제적으로 예속시키며 주권을 손상시키는가, 즉 예속의 정도를 기준으로 구분해야 할 것이다. 그 경우 우리 역사에 등장한 외세의 침략 단계와 시스템은 조약항체제 → 비공식 제국(갑오개혁기와 러일전쟁 이후 일본, 아관파천기 러시아) → 공식 제국(을사조약에 의한 보호국체제 및 식민지체제)으로 구분할 수 있을 것이다. 한편 영국의 조약항체제를 갤러거(Gallagher)와 로빈슨(Robinson), 몸젠(Mommsen) 등은 '비공식 제국(informal empire)'이라 칭하였고, 비즐리(Beasley)나 듀스(Duus) 역시 이 개념을 일본의 중국 침탈에 적용하였다. W. J. Mommsen and J. Osterhammel eds., 1986, *Imperialism and After*, London, Allen and Unwin; W. G. Beasley, 1987, *Japanese Imperialism, 1894-1945*, Oxford Univ. Press; Peter Duus eds, 1989, *Japan's Informal Empire in China*, 1899-1937, Princeton Legacy Library.

제도와 기반이 마련된 것으로, 자유롭게 무역할 수 있는 권리, 즉 자유무역, 저율 협정관세와 외국인에 의해 운영되는 해관, 자국민의 권리를 보호해 주는 영사재판권, 외국 무역상들이 거주할 수 있는 개항장과 단독·공동거류지, 내지 시장의 개방, 수도 서울에 거주하면서 지속적으로 정치적 압력을 가할 수 있는 상주 외교관제도와 경비병, 강력한 해군력과 포함외교 등으로 요약된다. 일본을 비롯한 청국, 러시아, 미국, 영국 등의 모든 조약국은 이 특권을 향유하고, 이를 기반으로 경제적 관계를 맺어 무역과 상권, 이권들을 장악하였다. 더 나아가 정치·외교적 관계를 맺어 정치적 영향력을 행사하는 통로로 이용하였다. 또한 제국주의 국가 간의 관계 변화가 복합적으로 투영되고 연동되는 장이었다. 이렇듯, 불평등조약과 조약항체제는 1905년 보호국화 단계까지 한국의 국제관계를 규정하는 주요 요소이자, 국가 주권을 제약함으로써 반(半)식민지화로의 기반을 닦은 것이다. 일본도 이 조약항체제를 근거로 경제·군사·정치적 침투를 단행하였다.

한국에 드리워진 '조약항체제'의 영향력과 조약국과의 불평등성은, 일본의 그것보다 심했고 청국에 버금갔다. 한반도에 행사되는 거센 외압과 정부 측의 안이한 대책이 자주적 근대화를 더 어렵게 만들었다. 먼저 일본과의 무관세 무역, 이후 서구와의 저율의 협정관세는 조선의 관세자주권을 박탈하고 국내 산업을 보호하며 정부 수입을 증가시킬 수 있는 기회를 박탈하였다. 나아가 서양인에 의해 운영되는 해관은 정부의 지휘·감독을 받지 않은 반(半)식민지적 기관으로 변하여 정부의 차관도입과 각종 금융개혁을 저지하고 일본의 경제적 침략기관과 같은 역할을 하였다. 전반적으로 러일전쟁 직전 한국의 경제를 요약해 본다면, 경제의 상당 부분이 이미 일본에 종속되었고 시장과 금융·화폐가 일본에 통합되었기 때문에 한국인을 위한 경제성장과 국부 형성은 어려웠다. 이는 정부의 만성적인 재정 적자로 이어지고, 임오군란, 방곡령, 농민전쟁과 민란 등에 따른 재정적 압박과 배상금 지불에 의해 더욱 곤경에 처했다. 따라서 정부의 일제 침탈을 대비한 강병책과 자주적인 근대화의 조건은 매우 취약했다고 판단된다.[4]

　1894년 청일전쟁 이전까지 조선의 국제관계를 살펴볼 때 반드시 언급해야 할 국가는 바로 청국이다. 당시 조선의 독립과 주권을 위협하던 국가는 일본 외에도 청국이 있었다. 청은 조공을 매개로 한 '종주국-속방체제'를 서구의 국민국가 중심의 국제법적 '종속체제'에 대입시키고자 하였다. 리훙장은 조선과의 관계를 '입술과 이의 관계(脣齒關係)'로 표현하며 조선을 청 국경을 수비하는 최전선 방어 라인으로 간주하였다. 이를 학자들은 "청국 역시 일본처럼 서구 제국주의를 모방하여 동아시아 지역에서 청국의 패권과 제국을 유지하고자 한 것이었다"라고 해석하고 있다.[5] 결국 한반도를 둘러싼 청국과 일본의 충돌은 지정학적 패권 대결이라는 의미를 함축하게 되면서 피할 수 없는 것이 되어 버렸다. 청일전

4　이헌창, 2021, 『한국경제통사』, 해남, 270-289쪽.
5　19세기 중반 청국의 양무정권은 서구 제국주의를 모방하여 변경지역인 만주, 신장, 타이완, 윈난 지역을 직접적으로 지배·통제하기 위해 신장성과 만주 동삼성(東三省: 랴오닝성, 지린성, 헤이룽장성)을 신설했다. 또한 이곳으로의 한인 이주 정착과 유교 교육의 적극 보급 정책을 실시하였다. 조선과 베트남 등 조공국에 대해서는 동삼성과 윈난성 방어를 위한 완충국으로 보전을 해야 한다는 전략적 판단에 따라 내외정에 대한 개입을 시도하였으나, 그 정책의 본질은 전통적인 조공제도와 다른 것이었다. 이를 일부 학자들은 서양을 모방한 '청국의 제국주의화' 시도라고 지칭하고 있다. 윤해동, 2013, 「동아시아사로서의 한국사를 보는 방법」, 『동북아역사논총』 40; 피터 퍼듀 지음, 공원국 옮김, 2012, 『중국의 서진』, 길; 오카모토 다카시 지음, 강진아 옮김, 2009, 『미완의 기획, 조선의 독립』, 소와당.

쟁 이전까지 조선에 행사된 청국의 정치·군사적 영향력은 압도적이었고, 갑신정변 이후 일본은 이를 전략적으로 인내하면서 조용히 청국과의 일전을 준비하고 있었다.

이 사이 조선의 정치지도자들은 임오군란 이후 본격화된 청국의 내정간섭과 예속으로부터 벗어나기 위해 노력하였다. 구래의 '속방'을 내치와 외교를 인정하는 실질적인 독립으로 해석하며, 서구와의 조약에 명시된 '독립'과 독립국의 권리를 행사하여 실질적인 독립국으로 행동하였다. 그 일환으로 더 많은 서구 열강들과의 조약 체결을 통해 청의 외압을 견제하려 하였고, 조공폐지·해외상주외교관서 설립·『청한론』의 발간 등을 통해 독립국으로서의 면모를 과시하려 했다. 고종의 독립 의지, 즉 기존의 속방체제에서 완전히 벗어나고자 하는 의도가 드러나자 리훙장은 위안스카이(袁世凱)를 파견하여 조선을 실질적인 속국으로 만들고자 하였다. 조선은 '조청상민수륙무역장정'에서 기존 조공질서에 의거한 '속방' 표기를 허용함으로써 서양과의 조약을 통해 인정받은 '독립국'이라는 두 개의 모순된 국제 지위를 부여받았고, 유길준은 이를 '양절체제'라 불렀다.

청일전쟁은 조선의 지배를 둘러싸고 청일 양국이 벌인 전쟁이었지만, 동아시아 국제질서를 근본적으로 재편하는 결과를 낳았다. 과거 동아시아의 헤게모니를 장악했던 청국은 전쟁에서 패하자 이권 쟁탈의 대상지이자 영토 분할 위기에까지 내몰린 처지가 되었고, 그 자리에 신흥국 일본이 패자로 등장하였다. 일본은 동아시아 국제질서를 일본 중심으로 재편하고, 조선에 대한 보호권을 확립하려 했으나 이른바 '삼국간섭'으로 저지당하였다. 삼국간섭이란, 일본의 급부상을 우려한 러시아가 동맹국인 프랑스, 독일과 함께 일본에 랴오둥(遼東)반도 반환과 배상금 감축을 요구하며, 만약 응하지 않을 시 전쟁을 예고한 사건이었다. 다시 세계 강대국들을 상대로 전쟁에 돌입할 수 없었던 일본은 일주일 만에 굴복하여 랴오둥반도를 청국에 반환하였다. 그리고 자신들의 목표를 달성하기 위해 신중히 러시아와의 전쟁을 준비했다. 바로 한반도와 동아시아 헤게모니 장악을 목표로 한 러일전쟁이었다.

청일전쟁 기간 동안 조선은 일본의 군사적 점령이라는 초유의 위기 상황에 처하게 되었다. 전쟁이 끝나면서 중국적 천하질서가 완전히 붕괴하였고, 조선의 '양절체제'도 종말을 고했다. 그러나 본격적인 일본의 보호국화 기도와 명성황후시해사건을 경험하면서, 고종을 위시한 집권세력은 조선을 열강의 세력균형지대로 만들어 일본을 견제하려는 방식으로 외교정책을 입안했다. 갑오개혁기 인아거일정책(引俄拒日政策)이나 아관파천기 '열강의 공동보호하 일본 견제책', 1897년 러시아가 한반도 팽창을 노골화하자 영국과 일본을 끌어들여 견제하고자 하는 정책, 1900년대 지속적으로 반복했던 러일의 상호견제책과 중립화정책이 그것이다. 이러한 정부의 외교정책은 일정 부분 성공을 거두어 대한제국기 일본과 러시아의 대한정책(對韓政策)은 열강의 지속적인 견제를 받아왔다. 물론 그 이면에는 한반도와 만주를 둘러싼 영러 대립과 러일의 상호견제구도가 정부의 균형정책을 유지시키던 구조였다는 것은 의심의 여지가 없다.

유교 이념을 고수하고 전통적 관료의 타성과 특권의식에 젖어 있던 지배층이 단기간 내에 서구식 행정관료나 경제인으로 개조되기에는 어려운 노릇이었다. 고종과 측근 관료층은 서구식 근대화정책의 필요성을 인지했지만 그것을 기획하거나 구체화하는 실무 역량은 부족할 수밖에 없었다. 서구의 자본주의는 서구의 고유한 역사적 경험에서 탄생한 것이고, 그것을 수용하고 정착시키는 데는 시간이 걸리기 때문이다. 다만 아쉬운 것은 조선의 약한 국력과 가혹한 외압이 선택지를 좁혔다는 점이다.

후술하겠지만, 안타깝게도 조선의 경제력이나 군사력은 식민지 쟁탈 경쟁이 본격화된 20세기 전후, 이미 위태로운 상황에 놓여 있었다. 약소국이었던 조선이 임오군란 이후 20년 넘게 버틸 수 있었던 것은 한반도가 영러·청일·러일의 대결지대라는 지정학적인 전략지대로 변모했고, 이를 적절히 이용한 정부의 세력균형 정책과 때로는 위기를 기회로 만들며 반격을 시도하는 고종의 정책, 그리고 무엇보다도 외세 침탈에 대해 항전을 불사했던 국민이 있었기 때문이다.

역사는 긴 호흡으로 바라보아야 한다. 역사적으로 한 문명에서 다른 문명으로 패러다임이 전환될 때 소요되는 시간과 에너지는 상당하다. 바로 개항기라는 특정한 시공간은 조선의 유교적 시스템과 서구의 자본주의적 시스템이 병존하면서 상호 갈등·대립·수용되는 전환기였고, 혼돈이 가라앉고 출구가 시야에 들어오기까지 적어도 수십 년의 물리적 시간과 실패 및 시련의 경험을 거쳐야 했다. 실패의 경험을 자학적으로 보거나 축소 평가해서는 안 된다. 이 경험은 도약을 위한 귀중한 걸음이기 때문이다. 다만, 실패의 요인을 객관적·구조적·다면적으로 면밀히 분석하는 작업을 반드시 진행해야 하며, 이 책도 그 작업의 일환이다.

제1장
점증하는 한반도 위기와
러일의 갈등

1. 러일의 팽창정책과 한반도

1) 일본의 해외팽창과 침략외교

한국을 침략하고 이를 발판으로 대륙국가로 성장한다는 일본의 국가목표는 '국민적 합의' 속에서 수행되었다. 극히 소수만 제외하고 최고 권력층부터 지식인과 시민, 심지어 민권론자까지 해외 침략에 전폭적인 지지를 보내고 비판의식을 가지지 않았다. 결국 팽창론자들의 전쟁 욕망을 제어하고, 팽창의 수단과 희생에 대한 현실적·도덕적 비판을 견지할 견제세력이 전무하게 되었다. 새로운 천황제 국가를 수립하고 근대화를 표방한 일본은 왜 자국민을 도구화시켜 전쟁터로 내몰고 주변국들을 침략했을까? 그들이 목적한 바는 무엇이고, 어떤 과정과 수단을 통해 그것을 이루고자 했는가?

(1) 해외 침략의 다양한 주장들

일본근대사나 한일관계사를 연구하는 선학들은 다음과 같이 각기 다양한 해외 침략의 대내외적 요인들을 제시했다. 첫째로, 일본 연구자들이 가장 비중 있게 거론하는 요인은 일본의 불평등조약 및 대외 굴종이다.[1] 에도막부에서 체결한 서구 국가들과의 불평등조약은 한국이 체결했던 조약과 마찬가지로 주권을 훼손하고 정치·경제적 종속으로 이어

---

1 존 홀 지음, 박영재 옮김, 1986, 『일본사』, 역민사, 339쪽; 김용덕, 1991, 『일본 근대사를 보는 눈』, 지식산업사, 제4장.

지는 것이었다. 그중에서도 가장 문제가 되는 것은 관세 주권의 결여와 영사재판권으로, 독립주권국으로서의 발전에 장애가 되는 것이었다. 그들이 선택한 길은 서양이 내세운 '문명국' 표준에 맞추어 법과 제도 및 정치·사회·경제적 개혁을 단행하고 이른바 서구식 부국강병을 실현한 후 외교적 합의를 통해 불평등조약을 개정한다는 방법이었다. 즉, 일본과 서구의 연구자들은 1853~1945년까지 일본을 관통하는 것은 영토욕이라기보다는 일본이라는 존재의 확인과 안보에 대한 욕구로 파악하고 있다. 일본은 스스로를 문명국 일원으로 인정받아 개국 당시 서구 열강에게 당했던 패배와 열등감을 극복하고, 수치스러운 불평등조약을 개정하는 것이라고 설명하고 있다. 또한 당대의 문명국은 몇 개의 식민지를 거느려야 하는 것으로, 한국 점령은 문명국으로 인정받기 위해 불가피했다는 것이다.

둘째로, 근대화 과정에서 발생한 사무라이들과 농민·노동자 층의 불만과 시선을 외부로 돌리기 위한 정치적 선택이었다는 해석도 있다. 메이지정부는 서양식 '부국강병'을 목표로 사회 전반에 걸쳐 철저하고도 대대적인 개혁을 단행하였다. 일례로 각 지방의 영주(번주)가 해당 지역의 주민과 토지를 사적으로 소유하고 통치하는 것을 금지하고 중앙행정 치하로 개혁하는 '폐번치현(廢藩置縣)'이 있었다. 아울러 신분제를 철폐하고 지조개정(地租改正: 조세제도 개혁)도 단행하였다. 1876년에는 폐도령(廢刀令: 사무라이의 특권인 칼 휴대 금지령)과 질록처분(秩祿處分: 화족과 사족에게 지불하던 녹봉의 특권 폐지)을 선포하는 등 막부체제의 해체와 본격적인 근대사회로의 돌파구를 열었다. 하지만, 중앙집권화에 따른 대규모 개혁과 일방적인 정책 추진은 수많은 희생과 불만을 야기하였고, 사회적 계급 하락을 경험한 하급 사무라이들의 적대감을 증폭시켰다.

이로 인해 발발한 것이 1876년 10월 구마모토현(熊本縣), 후쿠오카현(福岡縣), 야마구치현(山口縣)에서 일어난 하급무사들의 반란으로, 이른바 하기(萩)반란이다. 또한 그해 이바라키현(茨城縣)에서는 농민들의 지조개정 투쟁이 시작되어 4개현으로 번졌는데, 이는 최대 규모의 농민폭동으로 꼽힌다. 이듬해, 1877년에는 가고시마현(鹿兒島縣)에서 독자적인 세력을 준비하던 사이고 다카모리(西鄕隆盛)가 서남전쟁(西南戰爭)을 주도하였다. 실로 메이지정부의 국운이 위태로운 시기였다. 결국 일본정부는 소외된 무사계급과 하층 농민의 불만을 외부로 돌리고 해소하기 위해 대외 침략이라는 카드를 사용하였다.

　메이지 이전부터 한국을 정벌하자는 '정한론'이 등장하였으나 미국과 프랑스를 막아 낸 대원군 정권이 존재하는 한 현실적으로 어려운 상황이었다. 또한, 메이지 초기 일본의 미약한 해군력과 군사력, 그리고 취약한 경제력 때문으로 구미 시찰에서 귀국한 오쿠보 도시미치(大久保利通)도 시기상조론을 들고 나왔다. 결국 쉬운 상대로 고른 것이 바로 타이완이었다. 타이완과 일본 사이에 있는 류큐(현 오키나와)는 원래 중국과 일본의 사쓰마번(薩摩藩)에 이중으로 조공을 보내는 이중 조공국가였고, 중화질서 속에 편재된 자주국이었다. 조공국이라는 것을 빌미로 일본은 1872년 류큐를 자국의 영토라 선언하였다. 그리고 타이완 침략의 명분으로 1871년 타이완인의 류큐 어민 살해사건을 이용하여 메이지정부는 침략군 파견을 계획하였다. 이때 메이지정부에 불만이 가장 컸던 구마모토 진대병과 사쓰마의 사무라이로 침략 원정대를 구성하고, 사이고 쓰구미치(西鄕從道)에게 지휘를 맡겼다. 이와 같이 기존의 연구에서는 일본이 한국과 대륙을 침략한 동기는 식민지를 확보하여 일본사회 내부의 불만을 외부로 돌리려는 정치적 포석이 내재되어 있었다고 보고 있다.

셋째로, 일본의 산업화에 따른 시장 확보와 원자재를 공급받기 위한 목적도 해외 침략의 주요 동인으로 지적되고 있다. 산업혁명의 근간인 방적업과 제철업은 한국과 만주의 시장과 자원 확보를 배경으로 하고 있다. 또한 일본 경제는 국가의 주도와 통제하에 정치·군사적 필요에 의해 제철, 철도, 군수공장 등 기반 산업이 발달했다는 구조적 특징이 있다. 1909년에 이르면 일본의 국가자본은 전국 광공업과 운수 부분의 54.6%의 자본을 점유하고 있었는데, 일본은행, 요코하마쇼킨은행(橫浜正金銀行), 타이완은행, 조선은행, 동양척식주식회사, 남만주철도주식회사 등 정부와 천황가가 대주주로 있는 국책 은행과 국책 회사들이 그것이다. 아울러 정부 보호하에 육성된 정상재벌은 독점자본주의와 전쟁을 통한 시장과 영토확보라는 정부의 기본 목표를 적극 지지하였다. 이에 이들은 정부와 발맞추어 동아시아 시장 개척에 첨병으로 나아갔다. 이들의 경제적 욕구는 대외 침략으로 이행하는 중요한 원인이기도 했다.[2]

넷째로, 학자들은 대외팽창의 원인으로 일본의 자연환경과 인구증가를 지적하고 있다. 연이은 지진과 화산 폭발, 그리고 쓰나미 등의 자연재해는 이들로 하여금 안전한 지역으로의 이주를 꿈꾸게 하였다. 18, 19세기의 폭발적 인구증가는 도쿠토미 소호(德富蘇峰)로 하여금 맬서스(T. R. Malthus)의 인구증가론을 차용하여 일본 인구가 곧 2배에 달할 것으로 보고 이민할 곳을 발견하지 않으면 멸망할 것이라는 위기의식을 불어넣고 있었다. 또한 메이지유신 과정에서 소외되었던 일본인들에게 식민지는 계층 상승과 부의 축적을 의미하는 것이기 때문에 해외 침략은 젊

---

2 井上淸, 1968, 『日本帝國主義の形成』, 岩波書店; 中塚明, 1968, 『日淸戰爭の硏究』, 靑木書店; 藤村道生, 1976, 『日淸戰爭』, 岩波書店; 高橋幸八郎 외 지음, 차태석 외 옮김, 1981, 『일본근대사론』, 지식산업사, 184쪽; 박종근, 1982, 『日淸戰爭と朝鮮』, 靑木書店.

은 남성들에게 매력적으로 다가왔다는 해석이다.[3]

다섯째로, 많은 학자들은 일본의 안보 위기를 해외 침략의 동인으로 지적하고 있다. 1853년 미국 페리(M.C. Perry) 제독의 포함 공격 이외에도, 1862년 영국의 사쓰마와 가고시마 만의 침공, 미국·영국·네덜란드·프랑스 4개국 연합함대의 시모노세키(下關) 침공, 나아가 1861년부터 러시아가 1년간 대마도를 점령한 사건은 일본의 국방력 강화와 방어에 대해 심각하게 고민하고 준비하게 했다는 것이다. 최선의 방어는 공격이라는 전략하에 일본은 자신의 주권을 지키기 위해 주변 지역을 이익선으로 포함시켰고, 결국 이익선에 포함된 지역들을 침략하기에 이르렀다는 설명이다.

이상 선학들이 설명한 일본의 해외 침략 원인 및 동력을 간단히 정리해 보았다. 그런데 과연 일본은 한국 침략을 단행할 만큼 타국으로부터 안보 위기를 겪었는가? 앞서 언급한 대로 메이지유신 초기인 1868~1878년까지의 시기는 신생 정부에 대한 구래의 기득권층의 도전을 극복하는 시기이고, 해외 침략의 위기는 사라진 상태였다. 이후 10년간은 내정을 정비하고 산업을 개발하는 시기로 열강의 외압은 서서히 줄어들고 있었다. 그러던 일본은 1889년 이후 본격적인 대외팽창의 길을 준비하고 1894년 청일전쟁을 계기로 전쟁 제국의 길로 향하였다. 이에 조응하듯이 일본사회도 호전적으로 변화하고 있었다. 이 시기에 무슨 일이 있었는가? 혹은 내부에 다른 구조적인 동인이 있었던 것이 아닐까?

---

3   김혜정 외, 2009, 『통감부 설치와 한국 식민지화』, 한국독립운동사연구소, 3-5쪽.

(2) '무사의 나라' 일본과 '정한론'

① 무사와 무력의 유산

초기 일본의 대외정책에 해외 침략 외에 다른 선택지가 있었을까? 민권에 바탕을 둔 입헌정치가 선진국으로 가는 지름길이라는 주장도 일부 존재했었다는 선학들의 연구를 상기해 볼 때 해외팽창이 국가 목표로 설정된 점을 어떻게 설명할 수 있을까? 메이지정부는 일본의 과거 막부 사회체제와 사무라이 문화를 계승한 정부이다. 그런 점을 감안해 볼 때 초기 일본 주요 지도자들이 큰 거부감 없이 서양의 호전적인 제국주의를 수용·모방하고, 아시아 지역으로의 팽창을 국가전략으로 채택하고 결국 군국주의 국가로 나갔다는 점은 그리 놀랄 일도 아니다. 일본은 한국과 중국으로부터 유교문명의 세례를 받았고, 주자 성리학을 도입하여 상당한 수준의 유교적 정치·행정체제를 수립하였으며, 무사의 '사화(士化: 선비화)' 현상이 일어났다고 알려졌다.[4] 그러나 천여 년간 무사의 나라로서의 전통은 호전성과 패도, 힘, 강병에 친연성을 갖게 했고, 바로 이런 사고방식이 과학기술을 수용하고 국방력 강화에 초점을 맞춘 '부국강병'을 국가의 주요 전략으로 채택한 것으로 보인다.

---

4   최근 연구에서는 일본의 도쿠가와 막부시대를 사대부로 전환된 사무라이가 통치하는 시기로 보기도 한다. 즉, 유교 정치사상의 민본과 인정을 내세우며, 유교 소양을 갖춘 사무라이들이 행정을 담당하면서 사대부적 정치문화가 등장했다는 것이다. 이는 일본이 상대적으로 빨리 근대화에 성공한 요인을 중국이나 한국에 비해 유교의 영향력이 약했기 때문이라고 지적한 기존의 통설과는 다른 것이다. 그러나 일본의 정치문화는 본래의 병영국가적 요소를 내포하고 있고 최후까지 막번체제이고 지배층은 여전히 사무라이로서 정체성을 유지하고 있었다. 즉, 무사적 풍조와 전통은 여전히 사회 전반에 남아 있었다. 박훈, 2015, 「사무라이의 士化: 메이지유신과 '사대부적 정치문화'」, 『동아시아는 몇시인가』, 너머북스.

막부 말 변혁운동가들이나 초기 메이지정부 지도자들의 국가 개조 모델은 러시아 표트르대제의 개혁이라고 한다. 와타나베 가잔(渡辺崋山)과 사쿠마 쇼잔(佐久間象山)에 의하면 러시아는 강력한 군주하의 위로부터의 근대화 혁명 외에도 "서쪽으로 스웨덴, 동쪽으로는 일본까지 방대한 땅을 점유하고 세계 제일의 대국이 되었다"[5]고 지적하였다. 즉, 그들에게 부국강병은 영토 팽창과 직결되고, 이는 국위 선양을 의미한다는 것이다. 이들의 사고를 다시 한 번 재확인시켜 준 것이 바로 1871~1873년까지 유럽과 미주 대륙을 일주한 이와쿠라 사절단(岩倉使節團)이다. 이들의 최대 관심사는 당대 유럽을 강대한 제국으로 만든 비책인 '부국강병책'이었다. 이들의 시야에 먼저 들어온 것은 잘 훈련된 군대와 군함들, 독일 크룹사의 우수한 화력의 총포와 대포였다. 1879년 4월 후쿠자와 유키치(福澤諭吉)의 게이오의숙 문하생이었던 미노우라 가쓴도(箕浦勝人)는 신문 기고문에 영국과 미국 등 세계 각국을 보건대 국가를 부유하게 하려면 군사력을 우선 갖추는 것이 순서라며 부국 우선론은 잠꼬대 같은 오류라 비판했다.[6]

무력과 광대한 영토를 숭상하는 사조는 일본 전체로 확산되었다. 평민주의의 주창자였던 도쿠토미 소호도 청일전쟁을 기점으로 대외팽창론으로 선회하였는데, 철저한 힘과 문명의 논리로 한국과 중국을 비판하였다. 바로 유교가 아시아의 진보를 막았을뿐더러 청국은 문명의 적이므로 청일전쟁은 청국으로부터 한국을 구하는 의전(義戰)이라고 주장하

---

5 와다 하루키 지음, 이웅현 옮김, 2019, 『러일전쟁』, 한길사, 1권 109-111쪽, 2권 1189쪽.

6 박영준, 2019, 『제국 일본의 전쟁 1868-1945』, 사회평론아카데미, 89쪽 재인용.

였다. 이렇듯 당대 일본인의 관점은 천황주의, 영웅주의, 우월의식, 제국주의적 관점으로 점철되어 있었다.[7]

이러한 일본사회의 사조에 조응하여 메이지정부는 정부 수립 직후부터 본격적인 침략의 길로 나아갔다. 이를 위해 먼저 무력체계를 구축하였다. 메이지정부는 각 번에서 보유한 군대를 최종적으로 해산시키고, 조슈번(長州藩), 사쓰마번, 도사번(土佐藩) 출신자를 장교로 임명한 중앙군 1만 명을 편성하였다. 그리고 1873년 1월 「징병령」을 발포하여 20세 이상 모든 남성을 3년간 현역에 복무시키고 이후 4년간은 보충역에 편재시켰다. 메이지정부가 신생국가라는 점과 당시 영국이나 미국도 국민개병제를 실시하고 있지 않았다는 점을 고려해 볼 때 징병령은 매우 빠른 조치라 할 수 있다. 야마가타 아리토모는 "안으로는 초적(草賊)을 진압하고 밖으로는 외국에 세력을 뻗치기 위한 것"이라며, 창설기부터 대외 침략적인 목표를 분명히 하였다.[8] 이를 뒷받침하는 증거로 학자들은 일본 육군이 창설 초기부터 채택한 '보병조전(步兵操典)'이라는 훈련법을 예로 들고 있다. 이 교법은 수세적 방어전략을 배제하고 공세적 방어를 강조한 내용으로 정평이 나 있었다. 아울러 청일전쟁이 발발하기 7년 전인 1887년 육군 참모본부 제2국장 오가와 마타지(小川又次)는 청국을 적으로 상정하여 작전계획을 세웠는데, 육군 8개 사단을 청에 파병하여 베이징(北京)을 점령하고 청 황제를 체포한다는 극히 공세적인 군사전략이 주 내용을 이루고 있었다.[9]

7　방광석, 2011, 「도쿠토미 소호의 동아시아 인식」, 『근대 동아시아 담론의 역설과 굴절』, 소명출판.

8　강동진, 1985, 『일본근대사』, 한길사, 57쪽.

9　박영준, 2005, 「인간, 국가, 국제체제, 그리고 일본의 전쟁」, 『국제정치학논총』

② '정한론'과 영토 팽창

일본의 한국침략론을 '정한론'이라 칭한다. 정한론은 이미 막부 말기부터 등장했지만, 메이지 초기에 들어 횡행하였다. 서구 열강의 침략과 압박을 극복하기 위해 한국과 대륙을 정복해야 한다는 요시다 쇼인(吉田松陰)의 정한론은 이후 메이지유신의 주역이 되는 그의 제자들, 즉 다카스기 신사쿠(高杉晉作), 이토 히로부미 등에게로 계승되었다. 특히 왕정복고를 알리는 과정에서 파생된 서계(외교문서) 문제로 한국과 외교적 갈등을 겪게 되면서, 개국을 거절한 한국의 태도가 무례하다고 하여 한국을 정벌하자는 정한론이 급부상하였다. 그 배경에는 '질록처분'으로 몰락한 무사들의 불만을 한국 침략을 통해 해결해 보자는 의도가 깔려 있다.

대표적인 정한론자인 기도 다카요시(木戶孝允)는 당시 육군 최고 책임자인 오무라 마스지로(大村益次郎)에게 한국 침략의 필요성을 다음과 같이 역설하였는데, "… 병력을 가지고 한국의 부산을 열도록 하고 싶다. … 황국을 흥기시키며 만세에 길이 유지시키는 데 있어서 이밖에 다른 방책이 없을 것이다. … 획득하기 용이한 한국, 만주, 중국을 대체지로 하여 … 한국과 만주에서 보상받도록 해야 한다."[10] 아울러 메이지유신을 알리는 서계를 보냈던 사다 하쿠보(佐田白芽)와 모리야마 시게루(森山茂)는 1870년 2월 서계가 대원군 정부에 의해 거부된 것에 대해 "한국은 황국을 멸시하고 치욕을 주었다. … 우리가 한국을 토벌하지 않는다면 황국의 위력은 서지 않을 것이며, … 10개 대대는 강화부를 향하여 왕성

45(4), 262-269쪽.

10 강동진, 1985, 앞의 책, 53쪽, '『木戶孝允日記』, 1869.1.26.' 재인용.

을 직접 공격하면 … 불과 50일 만에 국왕을 포로로 할 수 있다"[11]라고 하였다.

정한론은 당대 팽배했던 서구 제국주의 담론의 영향도 받은 것으로 보인다. 1872년 12월 타이완 침공을 준비하기 위해 일본 외무성 고문으로 발탁된 러젠드르(C. LeGendre)는 『이선득건언서(李仙得建言書: 러젠드르의 제안서)』와 『한국침공보고서』를 상관인 오쿠보 도시미치에게 제출하였다. 그는 일본의 대륙 진출 교두보로 한국과 타이완을 주목하였는데, 일본이 한국과 타이완, 만주를 점령하여 청국을 포위하고 시베리아의 러시아를 위협하여 아시아의 맹주가 되어야 한다고 설파하였다. 만약 상황이 허락하지 않는다면, 한국을 정치·경제·군사적으로 종속시켜 타국의 영향력하에 들어가지 못하도록 막아야 한다고 하였다. 실제로 그의 주장은 외무성의 전략이 되었다. 여기서 특기할 점은 그의 논리는 큰 호응을 얻어 외무성에는 항상 그의 말을 경청하는 사무라이들의 긴 줄이 있었다고 한다. 그리고 그의 주장은 일본 제국주의 사상의 한 원류가 되었다고 후세인들은 기억하고 있다.[12] 이렇게 정한론은 메이지정부 내에서 권력 투쟁의 구실로 한동안 이용되었다가 1890년대에 들어가서 실현되었다.

무사적 전통을 가진 메이지정부의 영토 팽창은 단계적으로 진행되었다. 1단계는 일본 열도 인근에 있는 독립 왕국과 섬들을 자국의 영토로 편입시키는 것이었고, 매우 순조롭게 달성되었다. 이를 내지의 식민

11　『일본외교문서』 권3, 「복명서」, 138쪽.

12　掘眞琴, 1940, 「"米人李善得建言書"について」, 『國際學會雜誌』 51권 5호, 724-725쪽; Presseisen Ernest L., 1957, "Roots of Japanese Imperialism; A memorandum of General LeGendre," *Journal of Modern History XXIX*, pp. 108-111.

화 과정이라고 한다. 1869년 홋카이도 개척사를 설치하고 무진전쟁에서 패배한 동북부 번의 무사들을 이주시키면서 아이누족의 고향인 홋카이도를 강제로 침탈해 버렸다. 이들은 계속해서 사할린과 쿠릴열도 쪽으로 북진하면서 러시아와 영토 분쟁을 벌였다. 또한 남으로는 독립왕국인 류큐를 점령하기 위해 1872년에 류큐에 대한 행정권을 주장하고, 1873년 오가사와라(小笠原)제도를 일본 해군의 지배하에 두었다. 1874년에는 타이완을 침공하여[13] 철수를 대가로 청국으로부터 막대한 배상금을 확보했으며, 류큐와의 조공관계도 끊게 하였다. 결국 류큐는 1879년에 일본 영토로 편입되었다. 무력을 사용하여 손쉽게 얻은 영토와 전리품은 일본으로 하여금 전쟁이 상당히 수익성 높은 사업임을 깨닫게 하였다.

일본은 해외시찰단과 유학생 파견, 서양고문관들의 고용을 통해 국제정세에 대한 이해를 증대시키고, 제국주의 외교전략을 성공적으로 학

13　타이완정벌은 1872년 8월 류큐제도 소속 미야코지마 주민들이 타이완에서 살해되자, 가고시마현에서 이를 빌미로 타이완정벌을 주장한 것으로부터 시작되었다. 1872년 10월 류큐의 국왕이 메이지 천황에 의해 류큐 번왕(藩王)에 봉해지고 일본의 귀족 계급인 화족(華族)의 반열에 올라가면서 류큐는 과거 조공국에서 일본 세력권으로 포함되었다. 그런데 류큐는 청국에도 조공을 바치는 이중 조공국가였다. 따라서 청국과의 기존의 외교관계를 정리하고 군사적 간섭을 막아야 했다. 이에 1873년 3월 일본은 소에지마 다네오미(副島種臣) 외무경을 청국에 파견하여 이중 조공국인 류큐가 어디에 귀속되는지의 문제와 어민을 살해한 타이완인의 처벌을 강력히 요구하였다. 양국은 류큐 귀속문제에 대해서는 결론을 내지 못했으나 타이완에 대해서는 "중국의 政敎가 미치지 못하는 곳"이라는 답변을 얻어 타이완정벌의 빌미를 확보하였다. 소에지마 외무경이 귀국하자 타이완 출병을 결정하고, 1874년 4월 육군 중장 사이고 쓰구미치(西鄕從道)를 타이완 사무총독에 임명하여 3,658명의 침략군을 3척의 군함과 함께 파병하였다. 이들은 1개월의 교전 끝에 전역을 장악하고 12월에 귀국한다. 그해 10월 오쿠보 도시미치(大久保利通)는 리훙장(李鴻章)과 담판을 하여 배상금 50만 냥을 받았다. 이 성공에 고무되어 일본은 한국을 비롯한 동아시아 전역으로 팽창하려는 욕망을 현실화하기 시작하였다. 김현숙, 1998, 「한말고문관 러젠드르에 대한 연구」, 『한국근현대사연구』 8.

습하였다. 1871년에 일본은 청국과 대등한 통상조약을 체결하여 서구로부터 국제적인 지위를 인정받았고, 1875년 러시아와 국경선을 획정하고 쿠릴열도를 획득하였다. 1876년에는 서구로부터 학습한 포함 외교술을 동원하여 미국과 프랑스가 실패한 한국의 개국을 성사시키기까지 하였다. 그리고 조일수호통상조약에 '자주국'을 명시함으로써 조청 간의 조공질서에 균열을 가져오는 데 성공하였다. 이 모든 것들이 의외로 쉽게 달성되었다.

2단계는 일본이 청일전쟁의 강화조약인 시모노세키조약의 체결로 타이완이라는 해외 식민지를 확보하면서 시작되었다. 최초의 해외 식민지 확보라는 목적을 전쟁이라는 무력수단을 이용하여 달성했다는 특징이 있다. 그러나 랴오둥반도와 한반도까지 독점하려는 일본의 야욕을 러시아·프랑스·독일이 이른바 '삼국간섭'을 통해 견제하게 되자, 일본은 와신상담하면서 자국을 지지해 줄 세력을 물색하였다. 그 결과가 영일동맹이었다. 이후 한국의 보호국화 및 병합과정도 열강의 외교적 동의를 사전에 확보하고 한국에게는 조약을 강제하여 합법화시키고자 하였다. 즉, 일본은 서구 국가의 국제법을 활용한 '합법화'와 '협상과 타협' 등 모든 외교술을 차용하였고,[14] 열강의 아시아 침략에 편승하여 침략적 야망을 실현하였다. 마지막 3단계는 1932년 만주사변부터 1945년 해방까지의 시기로, 이 책에서는 논외로 한다.

14　일본 근대 사상가인 후쿠자와 유키치(福澤諭吉)도 한국침공을 지지한 인물이다. 갑신정변의 실패로 개화를 통한 한국 진출이 봉쇄당하자, 이후 『탈아론』을 집필하여 "한국과 중국을 대하는 방법도 이웃나라임을 고려하여 특별하게 대하지 말고 서양인들이 그들을 대하는 것처럼 하면 된다."라고 무력과 국제법을 활용한 방식의 침략을 주장하였다. 가토 요코 지음, 윤현명 외 옮김, 2018, 『그럼에도 일본은 전쟁을 선택했다』, 서해문집, 1장.

③ '주권선과 이익선'

이런 모든 것들이 과연 일본의 안보위기로 인해 시작된 것일까? 앞서 언급한 페리제독의 포함외교와 개국, 영국과 4개국 연합군의 가고시마와 시모노세키 침공, 그리고 러시아의 대마도 점령이 국가의 안전을 위협하는 위기로 인식된 것은 사실이었다. 그러나 이러한 외압은 곧이어 이완되었다. 미국은 남북전쟁이라는 수렁으로 빠졌고, 구미 열강은 근본적으로 일본 영토를 점령하고자 하는 의도가 없었다. 단지 상업적 및 해상 교통 거점의 확보가 주목적이었다. 따라서 한국·청국·일본 아시아 삼국 중 일본에 가해진 서구 제국주의 국가의 외압은 가장 느슨하고 약한 것이었다고 판단된다.

물론 '일본 열도를 향한 러시아의 남하'라는 주장은 일정 부분 설득력이 있다. 즉, 러시아는 1860년 베이징조약을 통해 연해주를 획득한 이후 사할린 쪽으로 진출하면서 일본과 마찰을 빚고, 1861년부터 1년간 대마도의 일부를 점령하기까지 했다. 그러나 과연 그들이 일본과의 전쟁을 무릅쓰고 일본 열도까지 침략하려 했을까 라는 점에는 의문이 있다. 러시아가 극동 지역에서 전쟁을 수행할 수 있는 역량이 갖추어진 것은 시베리아철도가 완공된 이후였다. 당시 러시아는 블라디보스토크항을 가까스로 건설하고 최소한의 해군만 주둔시켰을 뿐 시베리아와 연해주는 거의 빈 땅인 상태였다. 러시아의 남하 위험도 1855년 러일수호조약을 체결하면서 관리되기 시작하였고, 급기야 1875년의 페테르부르크조약으로[15] 러시아와 북방 국경선을 획정하면서 러시아 남하 위협은 레토

15　이 조약은 1875년 5월 7일 에노모토 다케아키(榎本武揚) 주러일본공사와 러시아 아시아국장 간에 체결된 것이다. 사할린섬 전체를 러시아에 양보하는 대신 쿠릴열도를 양도받았다. 러일전쟁 이후 사할린은 일본에게 양도되었다가 제2차 세계대전 이후

력이 되어 버렸다.

그런데, 동아시아 지역에서 '러시아 남하'라는 언설은 왜 그리 널리 유통되었을까? 일정 부분 18세기부터 지속적으로 남하정책을 폈던 러시아에게 화살을 돌릴 수 있겠지만, 영국의 아시아 팽창과 이 언설이 궤를 함께 한다는 측면에서 왜 반복·유통되었는지 이해할 수 있을 것이다. 바로 영국이 해양 패권과 식민지 보호 및 획득을 위해 '러시아 남하'라는 위기론을 아시아 국가들에게 설파했고, 이를 일본 당국자가 차용하여 해외팽창의 명분으로 활용했다고 해석하여도 크게 틀리지 않을 것이다. 러시아와 일본의 영토를 확정한 1875년 페테르부르크조약 이후 러시아와 일본 간의 긴장은 완화되었다. 또한 러시아는 극동지역으로 영토를 팽창할 현실적 여건이 갖추어지지 않은 상태에서 한반도 정치 문제에 간여하거나 남하 의지를 표명하지도 않았다. 그럼에도 불구하고, 일본은 공러의식을 반복·지속적으로 설파함으로써 일본 안전보장상의 필요로 한국을 보호 내지 한반도 문제에 개입해야 한다는 담론을 만들어 냈다. 그것이 절정에 이르렀을 때가 러일전쟁 시기였고, 일본은 러시아의 남하정책에 대처한 자위적 방어전쟁이었다고 주장하였다.

이 '모순된' 주장에 나름 논리를 부여한 것이 바로 일본 근대 '육군의 아버지'라 불리는 야마가타 아리토모[16]의 '주권선·이익선'이다. 그는 조

다시 쿠릴열도와 함께 소련에게 반환되었다.

16 야마가타 아리토모는 조슈번 출신 메이지유신 원로 중 한 명으로 1889년 12월에 집권하였다. 대러강경론자로 알려진 그의 1차 내각시대(1889.12~1891.1) 당시 대러강경론이 우세하게 되었고, 이때 '주권선·이익선'을 주장하였다. 시베리아철도가 착공되자 그는 러시아통 외교관 에노모토 다케아키(榎本武揚)를 외상으로 임명하였다(1891.5.29). 러시아를 겨냥한 군비증강은 2차 이토내각(1892.8~1896.9)의 등장과 함께 공식 채택되었다.

슈번 출신으로 1878년 참모본부를 정부로부터 독립시켜 군부 세력 기반을 구축한 육군 최고 실권자이기도 하다. 야마가타는 1888년 유럽 순방 때, 오스트리아 비엔나대학 정치경제학 교수인 로렌츠 폰 슈타인(Lorenz von Stein)으로부터 이익선과 주권선이라는 개념을 전수받았다. 이후 그는 이 개념을 차용하여 일본 본토를 일본의 주권선으로, 한국은 일본을 보호하는 이익선으로 설정하였다.

1890년 당시 수상(1차 내각시대: 1889.12~1891.1)이었던 그는 제1회 제국의회의 '시정방침연설'에서 한국을 이익선으로 규정하고 주권선인 일본을 지키기 위해 한국을 보호해야 한다는 외교전략을 피력했고, 이를 국책으로 정하였다. 아이러니한 것은 이 주권선과 이익선이 지속적으로 확장되고 변화하고 있다는 점이다. 주권선은 일본 열도에서 이후 류큐와 홋카이도를 포함하였고, 그 후에는 타이완과 한반도, 나아가서는 만주로 확대되었다. 일본 열도의 안전보장을 위해 점령한 한반도는 이후 주권선 안에 포함되어, 한반도를 보호하기 위해 만주를 점령한다는 논리가 만들어지는 것이다. 일본의 주권선과 이익선은 근대 초기 50년 동안 지속적으로 팽창하였고 군사력 증강과 전쟁의 확산과 궤를 같이하였다. 모순과 허위로 점철된 제국주의 팽창 논리에 불과한 것이다.

야마가타의 주장에 근거로 제시된 것은 바로 1891년 러시아의 시베리아철도 착공이었다. 야마가타는 제국의회에서의 연설과 1893년 「군비의견서」에서 밝히듯이 시베리아철도가 개통되는 날이면 러시아는 대량으로 화물과 군대를 수송할 수 있고, 그날이 바로 러시아가 만주와 한반도를 본격적으로 침략하는 시점이 될 것이라 주장하였다. 그럴 경우 일본의 안위도 위태롭게 될 것이므로 군비증강을 해야 한다는 논리였다. 따라서 그는 일본의 영토와 주권을 지키기 위해 이익선인 한국을 먼저 확보해야 한다고 하였다. 이를 위해 첫 단계로 청국과의 전쟁을 신속히 끝내고, 다음 단계인 러시아와의 전쟁을 철저히 준비해야 한다는 것이다.[17] 이 같은 야마가타의 노선은 민당이 주장하던 소규모 국토방위군 구상을 배제하고 해외 침략을 가능케 하는 군비 확장 노선을 명확하게 내세웠다는 점에서 일본이 공식적으로 대외 침략 노선을 택했음을 시사한다. 야마가타는 한반도 침략을 실현하기 위해 막대한 예산을 육해군 경비에 할당시켜 청국과의 전쟁을 준비하였다. 이를 이어 러시아를 겨냥한 군비 대책은 1893년 2차 이토내각(1892.8~1896.9) 당시 「군비의견」을 통해 마련하였다.

과대 포장된 공로(恐露)의식이 정부와 언론을 통해 민간에게 홍보되면서 일본인 사이에 위기의식이 고조되었다. 이를 보여 주는 사건이 발생하였다. 1891년 5월 러시아 황태자(후일 니콜라이 2세)가 블라디보스토크에서 거행된 시베리아철도 착공식에 참석하기 위해 가는 도중, 일본을 방문하였다. 이때 황태자의 경호를 맡았던 일본 경찰이 황태자를 습격한 일이 발생하였다. 일국의 황태자를 암살하려 한 사건은 해당 국가와의 전쟁으로 비화될 수 있는 중대한 사건이었다. 그러나 일본은 러시아와의 결전은커녕 청국과의 전쟁 준비도 마치지 못한 상태였다. 사건을 평화적으로 매듭짓고자 한 메이지 천황은 직접 니콜라이 황태자의 병실을 찾아 위문하였다. 재판소는 암살자에게 사형을 구형하였고, 한 시민은 황태자에게 사죄한다는 뜻에서 자결하는 등 소동이 벌어졌다. 위장 전술의 진면목을 파악하지 못한 러시아는 동양함대를 파견하여 무력과 위용을 과시하는 선에서 사건을 마무리 지었다.

---

17 升味準之輔 지음, 이경희 옮김, 1992, 『일본정치사』 2, 형설출판사, 37-38쪽.

2) 러시아의 극동팽창과 시베리아철도

러시아는 20세기 한반도를 둘러싸고 경쟁한 열강들의 한 축이었다. 19세기부터 동아시아로의 팽창을 시작한 러시아는 영국에 의해 해양으로의 출구가 막히자 대륙으로 팽창하였다. 철도망 구축은 그 수단이었고, 해양권 대안으로 급부상한 철도망의 장악은 세계 패권과 직결되어 있었다. 러시아의 한반도 및 만주 정책과 그 목적, 그리고 명분이 된 시베리아철도 부설은 러일전쟁의 기폭제가 되었고, 전사로서의 의미를 갖는다.

(1) 한반도정책과 영토 팽창

러시아는 전형적인 대륙 팽창국가이자 제국주의 국가이다. 서방 제국주의 국가와 유사한 점은 동아시아 지역으로 영토 확장을 꾀하였다는 점이고, 차이점은 식민국가이면서 유럽 금융자본에 종속된 이중성을 갖고 있다는 점이다. 표트르 대제(1672~1725) 당시 본격화된 러시아의 동진은 네르친스크조약을 통해 청국의 동북 지역 국경까지 팽창하였고, 이후 캄차카반도와 쿠릴열도, 알래스카를 영유하였다. 1815년 무렵에는 미국 샌프란시스코 북쪽의 포트 로스와 하와이까지 세력권을 확대하려는 등 유럽과 아시아, 미주 대륙까지 영유하는 세계 최대의 영토를 가진 국가로 등장하였다. 한국과는 1860년 '베이징조약'을 중재한 대가로 우수리강 동쪽 연해주를 할양받은 후 두만강을 사이로 이웃 나라가 되었다. 한중일 삼국이 품었던 공러의식은 러시아의 팽창이 그칠 줄 몰랐다는 점에서 충분한 근거가 있다. 다만 러시아가 한반도에 관심을 갖고 본격적인 남하를 시작한 것은 1895년 이후라는 점을 기억해 두자. 이는 무계획적인 팽창과 불안한 교통수단, 소극적인 외교 때문이었다.

아메리카 대륙을 향한 러시아의 팽창은 식민지 캐나다를 방어하는 영국군과 서쪽으로 영토를 확장하던 미국의 먼로 독트린(Monroe Doctrine)에 의해 견제를 받았다. 또한 크리미아전쟁(1853~1856)에서의 패배와 1854년 영불연합군의 캄차카 침공을 끝으로 러시아는 극동 지역으로의 남하를 잠시 보류하고 중앙아시아 쪽으로 방향을 틀었다.[18] 당시 세계 패권국가인 영국과의 군사력을 비교하자면 19세기 후반 러시아는 세계 최대의 병력을 보유한 육군 대국이었다. 쿠로팟킨(A. Kuropatkin, 쿠로파트킨) 육군상의 기록에 의하면 1850~1860년 러시아 병력은 110만 명이었으며, 이에 비해 프랑스 육군은 40만, 영국은 14만, 오스만제국은 45만이었다.[19] 그중 81만 4천 명의 육군은 프랑스나 독일, 일본보다 약 20~30만 명 더 많은 수이다. 그러나 해군은 영국의 군함 84척(738톤)에 비해 절반인 46척(304톤)밖에 안 되었고, 전 세계 바다는 여전히 영국 해군이 장악하고 있었다.[20] 설상가상으로 러시아 주력 해군인 발틱함대의 주 출입구는 동절기에 출입이 어렵고, 흑해함대는 오스만제국과 영국 해군에 의해 지중해 진출을 견제받고 있는 상황이었다. 새로이 개척한 태평양함대의 블라디보스토크항도 겨울에는 사용할 수 없었다. 제해권은 세계 패권과 직결되어 있으므로 러시아에게 부동항 획득은 현실의 과제였다.

러시아와 한국의 본격적인 교류는 1884년 한러수호통상조약과

---

18 최문형, 2007, 『러시아의 남하와 일본의 한국침략』, 지식산업사.

19 A. N. Kuropatkin 지음, 심국웅 옮김, 2007, 『러시아 군사령관 쿠로파트킨 장군 회고록, 러일전쟁』, 한국외국어대학교출판부, 24쪽.

20 심헌용, 2003, 『러일전쟁과 한반도』, 국방부 군사편찬연구소, 45쪽.

1887년 한러육로통상조약을 체결하면서 시작되었다. 초대 공사로 베베르(K. Waeber)가 한국에 부임할 때 러시아 외무성으로부터 하달받은 지시 사항은 러시아에 대한 한국정부의 우호와 신뢰를 강화하고, 한국의 독립과 현상을 유지하되, 구체적인 지원 약속과 결정적인 협력은 하지 말고 다만 기대감만 갖게 하라는 것이었다.[21] 한반도나 만주 지역으로 남하할 때 필요한 재정적·군사적 자원이 부족한 상태에서 러시아의 한국정책은 기본적으로 한국의 주권을 위태롭게 하는 청국이나 일본을 견제하고, 영토 보존과 집권세력을 유지하는 것으로 정리할 수 있다. 이 정책은 당대 러시아의 주요 관심 대상이 유럽과 서아시아, 그리고 중앙아시아라는 점을 반영하며, 1895년 삼국간섭 시기까지 일관되게 유지되었다. 그럼에도 불구하고 때때로 '공로의식'이 확산했던 것은 상당 부분 '러시아 위협'이 영국에 의해 과장된 측면이 있었다는 점을 지적해야 할 것이다.

한국에 대해 큰 관심이나 명확한 정책이 서지 않았던 상황에서 우호적인 한러관계가 유지된 것은 전적으로 현지 외교관이었던 베베르 개인의 공헌이다. 베베르는 고종과 유사한 성품의 소유자였다. 그는 고종과의 사적인 친분을 돈독히 했을 뿐 아니라 고종의 반청자주정책과 위안스카이 견제책에 동참하고, '한러밀약'이나 '고종폐위음모', '명성황후시해사건' 등 위기가 발생할 때마다 고종의 든든한 조력자로서 적절한 자문을 해 주고 신변을 보호해 줌으로써 고종의 러시아에 대한 신뢰를 형성하고 친러정책을 구사하게 만든 장본인이었다. 알렌(H. Allen) 미국공

---

21 김종헌, 2008, 「슈페이예르와 러시아공사 베베르의 조선 내 외교활동-1884~1894」, 『수교와 교섭의 시기 한러관계』, 선인.

사 이외에 어느 누구도 고종과 그런 친밀한 관계를 갖지 못했다. 이런 비공식적인 관계가 청일전쟁 이전 한러 간의 관계를 규정하는 요소 중 하나였다.

물론 러시아가 '한국에 관심이 없다.' 혹은 '침략 의도가 없다.'고 단정할 수 없다. 한반도는 지정학적 위치로 인해 전략적인 카드로 활용될 수 있었고, 역으로 러시아 안보에 위협이 될 수도 있었기 때문이다. 러시아는 영국이나 일본 혹은 청국 등 어느 한 국가가 한반도의 세력균형을 깨트릴 경우를 주목했는데, 특히 영국의 군사적 움직임에 민감하게 반응하였다. 하나의 사례로 한러밀약을 명분으로 영국이 거문도를 불법 점령한 사건(1885.4~1887.2)에 대해 러시아는 한국정부를 지원함으로써 해결을 모색하였다. 베베르 공사는 한국 측 외교고문 데니(O. N. Denny)에게 러시아는 영흥만을 점령할 의도는 없으나 영국이 거문도에서 철수하지 않으면 불가피하게 한국의 항구를 점령할 수밖에 없다는 본국의 훈령을 전하면서, 사태 해결을 촉구하였다. 고종은 즉각 데니를 리홍장에게 파견하여 러시아의 영토 불가침 의향을 시작으로 영청 간의 협상 방향을 제시하여 해결의 실마리를 풀었다.[22] 여기서 주목할 점은 영국의 거문도 철수가 강대국의 협상 테이블에서 최종 타결된 것은 사실이지만, 그 이면에는 약소국이자 당사국이었던 한국의 노력도 일정 부분 인정해 주어야 한다는 점이다. 강대국 시선에서 볼 때는 이러한 작은 움직임들을 놓치기 쉽다.

전체적으로 요약하자면 대륙국가인 러시아는 주로 인접 지역으로 팽

---

22 김현숙, 1996, 「구한말 고문관 데니의 반청외교활동의 성격과 경제개방정책」, 『이대사원』 29, 153쪽.

창하는 전략을 구사하였고, 국제정세 변화에 따라 만주와 한반도, 신장 지역과 아프가니스탄, 페르시아와 발칸반도 등을 각각 남하 대상지로 선정하였다. 러시아가 본격적으로 한반도와 만주 문제에 관심을 갖고 간여하기 시작한 계기는 시베리아철도 부설과 청일전쟁의 강화조약인 시모노세키조약이었다. 청일전쟁에서 패배한 청이 극동 지역에서 퇴출되고, 일본이 한반도, 나아가 만주에 대한 영토적·전략적 패권 장악 의도를 노골적으로 드러내자 러시아는 삼국간섭, 나아가 아관파천 등을 통해 일본을 견제하며 새로운 경쟁 구도를 형성하였다. 그러나 러시아에게 여전히 한반도는 만주 및 대륙의 종속변수에 불과했다. 그리고 러시아는 때때로 즉흥적이고 일관되지 않은 대한정책으로 열강의 의심을 받았고, 한국의 외교도 영향을 받았다.

(2) 시베리아철도 착공과 극동 진출

청일전쟁 이후 러시아 극동정책을 입안한 실세는 재무상 세르게이 율리예비치 비테(Sergei Yulievich Witte)였다.[23] 그의 정책 목표는 유럽의 제국들보다 늦게 시작한 산업혁명을 성공시키고 아시아를 러시아의 미래 상품시장으로 확보하는 것이었다. 많은 인구와 풍부한 지하자원, 근대화 추진 과정에서 발생하는 각종 이권사업 등 극동 지역은 러시아 상품의 거대한 소비시장으로 기능할 수 있었다. 비테는 해운을 중심으로

---

23 비테는 러시아 제국주의에 새로운 색채를 입힌 인물로 알려져 있다. 1892년 43세에 일개 철도 관료직에서 장관직으로 급부상한 후, 교통과 재무를 담당하였다. 주로 극동과 중동 정책을 담당했고, 그의 막강한 권력은 10년 넘게 지속되다가 1903년 여름에 파면되면서 끝이 났다. Sumner, 1968, *Tsardom and Imperialism in the Far East and Middle East, 1880-1914*, Archon Books.

짜인 기존의 물류 수송 시스템을 육상의 철도 중심으로 재편하고 청국 및 한국과 국경을 맞닿고 있다는 이점을 활용하면, 모스크바는 세계물류의 중심이 될 것이라고 설파했다. 이는 시베리아철도 부설과 극동시장의 개척이라는 새로운 비전이었다.[24] 이와 같이 시베리아철도는 러시아와 비테의 원대한 꿈, 즉 시베리아 식민, 청국무역, 그리고 육군의 무력 증

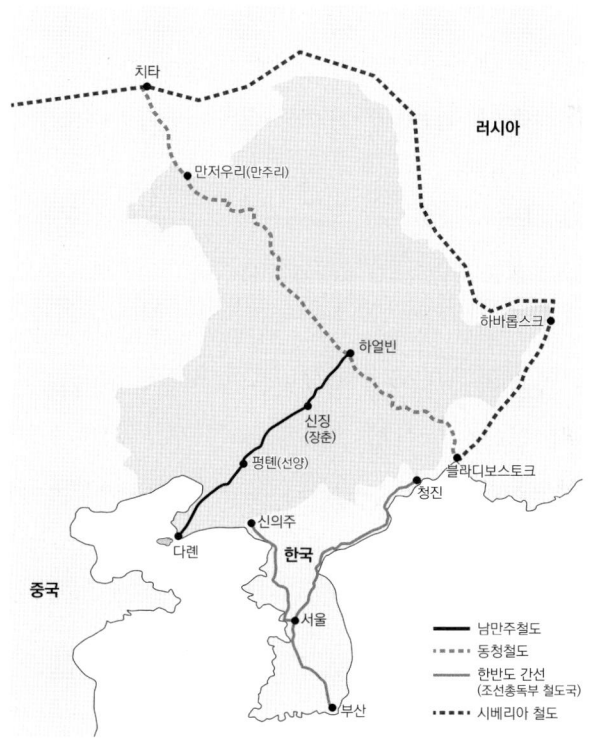

〈그림 1-1〉 극동 지역 시베리아철도 및 동청철도 노선

---

24 최덕규, 1999, 「비떼의 대한정책과 한러은행」, 『슬라브학보』 14(12); 김영수, 2004, 「러일전쟁 전야 제정 러시아의 극동정책」, 『사림』 22; J. A. White, 1964, *The Diplomacy of the Russo-Japanese War*, Princeton Univ. Press, p.18.

강 등을 목표로 1891년 착공식을 거행하고 1906년 완공을 목표로 하였다. 출발역인 모스크바에서 종착역인 블라디보스토크까지 총 9,288킬로미터에 달하는 대륙횡단철도인 시베리아철도는 결과적으로 러일전쟁, 러시아혁명, 제1차 세계대전 등으로 인해 총 공사비 10억 루블이나 소요되었으며, 목표일보다 10년 늦은 1916년에나 완공되었다.

시베리아철도의 제6공구인 아무르강과 하바롭스크-제야(Zeya) 노선은 러청 국경을 따라 건설될 예정이었다. 그런데 1894년 이 노선을 실측한 결과 이 구간은 50% 이상의 늪지와 산맥의 지맥들로 이루어져 고도의 기술력과 막대한 추가 비용이 필요한 난공사 지역으로 판명이 났다. 1년에 52일이 결빙되는 블라디보스토크항을 무역항과 해군기지로 개선하기 위해서는 상당한 추가 비용도 필요하였다. 급증하는 경비는 심각한 문제였다. 더욱이 러시아는 1891~1893년 지속된 기근과 불황에서 겨우 벗어나기 시작한 터라 비테는 1895년 2월부터 경비 절감과 노선 단축을 모색하게 되었다. 러청 국경을 따라 건설될 예정이었던 아무르강 노선을 청의 영토인 만주를 직선으로 통과하는 노선으로 대체하면 약 38%의 거리와 비용을 절감시킬 수 있다는 것이다.

1896년 12월 비테는 비용 절감과 청국시장 진출이라는 명분을 내세우며 만주 북부를 직선으로 통과하여 블라디보스토크로 연결하는 최단 코스를 제안하였다. 〈그림 1-1〉 지도에서 볼 수 있듯이 이 노선의 철도가 바로 동청철도이다. 이때부터 비테는 시베리아 횡단철도와 동청철도를 기본 전략 축으로, 광범하게 분포되어 있는 전초기지를 지선으로 연결하고, 다시 이를 남쪽의 부동항과 연결하려는 큰 그림을 그렸다. 그는 동청철도가 만주의 수출입 무역의 대동맥이 될뿐더러 전략적 가치를 지닐 것이라고 전망하고, 국가 시책으로 추진하였다.

이 철도는 러시아에게 블라디보스토크로의 병력 수송의 기회를 제공해 준다는 점에서 정치적·전략적 중요성을 지니고 있다. 그것도 언제든지, 최단 노선으로 러시아의 병력을 황해에 연한 만주로, 그리고 청국 수도 가까이에 집중시키는 데 중요한 역할을 하게 될 것이다. 위 지역에 상당 규모의 러시아 병력이 출현할 수도 있다는 가능성만으로도, 청국뿐만 아니라 동아시아 어디에서나 러시아의 국위와 영향력을 대폭 증강시켜 줄 것이다.[25]

다시 말해 러시아의 극동 팽창정책은 동청철도 부설과 만주 진출로 요약할 수 있으며, 이를 위해 비테는 외교적 수단과 뇌물을 이용하여 준비하고 있었다. 후술하겠지만, 비테의 이 정책은 만주 보호와 블라디보스토크항의 단점을 보완할 부동항을 한반도 남쪽에서 확보하고 정치·경제적으로 한국을 경영하겠다는 전망과 연결된 것이었다. 그러나 시베리아철도 건설은 일본에게 실로 중대한 위협으로 다가왔다. 앞에서 설명했듯이 일본의 한반도 및 대륙 침략이라는 국가적 목표에 큰 타격을 입힐 것이 명약관화하기 때문이었다.

---

25 말로제모프 지음, 석화정 옮김, 2002, 『러시아의 동아시아정책』, 지식산업사, 119쪽 재인용.

2. 고조되는 극동 위기와 러일의 각축

대한제국기부터 러일전쟁 직전까지, 한반도에서 발발한 인천항 위기, 진남포·목포·마산포·용암포에서의 러일 간의 갈등 등은 제주도 민란을 제외하고 모두 러일 및 영러의 각축전으로 외부 세력에 의해 위기가 조성된 측면이 강하다. 이 사건들은 해양세력과 대륙세력이라는 영러의 패권 대결과 동맹관계가 복잡하게 연결되어 있다. 또한 향후 러일전쟁으로 비화되는 지점들이다. 이를 둘러싼 러일의 갈등 양상과 대결, 그리고 한국정부의 위기관리 능력, 나아가 러일전쟁으로 이행되는 과정들을 입체적으로 확인해 보기로 한다.

1) 청국의 세력권 분할과 '인천항 위기'

(1) 러청비밀동맹과 동청철도

1896년 여름, 비테 러시아 재무상은 아관파천을 통해 조성된 유리한 상황을 이용하여 동년 7월 2일에 니콜라이 2세(Nicholas II) 대관식에 참석한 민영환(閔泳煥)과 한국의 군사·재정 지원을 약속하는 각서를 교환하였다. 구체적인 내용은 첫째, 고종의 신변 보호, 둘째, 300만 원 차관 제공과 한러은행의 설립, 셋째는 군사·내각·산업·철도고문의 파견, 한러 간의 전신선 부설 등이다.[26] 러시아가 한반도에 군사·재정적으로 진

---

26 국사편찬위원회 편, 1986. 『윤치호일기』 4, 160쪽, 167쪽; 『주한일본공사관기록』 권11, #13 "韓露密約一件", 別紙乙號.

출할 수 있는 유리한 카드를 확보한 셈이었다.

중국 대륙의 상황도 러시아에게 유리하게 전개되고 있었다. 1895년 11월 일본은 삼국간섭의 결과로 랴오둥반도에서 축출되었고, 프랑스의 은행가들은 비테에게 대청차관 전액을 제공하되 러시아정부는 차관 보증만 서 주는 것으로 러불차관에 참여할 것을 제의하였다. 이는 청이 도입한 차관 중 가장 낮은 이자율인 4%에 제공되는 것으로 러시아는 차관의 지불 보증만 함으로써 후일 러청은행 설립권과 남만주철도 부설권을 획득하는 데 유리한 고지를 확보할 수 있는 것이었다. 이 정보를 입수한 영국 금융계는 1896년 3월 5%의 이자율로 1,600만 파운드의 영독 공동차관을 제공하며 러불의 영향력에 대응하려 했지만, 영국과 독일 정치권은 동아시아에서 러시아의 이해관계가 진전되는 것에 반대하지 않는다는 입장을 표시했다.[27] 물론 그 이면에는 러시아의 평화적 경제진출과 청의 문호개방이라는 전제가 깔려 있다. 이렇듯 영국의 '러시아 남하 견제'라는 전통적인 노선에 변화가 나타난 것은 독일의 군사력 증강과 해외팽창 시도와 관련이 있다. 1890년부터 1904년까지 유럽은 기존의 세력들이 새롭게 이합집산 하는 유동적인 시기를 맞이하고 있었다.[28]

삼국간섭으로 인한 랴오둥반도 반환과 4%의 저율 러불차관 제공으로 청국의 환심과 지지를 얻은 비테는 니콜라이 2세 대관식에 사절단으

---

27 말로제모프 지음, 석화정 옮김, 2002, 앞의 책, 116쪽.
28 청일전쟁 이후 청국에서 벌어진 열강 간의 조차권 및 이권 경쟁은 점입가경이었다. 일본은 경의선과 연결되는 만주철도부설권을 원하고 있었고, 프랑스는 남중국의 철도부설권을 획득하였다. 영국도 1896년 1월 영불협약 제4조에 의해 철도부설권을 확보하였고, 독일 또한 베이징-톈진 철도 레일과 철도차량 계약의 독점권을 획득하고 톈진, 상하이, 한커우의 조계를 확보하였다.

로 파견된 리훙장과 '러청비밀동맹'(1896.6.30)을 체결하였다.[29] 이 조약 제1조에는 "일본이 러시아 극동, 한국, 청나라에 침공할 경우 청나라-러시아 양국은 육해군을 상호 지원한다"라고 하여 한국이 방어동맹 범위에 포함되어 있음을 알 수 있다. 이 동맹 조약은 바로 민영환과의 각서 교환 직전에 체결된 것으로, 러시아는 각서와 함께 한반도 진출에 대한 두 개의 전략적 카드를 확보한 셈이었다. 러시아는 청과의 동맹 체결을 대가로 시베리아철도의 동북만주횡단, 일명 동청철도 부설권 및 경영권을 획득하며 평상시에도 군대와 군수물자를 자유롭게 수송할 수 있게 되었다.[30] 물론 리훙장에게는 300만 루블이라는 어마어마한 뇌물을 지불하기로 약속하였다.

그런데 불과 1년 전 시모노세키조약 제1조에서 한국의 독립을 인정한 리훙장이 러시아와의 조약에서 한국을 포함시킨 이유는 무엇일까? 여기서 잠깐 전체 논지에서 벗어나지만 비밀동맹 1조에 대해 생각해 보

---

29 러청비밀방어동맹 제2조에는 일본에 대한 군사작전을 전개하는 동안에는 청국의 모든 항구를 러시아 전함에 개방한다는 것, 제4조에는 지린과 헤이룽장성을 관통하는 철도부설을 허용하며, 그 부설권과 이용권은 러청은행이 행사한다는 것, 제5조는 평화 시에도 이 철도를 이용하는 러시아 군대는 '운송·수송의 필요'에 따라 정차할 권리를 가진다고 규정되어 있다.

30 러청비밀동맹을 통해 청러 양국은 시베리아철도를 아무르지방과 지린성을 통과하여 블라디보스토크까지 연결시키는 것에 합의하였다. 또한 일본이 청과 한국을 공격하면 육해군을 통해 상호 지원하기로 약속하였다. 유사시에 동청철도와 청국의 항구는 러시아 전함에 개방되었고, 평시에도 러시아는 군대수송과 보급을 위해 사용 권한을 확보함으로써 팽창의 도구로 활용할 수 있게 되었다. 또한 철도 주식의 전량을 러시아가 확보함으로써 러시아 국영 철도의 위상을 지니게 되었고 철도 주변 지역에 수많은 특권을 향유하였다. 이어서 러시아와 프랑스는 공동으로 루거우차오(蘆溝橋)에서 한커우(漢口)에 이르는 징한(京漢)철도의 건설 자금을 제공하는 계약을 맺었다. 한정숙, 1996, 「제정러시아 제국주의의 만주·조선정책」, 『역사비평』 37.

기로 하자. 먼저 우리가 중국에 대해 갖고 있는 선입관은 '쇠퇴하는 청국, 성장하는 일본'이라는 이미지이다. 실제로 그러한가? 청일전쟁 이전까지 동양에서는 청국의 '양무식 발전' 가능성과 '명치식 발전' 가능성이 모두 열려 있었다.[31] 청국은 국방력 강화와 산업 진흥을 위해 서구에서 기술 문물과 제도를 수용하고 무기공장들을 설립하였다. 그 밖에 신장 지역의 민족운동을 압살하고 정복하였으며, 베트남과 한국에 파병하고, 전쟁을 불사한 강경책을 구사하였다. 서양 열강은 양무정권의 군사력을 인정했고 청의 승리를 낙관했다. 실제로 청일전쟁의 육지전에서 청이 선전했던 것도 사실이다. 결과론적 해석을 잠시 보류하면, 리훙장 등 양무정권은 전쟁 이후에도 청제국 부활 이후를 대비하여, 한반도에 대한 미련을 버리지 않았다는 것이다.

그 속내는 1895년 개편된 한국해관 운영 방침에서 확인된다. 리훙장은 향후 한국에 다시 진출할 것을 대비하여 속국의 상징처럼 운영되었던 한국해관을 계속 장악하고 이를 재진출의 교두보로 삼고자 하였다. 해관은 한국정부의 재정과 국가 경제에 영향력을 행사할 수 있는 핵심 기관이었기 때문이다. 그 방법은 청국총세무사 로버트 하트(R. Hart)와 한국총세무사 브라운(McLeavy Brown) 간의 통로를 사적으로 유지하는 것이었는데, 다음과 같은 조건들을 비밀리에 합의하면서 그 단초가 마련되었다. 먼저 기존의 청국해관의 지시 및 보고체계를 계속 유지시키고, 청해관으로부터의 연 20,000~25,000달러의 보조금을 계속 지급하는 것이었다. 또한 한국의 해관원을 청국해관에서 계속 파견하는 동시에 이들은 청해

---

31 가토 요코 지음, 윤현명 외 옮김, 2018, 『그럼에도 일본은 전쟁을 선택했다』, 서해문집, 1장.

관에 이중 소속되어, 한국에서 퇴직 후 청해관으로 복직하게 되었던 것이다. 이처럼 청국은 한국해관에 간여할 수 있는 장치와 인맥을 계속 확보하고 있었다.[32] 즉, 청국이 청일전쟁을 끝으로 한반도에서 완전히 퇴거했다고 알려져 있지만, 청은 한국을 끝까지 포기하지 않았고, 바로 비밀동맹 제1조도 그 일환에서 체결된 것으로 해석해야 한다는 것이다.

다시 우리의 이야기인 러청비밀동맹으로 돌아가자. 비테는 동맹 체결의 반대급부로 시베리아철도가 만주를 통과하게 함으로써 공사 기간과 거리를 단축시켜 비용을 절감하는 효과를 거두고, 동시에 만주의 랴오둥성·헤이룽장성(黑龍江省)·지린성(吉林省) 등의 시장을 공략하여 청국 관내로 진입할 수 있는 전략적인 카드를 확보한 셈이었다. 그러나 공친왕(恭親王, 1832~1898)을 비롯한 총리아문 측에서 러시아의 숨은 속내를 의심하며 격렬히 반대하자 동청철도 부설권 체결이 지연되고,[33] 부동항이 있는 한반도가 대체지로 급부상하였다. 러시아는 이미 한반도의 군사적인 가치를 높이 평가했고, 의도하지도 않았지만 아관파천과 민영환과의 각서 체결, 그리고 러청비밀동맹으로 인해 진출의 교두보가 확보된 상태였다.

비테는 시간이 많이 소요되는 경제진출보다 앞서 고문관 파견이라는 인적 통로를 이용하여 대한제국의 군권과 재정권을 장악하고자 하였다. 아울러 진남포나 목포를 동청철도와 연결시켜 군항으로 활용할 계획을 갖고 있었다. 당대 제국주의 국가들의 경제침투와 군사침략은 동전의 양

---

32 김현숙, 2008, 『근대 한국의 서양인 고문관들』, 한국연구원, 298쪽.

33 B. A. Romanov, translated by S. W. Jones, 1974, *Russia in Manchuria(1892-1906)*, Octagon Books, pp. 62-93, 107.

면이자 상호보완적인 방법이었다. 한국과 청국에서 보여 준 비테의 정책은 페르시아 지역에서의 철도부설, 차관제공, 러시아-페르시아 은행설립 등을 통한 경제 지배권 확립이라는 방법을 아시아 지역에 동일하게 적용하는 것이었다. 이 같은 정책은 군사적 침략 방법이 아닌 자본수출을 통한 평화적 진출로 이해되어 왔는데, 비테의 정책 역시 침략의 본질과 팽창이라는 측면에서는 대동소이하며, 군사적인 측면을 내포하고 있다.[34]

1896년 9월 러청은행 지점장 포코틸로프(D. D. Pokotilov)가 한국정부의 재정 상태와 차관도입 건을 실사하기 위해 내한하였고, 10월에는 푸차타(Putiata)가 군사고문으로 임명되어 13명의 장교와 하사관을 대동하고 내한하였다. 이는 기존의 러청 간의 답보 상황을 반영한 것이었다. 그런데, 바로 그때에 청국에서 극적으로 돌파구가 열렸다. 리훙장이 '러청비밀동맹'에 대한 청국총리아문의 반대를 극복하고 1896년 9월 청국 전권위원 허경징(許景澄)과 러청은행 대표인 로뜨슈테인과 욱똠스키가 '동청철도부설 및 개발 계약'에 조인하였던 것이다.[35] 결과적으로 러시아정

---

34 최덕규, 1999, 앞의 글, 2장.
35 이 계약의 주요 내용은 다음과 같다. 6조: 동청철도는 면세 혜택을 받으며, 철로변 부근에 동청철도회사가 이용하는 토지에 대한 행정권 및 각종 건설권을 갖는다. 7조: 청국은 80년 후에 철도를 양도받으며, 장기공채와 일시 차입금을 모두 상환하면 36년 이후에 철도를 매입할 권리를 갖는다. 10조: 러시아와 만주의 화물 운송을 진작시키기 위해 철도 수송 물품에 대한 러시아와 청국의 운임을 3분의 1로 감면한다. 11조: 화물과 승객의 요금 결정은 전적으로 동청철도회사에 위임한다. 러시아는 동청철도를 부설·운영하기 위한 명목으로 조차한 조계의 행정 및 경찰권을 확보하며, 철도 연변의 석탄 광산개발권까지도 얻어, 이후 '청국 광산자원개발 신디케이트'가 구성되었다. 이와 같이 제국주의 시대 철도 이권이란 건설 자재의 판매, 경영 참가, 철도연변의 광산개발권, 전신가설권, 그리고 거류지 확보, 나아가 거류지의 행정·사법권 장악까지 이어질 수 있는 것이었다.

부는 동청철도 부설과 운영권을 값싸게 장악했는데, 동청철도회사의 500만 루블 투자액 중 겨우 100만 루블만 제공하면서 53%의 주식을 보유하게 되었고, 회사 요직에 비테의 요원들을 임명할 수 있게 되었다. 이런 과정을 통해 1898년 착공한 동청철도[36]는 러시아의 진정한 속내를 보여 주는 것이었고, 영국 및 일본과의 대립과 갈등의 원인이 되었다.

청국에서 동청철도 건이 해결되자 포코틸로프는 차관 등 모든 문제를 6개월만 연기하자고 미루면서 11월에 서울을 떠났다. 만주 진출이 최우선이었기 때문이다. 비테의 만주에 대한 관심은 계속 증대되어 동청철도로 만족하지 않고, 남만주 부동항으로 이어지는 지선 부설권을 추가로 확보하려 하였다.[37] 그런데 이 계획은 차질을 빚기 시작하여, 이듬해 1897년 3월경에 이르자 청러관계는 최악의 상태로 치달았다. 리훙장은 남만주철도 지선의 양여를 끝까지 반대하면서 "우리는 그대들을 안마당에 들어오도록 허용했는데, 이제는 우리 처자들이 있는 안방까지 들어오려 한다"[38]고 언성을 높였고, 청국정부 주도로 만주 철도부설을 계획하였다. 그러자 전직 비테의 비서이자 러청은행과 동청철도이사였던 로마노프(P. M. Romanov)는 다음과 같은 견해를 비테에게 밝혔다.

내 견해로는 우리에게 가장 중요한 지역은 조선이다. 북만주는 요동

---

36 동청철도는 청국 동북지방의 동서와 남북을 연결하는 주요 간선이다. 러시아의 치타(바이칼호의 동쪽)를 출발하여 북만주를 횡단하여 블라디보스토크로 연결되는 동서 노선은 북만주노선, 1898년 러시아가 얻은 하얼빈-뤼순(다롄) 사이의 지선은 남만주철도라 불린다. 1901년 철도가 개통되어 1903년 영업을 개시했으나 1905년 포츠머스조약에 의해 남부지선의 창춘 이남은 일본에게 할양되었다.
37 B. A. Romanov, translated by S. W. Jones, 1974, 앞의 책, pp. 111-113.
38 말로제모프 지음, 석화정 옮김, 2002, 앞의 책, 207쪽 재인용.

이나 조선으로의 접근로를 마련해 줄 때만 우리에게 중요할 뿐이다. 그러나 청국인들은 근시일 내에 우리에게 랴오둥반도 항구의 철도부설권을 주지 않을 것이다. 그것은 북경이 우리 영향력권으로 들어오는 것으로 이해하기 때문이다. 반면에 그들은 우리 철도가 보둔(Bodune 佰都訥)에서 길림을 거쳐 한국의 어느 한 항구까지 부설하는 것은 반대하지 않을 것이다. 그 이유는 일본의 한국 장악을 억제해주기 때문이다. 그러나 우리가 한국의 동의를 얻기 위해서는 먼저 재정을 장악해야 하고 이를 위해서는 설령 재정적 손실을 입더라도 머뭇거려서는 안 된다. …[39]

로마노프는 한국의 재정과 해관 및 금융을 통제하여 경제적으로 영향력을 증대시키면서 남서해안에서 해군성이 선호하는 부동항을 확보한 후, 동청철도와 연결시켜 태평양 진출의 교두보로 삼자는 안을 제안한 것이다. 만주로의 진출이 차질을 빚자 비테는 로마노프의 한반도 진출 계획을 승인하였다.

본격적인 한국 진출을 위해 유화론자로 알려진 베베르(K. Waeber)를 멕시코공사로 전임시키고, 호전론자로 알려진 쉬뻬이에르(A. Speyer)를 주한러시아공사로 임명하였다. 이와 함께 1897년 5월 한국에 파견할 재정고문으로 러시아 재무성 관료인 알렉세예프(K. Alexeieff)를 파견하기 위해 차르(제정 러시아 황제의 칭호)의 승인을 얻었다. 강성으로 분류되던 쉬뻬이에르는 1897년 9월에 부임하였고, 이후 한국정부를 협박하면서 추가 군사교관단의 고용과 해관 총세무사 브라운의 해고 및 알렉세예프

---

[39] 말로제모프 지음, 석화정 옮김, 2002, 앞의 책, 139쪽 재인용. 밑줄은 필자.

를 한국의 탁지부 고문 겸 해관 총세무사로 채용할 것을 강요하였다. 심지어 그는 자신의 요구가 관철될 때까지 "궁궐의 모든 출입을 통제하겠다"[40]라며 고종을 겁박하였다.

탁지부 고문으로 임용된 알렉세예프는 정부의 재정 운용권, 예산 편성권, 재정 지출권, 신규 차관도입권을 장악하였다. 각 부처 대신들은 그의 권고와 지시를 이행해야 했다. 또한 그는 대외무역과 정부의 안정적 수입원이자 국고금의 3분의 1 정도를 차지했던 관세를 관리하던 해관 운영에도 간여할 수 있었다. 심지어 총세무사 후임 인선권은 물론 후임 탁지부 고문 지명권까지 요구하였다.[41] 이 같은 알렉세예프의 권한과 파견은 당대 제국주의 국가들이 주변부 국가들에 차관을 제공할 때 요구했던 국가 재정관리권 및 관리자로서의 재정고문관 파견과 유사하다.[42] 이 부분은 잠시 뒤에 자세하게 다루기로 하고 그 전사로서 영국과 독일의 극동 진출 문제를 확인해 보기로 한다.

(2) 영국의 패권 약화와 한반도

1897년 이후는 영국이 독점적으로 향유했던 동아시아 헤게모니가

---

40 London Public Office, *Record created and inherited by the Foreign Office in UK*, FO 17/1350, Jordan → MacDonald, Inclosure 1 in No. 163, 1897.10.26. 이대도서관 소장 마이크로필름. 이하 London Public Office로 표기함.

41 규장각 소장, 奎23301, 「알렉세이프 雇聘契約書」.

42 박종효 편집, 2002, 『러시아 국립문서 요약집』, 한국국제교류재단, 371쪽, '1898.3.17. 쉬뻬이에르 → 조병식'. 알렉세예프는 스스로를 한국정부의 고문이라기보다는 러시아 재무성의 관료로서 인식하고 있었다. 그는 본국으로 귀환할 때 고종이 준 전별금을 사양하면서, 러시아 법에는 공무원이 금전이나 값진 선물을 받을 수 없게 되어 있다고 회신하였다.

도전을 받으며 내리막길을 향해 치닫는 시점이다. 청국 영토와 이권을 둘러싼 본격적인 쟁탈전이 시작되면서 앞서 언급한 러시아와 일본, 신흥 군사·경제 강국 독일, 태평양 제국으로 급성장한 미국, 그리고 러시아의 동맹국인 프랑스가 상호 연결되면서 새판 짜기가 진행되고 있었다. 그리고 이들의 극동 전략과 군사적 행위는 대한제국과 연동되어 한반도 위기를 증폭시키고 있었다. 한국의 보호국화와 강제 병합은 영국을 중심으로 한 동아시아 패권 전략의 변화와 직결되기 때문에 이 시기 영국의 정책은 반드시 확인해 봐야 할 부분이다.

19세기 후반 영국은 자타가 공인하는 세계 패권국가로서 세계 주요 전략 지역을 직할 식민지로 만들고, 상업적으로 이득이 높은 곳은 자유무역을 앞세우며 자국의 세력권하에 두고 있었다. 이를 가능케 한 것은 세계 최강의 해군과 해저전선으로 연결된 해군 전략기지였다. 영국은 세계의 항로를 자국의 생명선으로 간주하며 경쟁국의 도전을 허용하지 않았다. 이른바 영국의 '고립정책'이라는 대외정책은 유럽 내 국가들 간의 분쟁에 관여하지 않겠다는 뜻이지, 대외적으로 자국이 구축한 팍스 브리타니카 질서를 위반하거나 도전하는 국가들을 묵인하겠다는 뜻은 아니었다.

한국이 영국과 조약을 체결하고 국교를 수립한 것은 1882년이었다. 영국의 한국정책은 한반도에서 러시아의 남하를 막는다는 전략적 목적과 한영수호통상조약을 통해 동아시아의 마지막 미개항지 한국에서 '조약항체제'를 완성시키고 자유무역을 관철시킨다는 큰 틀에서 구조화되었다. 영국은 한국을 개방시켜 열강과의 공조하에 러시아를 견제하고자 했지만, 일차적으로 청의 한국속방화 정책과 종주권을 지지하는 선에서 한국 문제를 청을 통해 관리하고자 하였다. 이에 조약 체결 후 영국은 전권공사를 파견한 미국과는 달리 총영사관을 설치하고 총영사를 파견하였고, 위안스카이의 내정간섭을 묵인하였다. 영국의 기본 입장은 화이질서 내의 조공국을 서양의 국제법하의 속국으로 해석하여 한국은 청의 속국이고, 따라서 한국의 안보도 종주국인 청이 담당한다는 것이었다. 그러나 청국이 한반도를 관리하지 못한다고 판단하자 태평양함대를 파견하여 거문도를 군사적으로 점령하는 단호함도 과시하였다. 청일전쟁까지 영국의 한국정책은 청을 이용한 러시아 견제로 요약할 수 있고 한반도는 청의 종속변수로 취급되었다.

영국은 예상 밖의 일본의 청일전쟁 승리와, 이후 일본의 급부상에 대해서도 관망하는 자세를 취하고 있었다. 러시아의 삼국간섭 참여 요청을 거절한 것은 동아시아 문제에 간섭하기보다는 기존의 불간섭·현상유지 정책을 고수하겠다는 신호였다. 그리고 한국에 대한 일본의 보호국화 기도나 명성황후시해사건, 아관파천이 발생했을 때에 현지 총영사에게 불개입을 훈령하였던 것도 그와 같은 맥락에서였다. 영국의 대리자 청국이 사라진 상황에서 불개입정책을 지속적으로 취할 수밖에 없었던 것은 영국의 헤게모니가 약화되고 있다는 것을 반증하고 있다. 이즈음 유럽에서는 프랑스, 러시아 외에 새로운 도전자가 무럭무럭 성장하고 있었다.

19세기 후반 영국의 경쟁국은 대륙국가인 프랑스와 러시아였다. 프랑스는 1870년 보불전쟁에서 독일에 패함에 따라 오스트리아-헝가리 제국과 함께 유럽에서 2급 강대국으로 전락하였지만, 아프리카와 인도차이나반도 등지에서 식민지를 영유한 제국이자 세계 각지에 금융자본을 수출하는 경제 대국으로 영국의 유력한 경쟁상대였다. 또한 '영러 대립'의 한 축인 러시아는 1880년대부터 본격적인 산업혁명을 수행하고 유럽과 아시아에 걸친 광대한 영토와 강력한 군사력을 바탕으로 세계

각처에서 남하를 시도하여 영국의 견제를 받던 국가였다. 바로 이 두 나라가 1892년 러불동맹을 체결하였다. 양국의 증강된 육해군은 해외에서는 영국, 유럽에서는 독일을 견제할 규모였고, 대륙국가인 러시아와 프랑스 모두 강력한 육군을 보유하고 있어 육군이 특별히 취약한 영국으로서는 군사 전략상의 문제점을 드러내게 되었다.

여기에 또 다른 도전국이 1897년 자오저우만(膠州灣, 교주만)에 모습을 드러내는데, 바로 신흥 군사 강국 독일이다. 독일은 한국과 1882년 조독수호통상조약을 맺고 철저하게 중립태도를 유지하며,[43] 아시아지역으로의 진출을 자제했다. 그러던 독일이 1895년 삼국간섭 이후 이른바 '세계정책'과 '신항로정책'을 내세웠다. '세계정책'이란 독일이 영국처럼 식민지와 세력권을 얻겠다는 제국주의 정책을 의미하며, '신항로정책'은 세계로 나가는 새로운 교통로를 개척하여 유럽을 넘어 세계 분쟁에 개입하겠다는 뜻이다. 이 정책을 추진한 자는 1888년 왕위에 등극한 29세의 젊고 야심 많은 빌헬름 2세(Wilhelm II)였다. 빌헬름 2세는 '세계제국'을 꿈꾸며 친정체제를 구축하였고, 숙부인 호엔로에(Hohenlohe)를 수상으로, 뷜로(Bülow)를 외무장관, 티르피츠(Alfred von Tirpitz)를 해군부장관으로 기용하여 본격적인 식민지 개척에 나섰다.[44]

그러나 경제성이 높은 지역은 영국과 프랑스가 선점하였고 남아 있는 곳은 수익성이 낮은 지역뿐이었다. 또한 독일은 영불에 비해 자본이 부족했던 약점도 있었다. 이에 후발 제국주의 국가들은 국력이 약화된

43　고려대학교 독일어권문화연구소 편, 2021, 『독일외교문서: 한국편』 8, 보고사, 88쪽, #29, '한국관련 빌헬름 2세 보고 건' 1898.3.2.
44　김종건, 1996, 「1897년 독일의 자오저우만 점령과 그 영향」, 『경북사학』 19.

스페인과 포르투갈의 해외 식민지를 재분배하거나 쇠퇴하는 오스만제국과 청제국의 영토 분할에 참여하는 방법을 활용하였다. 독일의 상업자본은 이전부터 청국시장에 매우 큰 관심을 갖고 있었다. 그런 독일이 청국에 본격적으로 진출하지 못한 결정적인 이유는 프랑스보다 약한 해군력 때문이었다.[45] 이에 독일은 자국 내에서 해군력 증강과 함께 극동에서 해군기지와 석탄고를 확보하고자 하였다. 우수한 기동력을 자랑하는 순양함을 유지하기 위해서는 최소한 일주일에 한 번 석탄을 공급받아야 했기 때문이었다. 이에 표면적으로는 중립정책과 불개입정책을 표방하면서 실제로는 삼국간섭에 대한 반대급부로 청국에서 해군기지를 얻고자, 1896년 베를린을 방문했던 리훙장에 접근하기도 하였으나 실패했다. 그러자 독일은 배후 석탄 매장과 자원개발 가능성이 높은 자오저우만을 낙점한[46] 후, 산둥(山東)반도의 독일 선교사 살해사건을 구실로 1897년 11월 자오저우만을 강제 점령하였다.

이렇게 독일이 식민지 쟁탈전에 뛰어든 것은 원료공급지와 상품판매시장, 그리고 자본투자처를 확보한다는 경제적인 요인도 있지만, 이를 추동한 것은 1890년대 크게 고양된 범게르만주의였고, 이들은 '태양 아래 있는 (수익성 높은) 식민지 획득('place under the sun')'이라는 말로 합리

45　Hajo Holborn, 1982, *A History of Modern Germany*, Princeton Univ. Press, pp. 307-309. 건함 경쟁은 제1차 세계대전 발발의 요인이 되기도 하였다. 의화단운동 당시 동아시아에 배치된 독일의 해군력을 보면 전함이 4척, 대형 순양함이 4척, 소형 순양함이 11척으로 영국(각각 3척, 5척, 11척)에 못지않은 전력을 보유하고 있었다. 정상수, 2007, 「독일 함대정책과 해외함대 1898-1901」, 『역사교육』 103쪽, 296쪽, 표 1; 정상수, 2002, 「독일제국주의 1897-1906」, 『독일연구』 3.

46　김춘식, 2008, 「독일제국과 바다-독일의 동아시아 해양정책과 식민지 건설계획을 중심으로-」, 『대구사학』 91, 179쪽.

화했다. 이리하여 독일은 세계와 신속하게 연결하기 위해 1895년 키엘 운하(Kiel canal)를 뚫어 발틱해와 북해를 연결시켰다. 이는 군사적·경제적 의미를 갖는 것으로 영국에 긴장감을 조성하였는데, 1898년 빌헬름 2세는 오스만제국을 방문하여 코니아-모슬-바그다드를 연결시키는 철도부설권까지 얻었다. 그리고 이미 부설되어 있던 베를린-이스탄불 철도를 바그다드를 거쳐 바스라항까지 육로로 연결시키고자 하였다. 바스라항은 현재 이라크 남동부에 있는 항구로 페르시아만에 위치해 있는 항구이다. 즉, 영국이 장악하고 있던 수에즈 운하를 거치지 않고 바로 페르시아만을 통해 인도양, 나아가 동양으로의 교통로를 확보한다는 뜻이다. 이렇듯, 코니아-바그다드 철도는 독일의 동유럽 세력 팽창과 오스만제국 장악, 나아가 페르시아만의 영유로 이어질 수 있는 팽창적·전략적인 성격을 함축하고 있다. 이 같은 빌헬름 2세의 동진(東進)은 결국 수에즈 운하와 인도를 보호하고 오스만제국에서 지배력을 확장하고자 한 영국과, 세르비아 등 슬라브 민족의 보호자를 자처하던 러시아와의 갈등과 대립을 의미한 것이었다.

교통로와 자오저우만 해군기지를 확보한 독일은 이를 지키고 이어줄 해군을 필요로 했다. 당대에는 식민지와 해군력 없이는 세계 강대국으로 인정받지 못하는 시대였다. 빌헬름 2세는 해양대국을 꿈꾸었다. 티르피츠는 러불동맹에 대항하여 독일 해안을 방어하고 영국에 버금가는 해군력을 증강시키기 위해 1898년 1차 함대법을 통과시키고 1900년에는 예산을 2배 증액하여 2차 해군법을 통과시켰다.[47] 티르피츠는 영국이

---

47 독일의 1차 함대법은 1898년에 시작되었다. 독일은 북해함대를 위해 19척의 전함과 6척의 대형 순양함을 건조한 반면 해외함대를 위해서 3척의 대형 순양함을 마련하였다. 1900년 2차 해군법에서 영국의 해상 패권에 도전하기 위해 전함 수를 2배

독일의 해군력 증강을 인정할 수밖에 없을 것이라고 오판하였다.

 독일은 세계 전역에서 영러대립과 영불 갈등을 이용하였고, 때로는 영국과 협력, 때로는 러시아와 보조를 맞추면서 세계정세를 움직이는 주요 행위자로 등장하였다. 거시적 안목으로 보았을 때 독일의 자오저우만 점령 시기부터 기존의 영러대립 및 영불 갈등 구도에 변화가 생겼고, 유럽의 세력균형은 재조정을 강요당했으며, 이러한 유럽의 갈등과 대립은 청국을 거쳐 한반도에까지 상륙하였다.

(3) 1897년 '인천항 위기'의 발생

 앞서 기술한 바와 같이 비테는 1897년 청국 진출이 좌절된 후 한국에 재정·군사고문을 파견하여 본격적인 한반도 진출정책에 시동을 걸었다. 그리고 쉬뻬이에르 러시아공사의 협박과 알렉세예프 재정고문을 통해 한국의 해관과 재정을 장악하는 데 부분적으로 성공을 거두었다. 그런데 1897년 11월 독일이 자오저우만을 불법 점령함으로써 새로운 국면이 전개되었다.

 만주로의 무력 진출을 주장했던 러시아의 무라비예프(N. Muraviev) 외무상은 독일의 자오저우만 점령이 러시아가 부동항을 획득할 수 있는 호기가 될 것으로 판단했다. 그는 독일을 핑계로 러시아도 랴오둥반도의 항구를 점령할 것을 차르에게 긴급 제안하였다. 니콜라이 2세는 곧바로

로 확정하자, 영국은 해군력의 세계 배치를 포기하고 유럽 대륙으로 집중시켰다. 영일동맹 이후 극동 지역을 일본에 맡기고, 독일을 견제하기 위해 1904년 프랑스와 화친조약을 체결하여 지중해함대를 최소화하였다. 이어 독일과의 해군력 증강 경쟁을 위해 엄청난 군사비를 지출하는데, 기존보다 빠르고 5킬로미터 사정거리를 갖는 대형함포를 장착한 드레드노트(dreadnaught)급 군함 건조 경쟁에 돌입하였다. 박상섭, 2014, 『1차세계대전의 기원』, 아카넷.

회의를 소집했고, "짐은 장래 우리의 부동항이 랴오둥반도나 한반도 서북쪽 어딘가가 되어야 한다고 생각했다"라는 긍정적인 의견을 피력하였다. 그러나 한반도 진출을 주장한 비테는 뤼순(旅順)과 다롄(大連) 점령은 1896년 러청비밀동맹을 위배하는 것이고, 일본 또한 독일과 러시아의 선례를 따라 항구를 점유하면 결국 일본과의 전쟁이 불가피하게 된다고 반대하였다. 이때 해군상 티르토프(S. Tyrtov)도 태평양함대의 정박지로 뤼순보다 마산포가 더 적합하다는 주장으로 비테에게 힘을 실어주었다.

무라비예프는 "러청비밀동맹은 일본의 침략에 대한 방어 조약이지, 유럽의 청국 침략에 대한 방위 부담까지 떠맡은 것이 아니다"라는 논리로 뤼순항 점령을 계속 주장하였다. 결국 앞서 언급한 니콜라이 2세와의 회의에서 러시아는 뤼순이나 다른 어떤 항구도 점령하지 않을 것을 잠정 결정하였다. 그러나 12월 11일 차르와 무라비예프 외상은 회의 결과를 번복하고 함대를 급파하여 19일 뤼순을 무단 점령하였다. 바로 만주 진출을 주장한 외무성과 한반도 진출을 주장한 재무성 및 해군성과의 대결에서 외무성이 승리한 것이다. 이후 외무성에게 한국은 일본과 영국을 달랠 협상카드로 활용되었다.

이러한 러시아의 모험에 대해 독일의 빌헬름 2세는 러시아의 뤼순 점령을 인정하겠다는 의사를 밝히며, 한반도에서의 러시아정책을 절대 방해하지 말라는 훈령을 내렸다.[48] 그것은 자국의 자오저우만 점령을 정당화하고, 발칸 및 유럽에서의 러시아의 관심을 극동으로 분산시키고자

---

48   고려대학교 독일어권문화연구소 편, 『독일외교문서: 한국편』 8, 보고사, 102쪽, #33, '한국 주재 독일영사 크리엔' 1898.3.9.

하는 의도에서 비롯된 것이었다. 한편 러시아 외무성과 재무성의 각기 다른 메시지는 영국과 일본으로 하여금 러시아가 만주와 한국으로 동시에 진출하는 것으로 독해되었다. 즉, 영국이 그동안 공들였던 극동 지역의 조약항체제와 자유무역의 약화는 물론 만주 지역이 러시아의 세력권으로 넘어가는 것으로 이해되었던 것이다.

이즈음 한국에서는 팽창론자 쉬뻬이에르 러시아공사와 알렉세예프 재정고문의 맹활약으로 러시아가 세력을 확대하고 있었다. 알렉세예프 고문은 한국정부의 재정을 장악하는 데 성공하고 러시아 교관 추가 파견 또한 승인을 받은 후였다. 한국은 러시아의 수중에 떨어지는 듯 보였다. 이는 아관파천을 인정해 준 대가로 무임승차한 영국이 향유했던 권한들, 즉 탁지부 고문 겸 총세무사 브라운을 통해 확보할 수 있었던 정부 재정권 및 해관운영권의 박탈을 의미하는 것이었다. 영국은 러시아의 재정·군사고문의 파견 및 차관제공과 한러은행의 설립을 러시아의 한국 독점과 병합을 의도하는 것으로 파악하였다. 한편 일 외무성의 항의에 대해 로젠(R. Rosen) 주일러시아공사는 "일본군의 (한국) 주둔에 비하면 러시아 교관의 고용은 약과"라고 응수하였다.[49] 영국이 일본과 함께 거센 항의를 시작하면서 한반도에서 영러 대립이 재현되었다.[50]

고종과 친러파들은 일본의 침략을 견제할 세력으로 러시아를 상정했다. 러시아는 삼국간섭을 주도하고 랴오둥반도를 반환시킨 강대국으로 일본도 두려워하는 대상이었다. 이에 고종은 갑오개혁기부터 인로책(引露策)을 구사했고, 러시아공사관으로 파천도 하였다. 아관파천기에는

---

49 Lensen, 1982, *Balance of Intrigue*, Vol. 2, Univ. of Florida, p. 674.

50 London Public Office, FO 17/1350, "Jordan to Salisbury", 1898.10.11.

예상보다 신중한 러시아의 움직임과 불간섭에 안도하는 편이었다. 그러나 러시아는 1897년 여름 한반도 진출정책을 확정한 후, 특히 강경파 쉬뻬이에르의 부임 이후 알렉세예프의 고용 및 브라운의 해고 요구, 러시아 군사교관의 추가 고용, 목포의 고하도 사건, 철도부설권 요구, 부산 절영도 저탄소 설치 등 일련의 요구를 협박과 함께 밀어붙였다.[51] "이제 한국은 끝났다"라는 알렌 미국공사의 평대로 한반도는 러시아 수중으로 넘어간 듯 보였다.

고종은 러시아를 제어하기 위해 알렉세예프의 계약 조건 및 브라운의 해고에 대한 정보를 영국 및 일본공사와 독립협회 인사들에게 의도적으로 흘리면서 러시아 견제를 유도하였다.[52] 『독립신문』은 연일 반러시아 기사를 싣고, 독립협회는 토론회와 연설회를 개최하면서 러시아의 절영도 조차 요구 반대운동과 한러은행 폐쇄를 요구하였다. 그 결과 친러파인 경무사를 해임시키고, '김홍륙 사건'을 야기하였으며, 부산 저탄소 설치 협정을 무효화시켰다. 한국인들의 반러시위는 러시아가 한국에 있을 명분을 없애 버렸다. 결과적으로 고종의 상호 견제방법은 세력이 교차하는 한반도에서 상당히 효과적인 방법으로 비추어졌고, 고종의 세력 균형정책은 영일의 극동정책과 맞물려 러시아 팽창을 일시 저지할 수 있었다. 그러나 아슬아슬한 줄타기 전략은 한계가 있는 것이었다. 즉, 국력과 외교력이 부족한 상태에서 상황을 주도하기보다 열강들의 대립과 조정에 상황을 맡기는 식의 방법은 자칫 한국을 열강들이 나누어 먹

---

51 박종효 편집, 2002, 『러시아 국립문서 요약집』, 한국국제교류재단, 371쪽, 1895.10.24. 쉬뻬이예르 → 외상 (편집자 주).
52 『주한일본공사관기록』권12, 五. 機密和文電信往復控, #286 "英國艦隊 移動에 따른 露國軍隊請兵 件", 1897.12.29.

는 먹잇감으로 전락시킬 수 있는 위험이 있는 것이었다.

1897년 12월 8일 드디어 대영제국이 움직이기 시작했다. 주청러공사 파블로프(A. Pavlov)가 나가사키에 정박 중이던 두바소프(F. Dubasov) 러시아 제독에게 다음과 같은 긴급 전문을 타전했다. "출전 준비를 마친 영국함대가 즈푸(芝罘)항에서 대기 중인데 뤼순항으로 입항할 예정이며, 알렉세예프가 재정고문 및 총세무사로 임용된 데 대한 항의로 뤼순항을 점령할 가능성이 예견"된다는 것이었다. 두바소프 제독은 영국의 계획을 절대 좌시하지 않을 것을 분명히 하면서 12월 14일에 뤼순항에 입항하였다. 이때 영국함대는 뤼순항으로 거쳐 거문도에 정박 중이었다.[53] 바로 12년 전 영국의 거문도 점령 사건이 재현될 수 있는 긴박한 상황이었다. 이 시점에서 영국의 무력시위는 한국에서 영국인 총세무사의 해고에 대한 항의의 성격을 갖고 있다.

그런데, 1897년 12월 19일 두바소프 제독은 니콜라이 황제의 명에 따라 뤼순과 다롄을 점거해 버렸다. 이는, 영국에게 러시아가 한반도는 물론 뤼순항까지 점거하려는 것으로 독해되었다. 긴박한 상황이 연일 지속되자 12월 27일 세계 최강의 해군력을 자랑하는 영국의 동양함대가 거문도를 거쳐 인천항에 들어왔다. 함대사령관 부제독 불러(A. Buller)가 이끄는 철갑함 '센추리온(Centurion)'을 비롯하여 순양함 2척, 포함 4척, 수뢰정 3척 등 총 10척이 입항하였다. 이들 함대는 총 8개의 대포, 72개의 중포, 116개의 소포를 갖추고 배수량이 3,000톤 규모에 이르며 2,600명의 승무원이 타고 있었다. 이는 병인양요 때 프랑스가 파견한 군함 7척과 해군 병력 1,500명이나, 신미양요 당시 미국이 파견한 군함

---

53 최덕수, 2008, 『재정러시아의 한반도정책, 1891~1907』, 경인문화사, 70쪽.

5척과 해군 병력 1,230명보다 많은 수이다. 이미 인천항에는 러시아 포함 2척과 미국 순양함 1척도 정박 중이었다. 이와 함께 일본 전함 8척도 일본을 떠나 한반도를 향하고 있었다. 러시아의 정보에 따르면 일본은 특별한 준비 없이 빠른 시일 내에 한반도에 6,000~7,000명의 병력을 상륙시킬 능력을 보유하고 있었다.[54] 영국은 한국정부와 러시아에게 최종 통보를 하였다. 인천으로의 함대 파견은 총세무사 브라운의 복직 때문만은 아니었다. 주한영국총영사 조던(J. N. Jordan)에 따르면 러시아의 뤼순 점령에 항의하고, 러시아 남하를 인천에서부터 차단하겠다는 의미를 갖는 것이었다.[55] 영국은 일본이 청일전쟁 배상금에 대한 담보로 임시 점령하고 있던 산둥반도의 웨이하이웨이(威海衛)를 인천항과 연결시켜 러시아의 남하 저지선으로 상정하고, 일본도 러시아의 남하에 대비하여 대마도해협에 제2전선을 구축하면서 연일 해상시위를 벌이고 있었다. 한국정부가 느꼈을 위기감과 두려움은 짐작할 만하다.

영국과 일본의 무력시위와 거센 항의에 직면한 러시아는 청국과의 협상을 서둘러 추진하고, 1898년 3월 27일 정식으로 뤼순과 다롄을 조차했다. 5월 7일에는 동청철도상의 하얼빈(哈爾濱)과 랴오둥반도를 연결하는 종착역을 뤼순·다롄으로 확정 지었다. 또한 동청철도 남만주지선 건설에 필요한 목재 벌채 및 석탄 채굴권까지 얻고, 조차지 내에서 러시아는 해관협정을 통해 관세율을 결정할 수 있는 권한도 확보하였다. 만주에서 원하던 바를 모두 얻어 낸 러시아는 일본을 달래기 위한 방편으

---

54 박종효, 2014,『한반도 분단론의 기원과 러일전쟁』, 선인, 17쪽.
55 고려대학교 독일어권문화연구소 편,『독일외교문서: 한국편』8, 보고사, 95쪽, #31, '제물포에 정박 중인 영국 함대' 1898.1.11; 이민원, 2002,『명성황후시해와 아관파천』, 국학자료원, 226쪽.

로 1898년 1월 7일부터 일본공사 하야시 다다스(林董)에게 한국 문제에 관한 협상을 제안하였고, 그해 4월 25일에 한반도에서 일본의 상공업상의 우위를 인정해 주는 대신 러시아의 만주 경영을 묵인한 '로젠-니시협정'을 체결하였다. 그리고 분쟁의 중심에 서 있던 알렉세예프 탁지부고문과 군사교관을 한국정부가 원하지 않는다는 명분으로 철수시키고 한러은행도 폐쇄한 후, 강경론자 쉬뻬이에르 공사를 브라질로 보내고 유순한 마티우닌(N. Matiunin) 공사로 대체하였다

영국은 러시아에 대한 보복 조치로 1898년 6월에 홍콩의 신계지를 99년간 조차하였고, 7월에는 뤼순항을 견제할 수 있는 산둥반도의 웨이하이웨이를 25년간 조차하였다. 앞서 언급했듯이 웨이하이웨이는 발해만에 있는 전략상 매우 중요한 항구로 러시아의 남하 저지선으로 설정된 곳이었다. 프랑스 역시 이 기회를 놓치지 않고 그해 4월에 광저우만(廣州灣) 조차와 윈난(雲南)철도 부설권을 요구하였고, 2주 후에 광저우만을 점령하였다. 이렇게 러시아는 삼국간섭으로 일본이 억지로 반납한 뤼순과 다롄을 2년 만에 차지하고, 동청철도와 남만주철도부설권을 확보하여 태평양으로 진출할 수 있는 부동항이자 요새를 확보하였다.

1897년 12월 인천항에서 발생한 국제적 위기는 영러 대립이라는 큰 패러다임 속에서 한반도와 만주를 둘러싼 강대국들의 경쟁과 고종의 이이제이정책이 빚어낸 한 편의 드라마와 같은 것이다. 이는 1900년 의화단운동으로 시작된 극동 지역 위기의 전사가 되는 것이기도 하며, 1900년대 명확하게 드러나는 여러 현상들과 동맹의 전초전의 성격을 지닌다. 한반도에서 영일의 공동대응의 경험은 '동맹국으로서의 일본'을 확인하였고, 이후 가속화된 일본의 금융·무역 침략은 총세무사 브라운의 지원에 힘입은 바가 크다. 1902년 영일동맹이 체결되기 이전에 이미

한반도에서는 동맹을 위한 협력 토대와 경험이 구축되었던 것이다.

2) 군항 건설을 둘러싼 러일의 각축

(1) 진남포와 목포 개항

일찍이 일본은 한반도에서 추가로 정치·군사적 거점을 확보하고, 지역 시장개방을 위해 평안도의 진남포와 전라도의 목포 개항을 계속적으로 요구하고 있었다. 당대 러시아인은 그 목적을 "일본인을 개항장에 정착시키고, 그곳에서 쌀을 실어 내고, 잡화상품을 교역하고, 나중에는 … 자국인을 보호하기 위한 영사관을 개설하고, 경비대를 주둔시키기 위한 것"으로 날카롭게 지적하였다.[56] 이러한 일본의 요구를 간파했던 한국정부와 개항사무를 담당했던 총세무사 브라운도 러시아와 함께 반대 입장을 표하였다. 그러다, 1897년 러시아의 독주에 제동을 걸려는 영국과 미국이 개항 찬성 쪽으로 기울자, 브라운은 입장을 바꾸어 추가 개항은 한국 개발에 도움이 되며, 특히 평안도 지역의 밀수를 막고 관세 수입을 증가시키며, 심각한 정부의 재정난 해결에 도움이 될 수 있다고 권하였다.[57] 브라운과 영국이 개방을 찬성했던 이유는 브라운이 개항사무를 총괄하게 되면서, 영국의 국가 이익을 반영하여 개항지를 선정할 수 있다는 점과 개항장의 증가는 바로 해관의 증설을 의미하기 때문이었다. 즉, 브라운이 해관을 장악하는 한 영국의 세력도 함께 강화되기 때문이

---

56 박종효, 2014, 앞의 책, 38쪽 주 43 재인용.

57 『주한일본공사관기록』권11, #3 (14) "목포·진남포 개항 건", "별지 1. 브라운이 가등공사에게 전한 회답지", 1897.6.26.; (13) "목포·진남포 개항 및 평양개시에 관한 건", 1897.6.5.

었다. 아울러 개항장에는 영미 선교사들이 교회를 설립할 수 있었으므로 미국의 이익에도 부합하였다.

고종이 개항장 개방에 긍정적이었던 점은 열강의 공동견제를 통해 일본이나 러시아의 독점을 막을 수 있을 것이며, 민란 발생을 방지하는 효과를 기대했기 때문으로 보인다. 동학농민운동이 청·일 군대의 출병을 야기하고 청일전쟁으로 비화되는 것을 경험한 고종은 흉작에 의한 민란의 발생을 우려하고 있었다. 이에 대해 조던 영국공사는 해안가 항구를 개항시켜 흉작지에 식량 및 물자가 원활히 유통되면 민란을 막을 수 있을 것이라 조언하였다.[58] 조던의 자문을 채택한 고종은 민종묵(閔種默) 외무대신을 통해 1897년 7월 3일 의정부 회의에 이 문제를 상정하였고, 브라운은 마산포를 포함한 복수의 개항장을 선정하여 명단을 제출하였다. 회의 결과 개항은 한국이 자진하여 개항하는 자개 방식으로, 개항장은 각국 공동거류지 방식을 채택함으로서 일본의 독점을 막고자 하였다.[59] 이리하여 1897년에는 진남포항과 목포항, 1899년에는 평양, 마산포, 성진항, 군산항을 개항한다는 칙령이 반포되었다. 그러자 곧이어 공동거류지에서 러일 간에 거점 확보 경쟁이 가열되었다.

앞서 언급했듯이 1897년 봄 러시아의 만주 진출에 제동이 걸리자 재무상 비테와 러시아 해군성은 한반도에서 부동항을 확보하기로 계획을

---

58 London Public Office, FO 405, No.80 Jordan → Salisbury, 1898.4.21, 1898.6.2.
59 '각국조계장정'을 보면 조계공사의 의원을 선출할 때 3명 중 2명은 동일 국적이어서는 안 된다는 규정을 두어 일본인에게 개항장 운영권을 빼앗기지 않으려는 한국과 서양 열강의 의도를 읽을 수 있다. 이 장정을 분석해 보면 과거 감리의 권한과 업무였던 것이 대폭 조계사무공사로 이관되어 개항장의 행정권, 경찰권, 조세수취권, 납세부과권, 치외법권 등을 향유하게 되었는데, 청국의 것보다 더 불평등한 요소를 갖고 있다. 김현숙, 2008, 『근대 한국의 서양인고문관들』, 한국연구원, 346-348쪽.

수정하였다. 러시아는 1884년 국교 수립 직후부터 블라디보스토크항과의 연계항으로 한반도의 항구를 주목하였고, 1895년 이후에는 동청철도의 종착역으로 한반도 항구에 관심을 보였다. 이에 그 일환으로 지질학자와 군사전문가들을 한반도 각지에 파견하여 적합도 조사를 진행한 바 있었다. 1897년 여름 개항이 추진되던 진남포가 랴오둥반도에 근접해 있다는 점이 고려되어 군항으로서의 가능성이 타진되었고, 1897년 12월 육군 대령 스뜨렐비츠키(Strelbisky)를 파견하여 현지 조사를 마쳤다.

그의 보고를 토대로 알렉세예프 재정고문, 쉬뻬이에르 공사 등은 진남포가 러시아의 부동항으로 적합하다는 결론을 냈다.[60] 대동강은 수량이 많아 대형 선박도 정박 가능할뿐더러 진남포 앞바다와 대동강 하구는 연중 얼지 않는다는 이점이 있었다. 또한 해안은 방어에 유리하고, 평양의 품질 좋은 석탄과 풍부한 곡물, 식수 등을 충분히 공급받을 수 있기에 육해군의 물자보급도 수월했다. 아울러 진남포는 랴오둥반도와 웨이하이웨이 및 자오저우만이 있는 산둥반도에 근접해 있다는 전략적 요인과 서해에서 영국이나 일본 등의 해상활동을 감시할 수 있는 관측소 역할을 할 수 있다는 점도 높이 평가되었다. 이곳을 철도로 동청철도와 연결시키면 모스크바 쪽에서 대규모 병력과 물자를 신속하게 공급받을 수도 있었다.

진남포를 동청철도의 종착지로 확정할 경우 러시아는 철도역, 영사관, 부두, 전신전화국, 병원, 창고, 저탄소 등을 설치하기 위해 개항장에

---

60 국사편찬위원회 소장, 「알렉세예프 편지」, 『알렉세예프 문서철』, 3-17쪽, 1897. 12.24. 알렉세예프 → 비테.

버금가는 면적인 480,060제곱미터(145,000평)가 필요할 것으로 예상하였다. 이에 잠정적으로 개항장 내에서 270,000제곱미터, 개항장 밖에서 150,000제곱미터로, 총 420,000제곱미터(약 130,000평)를 집중 매입할 것을 비테에게 건의하였다. 개항장 내에서 러시아가 매입하고자 하는 면적은 개항장의 약 56%를 차지하는 것이므로 일본 및 다른 열강의 반발과 경쟁이 예상되었다. 알렌 미국공사는 쉬뻬이에르 러시아공사를 방문하여 진남포에서 56%에 달하는 조계지를 매입하고자 하는 의도는 무엇이냐고 항의하였고, 그러자 쉬뻬이에르는 목포에서는 더 넓은 지역을 요구할 것이라며 더욱 강경한 입장을 취하였다.[61]

이렇듯 러시아의 진남포 부지 매입은 군항으로 만들기 위한 전신선과 철도부설권 확보와 상호 연관되어 있다. 이미 비테는 한반도를 러시아 철도망에 연결시키기 위한 사전작업을 준비하고 있었다. 1896년 10월, 그는 한국의 표준 궤로 채택된 유럽식 궤를 러시아식 광궤로 변경시킬 것을 요구하였고,[62] 1897년 12월 5일 블라디보스토크-원산항-서울을 잇는 경원선 부설을 위한 실사를 건의하였다. 또한 남만주철도에 연결시킬 수 있는 서울-평양-의주 간의 부설권을 획득하기 위한 작업도

---

61 알렌 지음, 김원모 옮김, 1991, 『알렌의 일기』, 단국대학교출판부, 1898.2.24; 손정목, 1976, 「목포 및 진남포 개항」, 『도시문제』, 88-89쪽.

62 박종효 편집, 2002, 『러시아 국립문서 요약집』, 한국국제교류재단, 184쪽, 1896.11.10. 비테 → 쉬이쉬깐. 최덕규, 1999, 앞의 글, 418쪽. 철도기사 돌마체프의 정책건의서에 의하면 비테는 블라디보스토크의 단점을 보완해 주는 항구로 한반도의 북서부에 위치한 부동항에 관심을 보이면서 아관파천 후 조성된 친러 상황을 이용하여 대한해협의 통제권까지 장악할 것을 제안했다 한다. 이 같은 건의서는 한국의 철도망을 시베리아철도에 연결시키려는 비테의 정책으로 구체화되었다.

시작하였다.[63]

러시아정부의 시베리아철도망은 극동 지역의 정기 항로망과 연결되면서 완성된 교통체계망을 갖추게 되었다. 러시아정부는 1891년 1월부터 세베레브(M. G. Shevelyev) 기선회사에게 10년간 보조금을 지급하고 블라디보스토크-원산-부산-나가사키-옌타이(煙臺)-상하이(上海) 간의 항로권을 주어 원산과 부산을 의무적으로 운행하게 하였다. 그것은, 일본 우선회사의 부산 및 원산 항로의 독점을 막고자 한 목적에서 비롯되었다. 후일 이 회사는 동청철도와 제휴하고, 월 1회 한 척의 기선을 왕래시켰다.[64] 이 같은 러시아 측의 진남포 부지 매입과 철도부설권 요구는 시베리아철도의 해양 출구를 확보하려는 계획으로 받아들여졌다.

러시아는 진남포 외에도 일본이 눈독을 들이고 있던 목포에도 많은 관심을 표하였다. 목포는 부동항이자 서남해를 관측할 수 있는 요충지로, 한국정부가 진남포와 함께 개방을 천명하자 러시아는 부지 확보를 위해 일본과 경쟁하였다. 1897년 12월 18일, 스뜨렐비츠키를 파견하여 영사관 예정지로 27만 8천 제곱미터(약 8만 4천 평)를 매입하기로 정하고 입표(立標), 분계(分界)를 해 놓았다. 또한, 거류지 밖에 위치한 고하도의 북쪽 해안에 저탄소, 동부와 서부 해안에는 부두와 화물창고를 건설하여 상선과 군함이 동시에 정박할 수 있는 기지로 개발하기 위해 약

---

63 남만주철도는 러시아가 1898년 랴오둥반도 조차 조약에 의거하여 획득한 동청철도의 지선으로 건설한 철도로, 1901년에 개통되었다. 동청철도의 최종 목표는 경봉철도[북경(베이징)-봉천(펑텐)]와 황해의 부동항을 연결할 지선을 확보함으로써 한국의 수도로 진입하려는 데 있었다 한다. 석화정, 1996, 「위떼의 동청철도 부설권 획득 경위」, 『중소연구』 20-3.

64 러시아대장성 편, 1984, 『국역 한국지』, 한국정신문화연구원, 581-583쪽; 나애자, 1998, 『한국근대해운업사연구』, 국학자료원, 134쪽.

60,000제곱미터의 토지 구입 의사를 무안감리에게 밝혔다.[65] 개항장 외곽 지역으로 러시아 거류지를 확대하겠다는 의미인데, 이를 간파한 무안감리가 부지 판매를 거절하였다. 그러자, 스뜨렐비츠키가 무안감리를 러시아 군함에 억류시킨 후, 매수문건을 제시하면서 지계(토지소유문서)의 발급을 강요한 사건이 발생하였다.[66] 이른바 고하도 사건이었다.

한편 일본에게 목포항은 쌀의 수출항이자 남서해안의 전략적 군사요충지라는 의미를 갖고 있었다. 러시아로부터 고하도를 선점하기 위해 목포 주재 일본영사 히사나가 사부로(久永三郞)는 현지 일본 상인의 명의로 상업용 토지를 매수하였다. 일본은 거류지의 상당 부분을 매입하는 데 성공한 반면, 러시아는 고하도에서 토지 일부만 매수하는 데 그쳤다.

1898년 3월에는 러시아의 거제도 조차 소문이 전해지자 일본 육해군은 러시아에 앞서 한반도 남부인 부산 절영도에 3만 평, 목포에 4만 4천 평, 마산포에 22만 평, 원산에 17만 평, 서울 남대문 밖에 5만 평 등을 선매입 하고자 움직이기 시작하였다. 매수 예정지들은 대체로 군사 작전상 필요한 지역을 선정한 것이었다. 절영도와 원산에서도 목포와 동일하게 현지 일본 상인들이 상업용 토지를 매수하는 방식을 통해 상당 부분 취득에 성공했다. 그러나 일본의 매입 대상지 중 하나인 남대문 밖 용지는 미국공사 알렌의 반대와 부딪쳐 좌절되었고, 마산포 토지는 매입 과정에서 러시아와 격돌하였다.

---

65 국사편찬위원회 소장, 「알렉세예프 편지」, 『알렉세예프 문서철』, 79-82쪽, 1898.1.31. 알렉세예프 → 위떼.
66 배종무, 1994, 『목포개항사 연구』, 느티나무, 141쪽.

(2) 군항 마산포와 러일경쟁

한반도에 분포한 수많은 항구 중에서 마산포가 개항장으로 선정된 경위에는 다분히 정치·군사적 이유가 고려되었다. 선정 업무를 담당한 브라운과 고종에게 추천을 요청받은 조던 공사는 마산포가 다수의 군함을 정박시킬 수 있는 천혜의 군항이므로 러시아가 관심을 갖고 있다는 것을 알고 있었다. 이에 마산포를 각국 공동조계지로 만들어 러시아의 독점을 견제하고자 하였다.

1899년 마산포가 개항지로 확정되자 일본과 러시아는 토지매수 경쟁에 돌입하였다. 뤼순항은 부동항이었지만 추위가 맹위를 떨칠 때는 일부 얼기도 하였다. 이때 러시아 태평양함대는 마산포에서 동계 훈련을 하였다. 그러나 무엇보다도 러시아의 태평양함대 본진이 있는 블라디보스토크항으로 가려면 한반도를 돌아 1,200마일(약 2,000킬로미터)을 항해해야 하므로 중도에 연료 보급이 필요하였는데, 마산포가 적합한 중간 기착지였다. 블라디보스토크항은 거액을 들여 추가로 요새와 항만시설을 확충하지 않으면 적의 기습으로부터 방어 또한 쉽지 않은 항구였는데, 이에 비해 마산포는 천혜의 군항으로서의 조건을 갖추고 있었고, 무엇보다도 일본의 대마도 해군기지에서 불과 30마일(약 48킬로미터)밖에 떨어져 있지 않아서 일본 해군을 견제할 수 있는 동시 대한해협의 자유 항해권을 보장받을 수 있는 곳이기도 했다.

마산포의 전략적 이점을 간파한 러시아 태평양함대 사령관 알렉세예프 제독은 뤼순항 대신 마산포를 제안하기도 했다. 러시아가 마산포 조차에 적극성을 보이기 시작한 것은 1897년 8월 두바소프 제독이 태평양함대 사령관으로 취임하면서부터이다. 그는 마산포가 대한해협과 동아시아해상에서 전략적으로 중요한 항구이므로 조차지를 확보하여 저탄소, 군 휴양소, 기상관측소를 건립하고자 스뜨렐비츠키를 파견하여 매입을 시도하였다. 그런데 두바소프 제독의 입장과는 달리 1898년 3월 4일, 해군상과 재무상이 참석한 황제 주관 회의에서 뤼순항의 요새화 작업과 2억 루블 태평양함대 증강 추가예산이 확정되었고, 뤼순항 조차 협정이 28일에 조인되면서 마산포 조차 계획은 포기 쪽으로 급선회하였다.

그렇지만, 두바소프 제독의 마산포에 대한 미련은 이듬해 4월 제독이 마산포에 도착하면서 다시 표출되었다. 한국정부의 마산포 개항이 알려지면서 스뜨렐비츠키 대령과 함께 토지매입을 위한 답사를 마치고, 가계약까지 체결하였다. 마침 한국정부 내에는 친러파인 조병식 내각이 성립되어 매입은 순조롭게 진행되는 듯했다. 그런데, 블라디보스토크에서 발행되는 신문이 두바소프 제독의 마산포 입항 사실을 보도하면서 '러시아함대에 의한 마산포 점령'이라는 제목의 기사를 실었다.[67] 러시아가 마산포를 군항으로 만들 경우 '일본의 심장을 겨누는 칼'이 될 것이 틀림없다고 판단한 일본의 즉각적인 반대가 전개되었다. 한국 조정은 당연히 당혹스러웠다. 이제 마산포는 한국, 러시아, 일본, 영국의 대결 내지 분쟁의 대상지가 되었다.

긴장이 고조되자 외무성의 무라비예프는 시베리아철도 완공이 전제조건인 이상 마산포의 긴장 유발은 억제되어야 한다고 주장하였다. 재무

---

67   김유진, 2002, 「러시아의 마산포 조차를 둘러싼 제정러시아 정부와 해군의 입장차」, 『슬라브연구』 36-4; 김상민, 2003, 「마산포 개항의 배경과 경위」, 『경남지역문제연구권 연구총서』 8; 최덕규, 2008, 「러시아해군성과 마산포」, 『제정러시아의 한반도정책』, 경인문화사, 76쪽; 이항준, 2013, 「러시아 해군부의 한반도정책과 태평양함대 사령관 알렉세예프」, 『사림』 44.

성의 비테도 마산포는 일본 군항인 규슈(九州)의 사세보(佐世保)와 대마도의 지근거리로 급습을 당할 우려가 있으므로 요새화시키기 위한 추가 비용이 많이 소요된다는 점을 지적하며, 동청철도와 러청은행을 통한 청국으로의 경제진출에 집중해야 한다는 입장을 표명하였다.

결국 해군성은 마산포의 확보가 불가능하다면 시간을 두고 천천히 토지를 매입하여 향후 마산포를 이용할 수 있는 기반을 마련해 놓는다는 것으로 입장을 정리하였다. 이렇게 마산포에서도 러시아 해군은 철수하는 것처럼 보였다. 그런데, 1900년 2월 해군상 티르토프 제독은 또다시 남해에서 군항 확보를 주장하면서, 해묵은 뤼순항과 마산포 논쟁을 재연하였다. 1900년 3월 30일 파블로프 러시아공사는 한국정부와 협의하여 마산포와 인근 토지를 일본을 비롯한 타 열강에게 양도하지 않지만, 러시아가 개항장 토지 일부를 조차하여 평화적으로 이용할 수 있는 권리를 인정받는다는 것으로 마산포 조차 논쟁을 정리하였다. 즉, 장래 한반도 진출을 위한 여지는 남겨 두자는 것으로 풀이된다.

일본은 어떤 입장이었을까? 일본은 마산포에서 특별거류지를 확보하려 하였다. 그 목적은 물론 군사적 이유였다. 러시아와 전쟁이 발발할 경우 특별거류지는 군대의 상륙, 숙박과 물자 수송이 가능한 병참기지 역할을 수행할 수 있었다. 실제로 청일전쟁 당시 인천의 일본 단독거류지의 규모가 작아 군대를 수용하지 못해 열강의 공동거류지에 일본군을 주둔시켰고, 이로 인해 서구인들의 반발을 산 경험이 있었다. 이에 일본은 목포와 진남포에서 일본 단독거류지를 확보하고자 했다.[68] 그러나 한국정부와 열강들의 반대로 인해 단독거류지 확보가 어려워지자, 공동거

---

68 모리야마 시게노리 지음, 김세민 옮김, 1994, 『근대한일관계사연구』, 현음사, 92-93쪽.

류지 내에서 가능한 한 많은 토지를 확보하고 부족분은 거류지 주변의 토지를 매수하여 대체하는 전략으로 선회하게 되었다.

일본 역시 러시아와의 개전에 대비하여 최적의 군대 상륙지로 마산포를 상정하였다. 특히 마산포는 대마도에서 30마일밖에 떨어지지 않은 곳이자 대한해협의 군함 통행을 정찰할 수 있는 요지이므로 러시아의 점유를 막아야 했다. 그러나 일본정부가 공식적으로 매입을 시도하면 한국이나 러시아의 우려와 반대에 직면할 것이므로 우선 회사나 타인의 명의로 구입하는 편법을 사용했다. 1898년 10월 1일 오쿠마 시게노부(大隈重信) 수상은 가토 마스오(加藤增雄) 공사에게 마산포 거류지와 그 외부에 일본 민간인을 시켜 토지를 매입할 것을 훈령하였다.[69]

앞서 언급했듯이 1899년 4월 러시아의 두바소프 제독이 마산포에 등장하고, 거류지 예정지 토지를 측량하는 등 매수할 준비를 하자, 일본 육군의 작전계획이 차질을 빚을 위험에 처했다. 이에 러시아가 눈독을 들이고 있던 자복포(滋福浦)를 매수하도록 부산영사에게 지시하였고, 한국인 이영균(李永均)과 손덕우(孫德宇)를 대리인으로 내세워 토지매입을 시작하였다. 그런 방법이 한국인 지주에게 저항감이 적었기 때문이었다. 일본의 토지매입은 순조롭게 진행되었지만, 러시아 측의 매입은 난항을 겪었다. 그 이유는 러시아 측은 항상 서기관 슈타인(E. Stein)과 무관 스뜨렐비츠키 대령, 그리고 기선회사원들이 한 팀이 되어 행동하였는데, 이들의 고압적인 매수 강요는 한국인에게 공포감을 주었다. 마산포 감리는 정부의 특별명령이 필요하다며 응하지 않았고, 한국인 지주도 정부의 명

---

[69] 『주한일본공사관기록』 권12, #11 (25) "한국 신개항장에 일본인거류지 선정에 관한 건", 1898.10.1.

령 없이는 매각하지 않는다고 버티었다. 심지어 한국정부에 대한 러시아 공사 슈타인의 압력과 무력 암시는 결과적으로 러시아가 일본과의 토지 매입 경쟁에서 실패하게 한 요인이었다. 반면 일본은 자복포의 거의 전부에 해당하는 8만 평의 토지를 매입하는 데 성공했다.

그러자 러시아는 1899년 11월부터 시작된 각국 공동조계지 내의 토지 경매에서 필요한 부지를 구입하고자 하였다. 이들은 풍부한 자금력을 바탕으로 9천 평을 확보하는 데 성공하였고, 일본은 불과 약 3천 평을 매입하는 데 그쳤다. 그런데 1900년 3월 러시아 길테브란트 제독이 또다시 마산포에서 30리 떨어진 남포 지역의 토지매수를 요청하자, 외교관인 파블로프 공사는 열강과의 무력 충돌의 빌미가 될 수 있다고 제독을 설득하여 철회시켰다.

파블로프의 철회 설득은 만주에서의 의화단운동의 발생과 직결되었다. 러시아 외교담당자들은 만주를 자국의 세력권으로 확보하기 위해 마산포까지 동시에 주장하기 어려웠다. 그러한 상황에서도 러시아 해군성은 재해권의 획득과 마산포의 지정학적·전략적 가치를 이유로 군사활동을 계속 주장했고, 1900년 12월에 동계훈련 명목으로 알렉세예프(E. Alexieff) 제독은 함대를 뤼순에서 진해만으로 이동시켜 이듬해 2월까지 정박시켰다. 이 같은 러시아 당국자의 모순된 행위와 메시지는 만주 점령이 궁극적으로 마산포 점령으로 이어질 것이라는 위기감을 심화시켰다.

한국의 개항장 개방정책은 고종의 '세력균형정책'의 일환이기도 했다. 이 정책에 의해 청국처럼 특정한 한 국가가 개항장을 독점하는 것을 막았다. 그러나 해당 지역은 한국의 주권이 미치지 않는 곳이었고, 이것을 막는 것은 조약 개정밖에 없는데, 한국은 계속해서 불평등조약의 심연으로 끌려들어 가고 있었다.

3) 의화단운동의 발생과 만주 위기

(1) 의화단운동의 발생과 연합군 파병

의화단운동은 열강의 반식민지 상태에 놓인 청국정부를 도와 서양을 멸하자는 부청멸양(扶淸滅洋)의 대표적인 반외세운동이다.[70] 아쉽게도 의화단운동은 결과적으로 열강의 청국 영토 할양과 멸망을 가속화시키고, 영일동맹의 체결과 러일전쟁으로 직결되는 계기가 된 사건이 되었다. 다행스럽게 한반도에는 의화단으로 인한 러일의 한반도 출병이 있거나 한반도의 분할로 이어지지는 않았지만, 간접적인 여파는 상당하였다. 러시아의 만주 철병 거부로 본격화되는 러일 및 영러 대립과 이 지역의 '새로운 판짜기'는 한반도 운명과 직결되었다.

일종의 교안(敎案: 반기독교운동)의 성격을 지닌 의화단운동은 1898년 4월경부터 산둥과 직예 지역의 의화권 조직이 서양교회와 서양인을 습격하면서 확산되었다. 의화권이라는 무술을 연마한 집단이 운동의 중핵을 이루었지만 주된 구성원은 농민이었고, 그 외에 도시빈민, 운송노동자, 해산 병사, 승려나 도사 등도 참여하였다. 의화단운동이 가장 격렬하게 전개되었던 곳은 산둥성인데, 이곳은 바로 1897년 독일이 자오저우만을, 그리고 1898년 영국이 웨이하이웨이를 점령한 지역이다.

이곳에서 배외운동이 격렬하게 전개되었던 배경에는 산둥성이 열강

---

[70] 의화단운동에 대해 다음의 글들을 참조하였다. 차경애, 1996,「의화단운동 진압과정에서의 열강 간의 각축과 그 추이」,『동양학연구』2; 김배철, 1994,「'교안'과 의화단」,『강좌 중국사 VI』, 지식산업사.

에 의한 군사·경제적 침략이 진행된 지역인 동시에 1,100여 개소의 독·프·영·미국계 교회와 300여 명이 넘는 외국인 선교사가 포교 활동을 전개했던 것과 관련이 있다. 아울러 1898년의 화이허(淮河) 수해와 황허 제방 붕괴 및 수해, 1899년과 1900년 화베이(華北)지방의 한발 등 계속된 자연재해로 인한 흉년이 심각하였다. 설상가상으로 구미제국의 금은복본위제 이탈에 따른 은화 가치 하락이 더해져 물가 상승과 생활 곤궁, 유민 증가로 국내 불안 또한 가중되었다. 이러한 사회·경제적인 곤경은 의화단운동의 기폭제가 되어 서양교회를 습격하는 빌미가 되었고, 운동은 순식간에 후난(湖南)과 베이징까지 확산되었다. 그중 1899년의 마지막 날에 발생한 영국인 선교사 브룩스(S. Brooks) 살해사건은 서양에게 충격을 안겨 주었다.

1900년에 접어들면서 의화단군은 '호국멸양(護國滅洋)'이라는 기치 하에 더 강력한 세력으로 성장했고, 6월에는 수도인 베이징에까지 입성하여 공사관들을 점령하였다. 이에 놀란 열강들은 11개국 확대 회의를 열어 청국정부에 의화단 진압을 요구하는 동시에 진압군을 보내기로 결정하였다. 각국의 군함에서 육전대가 속속 상륙하였다. 6월 2일에는 400명의 선발 8개국 해군이 베이징에 도착하였고, 6월 10일에는 8개국 연합군 2천 명이 베이징을 향해 출발하였다.

청정부는 의화단의 세력을 활용하여 연합국을 제압해 볼 요량으로 연합국 요구에 미온적 태도를 보였으며, 급기야 서태후는 의화단 진압을 중단할 것을 명하였다. 서태후가 이런 조처를 내리게 된 것은 청조 내에서의 권력 쟁탈과 열강이 요구하는 광서제의 복권과 연관되어 있었다. 6월 17일 열강의 8개국 연합군 부대는 허베이성(河北省)의 항구 다구(大沽)를 점령하자, 서태후도 6월 21일 의화군과 정부군에게 개전을 명하고 톈진(天津)의 프·영·독·일 거류지를 공격하고 외국 공사관을 포위하도록 하였다.

그러다 연합국 부대의 승전으로 사태가 불리하게 전개되자 서태후는 25일 입장을 바꾸어 청군과 의화단군에게 공격 중지를 명하고 연합군과 강화를 추진하였다. 의화단군만이 7월에 톈진을 무대로 격렬하게 전투를 하였으나 열강의 압도적인 군사력 앞에 궤멸되었고, 연합군은 8월 15일 베이징을 점령하였다. 이때 남아프리카에서 보어전쟁을 벌이느라 극동 지역에 대규모 군대를 파견할 수 없었던 영국은 인접국 일본에게 도움을 요청하였고, 이를 대륙 진출의 호기로 간파한 일본은 대규모 군대를 신속하게 파견하여 극동의 경찰로 영국의 기대를 받게 되었다. 일본군은 제일 먼저 베이징에 입성하여 마제은을 대량 약탈했다. 연합국 군수뇌부도 부대원들에게 3일간 약탈을 허용하여 군인들이 궁궐을 방화하고 전리품을 챙기는 등 그야말로 수도는 무법지대였다. 자칭 '문명국'의 실상을 보여 준 사건이었다.

의화단운동은 제국주의 국가의 청국 영토 침탈의 계기가 되었는데, 특히 러시아·독일·일본 등 후발제국주의 국가들의 침략이 노골적으로 드러났다. 먼저 독일은 병력 파견을 빌미로 산둥성의 기득권을 공고히 하는 한편 양쯔강 유역까지 세력 범위를 확대하려 하였고, 전후처리 과정에서 최대한의 배상금을 요구하여 전비를 보전하려 하였다.

일본도 식민지인 타이완의 대안에 위치한 푸젠성(福建省)에 대한 침략 야욕을 드러냈다. 의화단 진압 후 야마가타 내각은 거류민 보호를 명분으로 샤먼(廈門) 파병을 결정하였다. 아오키 슈조(靑木周藏) 외상은 샤먼 또는 푸저우(福州)에서 적당히 배외운동을 일으킬 방도가 있는지 타이완총독에게 타전하여 음모를 시사했는데, 그 배경에는 야마가타 수상의 '북청사변 선후책'이 있었다. 즉, '먼저 남방의 토끼 한 마리를 쫓아 포획한 후 다시 북방의 토끼 한 마리를 쫓더라도 아직 늦지 않는다.'라는 계책인데 푸젠성을 먼저 점령하고 저장성(浙江省)까지 세력을 넓힌 후 한반도와 만주로 진출하자는 안이었다.

1900년 8월 24일 타이완총독부가 꾸민 음모로 샤먼에 있는 동본원사 방화 사건이 일어나자, 일본 군함에서 곧바로 육전대가 상륙하여 샤먼을 장악해 버렸다. 도를 넘은 일본의 침략을 염려한 열강들은 강하게 항의하였고, 영국도 육전대를 파견하여 제동을 걸었다. 결국 일본군의 추가 파병은 어려워졌고, 영국과 일본의 동시 철병이 이루어지면서 샤먼사건이 끝났다. 이후 일본은 당분간 남청에 대한 침략정책을 중단하고 경제적 침투로 전환했고, '북수남진(北守南進)' 노선으로 복귀하였다.[71]

(2) 러시아의 만주 점령과 만주 위기

문제는 또다시 불거졌다. 이번에는 러시아 쪽이었다. 1900년 6월 이후 의화단운동은 만주에까지 확산되었다. 그 과정에서 동청철도가 파괴되고 러시아 수비병과 충돌하였다. 이는 러시아에게 약진의 호기였다. 비테가 예상하건대 영국은 보어전쟁의 수렁에 빠져 극동문제에 간여할 여력이 없어 보였다. 연합군의 베이징 진공에 다른 열강과 보조를 맞추면서 육군상 쿠로팟킨은 7월 9일부터 독자적으로 10만 대군을 만주에 파병하였다. 10월경에는 동청철도 전체 노선을 통제하고, 만주를 점령하였다. 명분은 동청철도의 보호였다. 심지어 베이징-다고(大沽)철도와 톈

---

71 일본의 샤먼(아모이) 침략은 다음의 연구를 참조하였다. 하라다 게이이치 지음, 최석완 옮김, 2012, 『청일 · 러일전쟁』, 어문학사, 252쪽.

진-뉴좡(牛莊)까지의 청제국 북부철도의 북부지선까지 장악하려는 것처럼 여겨졌다.[72]

앞서 살펴보았듯이 만주는 1895년 일본의 랴오둥반도 할양 및 반환과 1898년 러시아의 뤼순, 다롄 조차 이후부터 열강의 초미의 관심사가 된 지역이었다. 이곳은 수도인 베이징으로 들어가는 동쪽 관문으로, 지근거리에 러시아 군대가 주둔한다는 것은 육지와 해양에서 러시아가 군사적 패권을 장악하여 청국에 압박을 가할 수 있는 전략 요충지를 확보했다는 의미였다. 러시아를 제외한 모든 열강은 반대하였으나 국익에 따라 반대 목소리에 편차가 감지되었다.

러시아의 남하를 견제하던 패권국 영국은 긴장하였다. 그러나 보어전쟁으로 인해 대규모 군대를 파병할 처지가 아니어서 일본과 독일의 협조 아래 러시아의 만주 점령을 막고자 하였다. 그런데, 독일은 자국이 세력권하에 두고자 했던 동유럽 대신 아시아에 러시아가 진출하는 것을 내심 반기던 차에 관망 자세를 취했다.

일본도 만주 독점을 반대하였으나 이 기회를 푸젠성 진출의 명분으로 활용하였고, 10월에는 한반도 장악용 카드로 활용하고자 하였다. 고무라 주타로(小村壽太郎) 주러공사와 하야시 곤스케(林權助) 주한공사는 러시아의 만주 점령은 영토 점령보다는 만주 이권 획득을 목적으로 진행될 것으로 예견하여 한반도와 만주를 서로 교환하여 확보한다는 '만한교환론'을 제시하였다. 아직 러시아의 만주 점령이 곧 일본의 안보위기라는 인식은 표면화되지 않았지만, 러시아의 만주 침투에 위기감을 느

---

[72] 말로제모프 지음, 석화정 옮김, 2002, 『러시아의 동아시아 정책』, 지식산업사, 212-213쪽.

끼는 일부 각료들도 아직은 러시아와 맞서 대항할 단계가 아니라고 판단했다. 러시아를 저지할 군사력이 아직 확보되지 않은 상황에서 나온 현실적 판단이었다.

반면 미국은 1900년 이후 만주가 미국 면제품의 주요 시장이 되었다는 점에서 러시아의 점령을 바라지 않았다. 그러나 군대 파병보다는 '문호개방', '이익균점'을 요구하는 외교적인 선에서 대응하였다. 한편 동맹국인 프랑스는 영국을 견제하는 입장에서 러시아의 만주 점령을 묵인하였다. 이렇듯 각국의 국익에 따라 연합국 내에서의 분열이 감지되었다.

열강의 반대에 부딪친 비테는 만주 점령은 일시적이고, 질서를 회복한 후 철수하겠다는 약속을 했다. 열강은 위장 선언으로 보았는데, 실제 러시아는 그해 겨울(1900년 말~1901년 초) 혹한으로 인해 병력 이동이 불가능하다는 핑계로 약속을 지키지 않았다. 그 내부사정을 보면 철병을 둘러싸고 육군상 쿠로팟킨과 재무상 비테 및 람스도르프(V. Lamsdorf) 간의 의견 대립이 있었다. 비테는 만주에서 양보를 얻어 내기 위해 철병을 주장했지만, 육군 쪽에서는 만주 진출의 호기를 놓칠 수 없다는 입장이었다.

1900년 12월 31일 청국정부는 연합국들이 제시한 12개조의 공동각서에 동의하였고, 이듬해 9월 청국에게 매우 가혹한 '베이징의정서(신축조약)'가 체결되면서 의화단운동은 공식적으로 종료되었다.[73] 그런데, 공

---

73 1900년 9월 조인된 '베이징의정서' 중 중요한 것만 열거해 보면 ① 배상금 4억 5천만 냥을 연리 4리로 39년 분할 지급하며 (원리금 합계 9억 8천2백여 만 냥), ② 공사관 방위를 위해 각국 군대 총 2천 명 배치, ③ 텐진, 산하이관, 베이징 등 요지에 대한 각국의 주병권, ④ 통상조약 개정 등 12개조에 이르는 것으로 매우 가혹하였다. 일본에게 배당된 배상금은 3,479만 냥이었고, 이때부터 영국은 의화단 진압에서 크게 활약한 일본을 주목하였다. 이 조약으로 인해 청제국의 해체는 더욱 가속화되었다.

동각서에는 만주 문제가 언급되지 않았고, 러시아는 이를 분리하여 단독 교섭을 추진하였다. 1900년 11월 4일 뤼순에서 시작된 교섭은 러시아인들의 포로 상태에 있던 목단장군 증기(增祺)와 러시아 관동군 사령관 알렉세예프 사이의 협약 체결로 마무리되었으나, 만주가 러시아의 보호령이 된 것과 같은 내용의 가혹한 조항들이 포함되어 즉시 공표되지 못하였다. 결과적으로 앞서 언급한 비테-람스도르프 철군 선언을 만주 병합을 위한 연극으로 보여지게 하였다.

열강의 격렬한 항의에 힘입어 청국도 이 협약을 인정하지 않을뿐더러 증기 장군을 처벌하겠다고 선언했지만 람스도르프는 비준을 압박하였고, 만주 문제는 러청 간의 문제라는 입장을 견지하였다. 이 같은 맥락에서 볼 때 1901년 1월 7일 주일러공사 이즈볼스키(A. P. Iswolskii)가 제안한 한국 중립화안은 일본에 대한 유화 및 외교적 언사에 불과한 것이다. 누차 언급했듯이 그들의 1차적 목표는 만주에 있었고, 일본이 한반도를 교두보 삼아 대륙으로 진출하는 것을 막고자 하는 것이었다.

1901년 2월 27일 드디어 '람스도르프-양유 협약'이 체결되었다. 내용은 동청철도 완공까지 만주에 러시아 군대를 주둔하겠다는 것이며, 이후의 군대 주둔도 러시아와 협의를 한다는 것이었다. 아울러 만주, 몽고, 신장, 이리의 광산과 이권들을 러시아의 승낙 없이 외국에 양여하지 못한다는 내용도 있었다. 이 협약 역시 러시아의 만주 지배를 인정한 것이나 다름없었다. 리홍장은 협약 내용을 의도적으로 누설시켰고, 러시아는 영국과 미국, 일본의 항의와 반대에 직면하게 되었다.

주러영국공사 스코트(J. Scott)는 1901년 3월 람스도르프를 항의 방문하였으나 러시아와 개전할 여력이 없었다. 결국 영국은 극동에서 러시아를 견제할 대체 세력, 즉 동맹을 시급하게 찾게 되었다. 한편 독일은 러시아에게 만주가 영독협약 범위 밖이라 선언하고 묵인했지만, 만약 전쟁이 발발할 시 러시아에게 호의적 중립이 아닌 엄정중립을 선언할 것이라는 입장을 취하였다. 미국은 무력시위를 했지만 참전할 의사는 없었다.

결국 만주 문제는 한반도와 극동에 가장 첨예한 이해를 갖고 팽창을 도모하는 일본에 의해 견제되고 주도되었다. 일본 당국자는 전력 대응해야 한다는 방침하에 1901년 3월 러시아와의 전쟁을 국책으로 확정 지었다. 이에 1901년 3~4월에는 양국 간의 전쟁 위기가 감도는 듯했으나 아직 일본정부는 개전 시 도움을 줄 동맹문제가 해결되지 않은 관계로 조심스러운 입장을 취할 수밖에 없었다.

이때 비테를 당혹케 한 것은 일본의 군사력이 급속도로 향상되었다는 점과 러시아에서 발발한 급박한 금융공황 및 산업위기였다. 영국과 이중 플레이를 하고 있는 독일에게 더 이상 삼국간섭 당시와 같은 협조를 기대할 수 없었고, 국내 경제는 파국 상태였다. 1890년 이후부터 10년간의 산업 붐은 중공업 분야로의 과도한 투기적인 투자를 초래하여, 1899~1900년 사이에 사철(私鐵)은 물론 많은 기업들이 파산하였다. 설상가상으로 러시아 군부의 '1898년 군비증강 계획'에 따라 보병을 완전 무장화시키고 함대를 건조한다는 목표와 비테의 시베리아 및 남만주철도의 조속한 부설을 위한 막대한 경비지출은 러시아정부 재정을 파탄으로 몰고 간 주범이었다.[74]

---

74 시베리아철도는 1890년대 금속공업의 공황을 타개하는 수단이었다. 러시아공업 중 대중수요에 기초를 둔 것은 방적업뿐이었는데, 결과적으로 공황은 시베리아철도를 통해 중국시장으로 면포, 모직물, 금속류를 수출할 계획을 좌절시켰다. 러시아 경제는 계속 악화 일로를 걸었다.

그리하여 1900년 1월 비밀각서 형식으로 발표한 무라비예프(N. Muraviev)의 외교전략은 일종의 비상대책이었다. 러시아가 극동 진출 방향을 오스만제국의 보스포루스해협 쪽으로 돌려 우선 미국 및 일본과 충돌을 피하고 보어전쟁으로 여념 없는 영국만 상대하자는 것이 핵심 내용이었다. 즉, 동아시아 침투는 시베리아철도가 완성되는 1902년(남만주철도와 동청철도가 연결되는 시점)까지 보류하자는 것이다. 또한 목포나 진남포, 혹은 마산포 등의 확보나 해군기지화도 일본을 자극하기 때문에 함께 보류할 것을 건의하였다. 그런데, 앞서 언급한 의화단운동이 발발하여 만주로 확산되자, 육군상 쿠로팟킨은 이 호기를 놓칠 수 없다고 황제를 설득하여 결국 독자적으로 10만 대군을 파병하여 만주에 대한 점령을 확고히 하였다. 1901년 '의화단 사건'이 마무리되는 가운데 동청철도도 거의 완성 단계에 이르렀다는 것은 앞서 설명한 바와 같다. 그런데, 만주 점령에 따른 군사비 증대와 열강의 압박 및 서구금융시장에서 자금 조달이 어려워짐에 따라 러시아의 금융위기는 점점 심각해졌다.

결국 비테는 러시아가 만주에 대한 야욕을 버리고 동청철도를 사기업으로 간주하며, 러시아정부는 이 기업만 보호한다는 '만주 해결안'을 제시하였다. 1901년 7월 이 안이 정식 채택되었고, 이에 따라 일본을 달래기 위한 '한국중립화안'도 다시 제안하였다. 열강 공동보증의 중립화 제안이었다.[75] 일본은 한반도에서의 군사행동이 억제되기 때문에 만주에 집중하는 러시아에 비해 불리하다는 판단하에 거절하였다. 이 부분은 뒤에서 자세히 다루기로 한다.

---

75   심헌용, 2003.『러일전쟁과 한반도』, 국방부 군사편찬연구소, 183-204쪽. 러시아의 중립화안에 대해 파블로프가 제출한 보고서이다.

청국 반외세 민족운동의 절정을 이루었던 의화단운동은 아쉽게도 제국주의 열강의 영토 및 대외 의존도를 심화시키는 결과를 초래했고, 영일동맹의 체결과 러일전쟁으로 진입하는 변곡점이 되었다는 점에서 한국의 보호국화 및 병합과 연결되어 있다. 이후 한반도 문제는 더더욱 만주와 연동되어 대상화되었다.

제2장
동맹체제와
러일전쟁의 발발

1. 심화하는 러일 갈등과 한국의 대응

1) 제1차 영일동맹과 일본의 강경 외교

한국의 보호국화와 강제 병합은 한일 양국만의 이슈가 아니라 영일동맹과 러불동맹이라는 두 개의 진영으로 나뉘어진 국제체제 및 체제변동과 긴밀하게 얽혀 있다. 1차 영일동맹은 러일전쟁의 전사가 되어 일본의 한반도 군사점령을 가능케 했고, 2차 영일동맹은 을사조약을 강제할 수 있는 국제환경을 완비했고, 마지막으로 3차 영일동맹은 한국병합을 사후 국제적으로 추인받는 의미를 지닌다.[1] 아울러 영일동맹은 1897년 말부터 동아시아 지역에서 본격화된 제국 간 경쟁에서 영국이 자국의 패권을 유지하고 상업적 이득을 지속적으로 확보하기 위해 동아시아, 나아가 국제정치 시스템을 어떻게 재편하고 이를 일본이 어떻게 한국병합이라는 목표에 활용하는가를 보여 주는 사례이기도 하다.

(1) 영국의 동아시아 전략과 만주

영국은 제국을 구성하는 세 가지 요소인 무역, 식민지, 해군에 기초하여 외교적 전략을 세웠고 전략적 환경의 변화에 따라 대응 방안을 마련하였다.[2] 1897년 11월 독일의 자오저우만 점령은 삼국간섭으로 안정시

---

1 김원수, 2010, 「영일동맹과 한일병합의 글로벌 히스토리, 1905-1911」, 『사회과교육』 49권 4호.
2 구대열, 1995, 『한국국제관계사 연구』 1, 역사비평사, 23쪽.

킨 동북아시아 지역 균형을 다시 흔드는 계기가 되었다. 자오저우만 점령은 러시아의 뤼순 점령으로 이어지고 다시 영러 간의 위기로 전환되었다. 그리고 그 물결은 한반도로 밀려왔다. 영국은 이에 대한 경고로 인천항에 군함을 파견하여 무력시위를 하였고, 웨이하이웨이에 군함을 파견하기도 하였지만, 영국은 러시아와 프랑스를 대상으로 세계 곳곳에서 전쟁을 치를 수 없었다. 1898년 동아시아 위기와 관련하여 내각과 외무성에서 논의가 진행되었을 때 대다수 각료들은 독일과의 동맹을 선호하였다. 일본과의 동맹은 아직 고려의 대상도 되지 못하였다.

영국이 독일과의 동맹을 염두에 둔 것은 다음과 같은 점 때문이었다. 영국에게 청국시장은 매우 중요하였다. 영국은 청국 대외무역의 65%를 점하고 있었고, 상품의 85%가 영국 선박으로 수송되고 있었으며, 막대한 자본수출을 통해 이자 순익을 올리며, 많은 이권을 보유하고 있었다.[3] 아울러 영국인 청국해관 총세무사 하트를 통해 38년간 청의 조약항체제를 유지하고, 시장과 무역, 정부 재정에까지 독보적인 영향력을 행사하고 있던 터였다. 그런데, 독일이 자오저우만을 점령함으로써 세력권 확장과 해군 및 식민지 팽창을 우려할 상황이 도래했지만, 영국의 대청정책의 기본 전략은 문호개방과 자유무역이었으므로 독일과의 협상을 통해 상업적 이익과 정치적 입지를 유지·관리할 수 있다고 판단하였다. 특히 독일은 청국시장에 본격적으로 진출하지 않은 상태였으므로 타협이 가능할 듯했고, 전통적으로도 우호관계를 유지하고 있었다. 양국 왕실은 혈연으로 맺어졌을뿐더러, 독일 빌헬름 2세는 영국 빅토리아 여왕의 손자였다. 아울러 동맹이 체결되면 독일의 식민지 확보 야망이나 군사력

---

3   吳承明 지음, 김지환 옮김, 1992, 『구중국 안의 제국주의 투자』, 고려원, 47-61쪽.

증강 계획도 제어할 수 있을 듯했다. 반면 동청철도 부설권 확보 및 뤼순·다롄 점령으로 확인된 러시아의 만주와 한반도 팽창은 심각히 우려되는 사안이었다.

영국은 1898년 3월 독일에게 동맹을 제안했다.[4] 예상외로 독일은 거절하였다. 독일은 러시아와의 관계 악화를 우려했다. 만약 유럽에서 전쟁이 발발하면 프랑스와의 서부전선과 러시아와의 동부전선이 부담되는 부분이었지만, 영국이 동맹국으로서 전쟁에 동참해 줄지는 미지수였다. 한편 러시아의 동아시아로의 팽창은 발칸 지역으로의 남하 가능성이 줄어든다는 뜻이고, 동맹국 오스트리아와의 긴장도 완화되는 것이다. 이렇듯 독일의 외교전략은 세계 전역에서 영러 대립, 영불 갈등을 이용하는 것으로, 영국과 러불동맹 사이에서 세력균형을 유지하기 위해 영국과 협력하기도 하고, 러시아의 행동을 후원하기도 했다.

1898년 영국은 추진하던 영독동맹이 무산되자 러시아의 한반도와 만주 팽창을 견제하기 위해 단독으로 군사행동을 하기보다는 독일의 자오저우만과 러시아의 뤼순·다롄 점령을 인정해 주기로 했다. 대신 영국은 러시아와 독일 해군의 동향을 예의주시할 수 있는 전략적 요충지인 웨이하이웨이를 확보하는 선에서 타협을 하였다. 영국의 동아시아 전략은 실리적인 성격을 띠는 것으로 의화단운동 발발까지 사안별·지역별로 협정을 체결하여 관리하는 것이었다. 그 결과로 1899년 4월 러시아와 철도협정도 체결하였다.[5] 이렇듯 영국의 동아시아 전략은 치밀한 패

---

4   정상수, 1996, 「빌헬름 시대 독일의 세계정책」, 『서양사론』 51, 83쪽.
5   김보연, 2005, 「1902년 제1차 영일동맹 체결 원인과 의미」, 『세계정치』 26집 1호, 184-187쪽.

권 장악 계획하에 수립된 것이 아니라 주변부 지역의 정세변화와 제국 간의 경쟁이 낳은 위기에 대한 대응, 혹은 이를 이용하여 자국의 이익을 확보하는 방식으로 구조화된 것이었다. 이에 러시아와 정면 대결하기보다는 이 지역에 이해관계를 갖는 다른 세력들과 연합하거나 불가능할 경우 협상을 통해 세력권을 분할하는 방식을 취했던 것이다.

1900~1901년까지 영국은 독일과의 동맹을 다시 추진하였다. 이미 양국은 1900년 10월 영독 '양쯔강협정'을 맺으면서 청국의 영토 보존과 문호개방을 존중하기로 상호 합의하였다. 그런데 협정의 범위를 놓고 양국 간에 이견이 있었다. 영국은 영국과 독일 양국의 세력권에 국한시키는 것이 아니라 청국의 전 영토에 확대 적용시키고자 했는데, 독일이 반대하였다. 1901년 3월 1일 독일의 뷜러 외상은 "영독 양쯔강협정은 만주에 적용되지 않는다. 독일은 만주에 중요한 이익을 갖고 있지 않으며 만주의 운명은 독일과 무관한 문제"라고 선언했다. 결국 독일과의 협력은 청국 영토를 보존할 만큼 공고한 것이 아니었다는 것을 증명하는 것이다.[6]

1900년 의화단운동을 빌미로 러시아가 만주로 10만 대군을 신속히 파견하고, 이후 합의된 군대 철수를 지연시키자 청국 분할이 재개될 위험에 처하게 되었다. 청국의 와해와 러시아의 팽창은 영국에게 동아시아 지역 역시 인도나 페르시아 지역 못지않게 전략적 차원에서 중요한 이슈가 되었다. 수년간 지속되었던 보어전쟁으로 막대한 군사비를 지출한 영국은 더 이상 '두 국가 기준(two power standard)', 즉 영국 다음으로 가장 강력한 두 나라의 해군을 합한 만큼의 함대를 보유한다는 원칙을 고

---

6   김보연, 2005, 위의 글, 187쪽.

수하기가 버거웠다. 1899년 보어전쟁 발발 당시만 해도 솔즈베리(R. Salisbury) 수상은 이른바 '화려한 고립정책(splended isolationism)'을 고수하고자 했다. 하지만 전쟁이 지속되고, 영국의 패권에 도전하는 세력이 대두하게 되자 기존의 고립정책을 더 이상 견지할 수 없었다. 이러한 현실을 직시한 것이 당시 식민상, 체임벌린(N. Chamberlain)이었다.

영국은 동아시아 지역을 공동 관리할 파트너가 필요했고, 협상 대상국에 독일 외에 일본이 새롭게 포함되었다. 독일은 북중국으로 팽창하려는 의지가 강했고, 일본은 청일전쟁과 의화단 진압에서 군사력을 인정받은 터였다. 더욱이 일본은 한반도와 만주에서 러시아와 직접 대립하고 있는 이해 당사국이었다. 그럼에도 불구하고 영국은 독일에 대한 미련을 버리지 못하였다. 영국은 러시아를 견제하는 데 일본보다는 독일이 더 효과적이라 판단하고 1901년 4월까지 동맹 체결을 계속 타진하였으며, 유럽과 지중해를 적용 범위로 하는 영독동맹도 1901년 12월까지 추진하였다. 그 과정에서 영국은 독일과의 동맹에 일본을 포함시키는 이른바 삼국동맹도 고려하였고, 1901년 4월 일본에 동맹 협상을 제안하였다. 그러나 동아시아 지역 분쟁으로 인해 러시아와 적대관계에 들어가는 것을 피하려는 독일은 '양쯔강협정'을 맺어 영국과 협력을 약속하였지만, 러시아에 확대 적용하는 것에는 반대하였다. 독일과의 제휴에서 실패한 영국 손에 남은 카드는 일본밖에 없었다.

솔즈베리 수상은 독일과의 동맹에 대해 회의적인 입장이었던 반면 일본과의 협상에 대해 긍정적인 시각을 갖고 있었다. 반면 밸푸어(A. Balfour)나 체임벌린은 영독동맹을 선호하나 실패할 경우 차선책으로 영일동맹을 고려하고 있었다. 만주 철병 거부 등 러시아가 보여 준 행태는 추후 극동에서의 대립을 격화시킬 것으로 예상되었다. 반면 한반도와 만주 진출에 사활을 걸고 있는 일본의 극동정책과 의화단 진압과정에서 보여 준 일본의 우수한 군사력은 러시아를 견제할 수 있는 유용한 카드가 될 수 있다고 판단되었다. 아울러 이미 4년 전부터 한반도에서 러시아의 팽창을 저지하기 위해 양국은 해관 총세무사 브라운을 통해 일본의 금융·화폐 장악을 측면에서 지원하고 러시아의 차관도입을 실질적으로 저지하였다. 한국 현지에서 양국의 긴밀한 공조관계는 신뢰와 우호관계로 발전하고 있었다.

(2) 일본의 '만한교환론'과 영일동맹

일본은 시모노세키조약 이후 삼국간섭으로 인해 랴오둥반도를 반환해야 했고, 1900년 8월 샤먼 점령 계획을 중단할 수밖에 없는 사태를 경험하면서 국제적 고립은 한반도와 대륙 침략을 불가능하게 한다는 것을 다시금 깨달았다. 특히 러시아의 만주 점령에 대해서 영국보다 더 위협을 느낀 일본으로서는 러시아와 전면 대결하거나 타협하는 길밖에 없는 상황이었다.

이미 1899년부터 일본정부 내에서는 영국 및 독일과 제휴하자는 영독제휴파로 야마가타 아리토모, 가쓰라 다로(桂太郎) 등의 군인 출신과 가토 다카아키(加藤高明), 고무라 주타로(小村壽太郎) 등 외무성 출신들이 있었다. 다른 한편에서는 러시아와 직접 대결하기보다는 외교적 타협을 통해 한국과 만주 문제를 해결하자는 러일협상파인 이토 히로부미, 이노우에 가오루(井上馨), 무쓰 무네미쓰(陸奥宗光) 등이 있었다. 영독협상파와 러일협상파는 정책 대결을 벌이고 있었는데,[7] 양 파 모두 방법론과 속

---

7   모리야마는 일본정부를 무관파와 문관파로 나누고, 양 파를 대립 선상에서 파악하

도에서만 차이가 있었을 뿐 한국 지배라는 목표는 일치했다. 즉, 러시아가 만주를 점령하고 있는 상황에서 어떤 방법으로 한국을 독점적으로 지배할 것이며, 개전 시기는 언제로 할 것인가의 차이였다.

영일동맹론자는 러시아의 만주 점령을 묵인할 경우 일본의 한반도 지배는 실현될 수 없을뿐더러 청국에서의 경제적 이익도 신장시킬 수 없을 것이라고 보았다. 1900년 당시 자본 부족과 경제적 어려움을 겪고 있던 일본 자본가들은 만주로의 시장 개척을 열망하고 있었다. 반면 러일협상파는 러시아의 만주 지배를 인정하는 대신 일본의 한국 지배를 러시아가 인정하게 하자는 '만한교환론'을 제안하면서, 영일동맹은 러일협상을 봉쇄할 것이라는 점을 지적하였다. 일본정부는 독일과의 동맹을 우선시하는 영국과 과연 동맹을 맺을 수 있는지, 그리고 과연 러시아와 대적하여 승산이 있는지 등을 고려하면서 후자의 방법, 즉 러일협상을 추진했다.

그 단초는 1900년 7월 주한러시아공사 파블로프가 주한일본공사 하야시 곤스케(林權助)에게 한반도에서 러일의 세력 범위를 획정하고, 그 내에서의 질서 보존을 제안한 것에서 비롯되었다. 이 제안은 주일러공사 이즈볼스키(A. P. Iswolskii)를 통해 아오키 슈조 외상에게 공식 전달되

였다. 특히 러일전쟁과 한국병합을 점진과 적극 혹은 찬성과 반대라는 이분법적으로 이해했다. 근래 반노 준지의 연구에 따르면 이토를 비롯한 외교파들은 개전에 매우 신중했으며, 야마가타조차 한반도에 관심이 있지만 만주의 문호개방만 달성되면 굳이 전쟁까지 할 필요가 없다고 언급했다고 한다. 다만 가쓰라 총리는 매우 적극적인 개전론자였으며, 개전에 적극적이었던 도쿄대 교수들이 "시베리아 철도 완공 이전에 전쟁을 해야 한다"고 내각을 압박한 것도 1903년 가을경이었다고 한다. 山辺建太郎, 1966, 『日韓併合小史』, 岩波書店; 모리야마 시게노리 지음, 김세민 옮김, 1994, 『근대한일관계사연구』, 현음사; 가토 요코 지음, 윤현명 외 옮김, 2018, 『그럼에도 일본은 전쟁을 선택했다』, 서해문집, 2장.

었다.[8] 러시아가 이러한 제안을 하게 된 배경에는 만주 진출에 대한 대일 유화책이라는 의미가 있었다. 당시는 러시아가 의화단 진압을 명목으로 만주를 점령하고, 잔당 소탕을 위해 한국 영토에까지 추격할 수 있도록 한국정부에게도 월경 허가를 압박하던 때였고, 일본은 이를 의심의 눈초리로 보고 있었다. 이를 구실로 일본이 군사적으로 한국을 점령할까 우려했던 람스도르프 외무상은 러일협상을 제안한 것이다.

러시아가 제안한 한반도 세력 범위안은 일본정부 내에 큰 반향을 불러일으켰다. 이토, 야마가타, 이노우에 등은 호의적으로 반응하며 한국 북부를 러시아가 맡고, 남부를 일본이 장악해도 좋다고 보았다. 반면 아오키 슈조 외상과 주러공사 고무라 주타로는 러시아가 만주를 계속 점령한다면 일본은 한국을 보호해야 한다고 보았다. 따라서 한국 분할보다는 만한교환을 선호하였다. 그리고 각기 자신의 세력권에서 '자유행동(freehand)'이 인정되어야 한다고 주장하였다. 한편 일본 군부 내에서도 전쟁을 불사하더라도 한국을 보호국으로 만들어야 한다는 강경파가 등장하였고, 다른 편에서는 한반도를 3분할하자는 의견을 내기도 하는 등 다양한 목소리가 표출되었다.[9]

1900년 10월 무렵 드디어 한반도에 대한 일본정부의 외교적 입장이 확정되었음을 확인할 수 있다. 고무라 주타로 공사가 얄타에 있는 비테를 찾아가 '만한교환론'을 제안한 것이다. 러시아와 일본이 만주와 한국을 나누어 갖되 그 지역에서 '자유행동'을 보장하자는 제안인데, 여기서

---

8   김종헌, 2009, 「1900년 이후 러일간의 한반도 중립화 및 분할 논의」, 『한국동북아논총』 53.
9   박희호, 1997, 「구한말 한반도중립화론 연구」, 동국대학교 박사학위논문, 110-112쪽.

'자유행동'이란 유사시 일본은 한국에서 전쟁을 할 수 있다는 뜻이다. 그리고 그 목표는 아직 병합을 의미한다기보다는 보호국화를 뜻한다고 보아야 할 것이다. 일본 정책자들 간에는 한국 보호국화에 대한 합의가 도출되었지만, 대외적으로 한국 독립을 강조할 수밖에 없는 상황에서 '자유행동'이라는 애매한 표현을 사용한 것이다.[10] 이에 대해 비테는 한국의 독립은 유지되어야 하고, 이를 파괴하는 행위는 서로 피하기를 바라나, 만주는 주권국가인 한국과 다른 케이스이므로 만주에서의 러시아의 이익은 중시되어야 한다고 회답하였다.[11] 이렇게 일본의 '만한교환론'은 러시아의 거부로 끝났다.

'만한교환론'이 실패하자 일본은 강경책으로 전환하였다. 한국을 완전히 장악하기 위해서는 만주에서 러시아 군대를 철수시켜야 한다는 공세를 펼치기 시작하면서 가능한 모든 외교적 수단을 동원하여 러시아를 압박하기 시작하였다. 1900년 12월에 들어 러시아는 만주철병을 거부하면서 람스도르프-증기 협약을 협상 중이었고, 만주를 세력권으로 편입시키는 과정에서 다시 일본에게 외교적 타협안을 제시하였다. 바로 그것이 1901년 1월 주일러시아공사 이즈볼스키의 '한국 중립화' 제안이었다. 러일의 기존 이해관계를 인정한다는 전제하에 제시된 열강의 공동보증에 의한 중립화안이었다. 이토와 하야시는 러시아의 제안에 대해 호의적이었지만, 가토 다카아키 외상은 일본의 행동 범위에 대한 제약과 만주에서의 러시아 세력을 견제할 수 없을 것이라는 판단하에 신중한 입장을 취하였다. 결국 만주문제가 완전히 해결될 때까지 회담을 연기

---

10 모리야마 시게노리 지음, 김세민 옮김, 1994, 앞의 책, 178쪽.
11 조명철, 2002, 「의화단사건과 동아시아의 정세변화」, 『이화사학연구』 29, 56쪽.

한다고 회답함으로써 이즈볼스키의 제안을 거절해 버렸다. 이는 일본 외교당국자들이 한국과 만주를 하나의 연결된 문제로 접근하기 시작했다는 것을 함축하고 있다.

1901년 6월 강경파 가쓰라 다로가 이토 히로부미에 이어 11대 총리로 취임하고 고무라가 외상에 임명되면서 일본의 외교에 정책 변화가 나타났다. 영일동맹파인 가쓰라 내각은 첫째, 재정의 강화, 둘째, 해군력 증강, 셋째, 구주 1국과의 협약 체결, 넷째, 한국을 보호국으로 만든다는 것을 목표로 내세웠다.[12] 그 결과 가쓰라 내각은 러시아가 한반도 북쪽을 장악하는 어떠한 시도도 반대하며, 전쟁 불사론의 입장을 견지하면서 그 해 4월부터 시작된 영국과의 동맹 협상에 적극 임하였다.

양국 간의 협상은 영국, 러시아, 일본 간의 복잡한 외교전략 관계 속에서 전개되었다. 영일 모두 러시아를 공통의 위협국가로 파악했지만, 동시에 양국은 러시아와의 직접 협상을 통해 문제 해결을 모색하였다. 영국은 아시아에서 러시아와 대립하고 있었지만 제국 판도에서 제기되는 문제를 직접 해결할 파트너로서 러시아가 갖는 의미를 간과할 수 없었다.[13] 일본의 경우 러일의 경쟁지역은 한국과 만주라는 한정된 지역이었다. 만약 러시아와 타협할 수 있다면 굳이 러시아와 갈등을 야기하고, 나아가 전쟁으로까지 비화될 영국과의 동맹을 체결할 필요는 없는 것이었다. 이에 영국과 교섭하면서 러시아와의 접촉도 지속하였다.

영국과의 동맹 협상은 약 8개월에 걸쳐 진행되었다. 협상의 쟁점은

12　하라다 게이이치 지음, 최석완 옮김, 2012, 『청일·러일전쟁』, 어문학사, 257쪽.
13　김보연, 2005, 「1902년 제1차 영일동맹 체결 원인과 의미」, 『세계정치』 26집 1호, 190쪽.

동맹의 범위, 한국에 대한 일본의 요구, 동아시아에서의 해군력의 수준을 두고 첨예하게 대립하였다. 일본은 영국의 양쯔강 유역에 대한 이권을 보장해 주는 대신, 한국에서의 이익을 보호받기 위해 '자유행동'을 취할 수 있으며, 제3국이 적국을 지원할 때는 다른 동맹국도 전쟁에 동참한다는 것이다. 여기서 '자유행동'이란 유사시 한국의 군사점령을 의미하는 것이며, 이로 인해 전쟁이 발발한다면, 영국은 세계 도처에서 러시아의 동맹국인 프랑스와 전쟁을 해야 할 상황에 놓이게 되는 것이었다. 영국의 완강한 반대로 결국 동맹의 범위는 '극동'에 한정되었다.

한편 한국과 만주 문제를 둘러싼 러일 간의 협상도 진행되고 있었다. 이토나 이노우에 같은 메이지 원로들은 마지막으로 외교적 해법을 통해 문제를 해결하고자 노력하였다. 러일협상파 이토는 1901년 11월 러시아를 방문하고 비테 및 람스도르프 외상과 회담을 진행하였다. 이토는 한반도에 대한 일본의 일방적 권리, 즉 '자유행동'을 인정하면 러시아의 만주 권리, 즉 관동주의 점령과 남만주지선 부설에 동의해 주고, 대신 철도경비대를 제외한 러시아군의 철병과 만주 문호개방원칙은 지킬 것을 제안하였다. 또한 러시아가 우려하는 한국의 독립과 대한해협의 자유항행을 보증하고, 러시아를 대상으로 한 전략적 활동에 한국 영토를 이용하지 않을 것을 제의하였다.

12월에 러시아의 수정안이 베를린에 있는 이토에게 전달되었다. 그 핵심은 일본의 '자유행동'을 인정할 수 없다는 것이었다. 러시아의 입장에서는 한반도에 일본 병력이 주둔하게 되면 독립국인 한국이라는 비싼 대가를 지불하는 것이라서 '한반도 북부'라도 일본군으로부터 자유로운 중립지대로 놔두어야 한다는 것이었다. 결국 협상의 결렬을 의미한 것이었다.

한편 영국과 일본의 협상은 순조롭게 진행되고 있었다. 양국은 앞서 언급한 세 가지 쟁점에 대해 타협하였다. 그 배경에는 1901년 7월 이후부터 나돌기 시작한 러불의 대일차관설과 하야시 공사의 러일화해 가능성, 그리고 1901년 11월 이토가 러일협상을 타결하기 위해 영국을 방문하지 않은 채 곧바로 파리에서 상트페테르부르크로 직행한 사건이 있었다. 랜스다운(Lord Lansdowne) 영국 외상은 동맹 타결을 서두르게 되었고, 수차례의 수정과 타협을 거쳐 전문 6개조로 되어 있는 영일동맹안이 1월 30일 런던에서 체결되었는데, 하야시의 집요한 '자유행동' 요구에도 불구하고 영국은 러일전쟁에 말려드는 것을 우려하여 끝내 거절하였다. 영일동맹의 주요 내용은 다음과 같다.

1. 영·일 양국은 한(韓)·청(淸) 양국의 독립을 승인하고, 영국은 청에, 일본은 한국에 각각 특수한 이익을 갖고 있으므로, 제3국으로부터 그 이익이 침해될 때는 필요한 조치를 취한다.
2. 영·일 양국 중 한 나라가 전항의 이익을 보호하기 위해 제3국과 개전할 때는 동맹국은 중립을 지킨다.
3. 위의 경우에서 제3국 혹은 여러 나라들이 일국에 대해 교전할 때는 동맹국은 참전하여 공동작전을 펴고 강화(講和)도 서로의 합의에 의해서 한다.
4. 본 협약의 유효기간은 5년으로 한다.

결국 영국은 일본이 집요하게 요구한 '자유행동'을 거절하고, 한국에 대한 '특수한 이익'을 인정하고 침해될 경우 '필요한 조치'를 취할 것을 규정하는 정도로 타협했다. 그 때문에 고무라 주타로 외상은 후일 영일동맹을 보강하기 위해 한일비밀공수동맹을 고려하게 되었다. 즉, 러일이 개전하면 한반도로 군대를 파병할 터인데 합법적인 출병 근거가 필요했고, 구미 열강의 반응도 고려해야 했기 때문이었다.[14]

세계 최강국 영국과의 동맹 체결로 인해 일본의 국제적 지위와 신뢰도가 상승하였다. 무엇보다도 자본이 부족했던 일본은 국제금융시장에서 전비에 필요한 자금을 보다 용이하게 조달하게 되었다. 1902년 4월 마쓰카타 마사요시(松方正義) 전 재무상은 거액의 차관도입에 성공하였는데, 영일동맹이 바로 무형의 신용장이었다. 아울러 일본은 '삼국간섭'과 같은 악몽이 재현될 우려를 하지 않아도 되었다. 무엇보다도 극동 지역에서 제3국보다 우월한 해군력을 유지하기로 합의하면서 일본은 영국의 신형 전함과 순양함을 도입하여 해군력 증강을 추진할 수 있었다. 영일 해군 협의에서는 러일전쟁이 발발할 경우 쓰시마 해역의 제해권을 확보하기 위해 양국 간 해군 협력을 어떻게 하는지, 양국이 동원할 수 있는 병력 규모와 시기에 대한 정보 교환도 이루어졌다.[15] 실제로 러일전쟁이 일어나자 영국 해군은 러시아 발틱함대의 이동을 밀착 감시하고 항해를 최대한 방해하였다. 특히 발틱함대가 수에즈 운하를 통과하지 못하게 막은 것과 영국의 식민지 항구에 기항하지 못하도록 봉쇄한 것, 그리고 프랑스와 독일에게 엄정중립을 지킬 것을 요구한 것은 일본의 승리를 견인한 주요 요인이었다.[16]

---

14 김보연, 2005, 앞의 글, 179쪽.
15 박영준, 2019, 『제국 일본의 전쟁 1868-1945』, 사회평론아카데미, 149쪽.
16 전홍찬, 2012, 「영일동맹과 러일전쟁: 영국의 일본 지원에 관한 연구」, 『국제정치연구』 15집 2호, 145쪽.

2) 러시아의 '신노선'와 용암포 충돌

(1) 러시아의 신외교

1902년 1월 30일 체결된 영일동맹은 러시아 당국자들을 당혹시키기에 충분했다. 영일동맹의 체결에 대항하여 러시아는 '청국과 한국의 독립과 영토 보전'을 강조하면서 러불동맹의 적용 범위를 동아시아로 확대하는 것을 타진하고, 독일도 러시아 편으로 끌어오고자 시도하였다. 독일의 뷜로 수상은 이러한 상황이 영러 모두를 곤란한 상태에 빠트리는 것으로 보고 느긋하게 사태 추이를 관망하였다. 독일로서는 러시아가 극동에서 전쟁에 휘말리는 것만큼 좋은 시나리오가 없었다. 동유럽 쪽으로 팽창을 꾀하고 있던 독일에게는 유럽에서 양면전쟁의 악몽을 떨칠 수 있는 좋은 기회였다. 1903년에는 독일의 카이저(독일 황제의 칭호)가 러시아의 차르에게 러일 간에 전쟁이 발발할 시 러시아의 후방을 보호해 주겠다고 언급하면서 차르를 안심시키고자 했을뿐더러 발틱함대의 극동 파견을 권유했다. 독일로서는 러시아가 극동 분쟁에 계속 휘말리길 내심 원했고 발틱함대가 출항한 후 돌아오지 않는다면 더할 나위 없었다. 전쟁이 발발하자 독일은 표면적으로 중립을 지킬 의사를 영국에 전달하며, 다른 한편으로는 러시아 발틱함대의 극동 순항을 위해 석탄을 은밀히 제공하였다.[17]

동맹국인 프랑스는 영일동맹의 주 표적이 러시아이기 때문에 신중하게 대처해야 했다. 이에 러시아의 '러불동맹의 아시아 지역 확대 적용' 요구에 불응했지만, 결국 그해 양국은 3월 '러불공동선언'으로 타협하

---

17   강성학, 1999, 『시베리아 횡단열차와 사무라이』, 고려대학교출판부, 332쪽.

였다. 하지만 '러불공동선언'은 극동 지역 전쟁 발발 시에 대한 실질적인 협조 내용이 빠져 있다. 러불 양국은 동아시아 현상유지와 공동 평화를 위해 노력하고, 대한제국과 청의 독립을 보호한다고 천명하였다. 또한 이 지역의 통상과 산업은 개방되어야 하며 "만약 청에서 무질서한 상황이 발생할 경우 자국의 이익을 보호하기 위해 '상응한 조치'를 취한다"라는 것으로 끝을 맺고 있다. 그러나 '상응한 조치'가 무엇인지 구체적으로 합의되지 않은 이 성명은 전쟁 시 동맹 간에 즉각적인 군사개입을 뜻하는 것이 아니었다.[18] 심지어 프랑스는 '상응한 조치'란 애매한 외교적 수사 어구에 불과한 것이라고 영국에게 확신시키기 위해 온갖 노력을 다하였다. 이 시기 영국과 프랑스는 독일의 세계정책과 북아프리카로의 진출을 견제하기 위해 대독 포위망을 모색하던 시기였다. 이런 움직임은 1903년 영국의 에드워드 7세와 프랑스 대통령 루베(Émile Loubet)의 교차 방문과 이른바 4국 앙탕트 중 하나인 1904년 4월 영불협정[19]으로 귀결되었다. 전쟁이 발발하자 프랑스는 자신의 식민지 일부에서 러시아 발틱함대의 정박을 허용했지만, 영국의 눈치를 보느라 석탄공급은 거절했다.

한편 미국은 영일동맹이 동북아 지역의 개방과 평화를 보장하는 것이므로 미국의 이해와 일치하는 것으로 파악하였다. 미국의 한국과 동아시아정책은 철저히 경제적인 것이었고 영국과 상당 부분 일치하고 있었

---

18 말로제모프 지음, 석화정 옮김, 2002, 『러시아의 동아시아 정책』, 지식산업사, 247쪽.
19 파쇼다 사건을 계기로 영불관계가 호전되었고, 영독의 대립으로 영불이 1904년 4월 8일 영불협상을 체결하였다. 이 협정에서 영국은 이집트, 프랑스는 모로코에서 우월권 내지 독점적 지배권을 상호 인정하였다. 이는 독일의 세계정책에 대항하는 외교적 조치이며, 궁극적으로 유럽 내에서 영불러의 동맹체제로 넘어가는 전사로 판단된다.

으며, 특수한 관계에 있던 영국의 세력균형이라는 기본 정책에 동의하면서 공동보조를 취하고 있었다.[20] 특히 친일적 성향을 보였던 루스벨트(T. Roosevelt) 대통령은 만주의 문호개방정책을 옹호한다는 일본의 약속에 따라 러일 간의 개전 시 중립을 약속하였고, 러시아를 지원하는 유럽국가들의 개입을 반대하고 전시중립을 요구하였다. 일본이 뤼순항을 공격하자 루스벨트는 "일본이 우리의 게임을 하고 있다"라고까지 언급하여 마치 영미를 대신하여 러시아와 전쟁을 치른다는 주장에 힘을 실어 주고 있었다.[21] 청국 또한 영일동맹을 매우 긍정적으로 보고 러시아의 요구에 대해 완강하게 저항하기 시작하였다.[22] 이와 같이 동아시아 지역은 외관상 영일동맹 대(對) 러불동맹이라는 양대 진영으로 나뉜 것처럼 보였다.

영일동맹을 의식한 러시아는 결국 청국과의 협상에서 자진 양보했다. 그해 4월 8일 '만주철병에 관한 러청협정'의 조인은 바로 그 결과였다. 협정의 주요 내용은 다음과 같다. 만주에 대한 통치와 행정권을 반환하고, 러시아 군대의 철군 기한을 기존의 3년에서 1년 반으로 단축한다는 것이다. 또한, 6개월 이내에 펑톈(봉천)성 서남부인 랴오허강(요하)에서 군대를 철수하고 철도를 반환하며, 각 성에 주둔하는 러시아 군대도 단계적으로 철수한다는 내용이었다.[23] 그렇지만 과연 러시아가 협정을 준수할 것인가라는 점과 군대의 처리 문제, 그리고 청 영토 내에서의 철도연장선의 건설 조항은 열강들의 우려를 계속 자아내는 사안이었다.

---

20 구대열, 1995, 『한국 국제관계사 연구』 1, 역사비평사, 50-54쪽.
21 가토 요코 지음, 윤현명 외 옮김, 2018, 앞의 책, 2장 러일전쟁.
22 박종효 2014, 『한반도 분단론의 기원과 러일전쟁』, 선인, 96쪽.
23 구대열, 1999, 「러일전쟁」, 『한국사』, 국사편찬위원회, 181쪽.

일본은 영일동맹을 배경으로 대외적으로 강경한 자세를 취하기 시작하였다. 그중 하나가 바로 러시아의 조건 없는 만주철병 요구였다. 영국이 배후에 있음을 인식한 러시아는 1902년 10월 드디어 1차 철병을 단행하였다. 그런데 러시아정부 내에서 철병과 관련하여 비판이 거세졌다. 람스도르프와 비테 등 외무성과 재무성의 일시후퇴정책에 반대하여 베조브라조프(A. Bezobrazov) 등 궁정파들이[24] 황제의 신임을 바탕으로 만주 철병이 아닌 증병을 주장한 것이다. 나아가 비테의 실책을 제시하고 퇴진을 요구하기에 이르렀다. 이른바 후일 러시아의 '신노선'으로 불리는 황제의 전진정책인데, 러시아정부 내의 권력투쟁과 맞물려 있다. 비테와 람스도르프 등의 온건파, 베조브라조프 등의 궁정파, 그리고 쿠로팟킨 등의 군부 사이에서 만주 및 한반도에 대한 정책 대립이 첨예하게 나타났다.[25]

---

24 베조브라조프는 기병대대 출신으로 입신 과정을 보면 압록강 삼림을 채벌한 동북아 산업회사와 밀접한 관계가 있다. 브리너는 베베르의 도움으로 삼림채벌권을 얻었으나 자본이 부족하여 1897년 가을 채벌권을 팔기 위해 비테의 대리인 로드스타인에 접근하였고, 경흥 러시아영사 마티우틴의 소개로 베조브라조프와 만나게 되었다. 베조브라조프는 자신의 상관과 함께 알렉산더 미할일로비치에게 접근하였고, 이들은 이 사업을 통해 비테의 동아시아정책을 견제할 수 있음을 깨닫자 열의를 갖고 추진하였다. 이들의 주선으로 베조브라조프는 황제를 알현하였고, 이 사업을 통해 재정적 이득보다 만주와 한국을 지배하여 동아시아제국을 실현할 수 있다고 설득함으로써 황제의 신망을 얻었다. 결국 황제는 개인자금으로 특권을 매입(명의는 네포론쉬네프)하였고, 이를 알렉산더 미하일로비치와 보론트소프로 하여금 관리하게 하며 베조브라조프와 본리알리아르스키가 실제 경영을 맡게 되었다. 베조브라조프가 정치 전면에 나서게 되는 계기는 바로 이로부터 시작된다. 말로제모프 지음, 석화정 옮김, 2002, 앞의 책, 177-180쪽, 302쪽.

25 와다 하루키 지음, 이경희 옮김, 2011, 『러일전쟁과 대한제국』, 제이앤씨, 25쪽; 와다 하루키 지음, 이웅현 옮김, 2019, 『러일전쟁』 1, 한길사, 제1장. 후세 사가들은 베조브라조프 일파들을 모험주의자로 규정하고 러일전쟁의 책임을 묻는 경향이 있는데,

더욱이 청정부가 만주 군벌에게 중앙정부의 허가 없이 러시아인에게 광산 및 기타 이권을 함부로 양여하지 못하도록 한 조치는 1902년 연간 러시아의 추가 이권 획득을 막았고, 따라서 러청은행의 업무량도 줄었다. 일련의 사태로 인해 비테는 황제의 신임을 잃게 되었다. 황제는 새롭게 부상한 측근이자 팽창주의자인 베조브라조프를 1902년 11월 극비에 극동 시찰을 보냈다.[26] 동아시아정책과 관련하여 온건파와 강경파 간의 대결은 점점 첨예화되었다. 양 파의 이견을 해소하기 위해 1902년 11월 이후부터 1903년 4월까지 수차례 특별회의가 개최되었는데, 결론적으로 군부와 궁정파들은 만주 확보를 열망했다. 람스도르프 등 외교파들은 협정 준수를 지지했지만, 장래에 만주를 병합하거나 세력권으로 예속시킨다는 데는 만장일치로 동의하였다, 단지 방법과 속도에서만 이견이 있을 뿐이었다.[27]

러시아의 만주정책을 현지에서 실행했던 극동사령관 알렉세예프는 만주로의 전진정책을 주장하고 철병에 반대한 강경파로 꼽힌다. 이들이 득세하면서 1903년 4월 8일로 예정된 2차 철병을 거부하고, 오히려 압록강의 대안인 봉황성, 안둥(安東) 지역으로 남하하였다. 이른바 '신노선'의 등장이었다. 강경파들은 주청영사 플란손(G. A. Planson)을 통해 청국에 철병을 위한 사전 보증으로 '7개조의 요구'를 제시하면서 사태는 더

최근에는 이에 대한 재평가가 이루어지고 있다. 와다 하루키는 1903년 5월 극동 병력을 강화하고 뤼순과 블라디보스토크를 연결하는 압록강 방위를 제일선으로 한 '신노선'이 수립된 것은 8년간 극동에서 활동한 보가크의 제안을 받아들인 것이고, 이 노선이 실패한 것은 극동보다 유럽의 병력증강을 우선시했던 육군상 쿠로팟킨의 반대와 육군상을 지지했던 차르의 정책 혼선 때문이라고 설명한다.

26   최문형, 1990, 『제국주의 시대의 열강과 한국』, 민음사, 303-306쪽.
27   김영수, 2004, 「러일전쟁 전야 제정러시아의 극동정책」, 『사림』 22,

욱 급박해졌다. 내용은 만주의 불할양과 러시아 이외의 다른 국가들은 만주시장에 진입하지 못한다는 것을 골자로 하고 있다. 이후 종전에 철수했던 남목단(南牧丹)지방을 다시 점령하고, 한국정부에는 1896년 획득한 압록강 삼림채벌권을 이용하겠다고 통고했다. 그리고 1903년 5월 초에는 용암포를 비롯한 압록강의 일부 지역을 점령해 버렸다.

러시아정부는 만주 북부 지역을 계속 점령하며 뤼순 등의 방비와 요새도 강화하기로 하였다. 압록강 하구인 다둥거우(大東溝), 안둥, 뉴좡으로 다시 군대를 파견하였다. 6월에는 동청철도와 남만주지선이 거의 완공 단계에 이르렀고, 뤼순과 다롄도 군항으로서의 면모를 갖추게 되었다. 차르는 8월 13일에 비테, 쿠로팟킨, 람스도르프에게 알리지도 않은 채 아무르 지역과 관동 지역을 극동총독구로 하는 극동총독부의 설립을 발표해 버렸다. 그리고 그 총독으로 강경파 관동구사령관 알렉세예프 제독을 임명하였다. 그는 이 지역의 군사지휘권은 물론 극동 지역 국가들과의 외교 문제까지 간여할 수 있는 권한을 부여받았다.[28] 이는 비테, 쿠로팟킨, 람스도르프 등 외교파의 실각을 의미했다. 결국 8월 28일 한반도와 극동정책을 15년간 입안·추진했던 재무상 비테는 해임되었다. 이러한 일련의 사태는 영미일에게 러시아가 만주를 점령하겠다는 확고한 의사를 표명한 것으로 독해되었다. 이렇게 러일 간의 갈등과 대결은 돌이킬 수 없는 상황으로 치닫고 있었다.

(2) 용암포 충돌과 일본의 개전외교

러일전쟁 직전 발발한 '압록강 삼림채벌권'과 '용암포 사건'은 러시

---

28 최문형, 1990, 앞의 책, 312-313쪽.

아와 일본에게는 물론 영국과 미국에게도 초미의 관심사로 등장하였다. 알렌 미국공사와 일부 연구에서는 용암포 사건을 러일전쟁 개전의 원인으로까지 지목하고 있다. 한국문제가 러일전쟁의 발발에 주요 요인이었다는 것을 반증하는 것이다. 용암포 사건의 전말은 다음과 같다.[29]

1896년 아관파천기 블라디보스토크에 거주하는 러시아 상인 브리네르(I. Briner)가 1만 5천 루블을 담보로 압록강 북부지방과 울릉도의 벌목허가권을 20년간 획득하였다. 이듬해 두만강 좌안에서부터 벌목을 시작했으나 자금 부족으로 이권을 매각하려 하였다. 만주 및 연해주와 인접한 이 지역이 정치·군사적으로 중요한 지역임을 간파한 경흥 러시아영사 마티우닌[30]은 일본의 수중에 이 지역이 넘어가서는 안 된다며 베조브라조프에게 사업 인수를 설득하였다.

베조브라조프는 향후 일본과의 전쟁이 예상되는데, 압록강에서 두만강까지 방벽(防壁)을 쌓아 대비해야 하며, 그럴 경우 이 벌목 이권은 전략적으로 활용될 수 있으니 인수할 것을 황제에게 청원하였다. 외무성의 람스도르프와 재무성의 비테는 일본을 자극할 우려와 투자 사업비 규모로 인해 부정적이었으나 황제는 오히려 적극적이었다. 황제의 윤허를 받은 조사단은 두만강-압록강 유역의 지하자원과 삼림, 기후, 지질, 도로를 탐사하고 지도를 작성하였다. 그런데 당시 브리네르의 압록강 삼림 이권은 이미 유효기간이 지난 상태였으므로, 주한러시아공사는 한국정부에 압력을 가하여 1901년 9월부터 1904년 1월까지 삼림채벌권을 연

---

29 용암포와 동북아산업회사 관련 내용은 정창렬, 1990, 「로일전쟁에 대한 한국인의 대응」, 『로일전쟁 전후 일본의 한국침략』, 역사학회, 218쪽; 김영수, 2004, 앞의 글; 박종효, 2014, 앞의 책, 109-138쪽을 토대로 작성하였다.
30 마티우닌은 러시아 남우수리지방 국경행정관 겸 경흥영사이다.

장시켰다.

1901년 7월 러시아 국무회의에서 이 사업을 수행할 기관으로 '동북아산업회사'의 정관을 통과시켰다. 외견상 민간회사였지만, 실상은 러시아정부의 투자회사였다. 사업과 투자 대상은 압록강과 두만강 삼림의 벌목과 만주 지역과의 무역이었다. 그런데 회사는 청국 쪽의 압록강 강변도 함께 확보하기 위해 청에 벌목 이권을 신청하고자 하였다. 문제는 이 지역에 대한 러시아의 과도한 관심을 일본 및 열강들에게 어떻게 설명해야 하는가였다.

1903년 4월 8일 황제가 주관한 궁정특별회의가 개최되었다. 이 회의에는 재무상, 외무상, 육군상 그리고 아바자(A. M. Abaza) 해군소장이 참석하였다. 아바자는 뤼순항과 남만주철도지선을 연결하고 압록강을 따라 방벽을 만든다면 아무르강 연안과 뤼순항 사이에 있는 지역은 러시아의 영토가 될 것이고, 만약 러시아 군대가 만주에서 철수하더라도 이 방벽은 일본과의 군사적 충돌을 예방해 줄 장벽으로 기능할 것이라고 보고하였다.[31] 이에 대해 비테와 육군상 쿠로팟킨은 재정문제와 일본과의 군사 충돌을 우려하여 부정적인 입장을 표명했으나 황제의 전폭적인 지지를 받아 이 사업은 회의를 통과하였다.

러시아의 동북아산업회사는 1903년 4월부터 300여 명의 러시아인을 용암포로 파견하여 본격적인 벌목작업에 착수하였다. 벌목한 목재를 수송할 항구가 필요했는데, 압록강 하구에 위치한 용암포는 서해안으로 나가는 출구일뿐더러 뤼순항과 지근거리에 있는 포구였다. 러시아는 4월에 압록강 하구에 위치한 청국의 다둥거우, 안둥, 뉴좡으로 군대를

---

31 박종효, 2014, 앞의 책, 138쪽.

파견하고 5월에는 용암포를 불법 점거한 후, 주한러시아 공사 파블로프를 통해 목재를 저장한다는 명분으로 용암포 토지 사방 10리를 매수하는 조차 계약을 체결하고자 하였다. 또한 용암포 뒷산인 용암산에 포대를 설치하고 용암포에서 약 10리 하류에 있는 두류포에 망루를 설치했으며, 전신국과 철도 건설 움직임도 포착되는 등 용암포의 군사기지화가 진행되는 듯이 보였다. 이른바 용암포 사건이다. 이 사건은 만주 2차 철병 시점인 1903년 4월 러시아가 돌연 철수를 거부한 것과[32] 연결되어 러시아가 만주는 물론 한반도에까지 남진하려는 신호로 보였다. 그러자 일본은 한국정부에게 용암포 조차를 허용하지 말 것을 압박하였다.

사태가 심각하게 돌아가자 1903년 4월 21일 야마가타의 저택인 무린암에서 가쓰라, 이토, 고무라가 회합하였고, 이들은 만한교환에 입각하여 한국에 관한 어떤 양보도 하지 않을 것을 결정했다. 용암포 사건과 러시아의 철수 거부에 따라 일본 조야에서 개전론이 불거지기 시작했다. 일본 육군 중견 장교들은 일본 단독으로라도 군대를 파견하여 목적을 관철해야 한다고 주장하였다. 그들에 따르면 러시아가 극동에서 운용할 수 있는 육군 전력은 총 16만 명 정도인데 유럽 쪽에 배치된 병력이 도착하기 전에 일본 해군이 제해권을 장악하고 육군을 한반도와 만주로 파병한다면 승산이 있다는 주장이었다. 이같은 중견 장교들의 강경한 입장은 신중론을 펴고 있던 참모총장 오야마의 심경을 변화시키는 계기가 되었다.

1903년 6월 23일 개최된 어전회의에서 외상 고무라 주타로는 대한

---

[32] 1902년 4월 청국과 만주 환부(還付)조약을 체결하여 1903년 4월까지 단계적인 철수에 합의하였다. 그리고 1902년 10월 만주에서 1차 철병을 단행하였다.

제국이 일본의 심장부를 겨냥한 비수와 같아서 타국의 점유를 결코 허용할 수 없는데, 러시아는 한반도와 만주로 동시에 진출을 도모하고 있다고 주장하였다. 이때 군부 측은 전쟁이 일어나도 충분히 승산이 있으며, 결연한 의지로 "어떤 어려움을 무릅쓰더라도 목적을 관철시키겠다"라고 고무라의 강경 발언을 측면 지원하였다. 결국 이 회의에서 대러 강경안이 채택되었는데, 대한제국에서 일본의 '절대적 우위'를 확인하고 만주에서는 '부분적 우위'를 용인하는 선으로 최종 목표를 새롭게 설정하였다.[33] 즉, 기존의 만한교환론을 뛰어넘은 것으로 만주 일부는 러시아에게 양보할 수 있지만 한국만큼은 불가하다는 뜻이다. 이후 8월에 시작된 일본의 협상 자세는 더욱 강경해졌고, 전쟁 임박설도 등장하였다. 일본은 이미 러시아와 개전하기로 결정했고 1만 명의 일본 병력이 부산에 상륙했다는 풍문도 돌았다.

일본의 자세가 강경해지고 개전설이 돌자 러시아 육군대신 쿠로팟킨은 사태 파악을 위해 1903년 7월 동청철도 완공식을 명분으로 극동 지역 시찰을 떠났다. 그는 뤼순에서 베조브라조프, 알렉세예프 제독, 주청러공사 레사르(P. M. Lessar), 주한러공사 파블로프, 주청러영사 플란손(M. Planson) 등 현지 외교관들과 함께 극동 전략회의를 개최하였다. 베조브라조프는 일본과의 전쟁을 불사한다는 강경론을 주장하였다. 쿠로팟킨과 알렉세예프 제독은 일보 후퇴하여 만주에서 군대를 철수하는 것은 곤란하지만 일본과의 전쟁은 시기상조이므로 압록강 삼림회사의 정치적 활동은 중지하고 상업적 목적에 부합하게 활동할 것을 주장하였다. 그러나 이들 간의 견해 차이가 해소되지 않은 채 회의가 끝남으로써 정

---

33   박영준, 2019. 『제국 일본의 전쟁 1868-1945』, 사회평론아카데미, 151-152쪽.

책 목표와 추진 방식에 혼선이 지속되었다.[34]

뤼순회의 이후 러시아는 만주에서 3차 철병을 이행하지 않았다. 또한 8월 23일 용암포를 조차하는 데 성공하였다. 일본은 영국과 미국의 지원하에 용암포 조차에 대해 강력하게 반발하면서 러시아를 견제하기 위한 의주 개항 카드를 내밀었다. 그리고 러일 간의 개전에 앞서 마지막 외교적 협상을 시작하였다.

1903년 8월 12일 주러일본공사 구리노 신이치로(栗野愼一郞)는 본국의 훈령을 받고 람스도르프 외상에게 이른바 '만한교환론'으로 알려진 6개항의 협상 초안을 마지막으로 제시하였다. 한국과 청국의 독립과 영토보장 및 상공업상의 기회 균등을 제시하면서 러시아는 한국에서 일본의 이익을 승인해 주는 대신 일본은 만주에서 러시아의 철도경영에 대한 특수이익을 인정하겠다는 것이다. 그런데 일본은 추가로 한국의 철도와 만주 철도를 연결할 권리와 한국의 개혁을 위해 일본의 군사원조를 포함한 지원과 조언을 할 수 있는 권한까지 요구하였다.[35]

이 '만한교환론'은 앞서 언급한 6월 23일의 어전회의에서 채택된 강경론을 기반으로 하고 있으며 1901년 11월 이토의 '만한교환론'보다 한층 수위가 높아진 내용을 담고 있다. 또한 한반도를 보호국으로 만들려는 저의가 그대로 노출되어 있었다. 일본의 관점에서 본다면 만주와 한국문제는 상호 분리할 수 없는 것이었다. 또한 만주에서 러시아의 재량권을 인정해 주면 수년 내에 러시아가 한반도까지 팽창하여 결국 양국

---

34 심헌용, 2003, 『러일전쟁과 한반도』, 국방부 군사편찬연구소, 35쪽 재인용; A. N. Kuropatkin 지음, 심국웅 옮김, 2007, 『러시아 군사령관 쿠로팟킨 장군 회고록, 러일전쟁』, 한국외국어대학교출판부, 77쪽.

35 구대열, 1999, 「러일전쟁」, 『한국사』 42, 국사편찬위원회 편, 193쪽.

의 분쟁지가 될 것이므로 전쟁을 불사하더라도 이 문제를 해결해야 한다는 강력한 의지를 보이고 있었다.

이에 대해 러시아는 10월 3일 로젠 주일러시아공사를 통해 고무라 외상에게 타협안을 제시하였다. 러시아는 한반도에서 일본의 우월한 상업적 이익을 인정하지만 한국의 독립과 영토를 보장하며 군사상 목적에 사용하지 않을 것을 요구하였다. 또한 일본이 군대를 파견할 경우 즉시 알려야 하며 임무가 끝나면 즉시 철수해야 한다고 요구했다. 즉, 한국의 군사점령을 허용하지 않겠다는 것이었다. 또한 한반도 39도선을 경계로 그 이북 지역에서 한만 국경까지를 중립지대로 설정하자고 제의하면서 만주 및 그 연안은 일본의 이익 범위에 포함되지 않는다는 것을 명확히 하였다.[36] 이렇게 러시아는 만주를 자국의 독점적인 권익 범위로, 한국은 일본의 제한적인 권익 범위로 규정하였다.

이에 일본은 39도선이 아닌 한국과 만주의 국경선을 경계로 남북으로 각각 50킬로미터 지역에 중립지대를 설정할 것을 제안했는데, 이는 한반도 장악을 노골적으로 드러낸 것이었다. 또한 가쓰라 수상은 협상이 결렬될 경우 다음 단계는 개전임을 명확히 하였다. 1903년 말까지 협상은 계속되었지만, 타협은 쉽지 않았다. 1904년 1월 6일 러시아의 최종안에도 유의미한 양보가 보이지 않자, 고무라는 1월 13일 최종 수정안을 제시하였다. 만주와 그 연안은 일본의 이익 범위 밖에 있지만, 한국과 그 연안은 러시아의 이익 범위 밖이라는 점을 상호 인정하자는 내용이었다. 그리고 러시아는 만주 영토를 보전해야 하며 일본과 열강들이 청국으로부터 획득한 권익도 존중해 줄 것을 덧붙였다. 또한 러시아가 요

---

36 구대열, 1999, 위의 글, 194쪽.

구한 한국에서의 군사시설 설치 금지조항과 39도 이북의 중립지대 설치 및 만주 거류지 설치 금지조항도 삭제해 버렸다. 일본은 2월 2일까지 회답을 요구하였고, 러시아가 응하지 않자 2월 6일 국교 단절을 통고하였다.[37] 전쟁의 서막을 의미하는 것이었다.

그러면 왜 러시아는 일본과 타협하지 않고 개전의 길로 치달았는가? 러시아는 1900년 초반 산업공황과 더불어 사회주의 혁명이 고조되고 있던 심각한 상황을 맞이하고 있었다. 차르 정부는 전쟁에서 승리하면 국내의 불만과 혁명을 잠재울 수 있을 것으로 안이하게 판단하고, 손쉬운 상대라고 보았던 일본과 전쟁을 결행하기로 하였다. 러시아의 육군과 해군 지도자들은 나폴레옹도 이겨 낸 러시아가 아시아의 작은 나라 일본을 겁낼 이유가 없으며, 전쟁은 러시아군의 일본 열도 상륙으로 끝날 것이라 호언장담하였다.[38] 실제로 러시아 지도자들은 군사·경제적인 능력의 우위가 일반적 억제력을 충분히 발휘할 것이며 일본이 감히 공격하지 못할 것이라고 과신하고 있었다. 극동 위기는 이같이 만주와 한반도에서 러일 간의 극한 대결로 심화되고 있었다.

후일 쿠로팟킨 육군상의 회고록에 따르면 차르는 전쟁을 원하지 않았고, 1903년 9월 극동 상황이 심각해지자 알렉세예프 제독에게 전쟁을 피할 수 있는 모든 방법을 강구하라고 지시했다고 한다. 그럼에도 불구하고 협상에 실패한 것은 전적으로 제독의 실책임을 지적하고 있다. 그에 따르면 제독은 외교에 대한 경륜과 지식은 초보 수준이고 일본의 자존심을 손상시키며 협상에 임했는데, 좀 더 융통성을 발휘했더라면 전쟁

---

37 구대열, 1999, 위의 글, 196쪽.
38 구대열, 1999, 위의 글, 197쪽.

은 피했을 것이라는 주장이었다.[39] 그러나 그가 알렉세예프 제독과 베조브라조프 일파의 모험정책을 부각시키면서 개전 책임을 모면하고자 한 것은 아닌가라는 의문도 든다.

    양국이 전쟁으로 치닫게 된 배경에는 앞에 설명한 여러 요인들이 있지만, 전쟁 준비 현황과 군사력 또한 중요한 요소이다. 러일전쟁 직전 양국의 군사력을 비교해 보기로 하자. 먼저 일본은 메이지 초기부터 군사력 증강을 위한 노력을 경주하였다. 정부 재정 지출 규모 중 육해군 예산 총액은 약 14~19%의 비중을 차지하고 있었다. 이 중 육군 예산이 해군에 비해 두 배 정도로 배정되었는데, 한반도 침략 및 청국과의 전쟁을 위해 육군이 필요했기 때문이었다. 1886년 이후 청국과의 전쟁을 준비하면서 정부 예산의 25% 내외를 군사비에 배정하였다.[40]

    러시아를 겨냥한 군비 증강은 청국으로부터 확보한 2억 3천만 냥(3억 5천6백5십만 엔)의 배상금 중 상당 부분을 군사비로 돌리면서 급속히 진행되었다. 1895년 국방예산은 1,100만 엔에서 1900년에는 무려 6,000만 엔으로 증가하였는데, 육군 병력은 평시 17만 명과 전시 60만 명으로 계획되었다. 해군력은 1896년부터 1904년까지 약 4배가 증강되어 당시 최대 규모인 15,000톤급 전함 4척 및 여러 척의 순양함, 구축함을 건조할 수 있게 되었다. 이는 일본이 군사력 전반의 증강만이 아니라 독자적인 해군작전을 수행할 수 있는 능력을 보유하게 되었음을 의미한다.[41]

---

39 A. N. Kuropatkin 지음, 심국웅 옮김, 2007, 앞의 책, 79-80쪽.
40 박영준, 2019, 앞의 책, 73쪽.
41 구대열, 1999, 앞의 글, 184쪽.

러일전쟁 직전 극동 지역의 러일 군사력을 비교해 보자. 세계 5대 군사강국(영국·독일·프랑스·오스트리아·러시아)의 하나로 꼽히던 러시아는 육해군 전체 전력 규모 면에서 일본을 압도하였다. 그러나 극동에 배치된 육해군 전력의 규모만 보면 일본이 결코 불리하지 않았다. 러시아는 극동에 9만 8천 명의 육군이 있었던 반면, 일본은 18만 명의 정규군 외에 예비병력으로 67만 명을 동원할 수 있었다. 해군을 보면 러시아의 태평양함대에는 전함 7척, 순양함 4척, 기타 군함 2척이 각각 분산 배치되어 있었다. 물론 러시아는 발틱과 흑해함대를 모두 포함하면 총 110여 척에 배수량 합계 59만 톤으로 집계되지만, 이들이 극동 작전에 투입되려면 수개월의 시일이 소요되었다. 반면 일본은 군함 57척, 구축함 19척, 수뢰정 76척으로 배수량 합계 19만 3천 톤으로 합산된다.[42]

쿠로팟킨의 회고록을 보면[43] 그는 일본의 군사력을 높이 평가하고 있음을 확인할 수 있다. 애국심이 강한 일본 군인은 스파르타식으로 훈련을 받고 행군 시에는 지형조건에 적응하는 전술 훈련을 실시할뿐더러 현대식 무기로 잘 무장되어 있다고 분석하였다. 또한 일본은 포함, 구축함, 장갑순양함과 같은 군함도 제조할 군사기술도 보유하고 있을뿐더러 러시아 육해군을 대상으로 한 수백 명의 비밀 첩보원이 잘 훈련되어 있다고 지적하였다. 반면 러시아에서 일본군의 정보수집 임무를 맡은 자는 참모본부 소속의 장교 1명에 불과하였다고 전한다.

결과적으로 러시아는 일본의 기습공격 전략을 예측하지 못하였다. 일본과의 전쟁을 수행할 관동구사령관 알렉세예프 제독은 한반도에 일본

---

42 박영준, 2019, 앞의 책, 155쪽 표 참조.
43 A. N. Kuropatkin 지음, 심국웅 옮김, 앞의 책, 87-89쪽.

육군이 상륙해도 원산과 진남포 이남일 것이라 판단하였다. 이 경우 러시아 주력군을 충분히 동원할 수 있고 일본군을 한반도 영내에서 격퇴시킬 수 있을 것이라고 장담하였다. 반면 쿠로팟킨 육군상은 보다 현실을 직시했는데, 그는 일본 육군이 남만주 일대까지 진출할 것을 전망했다. 이것이 현실화될 경우 러시아군은 관동주와 뤼순을 청국에 환부하고 러시아 주력 부대를 북만주로 철수시켜 모스크바에서 구원병이 도착할 때까지 기다려서 함께 반격을 도모해야 한다고 주장하였다.[44] 결국 총사령관 알렉세예프가 지휘한 러시아군은 패배하였다. 일본이 전쟁에서 승리할 수 있었던 것은 운이 아니라 실력이었음을 역사는 말하고 있다.

3) 한국의 전쟁 방지 노력과 전시중립 선포

한반도에 전운이 감돌고 위기가 고조되었다. 의화단운동을 명분으로 러시아가 만주에 10만 대군을 파병하자 러시아의 한반도 남하에 대한 우려가 가시화되었다. 고종은 만주 점령이 러일 간의 분쟁으로 확산되어 한국 침입으로 이어질까 경계하였다. 실제로 『황성신문』에는 러시아의 동양함대가 압록강 하구에 집합하였고, 뤼순항에 주둔한 러시아군이 한국으로 파병되며, 일본의 히로시마 진대(廣島鎭臺)도 한국으로 향하고 있다는[45] 유언비어 기사가 실렸다. 조야에 전쟁 발발 위기감이 팽배하였다.

1900년 6월 28일 고종은 하야시 곤스케 일본공사를 불러 러시아의

---

44   박영준, 2019, 앞의 책, 157쪽.
45   「잡보」, 『황성신문』, 1900.2.5.

만주 점령 시 일본의 외교 방침을 문의하였는데, 하야시는 전쟁 불사라는 강경 발언으로 고종의 불안감을 증폭시켰다. 고종은 러시아의 동청철도 부설이 한반도에 미칠 영향에 대해 우려하고 있었고, 러시아의 만주 진입은 한반도 침입의 예고편이라고 생각하였다. 급기야 7월에 의화단이 한반도 북부에 출몰했다는 소식이 전해졌다. 그런데 파블로프 러시아 공사가 7월 22일에 의화단 잔당 소탕을 명목으로 월경 허가를 요청하면서, 한반도 북쪽의 국경 방어는 러시아가 맡는 것이 자연스러운 것이라 말하자 고종의 의심은 증폭되었다. 파블로프의 언급은 앞에서 살펴본 것처럼 강경파 베조브라조프 등 궁정파들의 삼림채벌권을 명분으로 한 팽창정책과 연관되어 있다.

 11월에 들어서면서 만주의 의화단 잔류군이 압록강과 두만강 국경지대로 잠입하여 한국마을에서 식량과 가축을 약탈한다는 소식이 들려왔다. 이 지역은 한국정부가 요충지마다 진을 설치하는 등 특별 관리하던 곳이었는데, 지역이 워낙 넓은 관계로 수비가 용이하지 않았다. 그런데, 의화단을 진압하기 위해 투입된 42개 러시아 보병대 중 28개 보병대가 12월까지도 국경지대에서 의화단을 추격하고 있었다. 잔류군 소탕과 국경 수비를 명분으로 러시아군이 월경하면 일본도 질서를 바로잡는다는 명분하에 군사를 파견할 가능성이 높았다. 이때 러시아함대가 압록강 하구를 측량하고 있다는 정보와 함께 러시아 군사들이 이미 국경을 넘어 한반도 국경지대에서 암약하고 있다는 보고가 들어왔다. 일본 신문도 러시아인들이 현지에서 방화와 약탈을 일삼는다는 소식을 전하였다. 국지적 불안과 소요가 러일의 개전으로 이어질 수 있는 일촉즉발의 위험한 상황이었다. 이미 정부는 동학과 의화단의 발발이 청일전쟁과 청국의 분할로 이어지는 것을 경험한 직후였다.

먼저 정부는 사태를 파악하기 위해 외교 문제와 외국어에 능통한 궁내부고문 샌즈(S. F. Sands)와 국방방어 태세를 정비할 이학균(李學均)을 국경도시 의주로 파견하였다. 이들은 러시아군의 월경 흔적을 확인하지 못했지만, 일본인 정보원들이 횡행하고 있던 사실을 보고하였다. 이학균은 국경선 따라 설치된 요새에 장교들을 파견하고 수비를 강화하는 등 필요한 조치를 취하였다. 그러나 그것만으로는 나라를 지키기에 충분치 못하였다.

대한제국정부는 영토와 국민을 지키기 위해서는 무엇보다도 군사력을 강화시켜야 한다는 것을 처음부터 인지하고 있었고, 기회가 있을 때마다 노력한 것도 사실이다. 정부의 만성적인 재정 적자와 궁핍, 청국과 일본의 외압과 방해 등으로 어려움이 많았던 것도 사실이다. 대한제국을 선포한 후 정부는 국가 예산의 약 25% 이상을 사용하면서 군비증강을 꾀하였다. 중앙군으로서 황실을 호위하기 위해 시위대를 창설하여 보병 외에 포병 및 기병부대를 각각 1개 대대씩 편성하여 전투부대로 발전시키고자 하였다. 이때 시위대 병력 규모는 총 3천 명 정도였다. 도성 방위를 전담했던 친위대도 증강되어 1902년에는 시위대와 동일하게 2개 연대로 확충되었고, 공병대와 치중병대가 편제되어 전투 능력을 갖추게 되었다. 일본식과 러시아식으로 이원화되었던 친위대와 시위대도 동일한 편제로 통일되어 중앙군의 양축으로 자리 잡았다. 그 밖에 1901년 12월까지 지방 팔도를 방어하기 위한 지방군은 진위대로 통합되었으며 러시아식 군제가 도입되었다. 평안도와 함경도에는 대대급 규모의 진위대 4곳이 신설되어 4천 명이 배치되었다.[46] 이렇게 러일전쟁 직전까지 정부

---

46 서인한, 2000, 『대한제국의 군사제도』, 혜안, 199쪽 표 참조.

의 군사력 증강 정책에 따라 중앙군(친위대 4천3백 명, 시위대 5천 명, 호위대 730명) 1만여 명과 지방군(지방대, 진위대) 1만 8천여 명이 국방을 담당하고 있었다. 그리고 1903년 해군 창설도 구상하고, 최초의 군함 '양무호'도 구입하였다.[47] 1903년 3월에는「징병조례」를 발표하여 징병제 실시를 준비하였다.[48]

그러나 한국 영토를 위협하는 세력은 최신 무기와 전술로 무장한 일본의 18만 명의 정규병력(예비군 67만 명)과 러시아의 극동 정규병력 10만 명(전체 병력은 100만 명, 예비군 34만 5천 명)이었다. 이들과 비교해 볼 때 대한제국의 총 2만 8천 명 군대는 신식 무기로 무장하지도 못했고, 근대식 군사훈련도 충분히 받지 못한 상황이었다. 이처럼 취약한 국방의 현실은 스스로 영토를 방어하지 못하고, 외교적 수단을 모색하게 하였다. 그것이 한반도 중립화 방안이다.

중립화 논의는 일찍이 유길준, 김가진을 비롯하여 묄렌도르프(P. von Möllendorff), 부들러(H. Budler) 등 국내외 인사들에 의해 산발적으로 제의되었다가, 1900년부터 본격적으로 대두되었다. 중립화안은 일단 주도국과 목적을 기준으로 크게 세 가지 유형으로 분류할 수 있다. 첫 번째 유형은 한국정부가 주도하는 중립화론으로 독립을 유지하기 위한 목적이다. 두 번째는 한국을 장악하기 위해 경쟁한 러·일 양국이 상호 간의 세력 관계가 불리하다고 느낀 상황에서 국면전환용으로 제안한 중립론이다. 셋째는, 영·독·미의 중립론이다. 이들은 '강도세계'의 일원이라는 점은 두 번째와 동일하다. 다만 한국을 직접 지배하기보다는 열강들이

---

47 김재승, 2000,『한국근대해군창설사』, 혜안.
48 양상현, 2006,「대한제국의 군제개편과 군사 예산 운영」,『역사와 경계』61.

이해조정의 주도권을 쥐고 한국의 정치적 독립을 보장하되, 한국시장의 '문호개방'을 유지하는 것을 최종 목표로 하는 중립화안이다.[49] 중립화안의 방법도 영구중립화안부터 전시중립화안까지 다양한 스펙트럼이 있었고, 중립 보증의 형식도 열강들이 공동으로 보증하는 형식과 특정국과 개별 조약을 통해 인정받는 것 등 다양했다.

중립화론이 광무정권의 공식적인 외교정책이 된 것은 1899년 봄 주한미국공사 알렌이 미국으로 일시 귀국할 때부터로 추정된다. 고종은 알렌을 통해 미국정부의 주도로 한국중립화를 추진해 달라는 요청을 했으나 미국 측의 반응은 신통치 않았다.[50] 이듬해 의화단운동 발발 이후 안보 위기가 심화되자 외부는 다시 중립화안을 추진하였다. 1900년 5월에 고빙한 크레마지(R. Cremazy) 법부고문에게 한국 중립에 대한 국제법적인 근거를 정리하여 보고서를 제출할 것과 프랑스의 중립화정책 사례에 대한 정보 입수를 명하는[51] 등 다방면으로 준비에 박차를 가했다. 알렌에 따르면 이때 고종은 스위스나 벨기에 유형처럼 관계된 열강들이 공동으로 보증하는 영세중립화안을 염두에 두고 있었다고 한다.

정부의 중립화정책은 샌즈, 민영환, 강석호(姜錫鎬) 등 친미계열들이 주도하며 1900~1902년까지 추진되었는데, 대체로 벨기에와 같은 열강 공동보증하의 영세중립화 방안이었다. 미국이 주도하여 서구 열강들과

---

49 梶村秀樹, 1985, 「러일전쟁과 조선의 중립화론」, 『한국근대정치사연구』, 사계절, 340-341쪽.

50 S. S. Burnett ed., 1989, "Allen to Secretary of State," *Korean-American Relations III*, No. 284, 1900.10.2.

51 홍순호, 1980, 「대한제국 법률고문 L. Crémazy의 임명과정 분석」, 『논총』 36, 이대 한국문화원, 자료 6.

한국 중립화 협정을 체결하고 그들의 거중조정(居中調停)을 통해 영토를 침략할 가능성이 높은 러시아와 일본을 중립화 협정에 참가시켜 주권을 보존한다는 안이었다.

고종은 이러한 내용의 중립화안을 국내외 인사들에게 지속적으로 제안하고 부탁하였다. 그리고 1900년 7월 고종은 친러계열이 천거한 조병식(趙秉式)을 주일공사 이하영(李夏榮)의 후임으로 임명하여 일본에서 중립화를 본격적으로 협상하고자 하였다. 조병식은 아오키 슈조 외상을 만나 적극적으로 중립화를 제안했으나 조일국방동맹안 체결을 주장하면서 한반도 및 대륙 침탈 기회를 엿보는 일본 외무성에 의해 무시되었다.[52] 조병식은 다시 주일미국공사 벅(A. E. Buck)을 만나 미국 주도의 중립화를 제안했으나 한국에서 정치적 분규와 극동 문제에 휘말리는 것을 꺼려하는 미국정부의 거절로 실패하였다.[53] 이미 1899년 알렌 공사를 통해 한국정부의 중립화 요청을 전달받은 미국 대통령과 국무성은 거절로 의견을 정한 상태였다. 한편 러시아 쪽에서는 조병식이 제안한 중립화안의 배후에 일본이 있고 종국적으로는 한일 간의 유대 강화를 의미하는 것이라 해석하고 반대했다. 이처럼 한국이 추진하던 중립화안은 미·일·러의 부정적인 반응과 이해관계의 대립 및 상호 반목으로 인해 실효를 거두지 못하였다.[54]

서구 열강들은 한국이 주도하는 중립화안의 실현 가능성을 비관적으

52　박종효 편역, 2002, 『러시아 국립문서 요약집』, 한국국제교류재단, 270쪽 '대한제국 중립화론에 대한 참고 자료', 658쪽 '대한제국 중립국안 일본에 지지호소'.

53　S. S. Burnett ed., 1989, *Korean-American Relations III*, No. 479. 1900.10.1, No. 290. 1900.10.20, No. 292. 1900.10.29.

54　모리야마 시게노리 지음, 김세민 옮김, 1994, 앞의 책, 현음사, 167-168쪽.

로 보았다. 그들은 중립화의 선제조건으로 한국의 행정개혁 추진과 스스로 독립을 유지할 수 있는 군사력·정치력·경제력을 꼽고 있었다. 알렌은 한국의 중립화가 어려운 것은 한국에서는 국가 질서가 부재(不在)하며 독립을 유지할 여건이 성숙되지 않았기 때문이라고 뼈아프게 지적하였다. 이와 비슷한 논리와 답변이 여러 곳에서 반복되었는데, 애초부터 열강들은 동참할 의사가 없었기 때문으로 풀이된다.

한편 일본과 공수동맹을 맺어 일본에게 국방을 일임하고 내치에만 주력하라고 충고하던 일본의 동아동문회도 조병식에게 "중립국은 한국과 같이 자위력이 없는 나라가 아니라, 여러 나라 사이에 개재하여 그 존폐가 주변 열강에 영향을 미치는 나라가 중립국이 될 수 있는 것인데, 오직 러일만이 한국에 이해관계를 갖고 있기 때문에 어렵다"고 주장하며, 한국은 일본에 보호를 청하는 것이 유일한 방법이라는 해괴한 주장을 하였다.[55]

이후 등장한 것은 러시아 주도의 중립화안이다. 1901년 7월 비테가 주러일본공사 진다 스테미(珍田捨己)에게 비공식적으로 "한국을 중립국으로 하되, 아시아는 일본이 한국정부에 행정 및 재정고문과 경찰총감을 파견하는 것을 인정하고, 일본은 러시아가 만주에서 우위를 차지한다"는 이른바 '만한교환론'에 입각한 중립화안이었다. 바로 앞서 언급한 두 번째 유형의 중립화안이다. 이때 '동북아산업회사'가 압록강 삼림 채벌을 명목으로 공식 출범하였는데, 러시아의 만주와 한반도 북부를 장악할 의도를 숨기고, 일본을 달래기 위한 것이었다. 이 시기는 일본의 대러 강경파 가쓰라 내각이 출범하면서 영일동맹 협상이 추진되던 시기로 일본

---

55   서영희, 2003, 『대한제국 정치사연구』, 서울대학교출판부, 157쪽 재인용.

측의 거부로 원점으로 돌아갔다. 그러나 이 정보를 접한 고종은 이근택을 일본에 보내 사정을 탐지하고 10월 외부대신 박제순(朴齊純)을 파견하여 다시 열강 공동보증하의 한국 중립화안을 제시하였으나 일본 외무성 측은 여전히 냉담한 반응으로 일관하였다.

한국정부의 중립화 시도가 한 걸음도 진전하지 못한 것은 바로 한반도에 가장 첨예한 이해관계를 갖고 경쟁하던 러일이 한국을 중립국으로 만들 의향이 없었기 때문이다. 이들은 수차례 '중립화'를 제안했지만, 당시 처한 불리한 국면을 타개하기 위한 방편에 불과하였다. 특히 일본은 한반도의 보호국화를 이미 국가 목표로 세웠기 때문에 그들에게 중립화는 어불성설이었다.

반면 미국이나 프랑스, 독일, 영국 등 서구 열강들의 입장은 어떠했는가? 이 지역에 직접적으로 정치적·전략적 이해관계가 없는 열강의 정책 입안자들은 중립화안에 큰 관심이 없었다. 그들에게 한반도는 그들의 이해가 집중된 대륙에 종속된 장으로 기능하기 때문에, 극동의 군사·정치 상황과 이해관계의 변화에 따라 중립안을 지지하거나 무관심을 표명하는 정도였다. 이들이 일시적으로 중립화에 동조했던 이유를 분석해 보면 열강의 정책 목표가 드러난다. 이들은 한국에 대한 직접적인 정치지배의 프로그램은 없지만, 열강이 이해조정의 주도권을 쥐고 극동 지역의 현상유지와 한국시장의 '문호개방'을 목적으로 하고 있다. 여기의 방점은 '서구 열강이 주도한다'는 것에 찍혀 있는데, '스스로 개혁할 수 없는 한국'을 대신하여 아관파천 당시처럼 열강들이 선정한 협의체 혹은 이집트의 사례처럼 서양고문관들이 필요한 개혁을 착수·주도한다는 것이다.[56] 그

---

56 Philadelphia Archdiocesan Historiacal Center 소장, *Sands Papers*, Box. 3, Folder 2,

리고 중립화안을 대가로 열강들은 한국 개혁·개발에 따른 경제적인 이득, 곧 이권을 획득하는 것이고, 비공식적으로 한국을 공동으로 보호한다는 뜻이다. 완전한 자주와 독립을 지향하던 대한제국정부의 정책적 목표와는 근본적으로 다르다는 점에서 열강의 외교관들이 제안했던 중립화안은 국내외적으로 성공 가능성이 희박한 것이었다.

1902년 1월 영일동맹이 체결되자 극동의 정세는 다시금 요동쳤다. 위기의식을 느낀 고종은 중립화안에 다시 박차를 가하며, 앞서 언급한 열강의 중립화 선행 조건을 충족할 개혁을 추진하기 위해 개각을 단행하였고 국정개혁을 실시하고자 하였다. 심상훈, 신기선, 한규설, 박제순 등으로 구성된 신내각에서는 국정개혁의 실시를 건의하였는데 주요 내용은 화폐제도의 개선, 내장원의 폐지와 탁지부를 중심으로 한 재무구조의 단일화, 특수경찰기관의 역할을 담당한 경위원(警衛院)의 폐지와 지방관의 매관매직의 폐단을 엄단하자는 것으로 요약된다. 이는 곧 황권의 약화와 신권의 강화를 추구하는 것이었다.[57]

그리고 다시 궁내부 고문 샌즈를 통해 중립화정책을 추진했는데, 주한 일본 및 서양 공사관을 통한 중립화 제안이 아니라 직접 중립화 추진단을 유럽 및 미국에 파견하여 요청한다는 적극적인 계획이었다. 이 같은 계획은 비밀리에 구체화되어, 영국 에드워드 7세 대관식 참석을 명분으로 중립화 추진단이 출발하기로 하였다. 샌즈도 박제순과 동행하기로 하여 고종의 윤허를 받았고 그 사전준비로 유럽에 파견되어 있는 한국

Doc. 3, 1904.1.12.

57 송병기 편, 1970, 『한말근대법령자료집』 III, 「勅令 第 3號 警務廳官制」 光武 6년 2월 18일; *Korea Review* 2, 'News Calendar', 1902. Feb. p. 80; 차선혜, 1996, 「대한제국기 경찰제도의 변화와 성격」, 『역사와 현실』 19, 92-96쪽.

공사들에게 그들이 취해야 할 행동지침에 대해 자세한 훈령을 작성하여 보냈다.[58] 그러나 샌즈의 계획을 간파한 영국공사가 샌즈의 방영(訪英)을 반대·방해함으로써 무산되었다.

이렇게 한국정부의 분주한 움직임이 감지되자 일본은 의도적으로 영일동맹의 내용을[59] 왜곡하여 흘렸다.[60] "일본정부 및 영국정부는 극동에 있어서 현 상황과 전체적인 평화를 유지할 것을 희망하고 또 청제국 및 대한제국의 독립과 영토 보전을 유지할 것…"이라며, "제1조: 영·일 양국은 상호 간에 '청국 및 한국의 독립'을 승인해 줌으로써 해당 두 나라 어느 쪽에 대해서나 침략적인 자세로 나가지 않을 것을 성명한다"라는 내용을 한국 측에 제시하였다. 외교적 수사로 쓰인 문구는 일면 한국의 독립과 영토를 영·일이 승인해 준 것 같이 보였다. 제국주의 시대 외교적 문법에 어두운 고종은 오랫동안 원했던 중립을 달성한 것으로 잠시 착각하였다. 고종은 한국이 영일동맹의 주 논의 대상이 될 정도로 중요하게 취급받은 것을 만족스러워 했다는 말을 들을 정도로 사태를 정확하게 파악하지 못했다고 알려져 있다.[61] 그리하여 정부 개혁 작업은 다시 중지되었고, 정부 관리들은 엄순비(嚴淳妃)의 승후문제(陞后問題)를 둘러싸고 격하게 대립하였다. 중립화를 주장하던 민씨척족 및 친미파들도 황태자 척(坧)을 옹위하기 위해 중립안 추진을 등한시하였다고 기존의 연

58　*Sands Papers*, Box. 3, Folder 2, Doc. 1, 1902.1.2. Doc. 3, "To Hulbert", 1904.1.12.

59　『일본외교문서』 권35, #15, "第一回英日協約全文及附屬外交文書ノ「テキスト」", 19-20쪽.

60　*Korea Review* 2, 1902. June, p. 267.

61　*Korean-American Relations*, III, No. 470, 1902.5.31. pp. 171-172. 파블로프 러시아공사는 동양으로 확대 선포된 러불동맹도 고종의 독립 획득에 대한 착각을 심화시킬 것 같다고 우려하였다.

구에서 언급하고 있다.[62] 그러나 이런 연구들은 영국과 일본, 미국문서를 기반으로 하고 있다.

실제 고종은 영일동맹이 한국을 지켜 줄 것인가에 대해 반신반의했던 것으로 보인다. 1902년 2월 4일 고종은 파블로프 공사를 만나 일본은 한국을 반러비밀동맹 전선에 끌어들이려 시도하고 있다고 전하였다. 또한 일본은 러시아가 한국을 장악하기 위해 음모를 꾸미고 있다고 여러 차례 언급했는데, 이에 대한 러시아의 입장을 타진하였다.[63] 파블로프는 고종을 안심시키기 위해 러시아의 정책의 근간은 한국의 독립 보호라고 설명하였고, 이후 고종이 신임하는 베베르 전임 러시아공사를 1902년 10월 고종 즉위 40주년 칭경식(稱慶式)에 특별 파견하였다. 베베르의 방한 목적은 적극적인 한국 견인책이었다. 고종은 마산포 조차에서처럼 러시아의 주권 침탈에는 반대 입장을 표하고 견제했지만, 일본에 대한 불신이 불식되지 못한 상황에서 다른 선택지가 없었다. 결국 고종은 점차 러시아 쪽으로 경도되기 시작하였고, 이와 함께 친미세력도 쇠퇴하기 시작하였다.

베베르는 영국과 일본을 자극하지 않고 한국정부에서 자국의 영향력을 행사할 수 있는 통로를 확보하기 위해 벨기에 고문의 고용을 제안하였다.[64] 명목은 벨기에의 중립화 경험을 직접 습득·추진하기 위해 그 분야의 전문가를 벨기에에서 직접 초빙한다는 것이다. 이미 한국은 벨기에와 바로 전해인 1901년 수교조약을 체결하면서 원하고 있던 바였다. 중

---

62 모리야마 시게노리 지음, 김세민 옮김, 1994, 앞의 책, 181-188쪽.
63 박종효, 2014, 앞의 책, 96-97쪽.
64 *Sands Papers*, Box 3, Folder 11, Doc. 85, 1903.1.31.

립화를 담당하던 샌즈는 현상건이 뇌물을 받고 벨기에 고문 고용을 적극 고종에게 추천하였다고 했지만,[65] 중립화 추진 요청에 대한 미국정부의 지속적인 거절은 미국인 샌즈의 효용성을 사라지게 하였다. 고종은 다시 중립화를 추진하기 위해 백지 고용계약서에 서명한 후 적합한 인물을 선정하기 위해 벨기에로 사람을 파견하였다.[66] 1903년 2월 9일에는 드루아그(Deleogue)가 황제 개인고문 자격으로 내한한다는 공식발표가 있었다. 드루아그가 한국에 도착한 것은 7월 전으로 보여진다. 그는 고종의 실질적 개인고문, 즉 궁내부 고문으로서 업무와 역할을 담당하였지만 공식 칭호는 내부고문이었다.[67]

드루아그는 샌즈의 업무를 이어받아 중립화문제를 담당하였다. 러시아의 후원을 받는 그는[68] 통역관 현상건과 함께 중립화안을 추진하였다. 현상건은 샌즈의 불어 통역관이었던 자로 샌즈와 함께 중립화 실무를 수년간 맡아보아 업무에 밝은 인물이었다. 1903년 7월 4일 주일공사 고영희(高永喜)가 일본이 러시아와의 전쟁을 결정했다는 소식을 보고하자

---

65 *Sands Papers*, Box 3, Folder 2, Doc. 2, 1903.9.8. 고종은 벨기에형 열강 공동보증하의 중립화안에 관심을 많이 보였던 것으로 추정된다. 1901년 3월 벨기에와의 통상조약 체결한 후 1902년 1월 閔泳瓚를 주불란서 겸 벨기에 공사로 파견하였고 1903년 1월에는 400만 원 벨기에 차관계약설이 있었다. 梶村秀樹, 양상현 편, 1985, 「러일전쟁과 조선의 중립화론」, 『한국근대정치사연구』, 사계절, 342쪽.

66 *Sands Papers*, Box 3, Folder 11, Doc. 85, 1903.1.31.

67 드루아그의 공식 계약서 작성일은 1903년 11월로 되어 있다. 계약서 내용은 2년 계약 기간으로 매월 500원의 월급으로 奏任官 대우를 받으며 내부대신 및 협판의 지휘·감독에 따라 직권 사무를 妥商한다고 되어 있다. 규장각 소장, 奎23473, 「內部顧問官戴日匡合同」; *Sands Papers*, Box 3, Folder 11, Doc. 86, 1903.3.3, Folder 11, Doc. 88, 1903.7.8.

68 *Sands Papers*, Box 3, Folder 11, Doc. 90, 1903.11.4.

정부는 전쟁 시 한반도 영토를 보호하기 위한 전시중립화로 정책을 바꾸었다. 이에 외부대신 이도재(李道宰)는 러일 양국에 주재한 한국공사들에게 전쟁 개전 시 한국은 중립국을 선언할 것이며 한국 영토 내 군대의 통과와 군사시설 설치 불허를 통고할 것을 훈령하였다.[69]

한국정부의 전시중립화 의향에 대해 일본은 고무라 외상을 통해 중립을 유지하려면 대한제국의 자위력이 충분해야 한다고 주장하면서 무시해 버렸다. 고종은 궁내관 현상건과 예식원 참서관 고의성(高義誠)을 프랑스, 벨기에, 러시아로 파견하였다. 그의 임무는 프랑스와 만국평화회의에 국외중립을 호소하는 것이었고 러시아로 넘어가 중립을 상의·요청하는 것이었다. 현상건은 주프랑스공사 민영찬과 함께 외무대신 델카세(Delcassé)를 만났으나 별 성과는 없었던 것으로 보인다. 이후 네덜란드로 헤이그로 가 전쟁 시 러·일 군대가 대한제국 영토를 유린할 경우에 대해 조언을 구할 것으로 알려졌으나 국제재판소가 휴정 상태였다.

현상건은 11월에 러시아로 넘어가 니콜라이 황제에게 고종의 친서를 전달하고 다시 베베르를 만나 고종의 밀서를 전달하며 중립화를 논의했고, 귀국길에 뤼순에 들러 알렉세예프 극동총독의 의견을 구하였다. 알렉세예프는 한만교환론에 반대하며 무력으로라도 한국을 보호하겠다는 말을 전했으며, 이를 전해 들은 정부는 러시아가 중립 요청을 반대한 것으로 인지하고 낙담하였다.[70] 그가 귀국한 시점은 1904년 1월 11일이었다.

---

69 『일본외교문서』 권37-1, #695 附屬書; 박희호, 1997, 「舊韓末 韓半島中立化論 硏究」, 동국대학교 박사학위논문, 177-179쪽.
70 심헌용, 2003, 앞의 책, 37-39쪽.

현상건의 유럽 출장의 결과는 전시중립선언으로 나타났다. 러일전쟁 시 전쟁터로 전락할 것을 걱정하는 한국에게 프랑스는 전시중립이라도 선언하라고 조언했고 실무적으로도 이를 지원했다.[71] 전시중립은 고종의 승인하에 러시아와 프랑스 공사관의 협조를 받고, 이용익의 지휘로 현상건, 강석호, 이인영 등 황제 측근 궁내관들이 궁중에서 프랑스어 교사 마르텔(E. Martel)과 함께 내부고문 드루아그의 도움을 받아 추진되었다. 불문 번역은 주한 프랑스공사관의 퐁트네(V. de Fontenay)가 맡았고, 외부 번역관 이건춘(李建春)을 밀사로 즈푸(芝罘) 주재 프랑스 영사관에 보내 전 세계로 타전되었다.[72] 이 전문이 즈푸에서 타전된 것은 국내에서 발표할 경우 전신국을 장악한 일본이 방해할 것이라는 우려 때문이었다. 일본으로서는 '한일비밀공수동맹안'을 통과시켜야 한반도 내에서 군사작전을 합법적으로 수행할 수 있기에 주한일본공사 하야시는 중립선언을 저지하고자 궁궐 내 첩보망을 가동하고 있던 상황이었다. 그런데, 만약 뤼순에서 전시중립 선포를 타전할 경우, 이곳은 러시아의 조차지였기 때문에 중립선언의 가치가 반감될 것이라는 러시아공사관 측의 지적 때문에 청국의 즈푸가 최종 선택되었다.[73]

1904년 1월 21일 한국 외부대신 이지용의 명의로 공표된 '즈푸 전시 국외중립선언'의 내용은 다음과 같다. "러일 간에 발생하고 있는 미묘한 관계를 보거나 또는 그 문제를 평화적으로 해결하려면 당면하지 않으면 안 될 것 같이 보이는 어려운 문제들을 생각할 때에 한국정부는 그 두

---

71 서영희, 2019, 『일제침략과 대한제국의 종말』, 역사비평사, 27-28쪽.
72 서영희, 2003, 앞의 책, 182쪽.
73 I. H. Nish, 1985, *The Origins of the Russo-Japanese War*, Longman, p. 215.

국가와 한국과의 사전협의가 어떻게 되든지를 불문하고 엄정중립을 지킬 확고한 결심을 하였음을 황제 폐하의 어명을 받들어 선언하는 바이다."[74] 앞서 일본은 한국정부의 국외 중립 요청을 거부하면서 황제의 신변 보호를 위해 일본과 협조 내지 조력을 구한다는 요지의 공수동맹 요구를 언급한 바 있었다. 바로 합법적으로 한반도에 대규모 군대를 파병할 명분을 확보하기 위한 것이었다. 1월 23일 일본은 한국정부의 전시중립 선언을 무시하고 한일의정서를 강압하여 체결했다. 고종은 서울만이라도 중립지대로 보장받기 위한 방안을 러시아와 프랑스 공사와 협의했지만, 중립을 견지하는 러시아는 일본에 비해 수세적이었고 2월 10일 정식 선전포고와 함께 파블로프 공사는 서울을 떠나 버렸다.

    2월 11일 가토 마스오 궁내부고문과 오미와는 고종을 알현하고 전시중립 선언은 실제로 국제적 효력이 없으니 철회하고 군사동맹을 체결하자고 제안하였다. 그 이후 지속적으로 압박을 가하여 2월 23일 외부대신 이지용과 '한일의정서' 체결에 성공하였다. 이제 일본은 한반도를 합법적으로 자신들의 전쟁터로 이용할 수 있게 되었다.

---

[74] 『일본외교문서』 권37-1, # 332, 310-311쪽.

2. 러일전쟁의 발발과 전후처리

1) 전쟁의 전개과정과 한반도

러일전쟁은 일본 구축함이 1904년 2월 8일 오후 3시 40분 뤼순으로 가기 위해 인천 팔미도 앞바다를 출항한 러시아 군함 '코레예츠호'에 총격을 가하면서 시작되었다고 알려져 있다. 이 전쟁은 러시아와 일본 간에 벌어진 전쟁임에도 불구하고 전시중립을 선포한 대한제국의 영토를 침략하면서 시작되었고, 대한해협에서 사실상 막을 내린 전쟁이었다. 아울러 러시아나 일본과 관련 없는 약소국 한국과 중국의 영토를 유린하면서 전개된 제국주의 전쟁이었다.

(1) 러일의 전쟁 준비와 전략

1904년 1월 17일 일본의 최후통첩이 러시아에게 전달된 후 회답을 받기 전 2월 4일, 일본은 어전회의에서 개전을 결의하였다. 일본 참모부는 다음의 3단계 작전을 실행에 옮겼다. 1단계는 인천항에 군대를 상륙시키고, 뤼순항에 해군을 파견하여 러시아 선박에 대한 어뢰 공격과 러시아함대를 파괴하는 것이었다. 2단계는 지상군 3개 사단으로 구성된 1군을 한반도에 신속히 상륙시켜 대한제국을 점령하면서 압록강 방향으로 진격하고, 3단계로는 지상군 제2군을 랴오둥반도에 상륙시켜 제1군과 랴오양(遼陽)에서 합류하여 러시아 군대를 섬멸한다는 작전이었다.[75]

---

75 심헌용, 2004, 「러일전쟁 시기 러일 양국군의 한반도 내 군사활동」, 『아시아문화』

일본 참모부는 러시아와의 장기전보다는 단기전, 극동 전장에 국한된 국지전, 그리고 기습전만이 그나마 승리 확률을 높일 수 있다는 것을 인지하고 있었다. 1904년 전쟁 발발 당시 러일 간의 군사력을 비교하면 전반적으로 러시아가 우월한 위치를 점하고 있었다. 러시아의 병력은 1백만명이 넘었으며 예비병력은 34만 5천 명이 있었다. 아울러 러시아는 무려 450만 명의 병력을 추가로 동원할 수 있었다. 이에 비해 일본은 총 85만의 병력이 있었지만, 정규병력은 18만 명에 지나지 않고, 나머지 67만 명은 예비군이었다. 해군력에 있어서도 러시아는 영국, 프랑스, 독일에 다음가는 세계 4위 국가였다. 일본의 해군력은 26만 톤으로서 러시아 극동 해군력 19만 톤을 상회했지만, 러시아는 그 외에도 32만 톤의 발트해와 흑해의 함대를 보유하고 있을뿐더러 4개의 조선소에서 군함을 건조하고 수리할 능력을 보유하고 있었다. 반면 일본은 조선소의 부재로 해외에서 구매한 군함을 외국에서 수리할 수밖에 없었고, 예비 전투함으로 장갑순양함 2척밖에 없었다.[76] 군사력의 현격한 차이로 인해 러시아는 감히 일본이 러시아를 상대로 전쟁을 도발하지 않을 것이라 기대했고, 차르나 베조브라조프 등도 러시아의 군사적인 우위가 전쟁 억제력을 발휘할 것으로 예상하였다.

하지만 극동 지역 러일 해군력을 상세히 비교해 보면 일본의 해군력은 결코 무시할 수준이 아니었다. 전쟁 직전 일본 해군은 6척의 일급 전투함과 8척의 장갑순양함을 동맹국 영국에게 새로 구입했는데, 그중 4척의 성능은 극동에 배치된 러시아 동급의 선박보다 우수했다. 그리고

21, 17-18쪽.
76　강성학, 1999, 앞의 책, 290-291쪽.

청일전쟁 이후 시작한 해군 증강계획으로 해군력은 총 76척의 선박에 26만 톤에 이르렀다. 지상군의 병력도 청일전쟁 이후 총 13개 사단으로 증원되었고, 1898년에는 기병과 포병의 독립 여단을 편성하였다. 병사들에게는 일본에서 제작한 최신식 대포와 소총들이 지급되었다. 무엇보다도 애국심으로 무장된 장교들은 영국의 해군과 프러시아 육군으로부터 전술·전략과 외국어까지 습득하고 유학까지 다녀온 엘리트들이었다.

한편, 러시아의 태평양함대도 1905년까지 총 2척의 최신 전투함을 보강하기로 되어 있었고, 시베리아 철도가 완공되면 서쪽에서 필요한 병력과 군수품을 신속하게 수송할 수 있게 되었다. 이 점을 충분히 인지하고 있던 일본 군부는 기습공격과 국지전·단기전이라는 전략을 세웠고, 러시아가 극동 지역에서 해군력과 지상군을 보강하기 전, 특히 시베리아 횡단철도가 완공되기 전 개전하기로 결정했던 것이다. 일본은 장기간에 걸쳐 전쟁 준비를 착실하게 하였다. 개전 이전 모든 준비를 끝내고, 세부 전략을 세우고 훈련도 마친 상태였다. 전쟁이 시작되자 일본은 예상외로 연전연승을 거두었다.

러시아의 전략은 기본적으로 방어전과 장기전이라는 특징을 갖고 있었다.[77] 러시아는 나폴레옹과의 전쟁에서 승리한 후 이른바 러시아식 전략이 자리 잡았는데, 그것은 장기적·소모전을 바탕으로 한 방어적 전략으로 요약된다. 그 이유는 극동에 배치된 육군 병력이 만주 각지에 흩어져 있었고, 해군 또한 발트해, 흑해, 태평양 등 세 곳에 주둔하고 있어 병

---

77 러일 간의 전략 및 전투 준비 상황에 대해서는 강성학, 1999, 위의 책, 294-304쪽을 참조하였다.

력을 동원하기에는 일정한 시간이 필요했다. 특히 태평양함대는 만주의 뤼순항과 연해주의 블라디보스토크항에 분리·정박하고 있었다.

이러한 약점이 있었음에도 불구하고 러시아는 전쟁 준비에 소홀했다. 무엇보다도 러시아 군부는 일본인과 일본 군사력을 얕보았다. 의화단운동을 경험한 그들은 1명의 러시아인이 10명의 동양인에 버금간다고 확신했다. 일본을 최근 야만상태에서 벗어난 작고도 먼 나라로 알고 있었다. 얼마든지 쉽게 승리를 거머쥘 수 있다고 생각한 것이다. 만에 하나 러시아가 전투에서 지더라도 이는 일시적인 것이고 역전시킬 수 있는 후퇴로 간주했다. 시간이 흐르면서 시베리아 철도를 통해 물자가 보급되고 군대가 증원될 것이고, 발틱함대가 도착하면 일본 해군을 격퇴하고 보급로를 차단할 것으로 예상했다.

러시아는 전략·전술 외에도 정보전에서 밀리고 있었다. 일본은 극동지역에 정보망을 광범하게 구축하였고, 바이칼 호수 동쪽 전 지역에 대한 상세한 지도와 정보를 손에 넣고 있었다. 그들은 러시아인들보다 만주나 시베리아 동쪽 지역에 대해 더 정확한 정보를 갖고 있었다. 반면 러시아인들은 일본어나 중국어, 한국어를 아는 자들이 한 명도 없었다. 또한 정보망 구축은커녕 일본 군부의 동향도 감지하지 못하고 있었다. 이에 러시아는 1904년 2월 8일 기습공격에 무방비한 상태였고 심지어 뤼순함대는 일본이 도발적이라고 해석할 어떤 조치도 취하지 말라는 명령을 받았기 때문에 대규모 공격에 방어할 태세도 갖추지 못한 상황이었다. 이 같은 러시아의 대비 결여와 방어적 자세는 일본이 감히 자신들을 공격하지 못할 것이라는 안이한 생각에 기인했다.

(2) 한반도에서의 전투

도고 헤이하치로(東鄕平八郞) 제독은 군 병력과 군수물자의 안정적인 수송을 위해 서해 제해권과 한반도 장악을 제1차 목표로 삼았다. 그는 1904년 2월 6일 사세보항에 정박해 있던 연합함대를 출격시켜 서해에 있는 러시아함대를 격파하고, 뤼순과 인천을 장악하며 서울로 곧장 진격할 것을 명하였다. 그날 오후 1시 일본 군함 '헤이엔(平遠)호'가 부산항에 정박해 있는 러시아 상선 '묵덴'과 인근 해역에 정박해 있던 러시아 선박 1척을 나포하고 부산 전신국을 점령한 것이 러일전쟁의 개막을 알리는 침략행위였다. 곧이어 동일 오후 일본 제3함대는 대한해협의 군사적 거점인 진해만과 마산 전신국을 점령하는 군사행동을 단행하였다. 그것은 기본적으로 한국의 주권과 영토에 대한 침략행위였다.[78]

2월 8일 인천으로 향한 일본함대 14척은 인천항에 정박 중이던 러시아의 '바략호'와 '코레예츠호'를 기습 공격하였다. 일본이 인천해전을 도발한 이유는 앞서 언급한 서해 제해권과 병참선, 그리고 만주로의 육로 장악이라는 군사적 목적이 있었지만, 그들의 전쟁 1차 목표인 대한제국을 장악하기 위한 것이었다. 일본군은 2월 9일 인천항에 상륙한 후 인천역을 점거하고 철도를 이용하여 약 2,500여 명의 병력을 서울로 이동시켰다. 하야시 공사는 한국정부의 반대와 마찰을 사전에 막기 위해 "우리 군대는 제실 및 기타에 대해 하등의 불온한 거동에 나서는 일은 결코 없

---

[78] 기존의 연구는 대체로 러일전쟁은 2월 8일 인천항과 뤼순항에서 시작되었다고 기술하고 있는데, 이에 대해 와다 하루키는 러일전쟁은 그보다 2일 전 일본 해군의 진해만 점령과 육전대의 마산 전신국 점령으로부터 시작되었고, 일본의 조선 침략 전쟁의 성격을 띠고 있음을 지적하였다. 와다 하루키 지음, 이웅현 옮김, 2019, 『러일전쟁』 2, 한길사, 1096-1099쪽.

을 것"이라 설명했다. 청일전쟁 시 서울을 점령한 일본군이 8천 명이었던 것에 비해 이 정도는 소규모라 생각했을 것으로 보인다.[79] 서울에 1차 입성한 일본군 임시파견대 2개 대대는 주요 시설들을 점령하고 러시아 외교사절을 추방함으로써 한국정부와 러시아 간의 관계를 단절시켰다. 18일에는 제12사단장 이노우에 히카루(井上光) 중장은 사단을 이끌고 서울을 완전히 점령하였다.

일본은 추가 병력을 파견하였다. 2월 21일에는 서울에 2만, 평양에 1만, 원산에 5천 명의 병력을 배치하고, 이후 총 10만 명을 압록강과 인천 사이에 배치하는 계획을 실행하기 위해 2월 23일에는 이지용 외부대신을 반협박·반설득하여 한일의정서를 조인하였다. 한일의정서의 제4조 "군사 전략상 필요한 지점을 임의로 수용할 수 있다"는 조항을 통해 일본은 한반도에 군대를 파견하고 주둔할 수 있는 권한을 확보함으로써 한반도에서 전쟁을 수행할 수 있는 합법적인 근거를 마련했다. 2월 24일 일본군 선봉대는 평양에 입성하였고, 구로키 다메모토(黑木爲楨) 장군이 이끄는 제1군 산하 제12사단도 신속하게 병력을 이동시켜 3월 15일에 벌써 평양에 사령부를 설치하고 4월 4일에는 압록강 하구에 이르러 용암포로 상륙하였다.

한편 도고 제독이 이끄는 주력 함대는 2월 8일 러시아 군항인 뤼순항을 성공적으로 기습 공격함으로써 러시아를 경악시켰다. 그리고 2월 9일에 일본은 러시아에 선전포고를 하였다. 러시아는 10일, 일본에 전쟁을 선포하였다. 그리고 전쟁이 10일 경과된 후인 2월 20일에야 러시아 극동군 총사령관 알렉세예프 장군은 만주군 사령관에게 증원군이 오기

---

79 와다 하루키 지음, 이웅현 옮김, 2019, 위의 책, 1123쪽.

전까지 뤼순과 만주 방어를 최우선으로 할 것을 지시하였다. 그리고 한반도 방면의 방어는 일본군을 분산시키는 것이 목표임을 밝혔다.

3월 28일 쿠로팟킨 군부대신이 육해연합군 총사령관으로 부임하면서 주력 부대도 함께 만주에 집결하였다. 쿠로팟킨은 4만 2천 명 규모의 전진부대를 남부와 동부지대에 배치하였고, 예비부대도 따로 편성하였다. 동부지대 전진부대는 일본군의 만주 진군에 대비하여 압록강 연안에 전진 배치시켰다. 그들에게 부과된 임무는 일본군이 압록강을 넘어오지 못하도록 막되 전면적인 전투는 자제하고, 정보를 수집하는 것이었다. 후일 이같은 쿠로팟킨의 전략은 상당히 방어적인 자세였고, 한반도 전장을 지역적 차원의 전투로 평가절하하여 소극적으로 임함으로써 전술적 오류를 범한 것이라고 평가받고 있다.[80]

한반도에서의 러일 간의 전투는 앞서 언급한 제물포해전과 정주·평양, 그리고 압록강과 함경도 국경지대에서 전개되었다. 정주전투는 러시아군 내에서 미쉔꼬가 이끄는 선견기병지대가 정보수집 및 정찰 활동을 위해 2월 24일부터 총 49일 동안 압록강 하구-백동-안주-평양-정주-청천강 하구-삭주-박천까지 행군하다가 일본군과 정주에서 벌인 최초의 육상전투이다.

육지에서의 본격적인 전투는 압록강을 사이에 두고 도하하려는 일본군과 이를 저지하려는 러시아 측 사이에서 전개되었고, 주요 전쟁터는 의주와 중국의 단둥(丹東)이었다. 이른바 압록강전투에서 양쪽 군대는 상당한 희생을 치르었다. 여기서 러시아는 약 3천 명의 사망자와 행방불

---

80 심헌용, 2004, 「러일전쟁 시기 러일 양국군의 한반도 내 군사활동」, 『아시아문화』 21, 20-21쪽.

명자, 약 3천 명가량의 부상자가 나왔다. 일본 역시 러시아와 비교해 볼 때 3분의 1가량의 사망자와 부상자가 나온 것으로 추산되었다. 일본군은 압도적인 군사력과 전략 및 정보를 바탕으로 러시아를 물리쳤다. 4월 30일 일본군은 압록강을 넘어 러시아 진지를 접수하여 주도권을 확보하였다. 이로써 일본군은 만주로의 진격로를 확보하고 러시아군을 추격할 수 있었다.[81] 당시 압록강전투는 유럽인들을 놀라게 하였다. 야만상태를 막 벗어난 동양인들이 문명인인 유럽인들과 싸워 승리했기 때문이었다.

한편 함경도 지역 전투는 러일전쟁 초기부터 종전까지 약 21개월 동안 국지전으로 전개되었다. 이곳은 한러 국경지대이자 블라디보스토크의 태평양함대가 지근거리에 있으므로 러시아가 특히 경계하고 있던 지역이었다. 이 지역 전투의 특징은 한국인 민병대와 러시아 정찰대 간의 연합작전이 이루어졌다는 점이다. 일본에 반감을 갖고 있던 한국인들이 반일활동의 일환으로 러시아 쪽에 가담한 것이다.

대표적인 부대는 이범윤(李範允) 부대와 현한근 부대이다. 이범윤은 간도 관찰사로 정부의 명을 받아 간도에 부대를 결성하고 군 초소를 구축하였다. 부대는 약 천여 명 규모였고, 전쟁이 발발하자 의용군 부대로 전환시켜 함경도 종성, 회령, 무산, 부령군 일대에서 활약하였다. 한편 현한근 부대는 300여 명으로 결성되어 원산에 진주한 일본군 경비대대와 전투를 하였다.[82] 그 외에도 아어학교(俄語學校) 체육교사였던 비루코프(Birukoff)에 의해 연병교육을 받았던 아어학교 학생 수명은 러일전쟁 당

---

81 심헌용, 2004, 위의 글, 21-25쪽.
82 심헌용, 2004, 위의 글, 25쪽.

시 대일첩보전에 참여하여 정보 업무에 투입되었다.[83]

러시아는 반일적인 한인 의병을 지원하기 위해 3천 명으로 구성된 기병대를 북부지방으로 파견하였다. 이때 기병대장은 김인수였고, 이들의 임무는 함경도 지역을 지키면서 일본군이 두만강을 넘어 러시아 영토를 침략하는 것을 저지하는 것이었다. 또한 1904년 11월 꼬릅 대령은 이 지역에 산재한 한국인 의병 부대를 모두 통합시켜 한인의용군을 편성하고자 하였다. 세부 계획안을 보면 한인의용군부대는 러시아의 지시를 수행할 뿐만 아니라 적진의 후방과 측면에서 첩보활동에 투입되는 것이었고, 약 6천여 명 규모의 부대가 편성될 것으로 전망하였다. 아쉽게도, 이 계획은 성사되지 못하였다. 그러나 1905년 7월 일본군의 공격이 거세지자 러시아는 함경도 동북부 지역에서 활동하고 있는 러시아군과 한인의병을 통합한 한국지대를 창설하였다. 여기에 앞서 언급한 이범윤의 한인의용군 부대가 포함되었다.[84]

이들이 활동한 지역을 보면 함경남도와 함경북도의 주요 도시와 도로를 망라하고 있었다. 예컨대 함경도 명천-덕천에서 갑산-검산령-장진을 거쳐 평안도 덕천-강계-만포진으로 이어지는 선, 강원도 접경 원산-문천에서 두만강 하구 웅기까지 이어지는 해안 거점지역, 경성-수성-부거-부령-회령-경원-훈춘(간도)의 러시아 방어선과 그 인접 지역에서 전투가 벌어졌다. 총 21개월 동안 국지전이 계속되면서 함경도민들의 인적·물적·정신적 고통은 심하였고, 함경도 일원에는 군정도 선포

---

83 김현숙, 2014, 「개항기 '체육'담론의 수용과 특징」, 『한국문화연구』 27, 140쪽.
84 심헌용, 2004, 앞의 글, 27-29쪽.

되었다.[85]

러일전쟁기 벌어진 또 하나의 사건으로 일제의 독도 침탈이 있다. 앞서 언급했듯이 일본은 한일의정서를 강요하여 전쟁 수행에 필요한 한국 영토를 자유롭게 사용하고 있었다. 전쟁 직후 동해 해상에서 일본 해군은 블라디보스토크의 태평양함대와 격전을 수차례 벌이고, 이후 러시아의 발틱함대와도 해전을 앞둔 상황에서 일본 외무성의 야마자 엔지로(山座円次郞)는 "독도에 망루를 설치하고 무선 또는 해저전선을 설치하여 러시아 군함을 감시할 것"을 제안하였다. 일본은 1905년 1월 독도를 주인이 없는 무인도 규정하고 시마네현에 '다케시마(竹島)'라는 이름으로 불법 편입하였다. 19세기 말까지 「조선국교제시말내탐서」(1870)와 「태정관 지령」(1877)을 통해 독도가 일본의 영토가 아님을 일본정부 차원에서 공식 인정한 것과 다른 주장이다.[86]

(3) 뤼순과 랴오둥반도 전투

러일전쟁의 대규모 전투는 중국 랴오둥반도의 뤼순항에서 전개되었다. 이곳은 일본이 삼국간섭 당시 청국에게 반환한 것을 러시아가 점령·조차하여 군항으로 만든 곳으로 블라디보스토크항과 함께 러시아 태평양함대의 주요 거점이었다. 앞서 언급했듯이 일본이 군사적 우위를 점하고 있는 러시아 해군에 유효한 타격을 가할 수 있는 방법은 선제공

---

85 심헌용, 2011, 『한반도에서 전개된 러일전쟁 연구』, 국방부 군사편찬연구소; 조재곤, 2013, 「러일전쟁 시기 함경도 전투의 전개과정」, 『군사』 86, 60쪽.

86 박병섭, 2011, 「러일전쟁과 독도의 가치」, 『독도연구』 10, 205쪽, 222-223쪽. 러일전쟁기 독도 침탈문제는 동북아역사재단에서 중점적으로 다루고 있으므로 이 책에서는 간략하게 언급하는 정도로 그치고자 한다.

격이었다. 도고 헤이하치로 사령관이 이끄는 일본의 연합함대 주력군은 1904년 2월 8일 밤 11시 30분에 10척의 구축함을 이용하여 러시아 함선을 향해 어뢰 공격을 개시하였다. 야간 기습으로 러시아 전함 2척이 대파되는 등 일본이 승리했지만, 바다로의 출입구가 좁은 항구의 지리적 특성을 이용하여 러시아는 항구에서 출격하지 않았고, 요새화된 기지의 포대를 이용해 위력적인 해안포 사격을 가하였다. 그리고 증원군이 오기 전까지 결전을 회피하고 방어 중심의 작전을 폈다.

일본 해군이 항구 깊숙이 포진해 있는 러시아함대에 타격을 가하는 것은 사실상 불가능하였다. 이에 러시아함대를 항구에 묶어 두는 이른바 '뤼순항 봉쇄 작전'을 실행에 옮겼다. 일본 해군은 출입구 격인 뤼순항 앞바다에 낡은 선박을 침몰시키고 기뢰를 설치하여 출입로를 봉쇄하

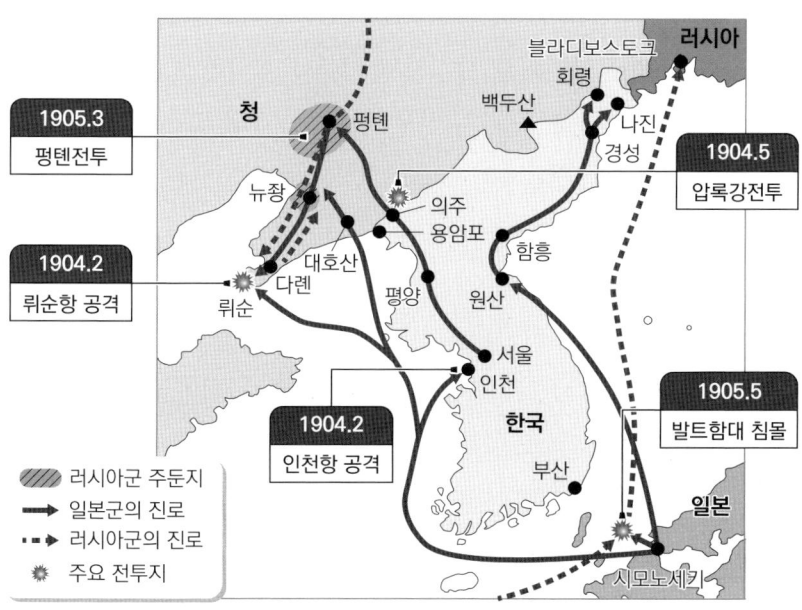

〈그림 2-1〉 극동 지역의 러일전쟁

출처: doopedia.co.kr.(검색일: 2022년 11월 20일)

면-1서 러시아함대가 서해로 빠져나가지 못하게 하는 작전을 시도하였다. 러시아함대는 수차례 저지선 돌파 작전을 시도하였고, 양군은 상당한 피해를 입기도 했다. 일례로 8월 10일 러시아함대는 포위를 돌파하여 블라디보스토크항으로 출항하려고 시도하였지만, 공해상에 닿기 전 일본함대에 추격을 당하면서 이른바 '서해해전'을 치르었다. 뤼순항에서 출항한 20척의 러시아 주력함대 중 전함 5척, 순양함 1척, 구축함 3척만이 다시 뤼순항으로 귀항하고 절반이 넘는 11척이 중립국의 항구에서 무장 해제당하거나 침몰함으로써 뤼순함대 전력은 절반 수준으로 크게 약화되었다. 일본 또한 적지 않은 손실을 입었지만, 서해해전에서 일본의 연합함대가 승리하게 된 배경에는 함대사령관 도고 제독의 전술이 크게 작용하였다. 이 전투는 뤼순항에 고립된 러시아군에게 심리적 압박과 함께 태평양함대를 무력화시키고 육군의 만주 진출을 가능케 함으로써 러일전쟁의 승기를 잡는 데 중요한 계기가 되었다.[87]

장기간의 봉쇄 작전에도 불구하고 항구를 함락하지 못하자 일본은 육·해군을 이용한 뤼순 포위 작전에 들어갔다. 7월 말 3개 사단과 2개의 예비여단이 뤼순항을 육지에서 포격하고, 난산(南山), 9월 초에는 랴오양, 10월 중순에는 샤허(沙河)에서 전투를 전개하였다. 때마침 발틱함대의 출항 소식이 들려왔다. 일본 육군은 부대를 새롭게 편성하고 러시아함대가 도착하기 전 뤼순항을 장악하기 위해 11월 28일 뤼순 203고지 점령 작전을 시작하였다. 이 고지는 뤼순항 전체가 손바닥처럼 내려다보이는 전략 지역이었다. 그러나 203고지를 요새화시킨 러시아 측

---

87 뤼순과 랴오둥반도에서의 전황은 강성학, 1999, 앞의 책, 305-329쪽과 김현철, 2004, 「러일전쟁기 황해해전과 일본 해군의 전략·전술」, 『군사』 51을 참조하였다.

의 방어는 완강했고 여기서 러일전쟁 중 가장 치열한 전투가 벌어졌다. 총 66일간의 돌격으로 인해 일본군은 무려 6만여 명의 사상자를 냈고, 이후 일본군은 뤼순항과 서해 제해권을 확보하였다.

한편 러시아의 블라디보스토크 함대는 뤼순함대와는 대조적으로 불과 3척의 대형 순양함을 가지고 일본에 위협적인 공격을 가했다. 1904년 4월 25일 일본군 보병 1개 중대를 싣고 원산으로 향하던 일본 군함을 격침하였고, 6월에는 군 운송선 3척을 격침하였다. 이후에도 태평양 연안에서 활동하면서 일본에 군수물자를 수송하던 상선들을 침몰시키는 활약을 하였고, 심지어는 일본의 쓰가루해협을 빠져나가 일본의 동해안을 따라 요코하마 앞바다까지 출항하여 일본의 간담을 서늘하게 하였다. 하지만 1904년 8월 14일 울산 앞바다에서 제2함대 소속 4척의 순양함과 접전을 벌인 뒤 대파됨으로써 블라디보스토크함대의 전력이 상실되었다.

이후 전선은 만주로 이동하였다. 육지에서 전쟁의 승패를 결정한 전투는 펑톈(奉天)전투이다. 마지막 대접전을 앞두고, 양측은 병력을 보강했는데, 러시아는 유럽에 배치되어 있던 1백만 명의 병력을 극동에 소집하였다. 1904년 9월 바이칼 호수를 잇는 철로가 완성되어 병력보강과 군수품을 수송할 수 있었으나, 전 구간이 개통되지 않아 수송시간이 때로는 50일이나 걸리는 애로점이 있었다. 일본도 어려움이 많았다. 러시아에 비해 병력이나 물자가 부족하다는 점을 잘 알고 있었기 때문에 단기·국지전이라는 전략을 세웠지만, 전쟁은 지속되었다. 1904년 여름에 들어 제2 예비역까지 동원했음에도 불구하고 훈련된 병사는 부족했다. 훈련 기간을 6개월로 단축하고 예비역의 복무기간을 5년에서 10년으로 연장시켜 전선에 배치시켰지만, 수적인 열세는 극복하지 못했다.

마지막 대격전이었던 펑톈전투는 1905년 2월 19일 러시아 총사령관 쿠로팟킨이 공세 작전 명령을 내리면서 시작되었다. 양측은 참호를 파고 수백 대의 대포를 쏘면서 약 3주간 대치하다가 러시아군이 펑톈 북쪽으로 퇴각하면서 종결되었다. 철수하는 러시아군을 일본군은 추격하지 못하였는데, 그 이유는 일본군의 희생자가 너무 많았기 때문이었다. 마지막 지상전에서 러시아는 65,000명의 사상자와 20,000여 명의 포로를 냈고, 일본은 41,000명의 사상자를 냈다.[88] 당시 사령관 오야마는 펑톈전투에서 승리했지만 전쟁에서 이긴 것은 아니었다고 보았고, 군사력의 한계를 절감한 그는 즉각적인 평화회담 교섭을 본국에 요청했다.

이제 마지막 결정적 전투는 해군이 담당하게 되었다. 1904년 10월 15일 러시아 발틱함대 사령관 지노비 로제스트벤스키 제독은 명을 받고 극동으로 향했다. 그러나 영국의 방해로 주력 함대는 아프리카 희망봉을 돌아가야 했고, 이들에게 정박지를 제공하거나 석탄과 식량을 공급할 우호적인 국가는 없었다. 그나마 전쟁에 우호적이었던 독일이 공해상에서 석탄을 비밀리에 공급해 주어 5월 말에나 대한해협에 도착할 수 있었다.

그런데 뤼순항의 함락은 발틱함대에게 맥이 빠지는 소식이었다. 그 먼 길을 돌아온 목적은 뤼순항의 태평양함대를 구하기 위한 것이었는데, 대상이 사라진 것이다. 회항할 수 없는 발틱함대는 가까운 블라디보스토크항으로 향하였다. 여러 개의 항로 중 대한해협을 통과하는 길이 가장 빠른 지름길이었다. 그런데, 그 길목에 일본 해군이 잠복해 있을 것이라는 점은 충분히 예측 가능했다. 그럼에도 불구하고 발틱함대가 그 위험

---

88 김종헌, 2012,「러일전쟁 시기 제물포 해전과 만주에서의 육상전」,『내일을 여는 역사』49, 190쪽.

한 항로를 택한 것은 장기간의 항해로 인한 사기 저하와 보급물자의 부족 때문이었다.

일본 해군 총사령관 도고 헤이하치로는 영국 해군이 시시각각으로 전달해 주는 정보로 발틱함대의 경로와 목적지를 확인하고 있었다. 1월 21일부터 사령부는 모든 함대들을 대한해협에 집결시키고 전술을 가다듬고 훈련에 돌입하였다. 훈련을 마치고 모든 준비를 마친 후 조용히 러시아함대를 기다렸다. 5월 27일 안개가 자욱한 새벽 조용히 해협을 따라오던 발틱함대를 확인한 그는 출격을 명하였다. 발틱함대의 모든 진출로를 가로막은 뒤 선두에 있던 배부터 집중 포격을 가했다. 작전은 대성공이었다. 이틀 동안의 격렬한 교전 끝에, 29척의 주력함을 포함하여 38척으로 구성된 러시아의 제2태평양함대(발틱함대)는 사실상 궤멸되었다. 총 19척이 침몰되고 5,000여 명이 사망하였다. 12척의 주력함을 포함하여 총 96척으로 구성된 일본함대도 손상을 입었지만, 그 수는 어뢰정 3척과 116명뿐이었다. 이 해전은 거의 일방적인 일본 측의 승리였다.[89]

이로써 전선은 국경도시 하얼빈으로 이동하였고 일본은 최초의 전쟁 목표인 한반도 이외에도 남만주를 점령하고 나아가 북만주까지 넘보게 된 상황에 이르렀다. 그리고 세계 4대 군사강국 러시아를 완전히 아시아에서 축출하였다. 이 소식은 러시아뿐 아니라 유럽인들에게도 충격으로 다가왔고, 일본의 급부상과 군사강국화에 대한 경계심을 갖게 되었다. 미국이나 영국 모두 러시아가 완전히 망하는 것은 바라지 않았다. 이제 전쟁은 끝이 날 때가 되었다.

---

89 강성학, 1999, 앞의 책, 331-339쪽.

2) 포츠머스 강화조약과 재편된 전후 질서

1905년 8월 미국 포츠머스에서 러일협상 대표들이 마주 앉은 것은 양쪽의 승패가 완전히 결정 나기 전이었다. 러시아의 태평양함대가 완전히 궤멸되고 대부분의 전투에서 패배한 것은 사실이지만,[90] 러시아는 봉천전투 후에도 새로운 증원군을 파견하면서 병력을 강화시켰고, 장기전을 준비하고 있었다. 일본은 평톈전투 이래 재정과 병력적인 측면에서 곤란한 상황에 처했다. 일본 정규군은 부상 혹은 사망하여 예비병력으로 전선을 지킬 뿐이었고, 다수의 장교를 잃어버려 쉽게 보충할 수도 없었다. 또한 2년 간의 전비 9억 엔은 턱없이 부족하여 추가로 10억 엔을 초과 지출하였음에도 불구하고 군수물자와 재원 고갈은 심화하였다. 일본에게 더 이상의 전쟁은 무리였다. 1905년 5월 31일 고무라 외상은 시어도어 루스벨트 미국 대통령에게 중재를 요청했다.

루스벨트가 자진하여 협상 중재자로 나선 것은 태평양 파워로 등장한 미국의 국제적 지위와 명성에 걸맞게 국제무대에서 지도력을 보임과 동시 전후 새롭게 재편될 동북아 질서에 미국의 이해관계를 반영하고자 하는 의도에서였다. 또한 러시아의 완전한 패배를 막아 유럽 및 아시아에서 세력균형을 유지하고자 하는 목적도 있었다.[91] 미국은 물론 동맹국인 영국도 일본의 급부상을 바라지 않았다.

---

90 심헌용, 2004, 「러일전쟁기 '제2전장' 한반도의 지상전」, 『군사』 51, 203-204쪽 재인용.

구분	인명 손실	함정 손실	전쟁 비용
러시아	11.5만 명	98척	22억 엔
일본	12만 명	91척	15억 엔

91 강성학, 1999, 앞의 책, 388-402쪽.

러시아 또한 일본의 종전 협상을 수용할 수밖에 없었던 나름의 이유가 있었다. 1905년 1월 9일 발발한 '피의 일요일'로 인해 혁명의 물결은 전국으로 확대되는 상황이었고, 러시아정부는 이를 진정시키기 위해 국민들이 반대하는 전쟁을 끝내야 했다. 또한 전비의 초과 지출과 군사적 패배 및 국내의 소요로 인해 국제 신인도는 하락했고 차관도입도 쉽지 않은 터였다. 설상가상으로 자본의 해외 유출도 증가하는 등 러시아 재무장관은 국가 파산을 우려할 지경에 이르렀다. 러시아는 자의반 타의반 회담장에 앉았으나 굴욕적인 요구를 수용할 의사는 결코 없었다. 그들이 패배한 것은 극동 지역에서의 전투이지 러시아 수도나 영토가 함락된 것은 아니었다. 그들은 항복하지 않았을뿐더러 언제든지 전쟁을 재개할 수 있다는 입장을 견지하고 있었다.

1905년 8월 9일 아침, 경륜이 있고 민첩하며, 정치적 능력이 뛰어난 러시아 전권대표 비테와 로젠 공사, 그리고 일본 측의 고무라 외상과 다카히라 고고로(高平小五郎)가 미국 포츠머스 회의장에서 마주 앉았다. 회담은 일본이 서면으로 제시한 다음의 12개 요구조건을 항목별로 검토하는 방식으로 진행되었다. 여기서 한국 문제가 가장 먼저 논의된 것은 우연이 아니었다.

① 한국에 대해 자유롭게 처분할 수 있는 권한
② 지정된 기간 내 러 군대의 만주 철수 및 이권 포기
③ 점령한 만주 지역을 양국 모두 중국에 반환
④ 만주 내 상업 및 산업 발전 존중
⑤ 사할린 섬 양도
⑥ 뤼순의 조차권을 일본에 이전

⑦ 남만주철도 및 탄광의 양도

⑧ 동청철도는 러시아가 보유, 그러나 철도의 운영은 상업 및 산업적 목적에 국한

⑨ '실제 전쟁비용'을 배상금으로 지불

⑩ 중립항으로 피신한 러시아 함정을 일본에 인도

⑪ 극동에서의 러 해군력의 제한 규정

⑫ 동해, 오호츠크해, 베링해 연안의 어업권 요구

여기서 우리의 관심을 끄는 것은 바로 제1항, 바로 한국주권에 관한 것이다. 비테는 일본의 한국에서의 지배적인 정치·군사·경제적 이익을 인정하고 일본의 지도, 보호 및 통제의 어떤 조치도 방해하지 않겠지만, 다음의 세 가지를 보장할 것을 요구하였다. 첫째로 한국에서 러시아인들은 외국인들과 동등한 권한(최혜국 대우)을 가지며, 둘째로, 일본은 한국 황제의 주권적 권리를 침해하지 말며, 셋째로, 일본은 한러 국경 지역의 안전을 위태롭게 할 조치를 취하지 말 것이다. 비테는 한국의 주권, 즉 독립을 해치지 않는 선에서 일본의 자유로운 행동을 인정하겠다는 것이었다. 이 같은 러시아 측의 요구에 대해 고무라는 이미 한국의 독립은 상실되었고, 러시아는 일본을 지지하고 한국에서의 '행동의 자유'를 인정해 준다는 문구에 동의해 줄 것을 요구하였다. 결국 양측은 한국의 주권, 즉 독립에 관한 언급을 조약에 포함시키지 않지만 대신 회의록과 언론에 배포될 의정서에는 일본이 조선에서 필요하다고 생각하고, 또 한국의 주권을 침해할 우려가 있는 조치들은 '한국정부와의 조화 속'에서 취할 것을 이해한다는 선에서 타협하였다.[92]

---

92 강성학, 1999, 위의 책, 407쪽.

이 뜻은 러시아가 한국의 주권(독립)과 고종황제의 지위 및 권한을 보존한 상태에서, 일본의 보호권을 승인해 준다는 것이다. 즉, 보호권과 독립은 다른 개념이라는 것이다. 보호국은 외교권만 상실한 상태이고 기타 주권은 형식상 손상되지 않기 때문이다. 러시아의 한국 주권에 대한 입장은 1905년 10월 1일 러시아 외상이 러시아 해외 공관장들에게 보낸 해명에서 잘 나타난다. "포츠머스에서 체결된 러일 조약문 제2조에 러시아는 대한제국에서 일본의 정치·군사·상업의 우월적 지위를 인정하였으나 러시아 극동정책의 근간인 한국 독립 지지 원칙을 포기한 것은 아니다." 이 조약으로 인해 한국의 독립이 파괴된 것은 아니라는 입장을 고수하고 있던 것이다.[93]

그 밖에 러시아 측은 중립항에 있는 러시아 군함을 일본에 양도하는 것을 반대하고, 극동에서의 러시아 해군력에 제한을 두는 것도 거부하였다. 무엇보다도 양측은 배상금 지불과 사할린 할양을 둘러싸고 격돌하였다. 회담은 난항을 겪으며 어렵게 진행되었다. 차르는 나폴레옹에게도 배상금을 지불하지 않았던 러시아가 다른 명목으로라도 배상금을 지불한다는 것은 결코 있을 수 없다는 입장이었다. 러시아의 명예와 위엄이 유지되어야 하기 때문이었다. 전쟁 재개 불사를 외치는 차르를 루스벨트가 독일 황제와 프랑스 수상, 미국 대사 등을 동원하여 설득하는 동시 일본에게는 배상금 요구가 평화협상을 중단시킬 수 있다는 점을 경고하였다. 양측의 긴박한 줄다리기 끝에 사할린을 남북으로 분할하여 일본에게 남쪽만 양보하겠다는 타협안을 비테가 제시하였다. 일본은 북사할린

---

[93] 박희성, 2012, 「러일전쟁 기간 국제관계와 한국-포츠머스 조약을 중심으로-」, 『사총』 75, 225쪽.

을 포기하는 대신 1,200만 엔을 요구했으나 러시아는 어떤 명목이든지 1엔도 줄 수 없다는 입장을 고수하였다. 결국 일본정부는 군부와 원로 등의 종전 압력으로 인해 고무라에게 러시아의 조건을 수용할 것을 지시하였다. 1905년 9월 5일 포츠머스 강화조약이 체결되었고, 그 전문 중 중요한 부분은 다음과 같다.

> 제2조 <u>러시아 제국은 일본 제국이 한국에서 정치·군사·경제적인 우월권이 있음을 승인하고 또 한국에 대해 지도·보호·감독에 필요한 조치를 취할 수 있음을 승인한다.</u> 한국에서 러시아국 신민은 다른 최혜국의 신민 또는 인민과 동일한 지위에 놓을 것을 이해한다. 양 조약 체결국은 일체의 오해의 원인을 피하기 위하여 러시아 한국 간의 국경에서 러시아국 또는 한국의 영토의 안전을 침해할 수 있는 하등의 군사상 조치를 취하지 않는다는 것을 동의한다.
>
> 제3조 러·일 양군은 랴오둥반도 이외의 만주 지역에서 철수하며 만주에서 청나라의 주권과 기회 균등 원칙을 준수한다.
>
> 제4조 일본국과 러시아국은 청국이 만주의 상공업을 발달시키기 위해 여러 나라에 공통되는 일반적 조치를 취함에 있어 이를 방해하지 않을 것을 상호 약정한다. (문호개방 인정)
>
> 제5조 러시아국은 청국 정부의 승인을 얻어 랴오둥반도(뤼순, 다롄) 조차권, 창춘-뤼순 간의 철도, 그 지선, 그리고 이와 관련된 모든 권리와 특권을 일본 제국에 양도한다.
>
> 제6조 러시아국은 창춘-뤼순 간의 철도와 그 지선, 부속하는 권리, 특권, 재산, 탄광 등을 보상받지 않고 일본국에 이전·양도

한다.

제7조 양국은 만주의 철도들을 비군사적인 목적으로 경영한다. 단 랴오둥반도 지역은 예외로 한다.

제9조 일본 제국이 배상금을 청구하지 않는 대신, 북위 50° 이남의 사할린 섬, 그 부속도서를 일본 제국에 할양한다. 그러나 이 지역은 비무장 지역으로 하며, 소야(宗谷), 타타르 해협의 자유 항행을 보장한다.

제11조 동해·오호츠크해·베링해의 러시아 제국령 연안의 어업권을 일본인에게 허용한다. (밑줄은 필자)

이와 같이 조약은 총 15개조로, 2조는 한국에 관련된 것, 3조~8조는 만주와 청국에서 러시아와 일본의 정치적, 군사적, 경제적 이해관계에 관한 것, 9조는 러시아의 영토였던 사할린과 그 부속도서를 일본에게 양여하는 것으로 구성되어 있다. 제10조는 일본에게 양여된 영토에 거주하고 있던 러시아 국민의 거주권과 재산권에 관한 사항이며, 11조와 12조는 러시아와 일본 간의 어업권 및 통상 항해에 관한 것이다. 13조는 전쟁 포로 교환에 관한 것이며 14조와 15조는 조약 체결 비준과 조약 조인에 관한 것이다.

제2조 한국과 관련된 조항에서는 앞서 일본과 러시아가 요구한 것들이 모두 포함된 것을 확인할 수 있다. 그중 '한국에 대해 지도·보호·감독에 필요한 조치를 취할 수 있음을 승인'한다는 문구는 러시아가 일본의 한국 보호국화를 승인한다는 것으로, 일본은 전쟁을 통해 한국을 점령했다는 의미를 갖는다. 그러나 보호국화가 곧 병합을 의미하지는 않는다. 양국은 다시 협상을 통해 한국병합에 관한 결정을 해야 했다. 이렇

게 한국의 식민지화는 한일 양국만의 문제가 아니라 러일 간의 문제, 나아가 국제정치학적 역학관계와 긴밀하게 얽혀 있었다.

포츠머스조약은 러일 모두의 국익에 부합한 타협의 산물임에도 불구하고, 양국 국민들의 불만과 반발은 심하였다. 먼저 일본의 반향을 보면, 첫째로 가쓰라 정부의 실각을 초래했다. 일본 국민들은 청일전쟁을 상기하면서 거액의 배상금과 한반도는 물론 만주까지 획득할 것을 기대했다. 더욱이 전사자가 8만 4천 명에 달하고 사상자까지 포함하면 무려 20만 명인 이 전쟁에서 국민들은 많은 희생을 감내했는데, 배상금을 한 푼도 받지 못했다는 소식에 격분하였다. 전쟁 기간 내내 정부의 일방적인 승전보와 선전으로 대부분의 국민들은 일본의 군사 및 외교적 실체를 감지하지 못했고, 오히려 환상 속에 있었다. 그런데 만주 철수와 배상금 포기의 대가로 동토 사할린 반쪽만 얻었다는 결과는 맹목적인 국수주의에 빠져 있는 시민들의 대규모 시위를 야기시켰다. 이른바 1905년 9월 '히비야(日比谷) 시위'였다. 이 집회는 도쿄(東京) 및 인접 지역의 계엄령 선포와 가쓰라 내각의 퇴진을 초래하였다. 일본군의 군사적 승리로 국수주의는 더욱 고양되었고 군부의 힘도 강력해졌다. 또한 정부는 전비를 확보하기 위해 유권자 수를 두 배나 늘렸다.[94]

포츠머스조약에 대한 러시아 국민들의 불만도 심하였다. 전반적으로 볼 때 이 회담은 러시아 외교전의 승리로 평가된다. 차르도 회담을 이끈 비테에게 백작이라는 작위를 수여하고 조약을 높이 평가했지만, 러시아 국민들은 냉소적이었다. 전쟁에서의 패배 소식과 '피의 일요일'에 대한

---

94 선거권은 10엔 이상의 납세자로 확대되었다. 이에 따라 정치는 기존의 지주 권익을 대변한 것에서 실업가와 상공업자의 이해를 대변하기 시작했다.

무자비한 정부군의 진압은 국민들의 비난과 분노를 자아내기에 충분했다. 신문『슬로보(Slovo)』는 비테를 "반쪽짜리 사할린 백작"이라고 명명하면서 남사할린 양도를 맹비난하였다.[95] 러일전쟁은 국가 재정을 악화시켰다. 비교적 충분한 자금을 가지고 시작한 전쟁이었지만 정부는 5억 루블의 차관을 도입해야 했고, 전쟁 패배는 국제 금융 신용도를 하락시키고, 프랑스와의 동맹관계를 비롯하여 발칸반도 및 동유럽에 대한 러시아의 영향력을 감소시키는 계기가 되었다. 이후 러시아는 혁명의 소용돌이에 빠졌다.

러일전쟁은 청일전쟁에서 시작된 동아시아 국제질서가 조정·재편된다는 성격을 지닌다. 한국에게 러일전쟁은 한반도를 둘러싼 군사적 쟁탈전이었고, 여기서의 승자가 한국을 강점했다는 군사적 의미를 지닌다. 그럼에도 불구하고 일본은 국제적으로 보호국화와 병합을 합법화하기 위해 국제법을 활용한 각종 협약과 조약을 체결하였고, 한국의 이해 당사국들이었던 미국과 영국, 러시아의 승인을 얻는 외교적 노력을 경주하였다. 미국이나 영국은 일본이 전쟁 발발 후 한반도를 군사적으로 점령한 사실을 들어 일본의 한국 지배를 간단히 승인해 버렸다. 포츠머스회담이 체결되기 이전 영국은 제2차 영일동맹을 통해, 미국은 가쓰라-태프트 밀약을 통해 일본의 한반도 보호국화를 인정해 버렸고, 러시아도 포츠머스조약을 통해 승인해 버린 것이다. 대신 열강은 일본의 만주 진출에 제동을 걸었다. 일본은 영미의 요구대로 하얼빈을 경계로 세력권을 양분하고, 랴오둥반도와 남만주철도를 획득하며, 열강들의 경제적 문호개방을 약속하였다. 물론 일본이 이를 지키지 않을 것이라는 징후는 곧

---

95 강성학, 1999, 앞의 책, 435쪽.

나타났다.

    전쟁에서 패한 차르의 제정 러시아는 몰락의 길을 걷게 되면서 급기야 공산주의 혁명으로 사라지게 되었다. 전통적인 국제관계의 축인 영국과 러시아의 대립이 종식되고 영국과 독일을 중심으로 한 새로운 대립 구도가 등장하였다. 승리한 일본은 강대국의 일원으로 인정받고, 대한제국을 보호국으로 만들고 본격적인 제국주의 국가, 나아가 대륙 팽창의 시동을 거는 계기가 되었다. 이에 따라 종속적인 장으로 기능했던 동북아시아 지역 질서도 새롭게 조정되었다.

제3장
통감부의 설치와
보호국체제의 성립

1. 을사조약의 체결과 보호권 강제

1) 러일전쟁기 일본의 국권 침탈

　일본은 청일전쟁에서 승리하고도 전후처리 과정에서 삼국간섭과 패권국가들의 반발로 한국을 보호국으로 만들지 못한 경험이 있었다. 일본은 동일한 과오를 범하지 않기 위해 전략적·외교적으로 신중하게 접근하였다. 보호국 확보는 국제적 승인, 즉 패권국가의 동의를 얻어야 하는 것이고, 그들의 기준과 문법에 맞아야 했다. 이에 일본은 서양 제국주의 국가의 사례와 논리, 국제법과 조약의 활용 방식을 차용함으로써 그들의 반대나 비판적 근거를 사전에 차단하고 있었다. 이렇게 일본의 한국 침략은 단순한 군사적 점령만이 아니라 패권국가들과의 공조와 외교적 승인을 확보하면서 진행되었다는 특징이 있다.

　(1) 한일의정서의 강요와 「대한시설강령」
　1904년 2월 9일 일본군 선발대 2,500명이 서울로 들어왔다. 2월 10일, 러시아가 일본에 선전포고를 한 날, 러시아공사 파블로프는 한국공관을 철수하기로 결정하고 이튿날 인천항을 떠났다. "끝까지 한국을 보호하겠다"고 호언하던 러시아공사의 발 빠른 조치였다. 2월 18일에는 2만 명의 일본군이 서울로 들어와 일부는 창덕궁에 주둔했다. 일본군이 사실상 서울을 점령한 상태에서 주한일본공사 하야시 곤스케는 한국과 일본이 군사동맹을 맺을 것을 고종에게 강요하였다. 동시에 협상을 반대하던 이용익을 22일 밤 납치하여 일본으로 압송하고, 길영수(吉永洙), 이학균, 현상건(玄尙健) 등 반일인사에 대한 감시도 강화하였다. 일본공사관으로부터 뇌물을 받았던 외부대신 이지용(李址鎔)은 후환이 두려워 도주하려 했는데, 이를 막고 협박과 반강제로 2월 23일 다음과 같은 협약을 체결하였다. 이 협약은 '한일의정서'라는 이름으로 발표되었고 이를 통해 한국정부를 일본의 통제하에 두고 내정간섭의 권리를 확보했다. 그 내용은 다음과 같다.

제1조 한·일 양국은 사이의 항구적이고 변함없는 친교를 유지하고 동양의 평화를 확립하기 위하여 대한제국 정부는 대일본제국 정부를 확신하고 시정(施政) 개선에 관한 충고를 받아들인다.
제2조 대일본제국 정부는 대한제국의 황실을 확실한 친의로써 안전·강녕하게 한다.
제3조 대일본제국 정부는 대한제국의 독립과 영토 보전을 확실히 보증한다.
제4조 제3국의 침해나 내란으로 인하여 대한제국의 황실 안녕과 영토의 보전에 위험이 있을 경우에는 대일본제국 정부는 속히 정황에 따라 필요한 조치를 취할 수 있다. 그러나 대한제국 정부는 대일본제국 정부의 행동이 용이하도록 충분한 편의를 제공한다. 대일본제국 정부는 앞항의 목적을 이루기 위하여 군략상 필요한 지점을 정황에 따라 차지해 이용할 수 있다.
제5조 대한제국 정부와 대일본제국 정부는 상호의 승인을 거치지 않고는 앞으로 본 협정의 취지를 위반하는 협약을 제3국과 맺을 수 없다.
제6조 본 협약에 관련되는 미비한 세부 내용은 대한제국 외부대신

과 대일본제국 대표자 사이에 그때그때 협정한다.[1]

　이 의정서는 표면상 대한제국의 독립과 영토 보전, 그리고 황실의 안전을 보장하고 있지만, 실제로는 한국의 정치적·군사적·외교적 주권을 제약하는 독소 조항들이 담겨 있다. 제1조의 시정개선 조항은 일본이 개혁을 빌미로 내정개입은 물론 고문정치를 시작하는 단서가 되었다. 또한 어떻게 해석하고 적용하는가에 따라 경제적 이권은 물론 주권까지 침해할 수 있는 조항이다. 제3조는 한국의 독립과 영토를 보증하는 조항인데, 제1조와 제5조의 내정간섭과 외교권 제한 내용과 충돌할 소지가 있다.
　제4조에서 군사적 요충지를 임의로 수용한다고 명시하여 전쟁을 수행하는 데 필요한 거점을 확보하는 동시에 군사적으로 한반도를 강점할 수 있는 길을 열었다. 특히 본 의정서에는 동맹의 유효기간이 의도적으로 누락되어 있으므로 군용지로 수용될 지역이나 면적, 이용 기간들도 무기한 연장될 수 있는 것이었다. 제5조는 외교권에 대한 제약을 담고 있는 조항으로 추후 한국정부가 타국과 협약을 맺을 때는 일본의 승인을 받아야 한다는 것이었다. 한국을 보호국으로 만들려는 1단계 조치라 볼 수 있다. 마지막 제6조에서는 미진한 부분들을 추후 협상한다는 단서 조항인데, 이로 인해 일본은 자신의 정치·경제 관련 사항들을 추가로 요구할 수 있게 되었다.
　이같이 주권을 침해하는 의정서가 관보로 국민들에게 알려지자 반대와 비난의 목소리가 터져 나왔다. 당대인들도 이미 간파했듯이 이 협약

1　최덕수 외, 2010, 『조약으로 본 한국근대사』, 열린책들, 572쪽.

은 시정개선을 명목으로 한 내정간섭, 군용지의 수용과 한반도의 전쟁터화, 외교권의 침해 등 한국주권을 심각하게 손상하는 것이었다. 『황성신문』은 겉으로는 충고의 뜻이겠으나 사실상 국권을 일본에 넘겨주는 것이라 비판하였고,[2] 조인 과정에 참여했던 이지용 등 관리들을 겨냥한 암살 시도도 발생하였다.[3] 제국주의 열강도 한일의정서는 한국이 주권을 거의 포기한 거나 다름없다고 평하였다.[4] 영국의 『타임스(The Times)』는 이 의정서가 표면상 대한제국의 체면을 세워 준 듯한 인상을 주려 했지만, 실상은 대한제국과 황제의 지위를 이집트나 이집트 총독과 유사한 것으로 만들려는 것이라 지적하였다.[5] 이렇듯 한일의정서는 한국의 보호국화로의 1단계 진입이었고, 2단계 을사조약의 외교권 장악을 거쳐, 3단계 1907년 정미7조약으로 내정을 완전히 장악했을 때 한국의 보호국체제가 완성되었다.

1904년 2월 27일 하야시 곤스케 공사는 한일의정서 제6조 "미비한 세부 내용은 대한제국 외부대신과 대일본제국 대표자 사이에 협정한다"라는 조항에 근거하여 고무라 주타로 외상에게 '대한제국의 시정개선과 이권 획득에 관한 의견서'를 보냈다. 5월 20일에는 한국에서 확보할 18개의 사안을 다시 정리하여 상신하였다. 5월 31일 각의는 이를 토대로 논의 끝에 「대한방침」, 「대한시설강령」, 「세목」 등 식민지 경영을 위

---

2   「논설」, 『황성신문』, 1904.3.1.
3   고려대학교 독일어권문화연구소 편, 2021, 『독일외교문서: 한국편』 11, 보고사, 219쪽, #13 잘데른 → 베를린 외무부, 1905.3.1.
4   고려대학교 독일어권문화연구소, 2021, 『독일외교문서: 한국편』 11, 보고사, 219쪽, #10 잘데른 → 베를린 외무부, 1905.3.1.
5   "Agreement Between Japan and Korea", The Times, Feb. 28, 1904.

한 세부 계획을 결정하였는데, 핵심 요지는 한국의 국방·외교·재정 등에 보호 실권을 확립하고 각 방면의 이권을 차지한다는 것이다. 1904년 6월 다음 6개 항의 「대한시설강령」은 천황의 재가를 받았다.[6]

> 제1항 방비를 온전하게 할 것
> 제2항 외정을 감독할 것
> 제3항 재정을 감독할 것
> 제4항 교통기관을 장악할 것
> 제5항 통신기관을 장악할 것
> 제6항 척식을 도모할 것

「대한시설강령」은 식민지 기반 조성과 일본인들의 이주 및 이권을 쟁취하는 구체적인 방안을 적시한 것으로 국방·외교·재정·교통·통신·척식으로 구성되어 있다. 제1항은 일본군의 주둔과 전략지 수용을 러일전쟁 이후까지 연장시키겠다는 내용으로, 8월에 일본군은 용산에 300만 평, 평양에 393만 평, 의주에 280만 평의 토지를 군용지로 수용하였다. 제2항은 한국외교를 감독할 외교고문을 파견하여 한국정부의 반일·독립적인 외교 행위를 사전에 차단하고, 해외에 설치된 한국공사관들을 철수시키려는 정책적 목표를 갖고 있었다. 다만 국내외의 정서를 감안하여 서양인을 임명한다는 복안을 갖고 있었다. 제3항은 일본인 고문을 파견하여 한국정부의 재정권을 장악하고 황실 재정을 정리하며, 한

---

6 권태억, 1994, 「1904-1910년 일제의 한국 침략구상과 '시정개선'」, 『한국사론』 31, 222-225쪽.

국 군대의 수를 감축하여 경상비를 줄이고 국방력을 약화시키겠다는 계획이다. 구체적으로 재정고문의 금융화폐 개혁을 통해 경제를 재편하는 동시 소금·담배 등의 전매사업 등을 통해 개혁자금을 충당하겠다는 내용을 담고 있었다.

제4항 교통은 경부·경의·경원·마산·삼량진 노선의 철도 부설 및 운영을 하겠다는 내용이다. 이미 일본은 경부·경의 철도부설권을 군용 명목으로 접수하였고, 이후 모든 철도들도 1906년 7월 통감부 철도관리국의 관리하로 편입되었다. 제5항은 전신·전화·우편사업을 일본에게 위탁 관리시킨다는 것이다. 일본은 1905년 4월 1일 한국정부와 '통신기관 위탁에 관한 계약서'를 체결하여 양국 통신기관을 통일하고 장악하였다.

마지막 제6항은 농업과 관련된 것으로 황무지개척과 일본인 토지소유권의 승인, 임업으로는 두만강 및 압록강 삼림채벌권의 획득, 광업으로는 유망 광산채굴권의 획득, 어업으로는 충청·황해·평안도 연안어업권을 획득하겠다는 내용이다. 모두 일본인의 이주 및 사업가들의 경제적 진출을 목적으로 하고 있다. 이 중 1904년 6월 하야시 공사가 제일 먼저 시도한 황무지개척권 요구는 한국인들의 광범한 저항을 불러일으켰다. 관유황무지의 위탁권은 전 국토의 4분의 1의 토지에 해당하는 황무지를 강탈하는 것으로, 격렬한 반일운동으로 비화되면서 결국 8월에 일본 측이 철회하였다.[7]

그렇지만 다른 세목들은 대부분 시정개선이라는 명목으로 실현되었다. 그중 일부만 소개하면, 6월 4일에 일본은 '한일양국인민 어로구역

---

7   모리야마 시게노리 지음, 김세민 옮김, 1994, 『근대한일관계사연구』, 현음사, 207-208쪽.

에 관한 조약'을 체결하여 충청·황해·평안도의 어업권을 확보하였다. 1906년 6월 「광업법」을 공포하면서 일본인들이 광업을 독점하는 단초가 되었다. 임업도 같은 해 10월에 '압록강·두만강 삼림경영협동약관'이 체결되면서 한일 양국의 공동경영으로 되었다. 또한 농업 중 민유지에서의 일본인 토지소유권은 1906년 10월 「토지건물증명규칙」에 이어 12월 「토지건물전당집행규칙」이 공포되면서 법적으로 승인되었다.

(2) 제1차 한일협약과 고문정치

러일전쟁의 전황이 유리하게 전개되자, 일본에서는 전리품이 될 대한제국을 어떻게 처리할까에 대한 여러 여론들이 서로 비등해지기 시작하였다. 한국과 관련하여 합병론, 고문정치론, 보호국론, 영구중립론, 총독정치론, 정치방기실업획취론(政治放棄實業獲取論) 등 약 10여 개의 방안이 제기되었는데,[8] 그중 여론의 지지를 가장 많이 받았던 것은 보호국론이다. 일부 강경 여론은 고문정치만으로는 한국의 실권을 장악할 수 없으니, 거물급 권력자 1인을 파견하여 최고 고문제를 실시해야 한다고 주장하기도 하고, 일본 중의원 의장 마쓰다 마사히사(松田正久)는 "영원히 일본의 이익을 보호하기 위해 가장 먼저 한국의 정치를 개혁하며, 일본인 고문관을 보내 징세법을 고쳐 재원을 충분히 마련하고, 일본인을 대거 이주시켜 한국을 문명화시키고 교육을 개량할 것"을 제안하였다.[9]

가쓰라 내각은 흥분한 국내 여론보다 국제적 현실을 직시하지 않을

---

[8] 이계형, 2021, 「일제의 대한 '보호국화' 추진과 학정참여관 시데하라의 식민교육정책」, 『숭실사학』 46, 94쪽.

[9] 이계형, 2021, 위의 글, 94쪽.

수 없었다. 이에 아직 전쟁이 종료되지 않아 한국의 국제적 지위가 결정되지 않았고, 따라서 열강의 반발을 초래할 일은 하지 않는 것이 좋다는 입장을 견지했다. 대신 한국이 완전한 보호국으로 인정을 받을 때까지 영국의 이집트처럼 과도기적으로 고문정치를 실시하는 것이 바람직하다는 안을 내놓았다.[10] 현장에서 근무하는 하야시 공사도 고문정치론을 선호하였다.

하야시는 전쟁이 발발한 직후부터 한국정부를 실질적으로 장악·관리하기 위한 구체적인 안인 '대한제국의 시정개선과 이권 획득에 관한 의견서'를 준비하여 고무라 외상에게 제출하였다. 여기서 그는 갑오개혁 당시 일본의 고문직 독점과 급격한 개혁이 결국 한국인들의 반발과 열강의 간섭을 초래했으므로, 이른바 시정개선을 명분으로 보호국의 기초를 마련할 수 있는 핵심 부서, 즉 외부와 탁지부 두 곳에 고문을 파견하여 일본의 국익에 맞게 점진적으로 재편시키는 것이 시의적절하다는 의견을 제시하였다.[11] 외부고문으로는 한국과 열강의 반발과 의심을 잠재우기 위해 일본인이 아닌 알렌 미국공사가 천거한 미국인 스티븐스(D. Stevens)를 대안으로 추천하였다. 이 같은 현지 파견 공사의 의견에 대해 고무라 외상도 원칙적으로 동의하였다.

일본정부 내에서도 고문정치론으로 의견이 모아졌다. 4월에 일본 각의는 '한국 보호권 확립의 건'을 결의하여 한국의 외교와 관련된 모든 사항을 관장하고, 한국인을 지휘·감독하고 일본의 보호하에 두기 위해 고

10　성숙경, 2010, 「대한제국의 재정과 외교를 장악하라」, 최덕수 외, 『조약으로 본 한국 근대사』, 열린책들, 597-598쪽.

11　『주한일본공사관기록』 권24, #4 (14) "雇外國人", 1904.2.27.

문을 파견하기로 결정한 뒤 적당한 인물을 물색하기 시작하였다. 그리고 이를 실현하기 위해 8월 22일 제1차 한일협약, 이른바 '고문 용빙에 관한 협정서'를 강제하였다. 일본은 이 협약에 의거하여 본격적인 고문통치체제를 구축하였는데, 제1차 한일협약의 내용은 다음과 같다.

1. 대한정부는 대일본정부가 추천하는 일본인 1명을 재정 고문으로 하여 대한정부에 용빙하고, 재무에 관한 사항은 일체 그의 의견을 물어 실시할 것.
2. 대한정부는 대일본정부가 추천하는 외국인 1명을 외무 고문으로 하여 외부에 용빙하고, 외교에 관한 요무(要務)는 일체 그 의견을 물어 실시할 것.
3. 대한정부는 외국과의 조약 체결이나 기타 중요한 외교 안건, 즉 외국인에 대한 특권 양여와 계약 등의 처리에 관해서는 미리 대일본정부와 토의할 것.

전체 3개 조항으로 이루어진 협약은 보호국화의 목표를 노골적으로 드러내고 있다. 즉, 국가 재정과 외교에 관련된 모든 사안을 재정 및 외교고문의 승인을 받는다는 것과 외국과의 중요 외교 안건들은 일본과 사전협의를 거쳐야 한다는 것이다. 한일의정서와 같은 맥락에 있는 것이지만, 의정서만으로는 타국과의 조약 체결을 원천 봉쇄할 수 없었다. 이에 3조에 외교권의 제한을 명문화한 것이다. 일련의 이러한 조항들은 이후 열강들이 한국의 보호국화를 쉽게 승인하게 된 배경이 되었다.

한일협약이 체결되기 이전, 1904년 4월 한국정부에는 약 79명의 외국인 고문들이 정부 각 부처 및 궁내부 산하 기구에 고용되어 있었다. 일본은 이들을 퇴진시키고 그 자리에 일본인 고문관을 투입하여 내정을 장악하기 위해 기존 고문들이 받는 높은 급료가 국가 재정에 부담을 줄 뿐더러 제대로 역할도 못한다는 명목으로 퇴진을 확정 지었다. 다만 열강의 비난을 고려하여 고용 만기까지 기다린다는 전략이었다.

1904년 10월부터 정부 각 부처에 일본인 고문관들이 배치되기 시작하였다. 이른바 '고문정치'의 시작이었다. 이는 1907년 한일신협약(정미조약) 이후 '차관정치'로 이행되기까지 일본인 고문을 통한 보호국화를 목표로 한 사전 준비의 성격을 띠고 있다. 제1항으로 인해 메가타 다네타로(目賀田種太郞)가 재정고문으로, 제2항으로 스티븐스가 외교고문으로 임명되었다. 그 외, 협정서와 관련 없는 고문들도 임명되었는데, 「시설강령」에서 언급한 방비, 통신, 척신에 관련된 인사들이었다. 1905년 1월 광산고문에 농상무성 지질조사소장 고치베 다다쓰네(巨智部忠承)가 부임하였고, 2월에는 경무고문에 일본 경시청 제1부장 경시 마루야마 시게토시(丸山重俊)가 파견되었다. 군사고문에는 노즈 시즈타케(野津鎭武)가 임명되었고, 학부고문에는 시데하라 다이라(幣原坦)가 착임하였다. 이 중 한국의 치안유지라는 명분으로 한일협약에도 없는 경무고문부라는 독자적인 집행기구를 설치하여 한국인들의 저항에 대비하였다. 1905년 1월 한국 경찰을 대신하여 서울과 주변 지역의 치안경찰권을 일본이 가진다는 군령이 공포되었다. 이렇게 한국을 군사적으로 점령한 일본은 경무고문부를 통해 경찰업무까지 장악하였다.

을사조약이 체결된 직후인 1905년 12월 21일을 기준으로 한국정부에 임용된 일본인 관리들의 현황을 살펴보면, 재정고문부에는 31명, 경무고문부에는 107명, 학부에는 15명, 탁지부 인쇄국에는 14명, 궁내부에는 2명, 군부에는 2명으로 총 171명의 일본인 관리들과 5명의 고문관

이 한국정부의 행정을 관리·장악하고 있었다.[12]

① 메가타의 재정정리사업과 식민지화의 기초작업

고문정치를 실질적으로 이끌어 간 주역은 한일협약에 따라 대한제국의 재정고문으로 부임한 대장성 주세국장 메가타 다네타로이다. 그는 하버드법대 법대를 졸업하고 대장성 지조과장을 시작으로 해관과 주세국을 거친 유능한 재정 전문가로서 특히 증세업무에 탁월한 수완을 발휘하였다. 그를 추천한 자는 바로 한국정책의 주요 결정자인 이토 히로부미였는데, 이토가 가장 중요하게 생각한 것은 재정고문이었다.[13] 한국을 보호국으로 만들기 위해서는 먼저 정부 재정을 정리하여 침탈의 기틀을 마련해야 했기 때문이었다. 메가타는 1904년 10월 13일 고용 계약을 체결하면서 업무를 시작하였다.

일개 고문인 그의 고용계약서를 읽어 보면 흥미로운 점이 발견된다. 정부 재정과 관련된 모두 업무는 반드시 그의 심의와 승인을 거쳐야 한다고 명시되어 있다. 아울러, 그는 의정부 회의에 참석하여 정부 재정에 관한 의견을 제출할 수 있으며, 의정부의 결의 및 각부 사무에서 재정에 관한 것을 황제께 상주할 때는 미리 그의 동의와 가인(加印)을 거쳐야 했다. 뿐만 아니라 재정에 관한 사안에 대해서는 황제를 직접 알현·상주할 수 있는 권한도 있었다. 이렇듯 그는 한국정부의 모든 재무 사안, 즉 예산과 결산, 그리고 수입과 지출 및 국가 경제 전반에 영향력을 행사할

---

12 『주한일본공사관기록』권25, #38 "한국에 용빙된 일본인 취조의 건", 1905.12.21.
13 김혜정, 2005, 「러일전쟁 이후 일제의 고문정치 실시와 목적」, 『한국민족운동사연구』44.

수 있는 위치와 권한을 확보한 셈이다. 그는 일개 고문이 아니라 재정 전반을 장악하는 대신급 감독관이었다.[14]

이 같은 권한을 바탕으로 그는 1905년 1월 재정고문부를 조직하여 중앙정부 재정을 정리하고, 7월부터는 지방조직인 재정고문지부를 설치하여 지방재정까지 정리하였다. 고문정치가 끝나는 1907년 10월 시점에는 약 316명의 일본인 재정고문부 소속 관리가 전국에 배치되어 보호국화 업무를 담당하고, 경제 식민화의 초석을 놓았다. 3년간의 그의 주요 활동을 열거해 보면 금융화폐정리사업을 비롯하여 황실재정정리, 징세기구 개편 및 국고제도 실시, 금융기관의 설치, 각종 시설사업과 재원조사 등이 있다.[15]

메가타가 첫 번째 사업으로 화폐정리를 시작한 것은 식민지적 경제구조로 재편성하려는 기초작업의 일환이다. 조일수호조규와 1894년 「신식화폐발행장정」으로 인해 '동일·동가·동량'의 일본화폐가 무제한 통용이 허용되고, 1902년 일본의 제일은행 지폐가 한국정부의 금지령에도 불구하고 총세무사 브라운의 협력과 우대 조치를 통해 해관에서 비합법적으로 유통되면서 사실상 한국의 화폐 주권은 일본에 종속되었다. 물론 한국정부의 화폐정책에도 문제는 있었다. 1898년 이후 본위화보다 주조이익이 많은 백동화가 남발되면서 인플레이션이 가중되었고, 한국인 외에도 일본 상인도 피해를 보고 있었다. 이를 명분으로 메가타는 한

---

14 규장각 소장, 고문서 3111, 「目賀田種太郎傭聘契約書」.
15 일제의 경제 식민화 과정은 이 책의 전체 주제에서 벗어나므로 간략하게 다루었다. 상세한 내용은 다음을 참고. 김혜정, 2015, 「일제의 재정고문부 조직과 운영(1905-1907)」, 『한국민족운동사연구』 83; 이계형, 2021, 「일제의 대한 '보호국화' 추진과 학정참여관 시데하라의 식민교육정책」, 『숭실사학』 46.

국의 화폐본위를 일본과 동일하게 하는 동시에 일본 화폐의 유통과 제일은행권의 보급, 그리고 한국화폐 발행 정지 및 폐기라는 방향으로 사업 목표를 설정하였다.

　1905년 단행된 화폐정리사업에서는 백동화 10냥을 금본위 신화폐 1원의 비율로 교환하되, 백동화를 액면 가치가 아닌 실질 가치에 따라 갑·을·병으로 나누어 각각 25%, 10%, 0%의 가치만 인정하고 교환하였다. 이로 인해 한국인의 화폐 자산은 하루아침에 축소되고 화폐 전황이 발생하여 한국 상인들은 파산하였고 상권은 일본 상인에게 넘어갔다. 메가타는 일본 화폐본위를 이식·통용시키면서 화폐 주권을 완전히 박탈하였다. 그리고 일본과 동일한 통화권을 창출하여 무역과 자원의 수탈, 그리고 일본 자본의 진입을 용이하게 하였다. 이로써 식민지 지배에 필요한 자금을 은행권의 신용창조를 통해 조달할 수 있게 되었다.[16]

　다음으로 메가타가 착수한 것은 재정정리사업이다. 이 사업의 목적은 식민지 비용을 현지에서 조달하는 것이고, 고종의 통치 자금줄을 원천적으로 봉쇄하는 것이었다. 먼저 궁내부 내장원의 주요 재원을 정부로 이관시키고 황실 재정을 대폭 축소하며, 국가 재정으로부터 분리시켰다. 궁내부에서 추진하던 각종 근대화 사업들도 경비 절감을 이유로 축소 내지 폐지시켰다. 또한 정부 관리들의 정원도 대폭 감축하고, 그 자리에 일본인을 등용하였다.

　조세제도도 개혁하였는데, 과거에 지방관과 이서층이 담당하던 징세 업무를 세무관과 세무주사가 징수하고 세금은 우편취급소나 은행을 통해 국고로 납부하게 했다. 1903년 한국정부의 중앙은행 설립과 은행권

16　이헌창, 2018, 『한국경제통사』, 해남, 317쪽.

발행 계획을 총세무사 브라운의 방해와 반대로 무산시킨 일본은 2년 후 국고금을 취급하는 은행을 자국계 은행인 제일은행으로 지정했다. 1906년에는 경찰고문부의 지휘로 호구조사를 실시하여 과세 대상을 2배 이상 증가시키고 1907년부터는 토지와 가옥에 대한 기초 조사의 실시, 1909년에는 인삼, 담배, 술, 소금 등 세원을 조사한 뒤 가옥세, 연초세, 주세 등을 부과하였다. 메가타의 재정정리사업은 식민지화에 필요한 재원은 식민지에서 확보한다는 기본 방침과 연결되며, 이후 1910년 토지조사사업 및 경제 식민지화의 토대가 되었다.

② 외교고문 스티븐스와 외교 주권 침탈

고문정치의 또 다른 축은 미국인 스티븐스이다.[17] 그는 1882년부터 일본 외무성고문으로 재직하면서 한성조약과 1886년 조약 개정 문제를 담당하였고, 미국으로 파견되어 정치권 로비와 언론 홍보활동을 담당하였다. 1889년 미일신약과 1894년 미일통상항해조약 체결과정에도 활약하였고, 1900년과 1905년에는 일본정부와 고문직 재계약에 성공하여 1910년 3월까지 고용이 보장된 자이다. 그는 1908년 3월 전명운, 장인환 열사에 의해 암살될 때까지 총 26년간 일본을 위해 헌신한 자로 "일

---

[17] 스티븐스는 1851년 워싱턴 출생으로 1871 Oberlin College를 비롯하여 콜럼비아대학과 워싱턴대학 등지에서 법학을 전공하고 변호사 자격을 취득하였다. 1873년 빙햄(Bingham)이 일본공사로 파견될 때 공사관 서기관으로 함께 부임하여 대리공사로서 외무성 고위관리와 친분을 맺었다. 1882년 일본외무성 고문으로 발탁되어 1908년 3월 샌프란시스코에서 사망하였다. 김원모, 1988, 「서울에서의 스티븐즈의 친일외교활동」, 『향토서울』 46; 한철호, 2013, 「대한제국 외교고문 스티븐스의 외교권 장악과 친일외교」, 『사총』 79; 김현숙, 2020, 「미국공사 알렌의 사회적 관계와 협력망-스티븐스와의 협력관계를 중심으로-」, 『이화사학연구』 60.

본인보다 더 일본인 같다"고 평가받았다.

1904년 12월 한국에 도착한 후 체결한 고용계약서를 보면 앞서 살펴본 메가타 재정고문과 동일한 최고의 권한, 즉 대신에 버금가는 권한이 주어졌다. 먼저 그는 한국 외교에 관한 모든 안건을 심의·기안할뿐더러 그의 동의를 거쳐 처리하게 되며, 모든 외교 관련 문서와 통신을 자유롭게 열람할 수 있었다. 또한 외교에 관련된 의정부 회의에 참여하여 의견을 개진할 수 있으며 고종을 직접 알현·상주할 수 있었다.

그 역시 일본 외무성과 1910년까지 고용계약서를 체결한 자로 일종의 파견 근무 형식을 취하였고 이중 고용계약서를 작성하였다. 부임 직전 일본정부는 그에게 다음의 사안을 지시하였다.

1. 외교상의 중요한 안건은 모두 일본공사와 협의한 후 그의 동의를 얻어 조치할 것.
2. 일본정부가 주한일본공사에게 내리는 대한방침에 배치되지 않도록 주의할 것.
3. 한국 외교상 중요한 관계가 있는 사항은 신속하고도 숨김없이 주한일본공사에게 통보해야 하며 앞으로 일본정부에 보고나 의견을 제출할 경우 일본공사를 경유하거나 직접 외무성에 제출할 것.[18]

이상의 지시 사항을 보면 스티븐스는 메가타와는 달리 한국 외교에 관한 전권을 갖지 못하고, 하야시 일본공사의 지시를 받아 업무를 처리

---

18 한철호, 2010,「대한제국 외교고문 스티븐스의 이중계약과 그 의미」,『사학연구』98, 330-331쪽.

할 것을 명확히 하달받고 있음을 확인할 수 있다. 스티븐스는 일본이 고용한 일개 하수인이자 대리자라는 점을 명확히 한 대목이다. 아울러 업무를 처리할 때 일본의 이익에 반하는 결정은 결코 허용할 수 없다는 점도 명확히 규정하고 있다.

그러면 그가 내한한 직후부터 을사조약 체결까지 약 1년간의 활동을 살펴보기로 하자. 일본이 그를 외교고문직에 배치한 이유는 고종과 한국 정부의 특이한 동향을 내부에서 탐지하고 독자적인 외교 행위를 사전에 차단하고 철저히 감독·통제하기 위한 것이었다. 이를 가능하게 하기 위해 그에게 모든 문서와 통신을 자유롭게 열람할 권한이 주어졌다. 스티븐스는 1905년 6월 고종이 독립보전을 위해 미국에 협력을 요청한 조민희 밀서사건이 발각되자 하야시에게 즉각 보고하고, '외교고문용빙계약'의 규정대로 고종에게 항의하였다.[19] 모든 외교적 행위는 스티븐스의 자문을 거친 후 행하도록 하였는데, 이를 위반했다는 주장을 펼쳤다.

이와 비슷한 사건이 또 발생하였다. 고종은 보호조약의 체결을 사전에 막기 위해 이승만과 헐버트(H. Hulbert), 이용익, 마르텔을 각각 미국, 러시아, 프랑스 등으로 파견하고자 하였다. 이승만이 미국무장관 헤이(J. Hay)를 만나 독립보전을 요청하는 황제의 서신을 전달하려는 계획을 탐지한 스티븐스는 알렌 미국공사에게 이승만의 비자와 추천서를 발급해 주지 말 것을 요청하고, 여권 발급을 의도적으로 지연시켜 출국을 방해하였다.[20]

---

19 한철호, 2013, 「대한제국 외교고문 스티븐스의 외교권 장악과 친일외교」, 『사총』 79, 173쪽.

20 한국학중앙연구원, 한국학진흥사업 성과포털, *Allen Papers*, R4-L8-08-021, Allen → H. A. Dinsmore, 1905.5.13.

그 외에도 멕시코로 떠난 천여 명의 한국인 노동 이민자들의 참상이 『황성신문』에 보도되고 멕시코에서 노예가 되었다는 소문이 전해지자,[21] 고종은 이민 실태를 조사하고 대책을 강구하기 위해 외부협판 윤치호를 파견하였다. 윤치호는 하와이와 멕시코 노동이민 시찰을 목적으로 1905년 8월에 하와이로 떠났는데, 스티븐스는 일본이 이 문제를 대행할 것이라며 윤치호를 도중에 소환시켰다.[22] 그리고 하야시를 통해 주멕시코 일본공사관에서 한국인 실태조사와 보호를 요청하였다.[23] 독립국인 한국의 국제적 위상을 일본의 보호국으로 만들어 버린 셈이었다.

아울러 과거 황제와 외국인 간에 협상·체결되었던 이권 사업을 장악하였다. 이 시기 이권 사업 문제가 어떤 과정을 통해 처리되었는지, 그리고 그것이 한국의 국제적 위상에 어떤 타격을 주는지 한 가지 사례로 확인해 보자. 알렌 미국공사는 한국에서 떠나기 전 사탕무 사업권을 따내기 위해 동분서주하면서 스티븐스에게 도움을 수시로 청하였다. 사업계획서를 직접 보여 주면서 미국인으로서 미국의 이익 증진에 대해 무관심하지 말 것을 촉구하기도 하였다. 스티븐스는 자신도 미국인이며, 알렌이 한국을 떠나기 전 이 문제를 마무리 짓도록 하겠다고 약속하였다.

그러나 이 시기 대한제국의 이권 양여는 더 이상 황제와 궁내부가 결정할 수 있는 사안이 되지 못했다. 이권 양여는 스티븐스 외교고문 → 하야시 일본공사 → 일본 외무성으로 이어지는 라인을 통해 최종 결정되는 것으로 바뀌어져 있었다. 스티븐스는 이권업자 모건(G. P. Morgan)에

---

21 『황성신문』, 1905.7.29.
22 구대열, 1985, 「이한응과 한영관계」, 『성곡논총』 16.
23 김귀옥, 1995, 「1905년 멕시코이민 한인노동자 연구」, 『재외한인연구』 5.

게 3통의 추천서를 써주며 서울이 아닌 도쿄에서 로비할 것을 권하였고,[24] 알렌도 일본 외상과 일본 외무성고문 데니슨(H. W. Denison)을 수신자로 한 4통의 추천서를 작성해 주었다. 결과적으로 사탕무 사업권은 시부사와 에이이치(澁澤榮一)와 데니슨의 반대로 실패했지만, 을사조약이 체결되기 이전에 외국인 관련 사업이 어떤 의사구조를 통해 결정되는지 알 수 있다. 이와 비슷하게 콜브란 보스트윅사의 광산개발건과 타운센드의 담배전매권 협상도 일본에 의해 실패하였다. 이미 일본은 한국에서 서양인들의 이권 획득을 금지하고 독점하기로 결정한 후였다.[25] 이처럼 독립국가로서의 한국의 위상과 권한은 을사조약 체결 이전부터 침탈당하고 있었다.

고문정치를 시작한 이래 일본은 각종 관제 개정으로 황제권을 제한하고자 하였으나 그 권력을 완전히 배제할 수 없었다. 고종은 관제나 내규에 상관없이 관료 임명권을 활용하여 권력을 행사하고 있었다. 이는 고문정치가 갖는 본질적인 한계였다. 고문관은 자문에 응하고 지도하는 위치였으므로 기존 권력구조를 대체할 수 없었던 것이다. 재무·경무·외교 분야에서 고문들은 상당 부분 전권을 행사했다 할지라도 중앙의 의정부를 황제가 장악하고 있는 한 정책 추진 방향이나 속도에서 일본이 원하는 대로 다 이룰 수 없었다. 이에 일본은 을사조약을 서둘러 체결하여 보호권을 확립하고자 하였고, 이후 통감부를 통해 통치권을 장악하고자 하였다.[26]

---

24   *Allen Papers*, R2-B3-06-014, Allen → G. P. Morgan, 1905.3.18.
25   김현숙, 2020, 「미국공사 알렌의 사회적 관계와 협력망」, 『이화사학연구』 60집, 29-30쪽.
26   서영희, 2003, 『대한제국 정치사연구』, 서울대학교출판부, 263쪽.

2) 을사조약의 강제와 열강의 묵인

제1차 한일협약으로 한국의 외교권에 제한을 가한 일본은 전쟁의 승기를 잡은 후 열강으로부터 보호권을 승인받기 위한 작업에 돌입하였다. 청일전쟁과 러일전쟁이 한반도를 강점하기 위한 군사전이었다면, 이제 일본은 외교전을 통해 군사적으로 확보한 한국을 열강으로부터 보호국으로 추인받는 작업에 매진하였다. 보호권 성립은 각국 공사관의 폐쇄 등 열강의 외교·경제적 이해와 직접 관련된 사안이므로 열강의 사전 양해가 필요했다. 또한 보호국이 설정된 이후에는 열강과 맺은 과거 조약을 폐기하거나 처리해야 했다. 일본은 1905년 4월 8일 각의에서 '한국보호권 확립의 건'을 결정하고 영국, 미국, 그리고 러시아로부터 한국보호국화를 승인받은 후, 한국정부와의 조약 체결에 착수하였다. 일본은 보호권을 인정받기 위해 완급과 시기를 조절하며 진행하였다.

(1) 다양한 유형의 보호국론

일본정부와 민간에서의 보호국에 대한 본격적인 논의는 러일전쟁 직전인 1904년 1월부터 시작되었다. 일 외무성은 임시취조위원회(臨時取調委員會)를 설치하고 외무성 실무자들과 국제법 관계자들에게 보호국제도와 사례 연구를 요청하였다. 향후 한국의 국가체제와 통치 형태를 위한 조사였다. 외무성 고문인 데니슨의 조사서를 비롯하여 「영국식민지 및 프랑스보호국 조약·법령집」 등 다수의 자료와 보고서를 수집하였다. 그 중 「아키야마(秋山) 보고서」는 1904년 5월 '제국의 대한방침'과 '대한시설강령 결정건'의 정책 자료로 참고되었고 「다치(立) 취조서」와 「마쓰바라관견(松原管見)」은 한국 보호권 결정 과정에서 참고자료로 활용되었다.

외무성은 보호국의 사례로 특히 프랑스의 튀니지를 참고했다. 외교관이자 국제법학자이며, 외무성 조약국장인 나가오카 슌이치(長岡春一)는 튀니지를 사례로 프랑스 보호국의 행정과 사법관계, 보호권 설정, 국제관계, 보호국의 설정, 보호조약 체결 등을 조사하였다.[27] 학계의 국제법학자들 중 도미즈 히론도(戶水寬人), 다케코시 산사(竹越三叉), 아리가 나가오(有賀長雄) 등도 언론에 다양한 유형의 보호국을 소개하고 각각 한국에 적용할 보호국론을 개진했다.[28] 이들의 연구는 일본이 한국을 보호국화하는 데 국제법적으로 명분을 확보하고 열강의 비난을 사지 않는 데 그 목적이 있었다. 먼저 당대 등장한 보호국의 형태와 종류를 알아보기로 하자.

서구에서 만들어진 국제법에 의하면 유럽을 포함한 주변 지역에는 다양한 '보호령(국)'의 유형이 있었다. 단순히 영토 안전을 보장하는 것부터 식민지와 유사한 것까지 그 형태가 다양했다.[29] 근대 역사에 등장한 보호국은 학자에 따라 다양하게 분류되기도 하지만, 크게 세 가지로 나눌 수 있다. 첫 번째 유형은 단순 보호국으로 강대국의 보호를 받을 뿐 주권을 잃지 않은 약소국을 의미했다. 이 유형은 유럽의 중세시대에서 등장한 사례들로 프랑스의 모나코와 교황령의 보호를 받던 산마리노, 러시아의 몬테네그로가 있다.

두 번째 유형은 국제법적 보호국으로 근대 시기에 등장하는데 프랑스의 튀니지와 마다가스카르가 그 사례로, 모두 조약을 통해 보호국으로

---

27 강성은, 2008, 『1905년 한국보호조약과 식민지 지배책임』, 선인, 83-84쪽.
28 平石直昭, 2007, 「한국 보호국론의 제양상에 대하여」, 김용덕·미야지마 히로시 공편, 『근대교류사와 상호인식』 II, 아세아연구소출판부.
29 이석우, 2007, 「보호령제도의 국제법적 성격」, 『안암 법학』 25.

만들졌다. 이 유형은 이른바 '비문명권의 보호국'으로 외교권이 없으며 민정을 담당하는 프랑스인 통감을 파견하여 내정과 군사권을 장악하고 있다는 점에서 해당 국가의 주권이 손상된 나라이다. 대체로 식민지로 이행하기 전 단계의 체제인 경우가 많다. 세 번째는 식민지적 보호국으로 국가를 형성하지 못한 아프리카 지역에 대한 보호국 설정이다. 식민지 직전 단계를 가리킨다.[30]

이렇듯 세계 역사에는 다양한 유형의 보호국들이 등장했다. 매우 희귀한 사례이지만, 영국의 이집트 같은 보호국체제는 매우 유동적이어서 국제정세에 따라 독립국이 되거나 식민지로 몰락할 전망을 지니고 있었다. 이런 다양성으로 인해 계몽기 일진회나 대한협회 계열 등 상당수의 친일적인 지식인들은 이토와 일제가 선전용으로 전파한 '독립'에 대한 희망, 즉 한국정부의 개혁과 문명화가 달성되면 보호국을 철폐할 것이라는 선전을 사실로 믿고 용인하다가 결국 '병합'까지 인정한 경우도 많았다.[31]

일본 외무성은 한국을 보호국으로 삼는 것에 만족하지 않았다. 고무라 외상은 1904년 7월 가쓰라 수상에게 보낸 메모랜덤(각서)에서 일본 외교의 정책적 목표를 분명히 제시하였다. 러일전쟁 이전에는 한반도를 영향권(보호국)하에 두고 만주에서의 이권을 유지하는 데 만족했겠지만, 전쟁이 시작된 이상 한국은 일본의 주권영역(병합)에 포함되어야 하고,

---

30 유바다, 2021, 「1905년 일본의 한국 보호국화 이론 도출에 대한 국제법적 고찰」, 『한국사학보』 85, 157-159쪽.
31 천지명, 2007, 「을사조약 이후 일본의 '보호국'인식」, 『역사와 현실』 66; 최덕수, 2009, 「근대 계몽기 한국과 일본 지식인의 '보호론' 비교 연구」, 『동북아역사논총』 24. 118쪽.

만주 또한 일본의 권리와 이익을 확장시키고 영향권하에 두어야 한다는 것이다. 한국은 수립된 정책과 계획에 따라 보호령을 설치하고 실질적 권리를 확장해 궁극적으로는 병합해야 한다는 것이다.[32] 보호령은 식민지 이전의 단계임을 명시한 것이다.

일본 외무성이 차용한 한국 보호국화의 모델을 확인해 보기로 하자. 일반적으로 일본은 영국의 이집트와 프랑스의 베트남 및 튀니지 사례를 적용했다고 알려져 있다. 영국의 이집트로부터는 1단계 1905년 을사조약 이전까지의 한국 내정 장악 방식, 프랑스의 튀니지로부터는 2단계 을사조약 조약문부터 통감부 체제를 차용한 것으로 보인다.

먼저 1단계까지의 일본의 정책은 영국의 이집트 장악 방식과 흡사하다. 한국정부의 재정을 장악하기 위해 시정개선을 명목으로 한 1,000만 원 차관제공과 메가타 재정고문의 파견은 영국이 이집트에 윌슨(Sir R. Wilson)을 파견하여 재정을 장악하는 방식, 즉 재정고문의 막강하고 다양한 권한과 업무를 그대로 모방하고 있다. 또한, 1909년 1월을 기점으로 판임관 이하 관리들을 제외한 일본인 고등관은 무려 466명으로 한국 행정 각 부처에서 실무를 담당하고 내정을 장악하고 있었는데, 이 또한 이집트 사례를 차용하였다. 1881년 당시 이집트 행정부에는 이미 1,325명의 유럽인들이 고용되어 있었다. 이집트의 경우 영국 총영사가 국정 전반에 간여하고 간섭하는데, 바로 하야시 공사가 기획했던 최고 고문과 비슷한 형태이다. 외교관으로서 내정에 간섭하는 것이 한계가 있으므로 최고 고문이라는 자격으로 내정에 공식적으로 간여하고자 한 것이다. 하세가와의 군사점령도 영국군의 이집트 점령과 동일하다. 반면

---

32   강성학, 1999, 『시베리아 횡단열차와 사무라이』, 고려대학교출판부, 482쪽.

스티븐스 외교고문을 통한 외교장악은 프랑스의 튀니지 사례를 적용한 것으로 보인다.

2단계에서 일본 외무성은 프랑스의 튀니지의 사례를 통해 을사조약의 세부 조항들과 보호국체제를 구상했던 것으로 보인다. 1904년 1월에 조직한 임시취조위원회에서 튀니지 사례를 면밀하게 분석하기 시작하였다. 프랑스가 1881년 튀니지와 체결한 바르도조약(Treaty of Bardo)에서 몇 가지 유용한 팁을 얻었다. 첫째로, 프랑스는 조약을 체결하면서 '보호국'이라는 용어를 사용하지 않았다. 대신, 제6조에서 "프랑스 공화국 정부에 대한 사전 통보 없이 어떠한 국제조약을 체결하지 않을 것을 약속한다."라며 보호국이라는 용어를 사용하지 않고도, 외교권을 인수하여 보호국화를 확정 지었다.[33] 이후 튀니지의 외교와 국민에 관한 일은 모두 프랑스 외교관이 대신하게 되었다.

둘째로, 조약 직후 프랑스공사가 튀니지의 내정을 총괄했으나 1885년에는 통감제로 개칭되고, 통감과 민정감독관이 설치되었다. 통감은 튀니지에 주둔하고 있는 육해군의 사령관이 임명되어 내외정에 걸쳐 절대적인 권력을 행사하였다.[34] 이러한 점들은 뒤에 살펴볼 을사조약 내용과 상당히 유사하다.

마지막으로 지적할 점은 이 모든 것들이 조약을 통해 확보되었다는 점이다. 일제의 한국 침략은 단순한 군사적 침략만이 아니라 국제적인 승인과 명분을 확보하기 위해 매우 조심스럽고 치밀하게 전개되었다는 점을 반증한다. 즉, 서양 제국주의 국가의 사례와 논리를 그대로 차용함

---

33 유바다, 2021, 앞의 글, 158-159쪽.
34 유바다, 2021, 위의 글, 162쪽.

으로써 그들에 의한 반대나 비판적 근거를 없앴다.

(2) 보호국을 향한 국제적 환경 조성

① 2차 영일동맹의 체결과 영국의 보호국화 승인

일본이 1차 영일동맹을 통해 제국주의 국가의 일원이 되었다면, 러일전쟁에서의 승리는 이를 확정 짓고 동북아질서의 주요 행위자로서 인정을 받게 된 변곡점이 되었다. 1차 영일동맹의 유효기간이 5년이었던 관계로, 양국은 조약 갱신을 고려했다. 영일동맹은 일본의 외교와 국방 분야에서 중요한 의미를 갖고 있었고, 영국보다 일본이 최대 수혜국으로 간주되고 있었던 터였다. 이에 일본이 더 적극적인 행보를 보였다. 1904년 2월 일본 수상 가쓰라는 맥도널드(MacDonald) 영국공사에게 영일동맹의 굳건하고 지속적인 관계 유지를 희망했고, 이에 대해 랜스다운(Lansdowne) 영국 외무장관은 주영일본공사 하야시 다다스에게 동맹 연장을 긍정적으로 고려하고 있음을 전하였다.

당시 유럽 정세는 긴박하게 돌아가고 있었다. 북대서양과 유럽에서 급성장하는 독일 해군에 대항하여 영국은 해군력을 유럽으로 배치해야 했는데, 같은 진영에 있던 미국은 아직 태평양과 동아시아에 배치할 만한 충분한 해군력을 갖추지 못했다. 또한 러시아는 1904년 오렌부르크(Orenburg)에서 타슈켄트(Tashkent)에 이르는 철도가 완공되어 인도 국경에서 분쟁이 발발할 경우 50만 이상의 군대를 신속하게 수송할 수 있게 되었다. 이로 인해 영국은 인도 방어를 위해 어떻게 군대를 확보할 것인가에 대한 고민을 하기 시작했고, 영국의회는 일본과의 동맹을 인도 방

어를 위한 공수동맹으로 확대·전환할 것을 제안하였다.[35]

영국의 동맹 연장 의사를 전달받은 하야시 공사는 전쟁 종료 후 러시아는 반드시 복수전을 계획할 터인데, 동맹을 갱신함으로써 대비할 것을 본국에 타전하였다. 양국이 협상에 들어가자 이견이 노출되었다. 일본 측 초안은 총 6개 조항과 3개의 비밀 조항으로 구성되었는데, 한국에 관련된 조항은 두 개였다. 먼저 일본은 한국에서 일본의 특별한 정치·경제·군사적 이익을 보호하기 위해 필요한 조치를 취할 권리를 영국이 인정해 줄 것을 요구하였다. 이는 1차동맹 협상에서 영국이 끝까지 거부했던 '행동의 자유(freehand)', 즉 보호권을 인정받고자 한 것이다. 또한 별도 조항에서는 한국 외교관계와 관련된 분규를 막기 위해 일본이 취할 조치에 대해 영국이 지지해 줄 것을 정했다. 요컨대, 보호권 설정에 대한 외교적 지원을 요구한 것이다.

이에 대해 영국이 제시한 수정 초안 제3조에서는 한국에 관한 일본의 요구를 인정하면서도 일본이 취하는 조치가 타국의 상업과 산업의 평등한 기회의 원칙을 침해하지 않아야 한다는 단서를 달았다. 아울러 4조에서는 인도 국경에 인접한 지역에서 영국의 특수이익과 그 이익을 보호하기 위해 필요한 조치를 일본도 영국에게 동일하게 인정해 줄 것을 요구하였다. 그리고 비밀각서에는 인도 및 국경 지역에서 전쟁이 발발할 경우 일본은 영국 병력에 필적할 만한 군대를 파병할 것이라는 문구를 삽입하였다.

일본은 영국의 수정 제3조에 대해 대체로 만족하였다. 여기서 일본은 한국에서 지도·통제·보호의 조치를 취할 것이라는 점, 즉 일본의 보

---

35 강성학, 1999, 앞의 책, 492쪽.

호령으로 전환하려는 의도를 공식적으로 밝힌 것이다. 영국은 이를 대체로 용인하였다. 그러자 가쓰라 수상은 다시 한 번 한국에 대한 일본의 보호령 설치를 명확하게 승인해 줄 것을 재촉구하였다. 영국은 한국이 결국 일본에게 넘어 갈 것이므로 일본의 보호국 설치를 막을 생각이 없었지만, 한국을 둘러싼 타국과의 분규, 예를 들면 미국과 이권을 둘러싼 갈등이 발생할 경우 일본을 도울 의무는 없다는 선에서 논의를 마무리 지었다. 이렇게 한반도를 얻은 일본은 그 대가로 영국의 인도 방위를 돕기로 약속하였다.

제2차 영일동맹은 1905년 8월 12일 런던에서 랜스다운 영국 외무장관과 일본의 하야시 공사가 서명한 것으로 조약문은 총 8개 항으로 구성되었고 유효기간은 10년이었다. 이 조약에서 앞서 언급한 일본의 한국 보호국화가 인정되었고 대신 동북아(중국과 한국), 인도, 그리고 인도 동쪽에 있는 지역에서 발생하는 분쟁에 대해서 양국의 군사협력을 규정하였다. 이는 1차 때와 다른 공수동맹으로 한 국가가 전쟁에 돌입하면 다른 국가도 자동 개입하는 것이었다.

1905년 10월 5일 주한일본 하야시 공사는 8월 12일 제2차 영일동맹이 런던에서 조인되었다고 외부에 통보하며, 이에 따라 한국도 일본의 보호를 받아야 한다고 주장하였다.[36] 고종과 측근 관료들은 독립 상실의 위기를 간파하고 대책 마련에 고심하였다. 먼저 한국정부는 강하게 반대 의사를 피력하고, 유생들도 서울 주재 외국 공사관을 방문하여 보호국화에 대한 도움을 요청하였다. 외부대신 박제순은 하야시에게 한국 독립을

---

36 동광출판사 편, 1997, 『한영외교사관계자료집』 18, 동광출판사, 341-342쪽, Jordan → Lansdowne, 1905.11.8.

강조하는 문건을 보내고, 한일관계에 제3자(영국)를 개입시키는 것은 한일수교에 위배된다고 주장하였다.[37] 또한 박제순은 영국공사관에도 항의하였는데, 한영수호조약에 적시된 '거중조정' 문구를 거론하면서 제2차 영일동맹이 이에 위배된다고 지적하였다. 그러나 이토가 을사조약 체결을 강요하기 위해 내한하여 고종을 알현했을 때, 포츠머스 강화조약과 제2차 영일동맹을 언급하면서 기왕의 현실이 된 보호국화를 인정할 것을 요구했다고 전해진다.[38]

② 한국의 보호국화와 미국·러시아의 태도

미국은 한국과 조약을 맺은 여러 나라 중 가장 먼저 한국 독립을 인정하고 전권공사를 파견한 나라이다. 미국은 영토 야심이 없다는 이미지와 '거중조정' 조항을 지렛대로 동양 최대의 광산인 운산금광 이권을 위시하여 각종 특권을 확보하였고 고종 및 한국인들로부터 기대와 사랑을 받았다. 그러던 미국은 일본의 보호국화를 묵인하고 영국보다 먼저 공사관을 철수하였다. 보호국화에 대한 미국의 입장을 확인해 보기로 하자.

대한제국기 내내 알렌 미국공사를 비롯하여 국내에 체류하고 있던 많은 미국인들은 수시로 한국정부의 나약함과 부패상을 비판하고, 타국의 보호국이 되는 것은 시간문제라는 인식을 갖고 있었다. 오리엔탈리즘에 입각한 서구의 한국관이었다. 미국 국무성 관료들과 루스벨트 대통령도 기본적으로 동일한 사고를 하고 있었다. 러일전쟁 이전 미일관계는

---

37 동광출판사편, 1997, 위의 책, 279-280쪽, 287쪽, 박제순 → Jordan, 1905.10.15.
38 정상수, 2010, 「일본의 한국강제병합과 강대국들의 대응 1895-1910」, 『서양사연구』 42, 128쪽.

매우 우호적이었고, 특히 유도를 좋아했던 루스벨트는 친일적인 감정을 감추지 않았다. 일본은 서양문명을 수용하여 문명국가로 넘어간 유일한 국가이자 타국의 모델로 비추어졌던 것이다.

그런데 예상외로 일본이 강대국 러시아를 상대로 완승을 거두자 미국은 지나치게 성장한 일본의 군사력에 대해 우려하지 않을 수 없었다. 특히 식민지인 필리핀의 안보에 대해 걱정을 하게 되었으며 극동 지역에서 어떤 형태든지 세력균형을 형성하려 한 결과, 일본은 한국을, 미국은 필리핀을 영유하는 것으로 상호 맞교환했다고 알려져 있다. 이 주장은 1924년 미국의 외교사학자가 '가쓰라-태프트 밀약'을 미국과 일본이 한국과 필리핀 영유를 상호 교환한 권력형 비밀협약으로 규정한 것으로부터 비롯되었다. 이후 한국학계에서는 이 견해에 대해 비판적 검토 없이 수용하여, 개설서에도 기술되었다.[39] 일부 학자는 이 밀약이 국제법적 관점에서 법적 구속력을 지녔다고 볼 수 없지만, 국제정치적인 맥락에서 볼 때 교환론의 성격을 인정하지 않을 수 없다는 견해를 내세우기도 했다[40].

이에 대해 몇몇 학자들은 반대 의견을 제시하고 있는데, 이 협약은 당시 정세에 대해 서로 의견 교환을 한 것이지 한국과 필리핀을 서로 맞바꾼 비밀협정이 아니라는 것이다. 필리핀은 미국-스페인전쟁의 전리품이고 한국 역시 러일전쟁의 전리품인데 흥정의 대상이 될 수 없다는 것이다. 아울러 미국은 필리핀에 대한 외국의 간섭을 독자적으로 저지할

---

39 왕현종 외, 2013, 『고등학교 한국사』, 두산동아, 183쪽; Tyler Dennett, 1924, "President Roosevelt's Secret Pact with Japan," *Current History*, 21:1.

40 최문형, 2004, 『국제관계로 본 러일전쟁과 일본의 한국병합』, 지식산업사, 305-309쪽.

수 있는 능력을 보유하고 있는 상황에서 일본으로부터 필리핀 안보를 보장받는다는 것은 넌센스라는 주장이다. 즉, 이 밀약은 한국 장악이 일본에게 유익하며 동아시아 세력균형을 위해 바람직하다는 미국의 입장 표명으로 봐야 할 뿐 한국의 식민지화까지 허용한 것은 아니라는 주장이다.[41]

미국은 한국문제에 대해서 영국과 비슷한 입장을 견지하였다. 한반도의 경제적 문호개방이 지켜지고, 자국의 이익을 침해하지 않는다는 선에서 일본의 한국 장악을 당연한 것으로 받아들이며 어떠한 문제도 제기하지 않았다. 1905년 7월 미육군장관 태프트와 가쓰라 일본 수상과의 협약은 이런 배경에서 이루어졌다. 태프트는 "한국이 일본의 동의없이 어떤 외국과도 조약을 체결하지 않도록 하는 데 필요한 정도만큼 일본 병력에 의해 한국에 대한 종주권을 수립하는 것이 현 (러일)전쟁의 논리적 결과이며 동방의 항구적 평화에 직접 기여할 것"이라는 취지로 말했다고 한다. 그리고 그의 판단은 루스벨트 대통령과도 일치할 것이라고 했다.[42] 그러나 가쓰라-태프트 밀약에서 미국이 허용한 것은 한국의 보호국화로 이해하는 것이 정확할 듯싶다. 결과적으로 미국은 일본의 한국 보호국화를 양해하며, 을사조약이 체결된 지 일주일 만에 공사관을 철수시켰다.

한편 한국의 보호국화에 대한 러시아의 입장은 어떠한가? 러시아는

---

41 이우진, 1993, 「러일전쟁과 한국문제」, 『한국정치외교사논총』 8권 2호; 최덕규, 2010, 「'태프트-가쓰라 협정'에 대한 러시아와 한국 및 일본 역사교과서 서술 분석」, 『사회과교육』 49권 4호; 최덕규, 2012, 「러일전쟁 기간 국제관계와 한국」, 『사총』 75; 최정수, 2013, 「태프트-가쓰라협정의 국제법적 기원」, 『서양사론』 118.

42 강성학, 1999, 앞의 책, 470쪽, 제9장 주 47 재인용.

패전국으로서 포츠머스조약에서 한국에 대한 일본의 '우월적 지위'를 인정했다. 여기서 우월적 지위란 보호국화를 인정하겠다는 것이지 한국의 독립과 주권 포기까지 인정한다는 것은 아니다라는 점을 강조하고 있다. 러시아는 한국의 독립은 국제적으로 승인된 것이므로 러일 간의 조약이나 결정에 의해 소멸되는 것은 아니며 타국의 주권을 침해하는 조약에는 서명할 수 없다는 입장이었다. 이러한 러시아의 입장은 을사조약 체결 후에도 지속되었다. 그리하여 러시아는 을사조약 체결 후에도 외교대표부를 개설하려고 시도했다. 이것이 여의치 않게 되자 총영사관을 설치했지만, 1906~1908년까지 서울에 주재했던 러시아총영사 플란손도 포츠머스조약으로 러시아의 한국 독립 원칙이 변하지 않았다고 보았다. 이 조약에서 일본에게 한국에서의 우월적 지위를 허용했지만 한국의 독립과 외교관 직위 변경에 관한 언급이 없었다는 논리이다. 이렇게 독립과 보호국을 구분한 러시아는 일본의 '지도와 보호의 권한'에 따른 한국 보호국화를 수용할 수밖에 없었다.

이와 같이 대부분의 열강은 러일전쟁 후 한반도에서 일본의 우월적 지위, 즉 보호국화에 대해서는 인정하지만 자국의 경제적 권익은 보장되어야 한다는 점을 강조했다. 일본은 열강의 경제적 권익과 외국인을 보호할 것임을 수시로 천명했다. 이렇게 미국과 영국, 그리고 러시아로부터 한국에 대한 우월적 지위와 통제권을 사실상 인정받은 일본은 소위 보호조약을 강요할 국제적 환경을 완비했다. 제국주의 국가들에 의해 처리된 한반도는 그들의 관심에서 점차 사라졌다. 영국은 급부상하는 독일로 인해 유럽에 주력했고 러시아 역시 국내 정치적 변동으로 인해 제한된 역할에 머무르게 되었다.

(3) 을사조약의 강제

영국, 미국, 러시아로부터 한국의 지도·보호·감독에 대한 권한을 인정받은 일본은 곧바로 조약체결 작업에 착수하였다. 형식적이지만 절차적 합법성을 확보하기 위해서였다. 먼저 하야시 공사는 조약 협상에 참여하여 자신과 내통하고 순응할 인사를 의정부에 배치하는 작업을 시작하였다. 1905년 8월 21일 '의정부 조직 및 각 대신 복무에 관한 내규'를 한국정부에 제시하면서 고종은 정부 수반인 의정 또는 참정만을 인선하고 나머지 대신은 의정(참정)이 추천한다는, 일종의 책임내각제를 제안하였다. 황제의 관료 임명권을 제한하여 대신에 대한 영향력을 축소하고자 하는 계략이었다. 그러나 하야시의 기대와는 달리 고종은 친황제파인 한규설을 참정으로 임명하고 보수파 원로들을 입각시켰다. 곧 이은 하야시의 반발과 개편 요구로 고종은 9월 말 하야시가 추천한 박제순을 외부, 이지용을 내부, 이완용을 학부, 권중현을 농상공부, 이근택을 군부에 임명하고, 보수파 원로인 내부대신 윤용구, 외부대신 민영환, 농상공부대신 조동희는 체직시켜 버렸다. 이렇게 친일인사들이 대거 내각에 입성하였다.[43]

의정부에 조약 체결을 위한 친일 교두보를 구축한 다음 일본 각의는 10월 27일 다음의 세부 실행계획을 재가하고, '가장 좋은 시기'에 실행하기로 하였다. 그 세부 계획은 다음과 같다. 먼저 앞에서 언급한 프랑스의 튀니지 보호국 사례를 모델로 조약 초안을 마련하였다. 그리고 조약체결을 발표하기 전에 영국과 미국은 물론 프랑스 및 독일 정부에게 내밀히 통첩하고, 한국에 보호권을 확립하게 된 이유를 설명하되, 한국이

---

43   서영희, 2003, 앞의 책, 310-311쪽.

열강과 맺은 기존 조약을 유지하며, 열강의 상공업상의 이익은 보호될 것임을 명확히 선언할 것을 정하였다. 실행 시기는 11월 초순이 될 것이며 체결 전권은 하야시 공사가 위임받아 진행하되, 칙사를 한국 황제에게 파견하여 일본 천황의 친서를 전달한다는 것이다. 아울러 하세가와 요시미치(長谷川好道) 사령관에게 명하여 하야시 공사에게 필요한 모든 원조를 하며, 일본군을 서울에 사전 입경시킨다는 것이다. 마지막으로 조약 체결에 실패할 경우에는, 최후의 수단으로 한국정부에 일방적으로 보호권을 확립했다고 통고하며, 열강에 대해서는 그런 조치를 취할 수밖에 없었던 이유를 설명하되, 열강의 상공업상 이익은 반드시 보호될 것이라는 점을 선언한다는 대안도 준비하였다.[44]

이상의 실행계획을 통해 일본은 최후 수단으로 무력을 이용한 보호권 설정까지 염두에 두었다는 점을 알 수 있다. 하세가와 총사령관은 군사력을 동원하여 하야시를 측면에서 지원해 주는데, 당시 일본의 한국주차군 배치 상황을 보면, 을사조약 체결 직전 전투원 19,559명, 비전투원 3,850명이 있었으며, 서울에는 전투원 3,439명, 비전투원으로 한국주차 헌병대 660명과 다수의 경찰관이 주둔하고 있었다. 포츠머스조약 체결 직후 고무라 외상은 루스벨트에게 "보호권의 실행은 조약의 형식에 의하나, 만약 한국이 응하지 않을 경우 일본은 일방적으로 보호권 설정을 선언할 터인데, 대통령의 양해"를 구한다고 하였고, 이에 루스벨트는 "일본의 일방적 선고로 보호권이 설정될 경우에도 지지한다"고 표명하였다.[45]

---

44 강성은, 2008, 앞의 책, 86-87쪽.
45 강성은, 2008, 위의 책, 87쪽.

1905년 8월부터 서울에서 조약 체결을 위한 준비가 시작되었다. 일진회에게 조약을 찬성하는 취지의 선언서를 발표하게 하여 여론을 조작하고, 조약 체결을 담당할 내각에 친일파들을 대거 배치시켰다. 10월부터는 고무라 외상의 지시에 따라 고종과 관료들에 대한 설득 및 매수 공작이 시작되었다. 하야시 공사와 궁내부고문 오미와 조베에(大三輪長兵衛), 외교고문 스티븐스가 그 업무를 담당하였다. 을사조약 체결 이전에 이하영 법부대신, 이근택 군부대신, 이지용 내부대신은 이미 일본과 내통하고 있다는 풍문이 돌았다. 한일의정서를 체결했던 이지용은 이미 하야시로부터 운동비 1만 원을 수령한 인물이다. 한편 한직을 전전했던 이완용은 하야시의 도움으로 중앙정계에 복귀하였고, 외부대신 박제순과 함께 을사조약 체결에 협조하기로 약속했던 것으로 보인다.

　현장을 지근거리에서 목도한 스티븐스의 전언에 의하면 이 조약체결을 성공시킨 일등공신은 바로 이완용이며 그는 처음부터 을사조약을 지지했던 사람이라는 것이다.[46] 한편, 박제순의 정체가 불명확해 보이나, 우유부단한 성격으로 보아 대체로 양다리를 걸친 것으로 보인다. 참정대신 한규설의 회고록에 따르면, 그는 외부대신 박제순과 함께 17일 아침에 최후까지 죽음을 불사하며 반대하자는 맹약을 했다고 한다.[47] 그러나 스티븐스에 따르면, 이토가 내한하기 3일 전에 을사조약 처리 문제를 박제순 및 이완용과 논의했고, 그들은 모두 "황제를 대신하여 고양이 발톱이 되고자 할 마음이 없다"고 밝혔다 한다.[48] 즉, 이미 박제순도 일본 측

46　*Allen Papers*, R1-B1-03-003, 스티븐스 → 알렌, 1906.1.10.

47　정교, 1957, 『대한계년사』, 국사편찬위원회, 173쪽; 강성은, 2008, 앞의 책, 122쪽 재인용.

48　*Allen Papers*, R1-B1-03-003, 스티븐스 → 알렌, 1906.1.10.

으로 넘어간 것으로 보여지며, 결과적으로 '죽음을 불사'하며 반대하는 모습을 보여 주지 않고 순순히 도장을 가져와 찍은 것으로 보아 스티븐스의 말이 더 설득력을 가진다. 마지막으로 스티븐스에 의하면 대부분의 대신들은 "늑약 체결이 부득이하다"라는 논리로 기울은 듯싶으며, "황제는 자신을 대신하여 내각이 이 문제를 막아 줄 것을 내심 원했던 것으로 보이지만 내각은 그 기대를 저버렸다"는 것이다.

을사조약 체결을 위한 사전 정비가 완료된 후 이토 히로부미는 11월 9일 '한국황실 위문'이라는 명목으로 내한하여 15일에 고종을 알현하였다. 이토는 미리 준비한 조약 원안을 제시하며 설득과 협박하며 외교권 위임을 요구했으나 황제는 외교권의 형식을 보존해 줄 것을 요구했다. 즉, 실질적으로 일본에 외교권을 위임하지만 문서상 이를 명시하지 않겠다는 것이다. 고종이 말하는 외교의 형식이란 조약국과의 공사 파견 권리를 의미하는 것으로, 독립국의 형식은 유지하겠다는 뜻이다. 이 같은 입장은 한규설 등 다른 대신들도 동일하였다. 고종은 혼자서 결정할 수 없으므로 내각과 의논하겠다는 입장이었다. 고종과 대신은 중대한 국정 관련 사안은 의정부와 중추원의 자순을 거친 뒤 황제가 재결하는 절차적 제도를 준수해야 한다고 주장함으로써 지연책을 도모했다.

그러자 이토는 '매우 속결'로 조인하기로 결정하고, 압박을 가하기 시작하였다. 16일 하야시가 외부대신 박제순을 불러 공문과 조약 원안을 제시하고 체결을 강요할 때, 이토는 나머지 대신을 모두 손탁호텔로 불러 조약 체결이 불가피하다는 논리를 설파하면서 찬성을 요구하였다. 이때 학부대신 이완용, 내부대신 이지용, 군부대신 이근택, 농상공부대신 권중현 등은 찬성을 노골적으로 표시하지는 않았지만, 대세상 불가피한 것으로 여겼다 한다.

17일 운명의 날이 밝았다. 오전에 하야시 공사는 한국 대신들을 모두 공사관으로 불러 체결을 다시 강박하였지만, 대신들은 조약 절차상의 문제를 핑계로 응하지 않았다. 오후 3시경 하야시는 대신들과 함께 어전회의를 열기 위해 경운궁 수옥헌으로 넘어갔다. 이때 일본군은 서울 시내 전역을 철통같이 경계하고 경운궁을 에워싸고, 경복궁 앞 광장에서는 무력시위를 하였다. 어전회의에서 한규설과 박제순이 이의를 제기했고, 이완용과 권중현은 수정할 부분을 만들어 협상을 해 보자는 입장이었다. 어전회의 결과, 협약안의 '불가'와 협상 '유예'를 결의하였다. 이 모든 상황은 이완용 등 3~4명의 대신들에 의해 하야시에게 생중계되고 있었다.

조약 부결을 접한 하야시는 정부 대신을 별실에 붙들어 놓고 경운궁 앞 대관정에서 대기하고 있던 이토에게 입궐하도록 요청했다. 하세가와 사령관 및 헌병대장과 함께 입궐한 이토는 조약 체결을 강박하였고 황제 알현을 요구했다. 황제는 병을 핑계로 이미 각 대신에게 협상하여 잘 처리하라고 했으므로, '잘 협상하라'라는 전갈을 보냈다. 협상 유예를 위한 고종의 작전이었다. 공포 분위기 속에서 재개된 대신회의에서 이토는 황제로부터 '협상을 잘 하라'라는 전권을 위임받았으므로 이제 동의하든가 반대하든가 하는 양자택일을 강요하였다. 끝까지 반대하던 한규설은 일본 헌병에게 끌려나가 별실에 감금당했으며, 참정대신이 빠진 회의에서 민영기와 이하영만이 반대 의사를 표명했다. 반면 박제순, 이근택은 이토에 의해 일방적 찬성으로 간주되었고, 이완용, 이지용, 권중현은 협약안의 수정을 제의하면서 적극적으로 찬성을 표명했다고 한다. 이토는 8명의 대신 중 5명의 대신이 찬성했기 때문에 다수결에 의해 조약안이 가결되었다고 선포했다. 을사조약의 서명자는 외부대신 박제순과 특명

전권공사 하야시 곤스케였다. 서명 시간은 18일 밤 12시 반경이었다.[49]

뉴라이트계열 학자들 및 운노 후쿠쥬(海野福壽)와 하라다 다마키(原田環) 등 일부 일본학자들의 주장은 이완용 등 이른바 을사오적들은 고종의 명에 따랐을 뿐 최종 책임은 최고 권력자인 고종의 몫이라고 주장한다.[50] 이들은 그에 대한 증거로「이토 히로부미 복명서」와「5대신 상소문」[51]을 제시하면서 고종의 명에 따라 조약문을 일부 수정하였고, 도장을 찍었다고 주장하였다.[52] 이에 대해 한국 측의 이태진과 강성은 등은 이 문서들은 대외적으로 협약의 합법성을 확보하고 을사오적들의 책임 회피용으로 사후에 작성한 문서라는 점을 방기해서는 안 된다고 주장하였다. 황제는 9개국 국가원수에게 보낸 친서와 헤이그 만국평화회의에서 제출한「공고사(控告詞)」에서 일관되게 재가하지 않았다고 밝히고 있다.[53]

외교고문 스티븐스가 전하는 늑약(을사조약) 체결과정을 보면 새로운 실마리가 보인다. 일단 그는 황제가 늑약 체결을 자발적으로 수락하지 않았음을 분명히 인정하였다. 그들이 예측한 대로 늑약 3일 전 이토가 고종과의 단독 회견에서 조약 문제를 거론했을 때 황제는 그가 즐겨 쓰는 방법, 즉 내각에 이 문제를 이첩하거나 회피하는 방법을 사용했다는

---

49 강성은, 2008, 앞의 책, 122-124쪽; *Allen Papers*, R5-B5-11-004, 1905.11.25.
50 海野福壽, 2008,『한국병합사연구』, 논형; 이태진, 2003,『한국병합의 불법성 연구』, 서울대학교출판부.
51 『고종실록』권46, 광무9년 12월 6일조.
52 강성은, 2008, 앞의 책, 103-111쪽.
53 이태진, 2005,「1905년 '보호조약'에 대한 고종황제의 협상지시설 비판」,『역사학보』185.

것이다. 고종의 약점과 성격, 심리를 모두 간파한 이토는 황제를 강하게 겁박하여 황제의 언사, 즉 "각 대신에게 협상하여 잘 처리하라고 했으므로, '잘 협상하라'라는 전갈"을 내각회의에서 '최종 결정하라'라는 것으로 임의 해석하여 처리했던 것이다. 스티븐스에 의하면 황제는 내각이 자신을 대신하여 이 문제를 막아 줄 것을 내심 원했던 것으로 보이지만 내각은 그 기대를 저버렸다는 것이다. 이렇게 하여 체결된 제2차 한일협약(을사조약)의 내용은 다음과 같다.

> 한국정부 및 일본국정부는 양 제국을 결합하는 이해공통의 주의를 공고히 하고자 한국의 부강의 실(實)을 인정할 수 있을 때에 이르기까지 이를 위하여 이 조관(條款)을 약정한다.
> 제1조 일본국정부는 재도쿄 외무성을 경유하여 금후 한국의 외국에 대한 관계 및 사무를 감리(監理), 지휘하며, 일본국의 외교대표자 및 영사는 외국에 재류하는 한국의 신민(臣民) 및 이익을 보호한다.
> 제2조 일본국정부는 한국과 타국 사이에 현존하는 조약의 실행을 완수할 임무가 있으며, 한국정부는 금후 일본국정부의 중개를 거치지 않고는 국제적 성질을 가진 어떤 조약이나 약속도 하지 않기로 상약한다.
> 제3조 일본국정부는 그 대표자로 하여금 한국 황제폐하의 궐하에 1명의 통감(統監)을 두게 하며, 통감은 오로지 외교에 관한 사항을 관리하기 위하여 경성(서울)에 주재하고 한국 황제폐하를 친히 내알(內謁)할 권리를 가진다. 일본국정부는 또한 한국의 각 개항장 및 일본국정부가 필요하다고 인정하는 지역에 이사관(理事官)을 둘 권리를 가지며, 이사관은 통감의 지휘하에 종래 재한국일본영

사에게 속하던 일체의 직권을 집행하고 아울러 본 협약의 조관을 완전히 실행하는 데 필요한 일체의 사무를 장리(掌理)한다.

제4조 일본국과 한국 사이에 현존하는 조약 및 약속은 본 협약에 저촉되지 않는 한 모두 그 효력이 계속되는 것으로 한다.

제5조 일본국정부는 한국 황실의 안녕과 존엄의 유지를 보증한다.

조약 전문에는 한국이 실제로 부강해졌다고 인정받을 수 있을 때까지 이 조항을 약정한다고 되어 있다. 이는 한국 측의 조약 유효기간이나 외교권 환부에 대한 규정을 둘 것을 요구한 것에 대한 수식어에 불과했다. 1조와 2조는 한국을 보호국화한다는 핵심 내용을 규정하는 것인데, 한국인을 의식하여 '보호국'이라는 단어는 빠져 있다. 즉, 대한제국의 외교권과 모든 외교 사무는 일본이 대행한다는 표현으로 외교권을 탈취한 것이다. 이 조항은 프랑스가 1881년 튀니지와 맺은 바르도조약의 제6조 및 4조와 유사하다. 여기에도 프랑스가 명확하게 '보호국'이라는 표현을 쓰는 대신 튀니지정부를 'government of regency'로 표기함으로써 프랑스의 예속국으로 격하시켰다.[54] 또한 "튀니지의 이익과 신민을 보호하며 프랑스를 거치지 않고 어떠한 국제조약도 맺지 않는다"라고 되어 있는[55] 조항은 '보호국'이라는 용어를 사용하지 않으면서 교묘하게 보호

---

54 〈Treaty of Bardo〉 Article 4. "The Government of the French Republic goes parking execution of the treaties currently existing between the Government of Regency and the various European Powers." (밑줄은 필자)

55 〈Treaty of Bardo〉 Article 6. "The diplomatic agents and consular of France in foreign countries will be incharge of the protection of the Tunisian interests and the nationals of Regency. In return, Its Highness the Bey commits herself not concluding any act having an international character without to have made known

국이라는 개념을 삽입한 것이다. 그리고 제4조에서 타국의 기존 조약권리를 준수한다고 명시함으로써 열강의 반대를 피하는 작전 또한 을사조약과 동일하다. 열강들의 반발을 무마하기 위해 기존 조약을 준수하겠다는 것도 잊지 않았다.

을사조약 3조에서 '통감'이라는 수식어가 나오는데, 통감은 외교에 관한 사항을 관리하되 이사관은 일체의 직권 및 본 협약의 실행에 필요한 사무를 담당한다고 기술되어 있다. 즉, 한국의 외교권은 일본에 강탈당하여 이제 일본이 해외 주재 한국인 관련 업무와 한국외교를 대신 담당하며, 그 담당자로 외교에 관한 사항을 관리하는 통감을 파견하고 일본의 영사사무를 담당했던 영사들을 이사관으로 임명하여 이사청체제를 구축한다는 것이다. 그렇지만 통감은 보호국인 한국을 지도, 보호 및 감시한다는 구실하에 내정을 지배할 수 있는 통감부를 신설하고 외교는 물론 내정까지 장악하였다. 각지에 근무하는 영사를 이사관으로 개칭·변신시킨 것은 튀니지의 사례와 비슷하다.

한편 이 조약의 모델인 바르도조약에서는 통감이라는 용어가 등장하지 않고 대신에 제5조와 7조에서 판리공사(minister resident)가 조약 실행과 외교를 총괄하는 것으로 되어 있다. 또한 재정을 담당하는 기구를 설립하여 공공 채무와 튀니지의 국가 신용을 보증할 것으로 명시되어 있다.[56] 튀니지에서 통감제가 실시된 것은 1885년 6월 프랑스 대통령의

---

of it to the Government of the French Republic and without being itself heard beforehand with him." (밑줄은 필자)

56 〈Treaty of Bardo〉 Article 5. "The Government of the French Republic will be represented near Its Highness the Bey of Tunis by a <u>minister resident</u>, who will take care of the execution of this act and which will be the intermediary of the relationships of the French government with the Tunisian authorities for all the

명에 의해 판리공사가 통감으로 개칭되면서부터이다. 통감은 튀니지의 외교를 총괄하며 국익과 국민을 보호할뿐더러 군사·사법·행정·재정 등 내정 전반에 관한 업무를 담당한다. 한국의 통감 사례는 바로 프랑스의 튀니지와 마다가스카르에서 모방한 것이라 한다.[57]

을사늑약(을사조약) 체결에 대해 한국 민족은 여러 형태의 저항으로 맞섰다. 장지연(張志淵)이 11월 20일 자 『황성신문』에 논설 「시일야방성대곡(是日也放聲大哭)」을 발표하여 일본의 침략을 규탄하고 조약 체결에 찬성한 대신들을 공박하자, 국민들이 일제히 궐기하여 조약의 무효화를 주장하고 을사오적을 규탄하며 조약 반대 투쟁에 나섰다. 을사오적은 매국노의 상징이 되어 이후 암살 위협에 시달렸다. 을사조약이 체결된 다음 날 이완용의 집은 방화 공격을 받았다. 나철(나인영)과 오기호가 암살단을 조직하였고, 기산도와 전덕기도 처단계획을 세웠다. 결국 을사오적의 대표격인 이완용은 1909년 12월 이재명에게 칼을 맞았으나 목숨을 부지하였다.

고종은 조약이 불법 체결된 지 4일 뒤인 22일 미국에 체재 중인 헐버트에게 "짐은 총칼의 위협과 강요 아래 최근 양국 사이에 체결된 이른바 보호조약이 무효임을 선언한다. 짐은 이에 동의한 적도 없고 금후에도 결코 아니할 것이다. 이 뜻을 미국정부에 전달하기 바란다"라고 통보하며 이를 만방에 선포하라 지시하였다. 이 사실이 세계 각국에 알려지면

---

  businesses common to both countries." (밑줄은 필자)
Article 7. "The Government of the French Republic and the Government of Its Highness the Bey of Tunis are reserved to fix by mutual agreement the bases of a <u>financial organization of the Regency</u> which is likely to ensure the public debt servicing and to guarantee the creditors of Tunisia." (밑줄은 필자)

57 유바다, 2021, 앞의 글, 164-165쪽.

서 이듬해 1월 13일 『런던 타임스(London Times)』가 이토의 협박과 강압으로 조약이 체결된 사정을 상세히 보도하였으며, 프랑스 공법학자 레이도 프랑스 잡지 『국제공법』 1906년 2월호에 쓴 특별 기고에서 이 조약의 무효를 주장하였다.

을사조약 체결과 함께 한국인들의 국권회복 운동이 거세게 일어났다. 먼저 지식인들이 주도한 애국계몽운동은 우리가 실력을 양성하지 못해 국권을 침탈당하였다고 진단하고 국민 계몽을 위해 학교와 학회 설립을 통한 인재 양성과 민족자본 육성, 근대 산업 진흥을 위한 식산흥업운동 등 실천적 방안을 제시하면서 운동을 전개하였다. 계몽단체 중 보안회는 1904년 일제의 황무지개척권 요구를 민중들의 참여를 통해 저지하는 데 성공하였다. 그 밖에도 헌정연구회, 대한자강회, 대한협회 등이 교육과 산업 진흥 및 국채보상운동을 이끌기도 하였으나, 대한협회 경우 1909년 이후에는 친일단체로 변절하기도 하였다. 계몽단체 중 우리의 주목을 가장 많이 받는 단체는 1907년에 설립한 신민회이다. 국권회복과 공화정체의 근대 국민국가 건설을 목표로 조직되었고, 이후 공개 활동이 어려워지자 비밀결사를 조직하여 전국 조직을 만들어 교육·언론·산업 진흥을 위해 노력하였다. 이들은 실력 양성만으로 국권을 회복할 수 없다는 인식하에 무장투쟁을 병행하였다. 대성학교, 오산학교를 설립하여 학생들에게 애국의식을 고취시키는 한편, 체육수업이라는 명목하에 군사훈련을 시키기도 하였고, 이후 삼원보와 한흥동 등 국외 독립운동 기지 건설의 주역이 되었다. 그 밖에도 서북학회와 기호흥학회, 『황성신문』과 『대한매일신보』 등 교육운동 단체와 언론에서도 국권을 회복하기 위한 구국운동을 줄기차게 전개하였다.

그러나 무엇보다도 을사조약 체결 반대와 국권회복을 위해 직접 무기를 들고 항쟁을 시작한 의병들은 한민족 투쟁사에서 최고봉을 점한다. 위정척사사상의 영향을 받아 양반 유생들이 시작했던 항일의병투쟁은 이후 평민들과 군인들도 자발적으로 참여함으로써 전국적·전 계층적으로 확대된 구국 민족운동이다. 1895년 명성황후시해사건과 단발령이 원인이 되어 을미의병이 일어났고, 1905년 을사조약이 체결되자 국가를 존망의 위기에서 구하기 위해 을사의병이 일어났다. 이 단계에서는 민종식, 최익현 등 유생 의병장들의 활약이 있었으나 평민 의병장인 신돌석이 봉기하여 경북 평해와 울진에서 항전하였다. 또한 1907년 한일신조약(정미조약)으로 인해 고종이 강제 퇴위당하고 군대가 해산되자 정미의병이 일어났는데, 해산된 군인들이 의병에 합류하면서 의병전쟁으로 발전하였고, 전국 의병 연합부대의 서울진공작전도 전개하였다. 대한제국의 의병운동은 일제의 남한대토벌작전(1909~1910)에 의해 국외로 이동하여 독립군의 독립전쟁으로 이어짐으로써 민족 독립운동사의 큰 줄기가 되었다.

한국인들의 저항운동을 보다 세밀하게 기술해야 하지만, 이 책의 대주제가 국제관계하에서 본 보호국화와 병합이므로 여기에서 그치기로 한다. 그러나 그 항쟁의 역사적 의의는 누차 강조해도 모자라다. 세계사적으로 볼 때 국민들이 자발적으로 외세의 침탈에 맞서 무기를 들고 해방의 날까지 투쟁한 민족은 그리 많지 않다. 그만큼 한국인으로서의 독자적 정체성과 문화적 자존감, 그리고 투쟁의 역사가 수천 년간 차곡히 쌓였다는 뜻이다. 그리고, 그것이 한국 민족의 자산이자 동력이며, 그 저력이 있었기에 우리 민족은 불사조처럼 다시 날아오를 수 있었다. 임오군란부터 갑오농민전쟁을 거쳐 애국계몽운동과 의병항쟁, 그리고 독립운동으로 이어지는 한민족의 끊임없는 투쟁과 저력은 식민지기의 어두운 터널과 분단 및 한국전쟁을 지나면서도 우리에게 전해졌다. 그것이 지금의 대한민국을 만든 동력이다.

2. 통감부의 설치와 보호국체제

1) 병렬적 권력구조와 외교권 상실

을사조약 체결로 외교권을 박탈당하면서 대한제국은 일본의 피보호국이 되었다. 1905년 12월 21일 '통감부 및 이사청관제'가 반포되었고 1906년 1월 31일 자로 주한일본공사관이 폐쇄됨으로써 통감통치가 실시되었다. 통감직에는 을사조약을 강제한 이토 히로부미가 임명되었다. 이토는 국내외로 널리 알려진 능력 있는 정치가였다. 그는 메이지유신의 헌법을 기초했고, 정부와 관료조직을 체계화시켰으며, 정당을 조직했다. 이미 총리를 네 번이나 역임하고 불평등조약 개정을 주도하였고, 시모노세키조약 교섭 당시 이홍장을 상대로 많은 것을 얻어 내 '동양의 비스마르크'로 불렸다.

일본이 자랑하는 거물급이 대한제국의 통감으로 부임한다는 것은 그만큼 그들에게 한국의 보호국화가 쉽지 않은 과업이라는 뜻이다. 앞에서 밝혔듯이 일본은 처음부터 병합의 청사진을 갖고 일사분란하게 점령정책을 펼친 것은 아니었다. 국외적으로는 병합을 위해 열강과 이해관계를 조정해야 했고, 열강들의 조약 특권들과 이권 문제도 해결해야 했다. 국내적으로는 43년간 권좌에 앉아 있는 노회한 고종을 상대하기 쉬운 것도 아니었고, 한국인들의 반일의식을 잠재우고 병합에 필요한 각종 제도 개선도 필요하였다. 이리하여 이토 히로부미가 65세의 노구를 이끌고 3월 1일에 초대통감으로 부임하였다.

을사조약부터 병합까지의 보호국 시기는 대체로 2시기로 구분하고 있다. 1기는 1906년 1월부터 1907년 5월까지로 박제순 내각 시기이고, 2기는 1907년 5월부터 정미조약을 거쳐 1910년 8월 병합까지 이완용 내각 시기이다. 모두 통감부의 간접통치 방식이지만 체제구성이나 성격, 시정개선 방식에서 차이가 있다.

(1) 병렬적 권력구조와 통감부

보호국체제란 일반적으로 국제조약을 통해 보호국이 피보호국의 외교권을 박탈하고, 내정을 잠식하며 이중적인 통치구조가 만들어지는 체제를 뜻한다. 한국에 나타난 보호국체제도 기존의 대한제국정부와 새롭게 강제된 통감부라는 두 개의 권력구조가 병렬적으로 존재하는 특징을 갖고 있다.

먼저 을사조약 체결 이후 대한제국 행정체제에 나타난 큰 변화는 무엇보다도 외교권 탈취로 인한 외부의 폐지를 들 수 있다. 외부 건물은 통감부로 징발되어 사라졌다. 그리고 대한제국의 외교 업무는 이원화되었다. 먼저 국가 간의 외교 업무인 조약 및 국제 관련 사안, 해외 한국인 보호 업무들은 모두 일본 외무성에서 담당하고, 국내 체류하는 외국인 관련 업무들과 영사 업무는 통감의 지휘하에 이사청에서 전담하였다. 그리고 대한제국 의정부에 새롭게 설치된 외사국(外事局)은 문서 관리만 맡았다. 그 세부 내용을 확인해 보기로 하자.

을사조약 제1조에 의하여 도쿄에 있는 일본 외무성은 한국과 외국

간의 관계 및 모든 사무를 감리·지휘하게 되었고, 해외 주재 일본국 외교대표자는 해당 지역에 체류 중인 한국인과 관련된 영사 및 보호 업무를 담당하게 되었다. 1906년 1월 10일 한국의 외부가 폐지되었다. 일본 공사관은 한국에 주재하고 있는 각국 공사관들에게 과거 한국정부와 조회·교섭한 사안들은 추후 통감부에 조회하고, 개항장에서 한국 감리서 및 지방관에게 조회·교섭한 사무는 이사청에 조회하라는 내용을 통지했다. 1월 19일에는 일본 주재 각국 외교사절에게도 이 사실을 통보하였다. 2월 1일부터 통감부와 이사청 업무가 공식적으로 개시되었다.[58] 의정부에 새롭게 신설된 외사국은 외교문서 보존 업무를 담당할 뿐 모든 권한과 업무는 통감이 장악하였다.[59]

을사조약 제3조에 의해서 한국에 파견될 통감은 "외교에 관한 사항을 관리"하는 업무를 부여받았는데, 그의 직무 지침인「통감직무심득(統監職務心得)」에 구체적으로 명시되어 있다. 첫째로, 통감은 한국에 있는 외국인의 권리·의무에 관한 모든 사무를 총괄하고 최종 승인할 권리를 부여받았다. 물론 한국정부의 형식적인 승인 절차를 거치게 되었다. 둘째는, 한국 관리들이 통감의 승인을 거치지 않고 외국인들에게 특혜를 주거나 혹은 분쟁을 일으킬 경우에는 그 처분을 취소할 수 있다는 것이다. 이는 고종 및 궁내부 관리들이 외국인들에게 추가 이권이나 특혜를 수여하는 것을 방지하고자 하는 목적이다. 셋째, 긴급한 경우에는 통감이 직접 해당 관헌에게 이첩하여 필요한 처분을 하게 하고, 사후에 그

---

58 서영희, 2003, 앞의 책, 328쪽.

59 대한제국의 외부가 폐쇄되고, 외부대신직이 사임하면서 외국인 관련 국내 업무는 일본 통감의 지휘하에 '외사국'과 이사청이 출범할 때까지 스티븐스가 임시로 이끌게 되었다.

사정을 한국 황제에게 상주한다는 것이고, 넷째, 이사관이 직접 한국 지방 관헌에게 이첩하여 집행한 사항을 통감에게 보고할 경우에도 통감이 사후에 황제에게 상주한다는 것이다. 즉, 모든 국내 외국인 관련 사안을 통감이 전담하되 형식적으로 황제에게 통고만 한다는 것이다. 마지막으로 외국인이 황제를 알현하고자 할 때는 통감은 그 목적과 업무를 파악하고, 통감의 입회하에서만 만날 수 있다고 못을 박아 고종의 손발을 묶어 버렸다.[60] 이렇듯, 통감은 대한제국의 국내 외국인 관련 업무를 총괄하게 되었다.

① 대한제국 행정체제

1905년 말 한국정부의 권력구조는 한일의정서 체결 후 '의정부관제의 개정'(1904.3.4)으로 인해 의정부라는 명칭은 존속하지만 군주의 권한이 축소되었고 내각의 지위는 향상되었다는 특징을 갖는다. 박제순 내각기에는 기존 체제와 동일하게 의정부의 의정대신과 참정대신이 존속하고 있었다. 의정대신은 일종의 총리 격으로 의정부회의를 주관하며 전체 사무를 총괄하였다. 참정대신은 의정대신 다음의 서열로 의정대신에게 신병이 있거나 사고가 있을 때 그를 대신하여 사무를 처리하는 자로, 1905년 2월 이후부터는 국왕이 각부 대신 중에서 임명하였다.

내각에는 내부, 탁지부, 군부, 법부, 학부, 농상공부 등 외부를 제외한 6부로 구성되어 있으며 황실 업무를 전담하는 궁내부가 독립적인 부서

---

60 「統監職務心得」 "한국 관헌의 처분 중 조약에 위반되고 외국인의 권리를 훼손하거나 기타 외국에 대해 분쟁을 일으킬 우려가 있는 경우에는 통감이 속히 한국 황제에게 상주하거나 한국정부에 이첩하여 그 처분을 취소하거나 고칠 것." 서영희, 2003, 앞의 책, 325쪽 재인용.

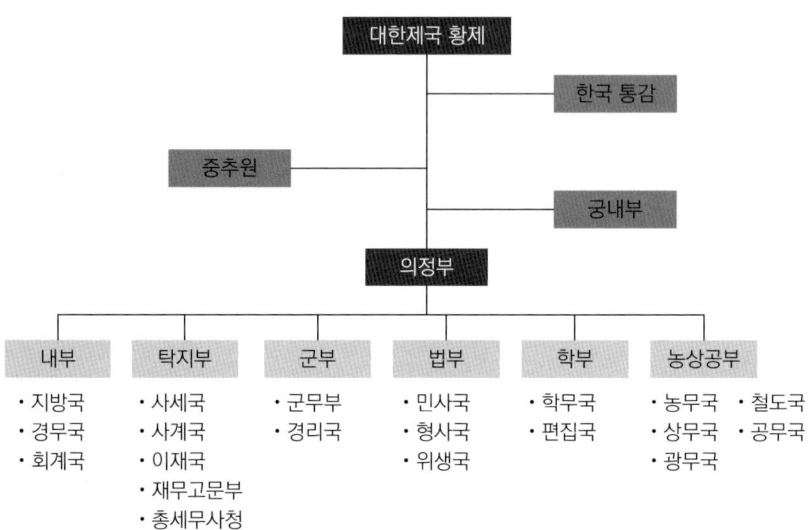

〈그림 3-1〉 대한제국 행정체제(1906~1907)

로 있다. 한편 정미조약이 체결된 2기 이완용 내각기에 가서는 의정부는 내각으로 개칭되었으며, 군부와 법부가 폐지되었다. 이리하여 병합 당시 내각에는 4부만 남게 되었다.

1906년 이토가 통감이 된 당시 의정부는 대한제국의 최고 의결기구로 황제를 보필하여 국가를 경리할 책임을 지며 법률과 칙령의 제정·폐지·개정 등에 대해 논의하는 기구였다. 그런데, 그 역할을 바로 통감이 만든 '한국시정개선협의회'가 담당하고 의정부는 점차 형해화되었다. 이 기구는 통감의 일종의 비공식 자문기구로 협의회의 의장은 통감이고 회원에는 참정대신, 의정대신, 학부대신, 내부대신, 탁지부대신, 법부대신, 농상공부대신, 군부대신 등이 있었다.

1906년 3월 이토가 부임한 후 제1회 협의회가 개최된 이래 1909년 12월까지 총 97회가 열렸고, 국가 주요 사안 및 개혁에 관한 문제를 심의·결정하였다. 통감통치 초기에는 급격한 관제 개편을 삼가고 기존의 행정체계 내에서 제1차 한일협약에서 허용한 일본인 고문정치를 활용하며, 시정개선협의회를 통해 의정부를 장악하는 방식을 취하고 있다. 외견상 통감부가 한국정부와 함께 시정개혁을 추진하는 것처럼 보여 통치의 합법성을 갖게 하지만, 실제로는 통감부에서 준비한 안건을 협의회가 추인하는 것에 불과하였다.

을사조약 이전의 권력 행사 방식은, 한국정부의 최고 협의체인 의정부를 개최하면 각 부처에서 특정 사안에 대해 미리 안을 준비하여 각부 대신이 회의 안건으로 올렸다. 이후 의정부 전체회의에서 논의와 협의를 거친 후 황제의 재가를 받아 집행하는 방식이었다. 통감부 설치 이후에는 통감이 의장으로 있는 한국시정개선협의회에서 참정대신 및 6부 대신들, 일본인 고문관들과 통감부 관료들이 참석하여 주요 현안들을 논의하고 결의하였다. 의사결정 과정은 다음과 같다. 협의회에 제출된 안건을 대신들과 논의한 후, 필요한 위원회를 구성하고 구체적인 방안을 마련하였다. 이후 다시 한국시정개선협의회에 안건으로 올려 논의하여 법안과 시행령을 기안한 후 황제의 형식적인 재가를 받아 집행하는 방식을 취하였다.

여기서 세부절차를 주목해야 한다. 이토가 주로 활용했던 방법은 필요에 따라 구성되는 임시 위원회이다. 예를 들면 교육위원회나 지방제도조사위원회, 법률조사위원회 등 필요한 위원회를 구성하는 것이다. 그런데, 위원회는 주로 전문 실무지식을 갖춘 일본인 고문이나 통감부 관리로 조직되었으며, 이들의 주도하에 세부 실행계획이 마련되었다. 이후 이들은 한국시정개선협의회 회의에 참석하여 실무를 논의하고 회의를 주도하였기에, 실무나 법과 제도에 미숙한 한국 측 대신들은 거수기에 그칠 수밖에 없었다. 결과적으로 한국시정개선협의회가 의정부를 대체했으며 의장인 이토가 협의회에서 통과된 안건도 황제와의 친견을 통해 형식상의 재가를 거쳤다.[61]

통감부가 기존 대한제국의 행정체계와 의사결정 구조를 개편하지 않은 것은 조약 체결에 따른 한국 국민들의 반발과 반일의식 고조를 막기 위한 유화책이었고, 한국 행정부를 완전히 장악하기 위해서는 절대적인 시간이 필요했기 때문이다. 이를 위해 활용한 것이 앞 절에서 살펴본 고문관제도이다. 일본은 각 행정부서에 일본인 고문들과 친일관료들을 배치함으로써 일반행정에 깊이 간섭할 수 있었는데, 그중 정부 핵심 부서인 탁지부에 재정고문부와 내부에 경무고문부를 설치하여 일본인 고문들을 대거 임용하고, 통감의 지휘를 받게 하였다.

일례로 1905년 1월 마루야마 시게토시가 경무고문으로 고용된 후 중앙과 지방에 보좌기관을 경무조직과 함께 신설하여 한국 경찰을 사실상 장악하였다. 경무고문부의 경찰과 통감부의 경찰(통감부와 이사청 경찰)은 한국주차헌병과 함께 실질적으로 통감의 지휘를 받아 무력의 근간이 되었다. 한편 재정고문부는 앞서 살펴본 메가타 다네타로의 지휘하에 300여 명의 일본인들이 한국정부의 재정을 정리하였다. 이같이 통감부의 권력행사 방식은 시정개선협의회와 함께 일본인 고문관제도를 통한 간접적인 간여였다.

보호국 제1기에는 한국의 중앙 및 지방 실무 행정체제를 통해 시정개선정책 및 보호국화 정책을 수행하고, 통감부 소속 부서들과 각종 위

---

61 통감부기 행정체제 부분은 한상일, 2015, 『이토 히로부미와 대한제국』, 까치, 290-296쪽을 참조하였다.

원회를 통해 정책과 법·제도를 조사·입안하는 역할을 담당시켰다. 즉, 통감부는 일종의 사령탑이고 한국 행정부서는 실행부서와 같은 역할을 담당한 것이다. 그럼 통감부 직제를 확인해 보기로 하자.

② 통감부 직제

1906년 2월 1일 서울 주재 일본공사관에서 통감부가 문을 열었다. 그리고 공사관 소속 외교관들은 거의 모두 통감부 직원이 되었다. 통감부의 권력구조는 〈그림 3-2〉 '통감부 직제' 표에서 보는 바와 같이 천황의 친재(親裁)만 받을 뿐, 일본 내각의 지시나 간섭을 받지 않는 독립 기구였다. 통감의 권력 집중을 우려한 일본 외무성의 반대로 인해 중요한 외교 사안만 외상을 거쳐 총리를 경유하도록 되었다. 통감부 직제는 총무부·농상공부·경무부 등 3부 16과의 중앙부서와 24개 지방 이사청으로 구성되었는데, 총장이 각 부서를 관장하였다. 신설된 기구를 보면 통감이 단순히

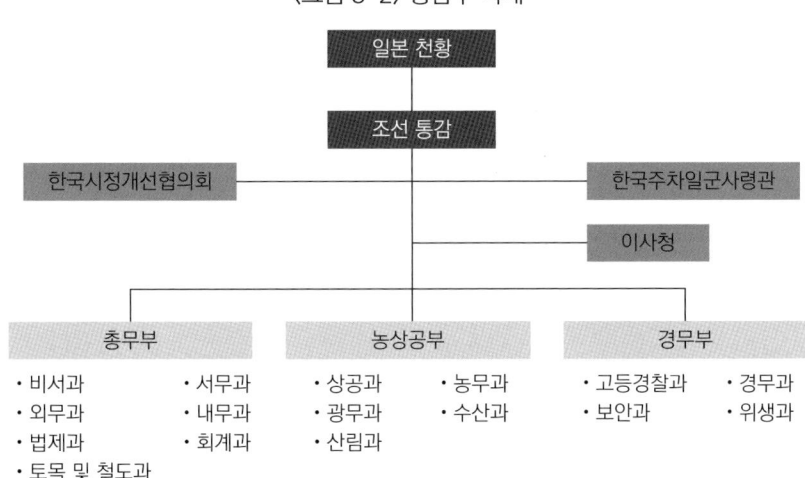

〈그림 3-2〉 통감부 직제

출처: 국사편찬위원회, 『한국사』 표3, 263쪽.

보호국의 외교만 전담하는 자가 아니라 내정 전반을 관리하게 되어 있다. 일제의 관심과 목적이 무엇인지 명확하게 드러나는 지점이다.

총무부는 외교와 외국인 관련 사안을 담당하는 외무과, 국내 행정을 담당하는 내무과, 보호국체제에 필요한 법과 제도를 기안·제정을 담당하는 법제과, 철도·도로·공사를 담당하는 토목 및 철도과 등으로 구성되어 있다. 농상공부는 이름 그대로 농업·상공업·광업·어업·산림을 담당하는 과로 편재되어 있다. 명목상 해당 분야를 개선하고 발달시킨다는 것이지만, 일본 언론 및 자본가들의 요구에 부합하여 척식을 위한 자본 진출과 농민의 이주를 위한 사전 정비를 목표로 하고 있다. 경무부 산하에는 고등경찰과, 경무과, 보안과, 위생과가 배치되었다. 치안유지를 명목으로 정보와 보안 업무가 강화되었고 행정경찰이 통감의 직속하에 있었다. 즉, 경찰권의 장악과 행사가 주목적이다.

통감부의 지방 일선 기관으로 이사청이 설치되었다. 이사청은 기존 일본 영사관의 업무를 인계받아 재한일본인의 이익을 보호하는 동시 '시정개혁'이라는 명분하에 한국의 지방 내정에도 간여하였다. 이사청은 서울 외에 부산, 원산, 군산, 인천, 평양, 진남포, 원산, 성진, 대구, 신의주, 청진 등 개항장뿐 아니라 한국 지배를 위해 필요하다고 인정되는 내륙 지방도시에도 관할 지청을 설치하여 지방 외청과 같은 기능을 담당하였다. 이사청에는 경찰관을 배치하고 감옥을 설치하여 무력을 보강하였다.[62]

이사청 소속 관리인 이사관의 역할을 보면 "통감의 지휘·감독을 받

---

62 김운태, 1971, 「통감부시기의 대한제국통치체제의 구조와 기능」, 『행정논총』 9; 박경룡, 2002, 「통감부의 조직과 역할 고찰」, 『아시아문화』 18; 강창석, 1995, 『조선 통감부 연구』, 국학자료원.

들어 종래 한국 주재 영사에 속한 사무와 더불어 조약 및 법령에 근거하여 이사관이 집행해야 하는 사무를 관장한다"[63]고 되어 있어 과거 감리들이 담당했던 각종 증빙 문서 발급, 토지 경매, 외국인 범죄 및 재판 사건, 각종 민원 및 고소 고발 사건 등을 처리하였다.[64]

총독의 권력은 무력으로 뒷받침되고 있다. 통감은 한국의 안녕과 질서를 유지하기 위해 필요시 한국주차일본군사령관에 명령을 내려 병력을 동원할 수 있는 권한이 있었다. 한국주차일본군사령부를 휘하에 배치하여 군 통수권을 장악하였고, 군사령부하에 소속된 헌병들도 치안경찰에 협조한다는 미명하에 지방 치안까지 담당하였다. 이들은 1910년대 헌병경찰의 모태다. 1907년 당시 대한제국에는 28개의 경찰서와 43개소의 분소, 337개소의 순사주재소가 설치됨으로써 통감부가 한국의 치안을 장악하였다. 정미조약 이후 한국정부와 지방 관서에 등용된 일본인은 1909년 1월 당시 판임관 이하 관리들을 제외하고도 약 2,000명이 넘는다. 이 중 고등관은 466명에 달하며 일본인 경찰은 약 1,500명으로 기록된다. 통감부 내에 소속된 일본인 관리들의 임금은 모두 한국정부가 부담하였다.

정미조약 이후 제2기로 들어가면서 통감의 권한은 더욱 강해졌다. 통감의 내정 장악력이 강화되었는데, 첫째로, 새로운 법령 선포 및 중요한 행정 사안은 통감의 허락을 거쳐야 했는데 바로 입법권의 장악이다. 둘째, 한국 내각과 행정을 완전히 장악하기 위해 차관제도를 실시하

---

63 『統監府及理事廳官制』 명치38, 칙령 제267호.
64 한지헌, 2014, 「이사청의 설치 과정」, 『사학연구』 116; 민회수, 2021, 「을사늑약 이후 감리서의 폐지와 부윤의 외국인 업무 관할」, 『한국학논총』 55.

였다. 보호통치 1기의 고문정치제도를 폐지하고 각 부처에 일본인 차관을 임명함으로써 한국정부를 직접 장악한 것이다. 그 밖에 지방의 사무관도 모두 일본인으로 충원하고, 재판소와 감옥제도의 개정을 통해 사법권을 장악하였다. 신협약으로 한국 군대가 해산되었고, 시위보병 1대를 제외한 나머지 병력을 일본사령부로 귀속시켰다. 자세한 것은 제4장에서 살펴보기로 한다.

이와 같이 통감부 1기였던 박제순 내각 시기에는 이토가 아직 대한제국 행정부를 완전히 장악하지 못하였다. 그와 같은 원인은 첫째로, 고종의 반격과 민의 저항 때문이었고, 둘째는 이토의 통치 스타일이 이집트를 모델로 했기 때문으로 판단된다. 이토의 각종 회유정책과 감언이설에도 불구하고 한국인들은 국권회복에 대한 의지와 반일감정을 노골적으로 드러냈다. 황무지개간권 요구 반대운동부터 국채보상운동, 언론과 신지식인층의 애국계몽운동, 유학자들의 의병운동 등 전국적·전 계층적으로 배일 분위기는 고조되었고, 민족주의는 고양되었다. 1907년 3월 국채보상운동이 진행될 때 군부대신 권중현은 시정개선협의회에 참석한 7명의 대신을 제외하고는 전 국민이 모두 '배일당(排日黨)'이라고 표현하였다.

통감부 1기에는 시정개선협의회와 고문부를 통한 시정 감독 방식으로 황제와 내각을 어느 정도 통제할 수 있었으나 기존의 막강했던 황제 권력과 궁내부의 권력 행사 및 반발을 완전히 봉쇄할 수는 없었다. 1906년 황실의 자금줄을 차단하기 위해서 잡세를 폐지하고 궁내부의 25개 관청을 12개로 통폐합하는 등 조직을 축소하고 재산을 정리하여 정부로 이관하였다. 그럼에도 불구하고 궁내부에서 잡세를 징수하는 시도는 물론 국내인과 외국인들에게 이권을 양여하는 행위도 지속되었다.

대신들에 대한 고종의 영향력도 차단하지 못하였고 지방관도 황제가 직접 만나는 상황이라고 토로하였다. 그리하여 궁궐 출입 시 출입표를 소지할 것을 강제하여 1906년 7월부터 고종이 자유롭게 외부와 접촉하지 못하도록 하였다.

그래도 고종은 이토가 업무 협의차 일본으로 일시 귀국할 때마다 관료 임명권을 행사하려 하였고, 친일인사에 대한 경질설을 유포하는 등 압박도 강화하였다. 뿐만 아니라 의병운동을 배후에서 지원하고, 헌병과 경찰의 감시 속에서도 해외에 밀사를 파견하여 을사조약의 불법성을 폭로하고 주권회복을 도모하였다.[65] 이같이 고종은 박제순 내각을 꾸준히 배후에서 압박하고 흔들었다. 이러한 상황에서 이토가 적극적인 지배정책 펼치거나 한국인을 탄압하는 것은 아직 병합의 조건이 충족되지 않은 상황에서 국내적으로나 국제적으로 좋은 카드는 아니었다.

이때 헤이그 특사 사건이 발발하였다. 이토는 이를 이용하여 고종을 퇴위시키고 정미조약과 '비밀각서'를 강요하였다. 통감은 "한국에 있어서 일본정부를 대표하고 조약 및 법령에 따른 제반 정무를 통할한다"라고 규정함으로써 통감이 법령제정권, 관리임명권, 행정권 등 권한을 장악할 수 있었다. 통감이 1기까지도 이토는 일본인 고문 등을 통해 간접적으로 한국정부의 국정에 관여하였는데, 1907년 7월 정미조약 제4조와 6조에 통감이 추천하는 한국인과 일본인을 한국 관리로 임용할 것을 명시하여, 이른바 일본인 '차관정치 시대'를 열었다. 1908년 1월 당시 한국정부에 임용된 판임관 이상의 관료들의 민족별 구성을 확인해 보면, 조선인이 1,310명(53.7%)이며 일본인이 무려 1,129명(46.4%)에 달하고

---

65   서영희, 2003, 앞의 책, 339-347쪽; 한상일, 2015, 앞의 책, 304-313쪽.

있다. 이 중 경제를 전담하는 농상공부에는 일본인이 67%를 점하고 있으나, 사법권과 군사권 상실로 유명무실해진 법부와 군부에는 일본인이 한 명도 임명되지 않았다.[66]

(2) 외교권 상실과 공관 폐쇄

외교고문 스티븐스가 내한하기 이전부터 일본은 해외에 있는 한국외교관들을 모두 소환하고, 공사관을 폐쇄함으로써 한국의 외교관계를 단절시키고자 하였다. 일본은 그 법적 근거를 일종의 공수동맹의 성격을 지닌 한일의정서에서 찾았다. 일본과 동맹관계에 있는 한국은 일본의 교전국인 러시아와 적국이 되므로 관계를 끊어야 한다는 것이었다. 이에 한러 간의 모든 기존 조약과 계약을 무효로 할 것을 요구했고, 1904년 5월 이후 전세가 일본에게 유리하게 진행되자 다시 강력하게 압력을 가했다. 결국 한국정부는 5월 말 한러 간의 공식적인 관계 단절을 선언하였다. 그 다음 단계로, 하야시는 공식 국교가 단절된 주러한국공사관의 철수를 지속적으로 강요했고, 마지못해 한국외부는 주러공사관 철수를 훈령하였으나, 고종은 내밀히 이를 저지시켰다.

1904년 9월부터 해외에 설치된 한국공관 철수가 다시 추진되었다. 하야시는 고무라 외상에게 한국외교관들을 귀국시킨 후 재파견이나 후임 파견을 중지하고 한국인 관련 영사업무 등은 현지 일본공관이 인수하여 대행한다는 방안을 제안하였다.[67] 그 단초는 영국인 총세무사 브라

66　정구선, 1997, 「통감부기 일본인 관리연구」, 『국사관논총』 77, 131쪽.
67　홍인근, 2007, 「일본의 대한제국외교공관 폐쇄」, 『국제고려학회 서울지회 논문집』 9호, 237쪽.

운이 경비 절감을 명분으로 공관 폐쇄를 제안한 것에서 비롯되었다. 하야시가 고종에게 해외에 파견한 외교관의 송환을 요구한 것이 1905년 2월 21일이었는데, 브라운이 철수에 불응한 한국공관에 봉급과 운영비를 아예 끊어 버린 시점은 그보다 4개월이 앞선 1904년 10월 이후였다. 주미한국공사관은 12월 이후 본국에서 송금을 받지 못해 재정적으로 매우 곤란한 상황에 처하게 되었다. 이 같은 사정은 청국, 프랑스, 독일, 영국, 일본 등지에 파견된 공사관에서도 동일하게 발생하였고, 외교관들 봉급은커녕 공관 유지를 위해 주재국 외무부에서 급전을 빌리는 등 매우 심각한 상황에 봉착하였다.

1904년 12월 이후부터는 새로 부임한 외교고문 스티븐스가 공관 폐쇄 작전을 전담하였다. 스티븐스와 하야시 공사는 해외에 있는 한국공관의 존재는 일본의 체면에 연관된 문제라 보고 외교공관 철수를 강력하게 밀어붙였다. 그러나 폐쇄 계획이 순조롭게 진행되지 않자 우선 1905년 7월 파리·베를린·워싱턴 주재 한국공사관에 근무하던 외국인 직원들을 모두 해임시켰다.[68] 그럼에도 불구하고 베이징 대리공사 박대영은 현지에서 계속 버티고 있었고, 이범진 주러공사 또한 자진 도피로 정부의 귀국 훈령문 수령을 회피하고 있었다.[69]

이같이 일제의 공관 철수 작전이 사실상 실패로 돌아가게 된 것은 고종 때문이었다. 고종의 주권 수호 작전은 해외에 비밀 특사를 파견하여 열강의 도움을 청하거나, 해외 주재 외교관들이 공관을 지키며 일본의 침략성을 만방에 알리는 방법이었다. 그리고 이를 실행에 옮기기 위해서

---

68 London Public Office, FO 17/1693(No. 108), 1905.7.20.
69 서영희, 2003, 앞의 책, 200-207쪽.

는 해당 지역에 주재하고 있는 한국 측 공사의 지원이 필수적이었다. 고종은 공사관 폐쇄를 막기 위해 최대한 노력을 경주하였다.

몇 가지 사례를 확인해 보자. 주불·주벨기에 특명전권공사 민영찬은 일본인들이 한국의 해외공관을 폐지하고자 공관에 오는 모든 전보나 보고서를 늦게 전달해 주거나 검열하고 있으며, 그들이 이미 읽은 편지에 대해서는 다양한 구실을 대어 수취인에게 보내지 않고 있다고 토로하였다. 견디기 힘들었던 그는 개인적으로 고종에게 귀환을 요청했으나, 고종은 그의 어머니를 통해 귀국 시 자리를 보존하지 못할 것이므로 파리에 체류하는 게 좋다고 강력한 의사를 표하였다. 즉, 인사권을 가진 고종이 민영찬의 귀국을 막은 것이다. 이후 민영찬은 1905년 12월 워싱턴 미 국무장관 루트(E. Root)를 방문하여 을사조약의 체결과정을 언급하며 협정 무효화를 위해 필요한 도움을 요청한 바 있다. 고종이 민영찬을 어떻게 활용하려 했는지 잘 드러난 지점이다.[70]

한편 주러공사 이범진은 러일전쟁 발발 직후인 1904년 3월 2일 람스도르프 외상을 찾아가 서울로부터 귀환 통보를 받았지만 황제의 명을 직접 받기 전까지는 공사로서의 임무를 다할 것이라는 입장을 표명하였다. 곧이어 고종은 베이징의 레싸르 러시아공사를 통해 이범진에게 페테르부르크에 체류할 것을 명하였다. 그해 7월에도 일제의 손아귀에 있는 한국 외무대신의 명에 복종하지 말며, 계속 공사직을 지킬 것을 명하였다. 이범진은 계속 남아 공사직 업무를 수행했고, 1905년 9월 14일에는 하루속히 서울에 러시아공사를 파견해 줄 것을 요청하는 고종의 서신을

---

70 이창훈, 2006, 「대한제국기 유럽지역에서 외교관의 구국운동」, 『한국독립운동사연구』 9-10쪽.

러시아정부에 전달하였다. 을사조약 이후 러시아공관이 공식 폐쇄되었음에도 불구하고 이범진은 고종의 명으로 현지에 체류하게 되었다.[71] 이렇듯 일제의 한국공관 폐쇄는 고종의 방해로 차질이 빚어졌고 을사조약이 체결된 후에야 비로소 목적을 달성하였다.

1905년 11월 18일 을사조약이 체결되면서 대한제국은 외교권을 잃게 되었다. 12월 14일 외부대신 이완용은 독일·프랑스·미국·청국·일본에 주재하고 있는 한국공사들에게 을사조약에 따른 공사관 폐쇄를 명하며, 보유 중인 기록과 재산은 주재지에 있는 일본공사관에 인계하고 봉급과 귀국 여비 등은 주재지 일본공사를 통해 신청할 것을 훈령하였다. 이로써 대한제국의 모든 해외공관들은 철수를 단행하게 되었고, 공식적인 외교교섭의 통로는 봉쇄되었다.[72] 한편 주영공사관을 홀로 지키고 있던 공사서리 이한응이 1905년 5월 12일에 27세의 나이로 자결함으로써 영국공관은 이미 폐쇄된 상태였다.

일제의 다음 목표는 한국에 설치되어 있는 외국공사관을 철수시키는 것이었다. 이것은 제국주의 열강들로부터 한국의 보호국화를 인정받았던 터라 쉽게 처리되었다. 일본은 한일 간에 체결된 을사조약에 따라 대한제국은 일본의 보호국이 되었으므로 서울에 주재하고 있는 외국공사관도 조속히 철수할 것을 공식 요청하였다. 여기에 제일 먼저 응한 나라가 미국이었다. 미국은 조약이 체결된 지 일주일 만에 공사관 철수를 결정하고 떠나 버렸다. 이후 영국·청국·독일·벨기에 등의 주한공사들도

---

71 이창훈, 2006, 위의 글, 12-15쪽.
72 고려대학교 독일어권문화연구소 편, 2021, 『독일외교문서: 한국편』 14, 보고사, 381쪽, #35 한국의 해외공사관 및 영사관 폐지 통지 홍인근, 2007, 앞의 글, 240쪽.

모두 본국으로 돌아갔다. 공사관이 폐쇄된 공간에는 각국 총영사관이 설치되었고 총영사 혹은 영사들은 자국민 보호 및 영사 업무 등을 인계받았다. 이들이 부임할 때는 먼저 일본 외무성에 부임 신청을 하고 일본 천황의 승인을 거친 후 통감부를 통해 한국정부에 통보하는 절차를 밟게 되었다. 이로써 대한제국의 국가 차원의 외교 사무는 봉쇄되었고 국제무대에서 사라지게 되었다.

2) 보호국체제의 특징과 성격

한 국가가 다른 국가와 맺은 보호관계는 매우 불평등하며, 식민지 지배의 한 형태로 간주된다. 그러나 보호국체제는 보호국과 피보호국이 맺은 조약과 보호관계에 따라 그 형태와 성격이 다양하고 변화하기 때문에 하나로 규정하기 쉽지 않은 지배체제였다.[73] 한국의 보호국체제는 어떤 특징과 성격을 지니고 있었을까? 한국의 초대 통감으로 약 3년 반 동안 보호국체제를 정비·완성한 이토 히로부미의 통치 방식을 확인함으로써 실마리를 얻고자 한다.

1906년 3월 통감직 업무를 시작한 이토는 영국의 이집트 지배를 통치 모델로 삼았다. 고무라 주타로 외상에 따르면 "이토는 당초 영국의 크로머를 스승으로 삼아 한국에 부임하여 어디까지나 지도, 보호, 감리의 범위 안에서 통감정치의 실효를 거둘 방침"이었다. 이토 스스로도 통감부 관리들에게 훈시할 때 크로머를 종종 거명하면서 설명하였다.[74] 크로

---

73 한성민, 2021, 앞의 책, 35쪽.
74 이집트 관련 내용은 한상일, 2015, 앞의 책, 272-275쪽을 참고하였다.

머는 주이집트영국총영사로 25년간 영국의 보호국인 이집트를 실질적으로 통치한 인물로 영국의 식민지배 모델을 완성한 인물로 꼽히고 있다. 그의 이집트 통치술은 매우 교묘하고 세련된 방식을 취했다고 알려져 있다.

첫째, 영국의 이집트 지배는 조약이나 협정, 협약이라는 국제법이나 기타 법적 절차를 통해 필요한 것을 강제하고 합법화시키고 있다.

둘째, 이집트 지배는 인종적 담론을 기저에 깔고 전개되었다. 즉, 백인인 앵글로색슨족의 우월성을 강조하면서 백인이 미개한 아프리카인이나 중동인들을 지배하는 것은 당연하다는 매우 자의적이고 차별적인 인종관을 배경에 두었다. 이집트인들은 자신들의 문제를 스스로 해결할 능력이 없다는 논리를 발전시키며 장기 지배의 필요성과 보호 통치를 합리화하는 것이다. 지배는 "미개한 ○○○를 문명화시키는 것이 ○○○의 임무"라며 도덕적 사명감으로 포장되었다.

셋째, 이집트인들의 지지와 지배의 정당성을 확보하기 위해 아스완댐을 건설하고 철도와 도로망의 확장, 알렉산드리아 항구의 개량 등 사회간접시설을 확충하였다. 아울러 농업진흥에 착수하여 공공 관개사업을 장려하고, 경작지 면적을 대폭 늘리며, 면화와 곡물 생산량을 증가시켰다. 그 결과 이집트정부의 재정 적자를 해소하고 재정 자립을 이룩할 수 있었다. 아울러 점령통치를 지속시키기 위해 내정개혁에 주력했는데, 주로 교육, 사업, 군대, 경찰, 행정 분야에서 괄목할 만한 성과를 이루었다.

넷째, 크로머는 간접통치 방식을 채택하였다. 외형적으로는 이집트 총독과 이집트 의회가 지배하는 것처럼 보이지만 실질적으로는 막후에서 크로머와 소수의 영국인 고문들이 이집트를 지배하는 방식이다. 또한 친영파를 육성하여 이집트인들의 불만이나 반란들을 막아 줄 방패막이로 활용하였다.

다섯째, 크로머는 필요할 때는 무력시위와 공포를 조성하면서 지배와 힘의 근원은 영국에 있다는 것을 분명히 하였다. 이와 함께 군대의 주둔과 헌병경찰, 스파이를 통한 정보망도 확충하는 등 무력 통치를 기반으로 하였다.

여섯째, 이집트 총독과 지배층에게는 축재할 수 있는 특혜를 부여하는 등 당근과 채찍 정책을 적절히 구사하였다. 마지막으로, 영국의 보호정치는 이집트를 문명화시키고 자치 능력을 향상시키며 민주정치체제가 확립되면 보호정치를 종식할 것이라고 약속하였다. 그러나 실제로 그는 이집트인의 자치 능력을 믿지 않았을뿐더러 보호정치를 종식시킬 의사도 없었다. 그의 목표는 이집트의 식민화였다.

크로머는 이집트의 재정을 정상화시키고 내정도 안정시켰다. 또한 카이로의 시가지에는 새로운 건물이 건축되었고 도로·철도가 확충되는 등 외형상 근대화가 본격적으로 진행되는 것처럼 보였다. 그러나 그 실상은 영국을 위한 경제 개발정책이었다. 결과론적으로, 이집트인의 경제적 사정과 삶의 질은 향상되지 않았다. 소작농의 수는 급증하고 이집트 경제는 영국에 더더욱 종속되고 착취의 대상이 되었다. 일례로 교육을 보더라도 이집트인들에게는 고등교육이 아닌 최소한의 초등교육과 실업교육을 주로 하고 있다. 서구식 고등교육은 인도의 사례처럼 민족주의를 발흥시킬 위험이 있던 것이다. 그리고 불만이 있거나 비판적인 이집트인들에게는 철저한 통제와 엄격한 탄압이 뒤따랐다. 크로머의 이집트 통치는 문명적·인종적 우월성을 강조하면서 공포(군사적 탄압)와 물질적(근대화) 보상으로 연결하여 지배자에 대한 공포와 존경심 및 순종의 논리를 끌어내는 식민지 통치술이었다.[75] 이같은 크로머의 통치술은 우리에게 매우 익숙하다. 이집트라는 주어를 빼고 한국을 대체하면 바로 보호국·식민지 시대 한국을 지칭하는 듯하다. 그것은 초대 통감 이토 히로부미가 크로머의 통치술을 모델로 한국에 적용했기 때문이다.

이토는 부임 직후에 고종을 알현하고, 한국 내각 관료와 일본인 고문관 및 통감부 고위관리들이 참석한 첫 번째 '한국시정개선에 관한 협의회'를 주재하면서 통감으로서 업무를 시작하였다. 그의 지배 스타일을 보면 크로머처럼 외형적으로 세련되고 합리적이며 합법적인 절차에 따라 한국정부와의 협업을 통해 통치하는 것처럼 보였다. 그러나 실질적으로는 일본인 고문단, 통감부 그리고 시정개선협의회를 통해 자신의 구상을 관철시켰고, 회유와 채찍, 그리고 협박도 잊지 않았다.

먼저 그는 의정부체제를 유지하고 기존의 정책 결정 방식을 유지하였다. 기존의 방식이란 각 부처에서 미리 마련한 특정 사안을 의정부 회의에 안건으로 제시하면, 의정부 전체회의에서 논의·결정한 후 황제의 재가를 받아 집행하는 방식이었다. 이토는 크로머처럼 기존 행정체제를 유지하였다. 급격한 조직개편과 정책 결정 방식의 변화는 혼란과 반대를 불러일으킬 것이기 때문이었다. 그렇지만, 실제로는 의정부체제를 형해화시키고, 주요 국가의 정책들과 안건들은 이른바 '한국시정개선에 관한 협의회'에서 결정하였다. 물론 실무를 책임지고 준비하는 측도 통감부 직속의 관료들과 한국 행정부 소속 일본인 고문들이었다.

둘째, 한국의 문명화, 인민의 복리를 표방하는 선전 전략을 구사하였다. 이 또한 크로머의 방식과 유사하다. 일본의 지배를 합리화하기 위

75　한상일, 2015, 위의 책, 263-271쪽.

해 스스로 문명의 길로 나아가지 못하는 미개하고 부패한 한국을 위해 일본이 시정개선을 하며, 문명화가 달성되면 한국인이 붙잡아도 한국에서 떠날 것이라는 허풍을 늘어놓았다. 그리하여 첫 번째 회의에서 이토는 시정개선의 방침과 급무로서 차관도입, 농공업 개선, 도로 확충, 보통교육의 보급과 치안 확보를 위한 경찰력 증강을 제시하였다. 일본에서 도입되는 차관도 모두 인민에게 유익한 사업에 먼저 배정된다는 것을 강조하면서 환심을 사고자 하였다.[76] 그러나 실제로는 경찰 기구 확대와 철도 및 전선 부설 등 침략을 위한 투자와 일본 거류민 시설개선 사업 등에 사용되었다. 그리고 시정개선을 선전할 친일단체도 조직하였다. 일진회, 진보당, 정우회, 대한상무조합 등 친일단체가 조직되었는데, 합방을 실현하기 위한 여론조작과 선동에 이용되었다.

셋째, 이토는 영국이 이집트에 막대한 차관을 제공하여 국가 부도 사태를 조성함으로써 정부 재정을 장악한 수법을 차용하였다. 이토는 시정개선과 기업 자금 명목으로 일본 흥업은행에서 1,000만 원을 연 6.5% 이자로 관세 수입을 담보로 도입하였다. 이 차관은 5년 거치 5년 상환 조건이고 구문전[77]으로 100만 원을 뗀 나머지 900만 원만 국고에 납입되었다. 당시 관행적인 국제 차관도입 조건을 볼 때 6.5%의 이자율은 상당히 높은 편일 뿐 아니라 100만 원이라는 구문전도 지나친 것이었다. 일본의 차관 공세에 따라 정부는 1907년 초에 원금만 1,650만 원에 달하는 채무를 지게 되었다. 그리고 1910년 병합 당시 한국의 대일 부채는

---

76 한상일, 2015, 위의 책, 297-300쪽.
77 구문전은 중개수수료를 뜻한다.

4,500만 원에 이르게 되었다.[78] 막대한 외채를 인위적으로 조성하여 결국 한국정부의 재정은 일본에 완전히 예속되었다.

넷째, 그는 처음부터 한국 내각을 완전히 장악하고자 하였다. 그는 고종이 함부로 인사권을 행사하지 못하도록 막고 자신이 구상하는 정책을 시행할 정부 관료를 친일파로 대체하였다. 이토는 회의 때마다 한국 대신들에게 시정개선에 대한 의미와 소명의식을 심어 주고자 하였으며, 대신을 위협하고 긴장의 끈을 놓지 못하게 하는 것도 잊지 않았다.[79] 그 외 재정과 경찰업무 등 핵심 행정을 담당하는 부서는 재정고문부와 경무고문부를 신설하고 기타 부서에는 일본인 고문을 배치했다. 이들 고문은 해당 부서 인사행정에 깊이 간섭하였다. 이때 주요 기준은 친일성이었다. 정미조약 이후에는 고급 관리에 대한 인사권이 통감부 통제하로 들어갔다. 정변 관련자나 망명자를 비호·귀국시키고, 그들을 유학생과 일진회계와 함께 낙하산 식으로 고위직에 임용하였는데, 이토가 발탁한 친일관료들은 양반 중에서도 신분이 낮거나 중인 출신들이 많았다.[80]

다섯째, 대한제국의 최고 권력인 황제권을 통제하고자 하였다. 고종은 독자적인 재원과 측근으로 구성된 궁내부와 관료임명권을 이용하며 권력을 행사하고 있었다. 이에 이토는 먼저 궁내부와 정부를 분리시키고 내장원의 재원을 탁지부로 이관하여 궁내부의 자금과 조직을 축소시켰다. 고종의 자금줄을 막고 손발을 묶겠다는 의도였다.

고종의 반격이 시작되었다. 고종은 외면상 이토의 주장과 건의를 수

---

78 이송희, 1978, 「한말 국채보상운동에 관한 일연구」, 『이대사원』 15, 6쪽.
79 한상일, 2015, 앞의 책, 301-303쪽.
80 국사편찬위원회 편, 1999, 『한국사』 42, 271-272쪽.

용하는 듯했지만, 시정개선에 협조적이지 않았다. 때로는 수단과 방법을 다해 방해하기도 하였다. 이토가 일본에 일시 귀국할 때면 자신의 관료 인사권을 행사하여 내각을 흔들었다. 또한 삼엄한 감시 속에서도 해외에 밀서와 밀사를 보내 보호국의 불법성을 설파하고 주권을 회복하고자 했다. 아울러 의병들에게 봉기할 것을 청하거나 자금을 후원하였다.

이처럼 이토가 한국 보호국화를 실현하는 데 가장 큰 난관은 바로 황제였다. 이에 이토는 고종을 압박하고 위협하면서, 기회가 도래하자 궁궐의 반일관리들을 숙청하고 궁궐에 출입할 때 출입표를 소지하도록 하여 고종과 외부와의 관계를 단절시켰다.[81] 그래도 황제를 완전히 장악할 수 없게 되자 결국 정미조약을 강제하여 고종을 퇴위시켜 버렸다. 그리고 차관정치를 통해 한국 내정을 완전히 장악하고 식민지 준비작업에 박차를 가하였다.

마지막으로, 이토의 권력기반은 역시 무력인 한국주차군이었다. 주차군은 한일의정서를 기반으로 약 6년간 치안 담당하고 군율을 적용하였는데, 애초에 이토는 크로머와 비슷하게 경찰을 주축으로 한국의 치안을 유지하고 싶어 했다. 그러나 수천 년 동안 자주 독립국가를 영위했던 한국인들 사이에서 반일의병투쟁이 확산되고 계몽운동가들의 반격과 반일운동이 격화되자 이토는 군대와 헌병을 증강하며 헌병보조원제도를 창설함으로써 병합 후의 무단통치체제의 원형을 마련하였다.[82] 바로 이 점이 이집트와 다른 점이라 하겠다.

---

81 한상일, 2015, 앞의 책, 304-313쪽.
82 국사편찬위원회 편, 1999, 앞의 책, 271-272쪽.

제4장
열강의 세력 재편과
일본의 국권 침탈 강화

한반도를 대상으로 전개된 러시아와 일본의 대립과정에서 발발한 러일전쟁은 이후 세계정세에 다양한 변화를 가져왔다. 이 전쟁의 결과 일본은 한반도에 대한 '탁월한 이익'을 열강으로부터 확인받았다. 더불어 일본은 8대 열강의 일원이자, 동북아시아의 패권국으로 성장할 수 있었다. 나아가 동북아시아에서 러시아의 후퇴와 일본의 성장은 열강의 세력 재편을 촉발시켰다.

영국과 프랑스는 이미 러일전쟁 중인 1904년 4월 '영불협상'을 체결하여 러일전쟁이 동맹체제의 전면전으로 확대되는 것을 방지하였다. 또 이 시기 '3B정책'을 앞세운 독일의 중동 지역으로 세력 확장 시도는 이 지역에서 세력을 양분하고 있던 영국과 러시아의 경계심을 불러왔다. 특히 이와 같은 독일의 시도는 러일전쟁의 패전과 국내 혁명으로 혼란스러웠던 러시아에게 독러관계의 파탄을 의미했기 때문에 러시아는 그동안 동아시아에 집중했던 외교정책의 방향을 다시 유럽으로 회귀시켰다. 이로 인해 유럽에서 독일에 대한 견제라는 공통점을 바탕으로 영국, 프랑스, 러시아의 '삼국협상' 체제가 성립하여 독일을 중심으로 오스트리아와 이탈리아가 맺은 '삼국동맹'과의 대립체제가 형성되었다. '삼국협상'과 '삼국동맹'의 대립의 연장선에서 '삼국협상'의 국가들은 '제2차 영일동맹(1905)'을 필두로 동아시아에서 자국의 세력권에 대한 안전을 보장받기 위해 새롭게 열강으로 대두한 일본과 협정을 체결하였다.[1] 유럽

---

1   김원수, 2013, 「러일전쟁과 만한문제의 국제화, 1905-1912: 4국 앙탕트와 연계하여」, 『만주연구』 16; 김원수, 2014, 「러일전쟁과 영국의 앙탕트외교, 1902-1905」, 『서양사학연구』 32; 寺本康俊, 1999, 『露日戰爭以後の日本外交』, 信山社出版; 최문형, 2004, 『국제관계로 본 러일전쟁과 일본의 한국병합』, 지식산업사; 千葉功, 2008, 『旧外交の形成』, 勁草書房 참고.

의 '삼국협상'에 일본이 아시아의 파트너로 참여하게 된 것이다. 이와 같은 국제관계는 1907년 이래 동아시아에서 일본에 우호적인 상황을 조성하였다. 현실적으로 한국에 대한 일본의 세력 확대를 견제할 수 있는 국가가 없어졌다는 것을 의미하기 때문이다.

일본의 참여로 '삼국협상'이 완성된 시기가 제2회 헤이그 만국평화회의(1907) 시기였다. 불일협약이 1907년 6월, 제1차 러일협정이 7월, 최종적으로 영러협상이 8월이었다. 즉 제2회 만국평화회의는 표면적으로는 국제분쟁의 평화적 해결을 위한 국제회의였으나, 실질적으로는 열강의 세력 재편이 목적이었다고 할 수 있다. 이 결과 동아시아에서는 일본을 중심으로 한 1907년 체제가 성립되었다. 이 체제는 유럽에서는 제1차 세계대전(1914)을 계기로 다시 한 번 재편되지만, 동아시아에서는 일본이 '만주사변'(1931)을 일으키기 전까지 기본 질서로 작동하였다.[2]

그동안 헤이그 특사 사건에 대해 일반적으로 한국이 비밀리에 '밀사(密使)'를 파견하였고, 이에 당황한 일본의 방해로 회의 참가가 좌절되었음에도, 특사들은 포기하지 않고 을사조약의 불법성을 국제사회에 호소하는 활동을 전개한 것으로 이해되어 왔다. 이 과정에서 국가의 사활을 걸고 시도한 '밀사'의 이미지와 헤이그 현지에서 이준(李儁)의 비극적인 사망이란 이미지가 겹쳐 당시부터 서정적인 연민을 불러 일으켰다. 그리고 일본의 탄압과 이에 대한 한국의 저항이라는 단선적인 구도 속에서 특사들의 헌신적인 활동에 대한 영웅성이 강조되었다.[3] 이와 같은 이해

---

2 한성민, 2019, 「1907년 체제 성립과정에서 일본의 한국정책과 한국사회의 대응」, 『일본역사연구』 49, 75-76쪽.

3 柳子厚, 1947, 『李儁先生傳』, 동방문화사; 신지현, 1969, 「세계에 호소하다-고종의 밀사」, 『韓國現代史』 3, 신구문화사; 尹炳奭, 1984, 『李相卨傳』, 일조각; 김기석, 「광

는 당시 국제관계를 조정하는 한복판에서 일어난 이 사건의 성격을 규명하는 데 상당한 한계로 작용했다고 생각한다. 특사들의 영웅성이 강조되면서 일본의 방해 또는 탄압을 선험적으로 파악하여 특사 사건에 대한 일본의 대응이라는 중요한 부분이 제대로 규명되지 못했기 때문이다.

이 시기 한국의 사회세력들은 고종황제가 헤이그에 특사를 파견한 사실을 이미 알고 있었다. 그리고 제2회 헤이그 만국평화회의의 회의구조도 충분히 파악하고 있었기 때문에 한국의 독립 유지와 관련하여 특사의 활동이나, 회의 결과에 대한 특별한 기대는 없었다.[4]

그동안 한국근대사 연구는 '한국병합'을 기준으로 개항기와 일제 강점기로 시기를 구분하여 진행되었다. 그 연구의 상당수는 국권강탈 이전의 국권수호운동, 국권강탈 이후의 독립운동, 또는 일제의 식민지배정책에 편중되어 있다. 이러한 연구 경향은 한국근대사를 한일관계를 중심으로 '일본의 침략에 맞선 한국의 저항'이라는 단순한 도식에서 편협하게 이해하는 데 상당한 영향을 주었다. 또한 한국근대사를 세계사적 관점에서 종합적이고 객관적으로 이해하는 데에도 상당한 장애가 되었던 것이 사실이다. '일본의 침략에 맞선 한국의 저항'이라는 도식에서는 객관성 없이 일본을 절대적인 무소불위의 힘으로 상정하고, 그에 맞선 한국은 '힘없는 약소민족'이며 러일전쟁의 전리품 정도로 상정되기 때문이다.

하지만 일본의 한국정책은 일본이 서구 열강과 평등한 관계를 설정

무제의 주권수호 외교, 1905~1907-을사늑약 무효 선언을 중심으로」, 이태진 편, 1995, 『일본의 대한제국 강점』, 까치; 박희호, 1999, 「특사의 헤이그 평화회의 파견」, 국사편찬위원회, 『한국사』 43; 이명화, 2007, 「헤이그특사가 국외 독립운동에 미친 영향」, 『한국독립운동사연구』 29; 서영희, 2008, 「고종황제의 외교전략과 제2차 만국평화회의 특사 파견」, 이태진 외, 『백년 후 만나는 헤이그 특사』, 태학사.

4 최덕수, 2008, 『재정러시아의 한반도정책, 1891~1907』, 경인문화사 참고.

하려고 한 불평등조약 개정 문제와 밀접하게 연동되어 있었기 때문에 일본의 침략과 한국의 저항이라는, 즉 한일관계의 측면만으로는 설명할 수 없다. 근대 일본의 한국정책은 계속적으로 열강의 견제를 받아 왔고, 일본의 침략이 강화될수록 한국도 이를 국제사회에 적극적으로 호소하거나, 한국을 열강의 세력균형지대로 만들려는 방식으로 대항했기 때문이다.

일본은 러일전쟁의 막바지인 1905년 7월 가쓰라-태프트 밀약을 통해 미국의 필리핀 지배를 인정하는 반대급부로 한국에 대한 일본의 보호권을 미국으로부터 인정받았다.[5] 8월에는 '제2차 영일동맹'과 9월 '포츠머스 강화조약'에서 영국과 러시아로부터 한국에 대해 "필요하다고 인정하는 보호, 지도 및 감독의 권리"를 승인받았다. 이렇게 일본은 당시 동아시아에 상당한 이해관계를 가지고 있던 미국, 영국, 러시아의 3대 열강으로부터 한국에 대한 일본의 보호권을 인정받은 뒤 11월 한국을 강압하여 을사조약을 체결함으로써 외교권을 박탈하고 통감부를 설치하였다.

이후 일본은 1907년 6월 제2회 만국평화회의에 한국특사단의 참가를 저지하여 국제사회에서 한국은 일본의 보호국임을 공인받는 한편, 독일에 대한 포위망의 후방인 아시아에서 일본으로부터의 위협을 제거하려는 프랑스, 러시아와 '불일협약' 및 '제1차 러일협약'을 체결하여 한국은 일본의 특수이익 지역임을 확인받았다. 그리고 이것을 토대로 일본은 같은 해 7월 헤이그 특사 사건에 대한 책임을 물어 고종을 강제 퇴위시

---

5   '가쓰라-태프트 밀약'에 대해서는 이 책 제3장 「통감부의 설치와 보호국체제의 성립」 참고.

키고, '제3차 한일협약(정미조약)'을 체결하여 한국의 국정 전반을 장악하였다.[6]

따라서 이 장에서는 한반도를 중심으로 열강의 갈등과 이해조정의 과정을 거쳐 형성된 1907년의 동북아 국제정치체제에 주목하면서 제2회 헤이그 만국평화회의를 활용한 일본의 한국정책과 이에 대한 한국 사회의 인식 및 대응을 구체적으로 검토하고자 한다.

1. 제2회 헤이그만국평화회의와 열강의 세력 재편

1) 제2회 만국평화회의와 일본 중심의 동아시아 국제관계 재편

1905년 11월 강제 체결된 을사조약에 의해 한국의 외교권은 일본에 박탈되었다. 이에 따라 새로 설치된 통감부가 일본 외무성을 경유하여 한국의 외교를 대신하게 되었다. 이로부터 2년 후인 1907년 6월 제2회 만국평화회의가 열렸다. 이 회의는 6월 15일부터 10월 18일까지 약 4개월 간 네덜란드의 헤이그에서 개최되었는데, 45개국의 대표가 참가하였다. 본래 제2회 만국평화회의는 러일전쟁 중이었던 1904년 미국의 루스벨트 대통령의 발의에서 비롯되었다. 그러나 1898년의 제1회 만국평화회의를 개최했던 러시아가 이번에도 주최국이 되겠다고 요청하고,

---

[6] 한성민, 2016, 『乙巳條約 이후 일본의 '韓國倂合' 과정 연구』, 동국대학교 박사학위논문, 7-8쪽.

미국이 양보함에 따라 제1회에 이어 제2회 회의도 러시아가 준비하여 개최하게 되었다.

이 과정에서 제2회 회의의 최초 발의국이었던 미국과 주최국인 러시아 간의 협의는 필수적이었다. 1906년 4월 러시아정부는 미국 국무성에 「제2차 평화회의 계획안」을 제출하였다. 이 계획안에서 러시아는 평화회의의 중심 의제를 국제분쟁의 평화적 해결 방안의 마련으로 설정하고, 초청 대상국을 한국을 포함한 47개국으로 선정하여 제시하였다.[7] 그리고 그 개최 시기를 같은 해 7월로 예정하였다.[8]

이러한 제2회 만국평화회의 계획안은 이 시기 이미 한국정부에도 전달되어 있었다. 1905년 10월 말경 고종황제가 프랑스어학교 교사 마르텔을 중국 주재 러시아공사에게 보냈다. 이때 러시아는 대한제국의 주권 불가침을 인정하며, 국제회의에서 대한제국이 그러한 견해를 밝힐 수 있도록 헤이그에서 열리는 만국평화회의에 대한제국의 대표를 초청하겠다는 의사를 전달하였다. 이와 관련하여 러시아정부는 이미 10월 3일 제2회 만국평화회의에 대한 초청장을 러시아 주재 한국공사에게 외교문서로 전달했으며, 러시아정부는 여전히 이범진을 합법적인 한국공사로 인정하고 있다는 의사도 통지하였다.[9] 이는 러일전쟁 이후에도 러시아의

---

7 윤병석, 2007, 「만국평화회의와 한국특사의 역사적 의미」, 『한국독립운동사연구』 29, 7-8쪽.

8 1906년 7월 평화회의를 개최하려던 계획은 범미주회의(Pan-American Conference)가 브라질의 리우데자네이루(Rio de Janeiro)에서 개최되었기 때문에 미국의 요청으로 연기되어 1907년 7월에 개최되었다(김원수, 2016, 『헤이그 만국평화회의 특사외교와 국제관계』, 도서출판 선인, 80-81쪽).

9 Б. Д. Пак, 2004, *Россия и Корея*, М., ИВ РАН, cc. 381-384; 서영희, 2008, 앞의 글, 69쪽.

동아시아에 대한 주요 정책이 변경되지 않았으며, 그 중심에 한국 문제가 있음을 의미한다.

러시아정부로부터 만국평화회의의 초청장을 전달받은 고종황제는 이준·이상설(李相卨)·이위종(李瑋鍾) 및 미국인 헐버트를 대한제국정부의 특사로 임명하여 헤이그로 파견하였다. 당시 고종황제가 헤이그로 파견되는 특사단에게 수여한「신임장」의 내용은 아래와 같다.

> 대한제국(大韓帝國)의 자주 독립은 세계 각국이 인정한 바이다. 대한제국은 각국과 조약(條約)을 체결하였으니, 열국회의(列國會議)에 사절을 파견하는 것이 도리이다. 1905년 11월 18일 일본이 외교대권(外交大權)을 강탈하여 우리와 열국의 우의(友誼)를 단절시켰다. 일본이 공법(公法)과 인도(人道)를 어기며 기만하고 능멸한 것이 이루 다 말할 수 없다. 종2품 전 의정부(議政府) 참찬(參贊) 이상설(李相卨), 전 평리원(平理院) 검사(檢事) 이준(李儁), 전 주러시아공사관 참서관(參書官) 이위종(李瑋鍾)을 네덜란드의 헤이그 만국평화회의에 특사로 파송한다. 우리나라의 제반 고난과 사정을 회의장에서 피력하여 우리의 외교대권을 회복하고 우리와 열국과의 우의를 회복하도록 하라.
>
> 대한 광무 11년 4월 20일 한양 경성 경운궁[10]

이「신임장」을 통해 고종황제가 만국평화회의에 특사단을 파견한 목적과 주요 임무를 확인할 수 있다. 그것은 국제사회를 향해 한국에 대한 일본의 침략행위 폭로와 한국의 외교권 회복이다. 그리고 특사단은「신

---

10 이선근, 1963, 『한국사』현대편, 진단학회, 944-945쪽에서 재인용.

임장」에서 규정한 임무 외에 만국평화회의 폐회 이후의 활동에 대한 임무도 부여받았다. 특사단은 이후 유럽의 주요 국가들을 방문하여 일본이 한국을 강제로 보호국화한 상황을 알려 지원을 요청하고, 자주권 수호를 위해 해외 한인들의 결집과 단체 구성을 독려하라는 것이었다. 이것은 고종황제가 한국의 독립 유지를 위해 대한제국의 황제로서 시도한 마지막 노력이었다.

'한국병합'을 추진하고 있던 일본정부에게 한국의 만국평화회의 참가 문제는 외교적으로 심각한 타격을 가할지도 모를 중대 사안이었다. 만약 만국평화회의에 한국의 대표가 정식으로 참가하게 되면, 그 자체로 한국의 외교권을 박탈한 '을사조약'은 사문화되는 것이었다. 그리고 이와 함께 국제사회에서 한국이 독립국으로 공인받는 하나의 계기가 될 수도 있기 때문이었다. 하지만 이와 반대의 상황도 가능하다. 한국대표가 회의 참가를 허가받지 못할 경우에는 그 자체로 한국에 대한 일본의 보호권을 국제사회가 공식적으로 공인하는 계기가 되는 것이다. 일본은 포츠머스조약에 근거하여 한국의 외교권을 박탈했으나, 이 조약에서 규정한 일본의 한국에 대한 '보호, 지도 및 감리'의 범위가 불분명했다. 포츠머스조약은 처음부터 한국의 외교권 박탈의 근거로 이용되기에는 불충분한 것이었다. 따라서 한국의 평화회의 참가 문제는 이러한 일본의 고민을 열강과의 특별한 협의과정 없이 해결할 수 있는 기회이기도 했다.[11]

---

11 한성민, 2015, 「제2회 헤이그 만국평화회의 特使에 대한 일본의 대응」, 『한일관계사연구』 51, 384-385쪽.

2) 헤이그 특사 사건에 대한 일본의 대응과 보호국체제의 국제적 공인

을사조약 이후였음에도 여전히 대한제국을 주권 불가침의 독립국으로 인정하여 제2회 만국평화회의에 초청하겠다는 것이 러시아의 입장이었다. 그러나 러일전쟁 당시 일본 주재 러시아 공사였던 이즈볼스키가 러시아의 신임 외무대신으로 취임하면서 이와 같은 상황은 바뀌었다. 이즈볼스키는 러일전쟁과 그 직후 전개된 혁명의 여파로 어려워진 러시아의 국내정세와 국제관계가 더욱 악화되는 상황을 막기 위해 노력했다. 그는 영국 및 일본과 협정을 체결하여 관계를 개선하고, 프랑스와의 동맹을 강화해야 한다는 생각을 갖고 있었다.[12] 이러한 판단에서 이즈볼스키는 러시아 외교정책의 중심을 유럽으로 전환하는 동시에 동아시아에서는 일본과 관계개선을 추구했다. 1906년 초부터 일본과 대립하고 있었던 러시아의 한국 주재 총영사 플란손(G. D. Planson)의 신임장 문제 해결은 이 시기 러시아의 대일정책 변화의 상징적인 사건이었다.[13]

일본이 한국의 평화회의 참가에 대한 상황을 처음으로 파악한 것은 러시아로부터의 통지를 통해서였다. 만국평화회의의 주최국인 러시아가 의장국이었기 때문에 일본은 러시아에 한국대표의 회의 참가 불허를 보

12　Извольский, А. П. Воспоминания, М., 1989, с. 58; Маринов А. В. Внешняя политика России перед первой мировой войны, М., 1974, с. 45; Memorandum communicated by Japanese Charge'd Affaires. August 10, 1906, No.27405. Confidential. FO 371/179 : (22), p. 108.

13　이에 대해서는 최덕규, 2006, 앞의 글 및 김종헌, 2011, 「한국 주재 러시아 총영사 플란손의 착임과정에서 제기된 인가장 부여 문제에 관한 연구」, 『史叢』 72 참고.

증해 달라고 요구하였다.[14] 이에 대해 1906년 10월 러시아는 초청 대상에서 한국을 제외할 것이라고 답변하였다.[15] 그러나 이는 초청 대상에서 한국을 제외한다는 것이지, 한국의 참가 자체를 불허한다는 것이 아니었다. 따라서 일본정부는 한국의 참가 불허를 러시아정부로부터 확실하게 보장받지 않는 한 전혀 신뢰할 수 없다고 판단하였다.

한국의 제2회 만국평화회의 참가 문제와 관련한 러시아의 태도에 대해 일본정부와 한국통감 이토는 러일협약의 교섭과정에서 러시아가 한국의 평화회의 참가 문제를 협상카드로 이용할 가능성을 우려하고 있었다. '바그다드철도' 문제를 중심으로 당시 서아시아 지역에서 독일의 세력 확대 문제가 부상하자, 러시아는 독일을 고립시키는 영국과 프랑스의 동맹에 가담하여 '삼국협상'을 성립시켰다. 이후 러시아와 프랑스는 독일을 고립시키는 포위망의 후방인 아시아에서 일본으로부터의 위협을 제거하기 위해 일본에 유화정책을 전개하고 있었다. 이와 같은 유화정책의 실질적인 조치로 프랑스는 11월부터 일본과 '불일협상'을, 러시아는 1907년 2월부터 일본과 '러일협상'에 임하고 있었다.

이토는 이렇게 러시아와 프랑스가 일본에 유화정책을 전개하고 있는 정세를 이용하여 한국에 대한 일본의 지배권을 확실히 보장받으려 했다. 이 협상을 통해 한국의 만국평화회의 참가 불허는 당연하고, 가능하다면 러시아로부터 일본의 '한국병합'까지도 인정받으려 했다. 하지만 일본의 목적을 파악한 러시아는 한국의 평화회의 참가 배제를 보장하지 않은

---

14 『海牙萬國平和會議日本外交文書』 2, #66「國際紛爭平和的處理條約ニ加盟方法ニ關スル回答通知ノ件」, 114-115쪽.

15 『海牙萬國平和會議日本外交文書』 2, #67「第二回萬國平和會議ニ關シ日本ノ回答ニ對シ照覆ノ件」, 115-116쪽.

상태에서 한일관계의 '앞으로의 발전'에 대한 대가를 요구했다. 그러나 당시 러시아의 신임 외무대신 이즈볼스키는 이미 1906년 8월 주한총영사로 부임하는 플란손에게 일본의 한국정책에 관여하지 말 것과 일본정부로부터 의심이나 불만을 야기시킬 행동을 하지 말 것을 훈령한 상태였다. 또한 제2회 만국평화회의 의장이자, 러시아대표단의 단장인 넬리도프에게도 한국의 특사와 접촉하지 말라고 지시해 놓고 있었다. 이처럼 러시아정부는 한국특사단의 제2회 만국평화회의 참가와 관련하여 참여하지 못하도록 이미 내부적으로 사전 조치를 취해 놓은 상태였다. 그럼에도 러시아가 일본정부에 한국특사의 평화회의 참가불허에 대한 확실한 보장을 하지 않은 것은 이토의 우려처럼 러일교섭에서 이 문제를 협상카드로 이용하려 했음을 충분히 파악할 수 있다.[16]

러시아는 몽고 및 만주 이외의 광범위한 중국 변경에서 러시아의 우월적 지위를 일본이 승인해 줄 것을 요구하였다. 러시아와 일본 모두 서로에 대한 과도한 요구로 인해 교섭이 난항에 빠지자, 이토는 만국평화회의 개최 전에 우선 '불일협상'을 성사시켜 러시아를 압박하려고 하였다.[17]

이러한 국제정세에서 일본의 제2회 만국평화회의 준비는 회의의 목적이었던 국제분쟁의 평화적 해결 및 군비축소 문제 외에 '만국평화회

---

16 박종효 편역, 2002, 『러시아 國立文書保管所 所藏 韓國關聯文書 要約集』, 한국국제교류재단, 767쪽; 日本外務省 편, 『日本外交文書』 40-1, 「韓帝密使ニ關シ露國外相ノ談話報告ノ件」, 428쪽.

17 『日本外交文書』 40-1, #120 「日露協約ニ關スル先方回答遲延ノ事由ニ付露外相ノ談話報告ノ件」・ #122 「日露勢力範圍分界線ノ提出ニ關シ請訓ノ件」・ #123 「日露協約日本案ニ對シ露國外相ヨリ對案提出ノ件」・ #125 「日露協約ノ日本案ニ對スル露國對案中蒙古問題ニ關シ意見上申ノ件」, 120-122쪽.

의에 한국대표의 참가 봉쇄'와 '불일협약의 만국평화회의 개최전 타결' 이 매우 중요한 문제로 상정되었다. 일본정부는 외무성을 중심으로 제2회 만국평화회의준비위원회를 조직하여 평화회의의 의제에 대한 일본의 입장을 준비하면서 한국의 초청 여부를 러시아 및 관련 국가들에 탐문하는 동시에 한국의 특사로 예상되는 인물들에 대한 동정을 면밀히 파악하기 시작하였다. 당시 일본정부는 한국의 특사 파견 움직임을 사전에 인지하고 있었다. 다만, 누가 한국정부의 특사인가를 정확히 파악하지 못했을 뿐이었다. 그러나 시간이 지나면서 특사 파견에 대한 구체적인 정황이 파악되어 갔다.

1907년 5월 19일 이토는 고종황제의 특사 파견 움직임에 대해 파악한 정황을 하야시 다다스 외무대신에게 극비 전보로 발송했다. 그 내용은 아래와 같다.

> 한국 황제가 외국을 통해 운동하고 있는 음모는 작년 이후 항상 지속되고 있으며, 전적으로 러시아와 프랑스에 의지하여 독립을 회복하려고 노력하고 있습니다. (중략) 전에 이용익을 통해 교섭했을 때에도 프랑스는 이를 거부하였으나, 러시아 영사는 이 요청을 받아들인 적이 있습니다. 이 시기 평화회의가 개최되기에 이르러 미국인 헐버트에게 거액의 자금을 주어 파견하는 것을 러시아와 프랑스 영사에게 의뢰하여 그 본국 정부의 알선을 요구하였습니다. 프랑스 영사는 이를 어리석은 계책이라고 하고 거부했는데, 이는 그 본국의 훈시에 입각한 것입니다. 그러나 러시아는 이 요청을 수용한 것임에 틀림없습니다. (중략) 이에 대한 황제의 자금계획 및 그 외 계획을 명확하게 알게 된 것은 프랑스 총영사의 밀고에 의한 것이며, 또한 다른 외

국의 관계기관을 통해서도 동일한 밀보(密報)를 접수하였습니다. (중략) 이같은 상태이기 때문에 현재 러시아 및 프랑스와 아직까지 협상을 끝내지 못한 것은 상당히 유감스럽습니다. 특히 프랑스만이라도 평화회의 전에 (협상이) 타결된다면 매우 좋은 형편이 될 것입니다. 프랑스와의 협상은 단순하므로 프랑스 외상의 최후 제안을 수용하는 것이 오히려 좋은 방책이 될 것이라 생각합니다. 이것은 상당히 기밀에 속하는 것이지만, 내각(內閣)과 원로(元老)들에게도 알려 주시기 바랍니다.[18]

위의 내용과 같이 이토는 당시 한국 주재 프랑스 영사 베렝(Belin)과 다른 외국 기관의 제보를 통해 헐버트를 특사로 파견하려는 고종황제에 대한 정황을 구체적으로 파악하고 있었다. 또한 이 내용을 일본정부에 보고하면서, 이를 내각과 원로 전체에게 알려야 할 만큼 심각한 문제로 판단하였다. 그리고 위 전보에서 이토는 러시아정부는 한국정부의 의뢰를 수용했을 것이라고 확신하면서 평화회의 개최 전 '불일협약'의 타결을 강하게 주장하고 있다. 그렇게 된다면 한국대표의 참가 저지와 함께 군축문제에서도 대표적인 열강인 영국과 프랑스의 협력을 받아 평화회의에서 일본의 발언권이 강화될 것이라는 점은 쉽게 예상된다.[19]

이토의 극비 보고로부터 약 일주일 뒤인 24일에는 러시아의 블라디보스토크 주재 일본의 무역 사무관 노무라 모토노부(野村基信)로부터 이

---

18 『日本外交文書』 40-1, #436 「韓帝密使'ハルバート'ヲ海牙平和會議ニ派遣ニ關スル件」, 427쪽.
19 한성민, 2015, 앞의 글, 370-371쪽.

준, 이상설의 거동과 관련한 내용이 통감부로 보고되었다. 이것은 헐버트와는 다른 계통의 특사 파견에 대한 정황이었는데, 그 내용은 전 평리원 검사 이준, 전 학부협판 이상설 등이 제2회 만국평화회의 개최를 이용하여 네덜란드의 헤이그에서 한국의 독립을 위해 열강의 전권위원을 상대로 운동할 계획이라는 정보였다.[20]

그런데 위와 같이 한국의 특사 파견에 대한 구체적인 보고를 받았음에도 불구하고, 이 시기 일본정부나 통감부로부터 특별한 대응이 없었다. 일본정부나 통감부는 특사로 파견되는 인물들의 출발을 사전에 저지하거나, 한국의 평화회의 참가 시도 자체를 저지하기 위한 어떠한 행동도 하지 않았고, 한국정부에 어떠한 압력도 행사하지 않았다. 여기에는 특사 파견 자체를 저지하는 것이 어려울 것이라는 현실적인 판단도 작용한 것으로 보인다. 고종 및 한국정부에 대한 일본의 감시망이 촘촘하다고 해도 다양한 경로로 진행되는 헤이그 특사 파견을 일본이 모두 파악하여 저지한다는 것은 실질적으로 불가능했다. 특히 헐버트와 같이 외국인을 특사로 파견하면, 일본이 현실적으로 그것을 가로막을 방법이 없었다. 하지만 그렇다고 해서 일본정부와 통감부가 한국의 특사 파견이라는 사안 자체를 방기한 것은 아니었다. 오히려 일본정부와 통감부는 내부적으로 이것을 매우 중요한 사안으로 다루고 있었다. 이는 일본정부가 한국의 특사 파견 문제를 한국에 대한 지배권의 강화에 활용하려 했음을 의미한다.

일본의 전권위원단이 헤이그에 도착한 시기는 1907년 6월 2일이

---

20 국사편찬위원회 편, 『統監府文書』 3, 「元韓國學部協辦李相卨及李儁李範允等ニ關スル件」, 168쪽.

었다.²¹ 그 직후 일본 전권위원단의 특명전권대사 쓰즈키 게이로쿠(都築馨六)와 수석 수행원 구라치 데쓰키치(倉知鐵吉)는 1주일 일정으로 런던 및 파리로 출장을 떠났다. 이 출장에 대해 쓰즈키는 '회의에 관한 협의'를 위해서라고 간단하게 표현하고 있다.²² 하지만 이것을 그대로 믿을 수는 없다. 평화회의의 전권대표가 회의 개최지에 도착하자마자, 부여받은 훈령의 첫 조항인 한국의 회의 참가 불허에 대해 의장국인 러시아나 개최국인 네덜란드로부터 명확한 대답을 받지 않은 상태에서 제삼국으로 출장을 떠났다는 점은 이 출장에 상당히 중요하고도 복합적인 목적이 있었다고 추측된다.²³

이와 관련하여 일본 전권위원단이 헤이그로 출발하기 전 구라치와 쓰즈키의 움직임이 눈에 띈다. 구라치는 3월 말에서 4월 초 다급하게 한국을 방문했다.²⁴ 이때는 일본의 만국평화회의준비위원회에서 평화회의에 대한 일본 측의 의견이 최종적으로 정리되는 시기였고, 일본정부로부

---

21 『海牙萬國平和會議日本外交文書』 2, #179 「第二回平和會議ニ參列ノ帝國委員旅程槪況報告ノ件」, 258쪽 · #184 「第二回平和會議參列ノ帝國委員一行賜宴ノ際ニ於ケル獨乙皇帝ノ談話要領報告ノ件」, 260-261쪽. 일본 전권위원단의 구성에 대해서는 한성민, 2015, 앞의 글, 373-374쪽 참고.

22 『海牙萬國平和會議日本外交文書』 2, #184 「第二回萬國平和會議ニ參列帝國委員一行海牙着並ニ事務打合セノ爲倫敦及巴里ヘ出張ノ旨報告ノ件」, 260-261쪽.

23 한성민, 2015, 앞의 글, 375쪽.

24 당시의 다급함은 구라치와 외무성 사이에 주고받은 전보에서 충분히 알 수 있다. 일본 전권위원단의 출발일이 4월 14일로 결정되었는지에 대한 구라치의 문의(『海牙萬國平和會議日本外交文書』 第2卷, #160 「第二回萬國平和會議委員出發期日問合セノ件」, 218쪽)에 외무성은 출발일은 아직 결정되지 않았지만, 평화회의 개최가 6월 15일이기 때문에 가능한 한 빨리 돌아올 것을 요구하였다(『海牙萬國平和會議日本外交文書』 第2卷, #161 「第二回萬國平和會議開催期日並同會議參列本邦委員出發日取ニ付回答ノ件」, 218쪽).

터 일본 전권위원단의 공식 임명과 출발 기일이 결정되려는 시기였다. 이와 같은 중요한 시기에 만국평화회의준비위원이자, 전권위원단의 수석 수행원인 구라치가 한국에 왔다는 것은 상당한 의미가 있다. 그리고 쓰즈키는 4월 22일 외무대신에게 아래의 요청을 하였다.

  소관 등은 이번 네덜란드 헤이그에서 개회되는 제2회 만국평화회의에 참가를 위해 그곳에 출장을 가 있는 동안, 경우에 따라 전문위원 및 수행원 약간 명과 관련 협의를 위해 런던 및 파리에 출장가게 될 수도 있고, 또 회의 개회 중 사무상의 필요가 발생할 때는 소관 혹은 일행 중에서 수시로 필요한 각지에 출장 갈 수 있도록 하는 것에 대해 이것 역시 미리 허락해 줄 것을 요청합니다.[25]

위 공문에서 쓰즈키는 평화회의 기간 중에 언제든지 일본정부에 그 출장의 목적을 사전에 보고하지 않고도 수시로 임지를 벗어나 자신의 판단에 따라 어느 곳이든 출장갈 수 있는 특권을 요구했다. 평화회의 참가를 목적으로 임명된 특명전권대사가 본인의 판단에 의해 임지를 벗어나 언제든지 다른 지역으로 출장 갈 수 있는 권리를 요구한다는 것은 이해하기 어렵다. 그것도 임지로 출발하기 5일 전에 정부에 요구한다는 것은 일반적으로 매우 이해하기 힘든 것이다. 그런데 일본 전권위원단이 헤이그에 도착하자마자, 쓰즈키와 구라치가 간단한 보고만으로 런던과 파리로 출장 간 것을 보면, 당시 일본정부는 쓰즈키의 수시 출장 권한의

---

25 『海牙萬國平和會議日本外交文書』第2卷, #175「第二回平和會議參列中委員一行二於テ隨時出張ニ關シ申請ノ件」, 253쪽.

요구를 허락한 것으로 보인다.

당시 영국은 유럽에서 독일을 고립시키기 위한 목적에서 '삼국협상'을 체결하고, 동맹국인 일본이 '삼국협상'의 파트너인 프랑스 및 러시아와도 관계를 개선하여 서로 협력할 것을 강력히 희망하고 있었다. 또 이토를 비롯한 일본정부의 지도부는 한국문제의 해결 및 프랑스에서 일본의 성공적인 국채 발행을 위해 러일협약과 불일협약의 체결을 희망하고 있었다. 특히 한국통감 이토는 일본이 주장한 "앞으로 한일관계의 발전"과 러시아가 주장한 "외몽고에서 러시아의 우월한 권리"로 러일협약의 교섭이 난항을 겪고 있었기 때문에 우선적으로 불일협약의 빠른 체결을 희망하고 있었다. 그러나 일본 전권위원단의 출발시점이었던 4월까지도 불일협약은 중국의 푸젠성에 대한 세력권 획정의 문제로 난항을 겪고 있었다.[26] 한편 한국이 일본에게 외교권을 박탈당했어도 독립국으로서의 지위를 잃은 것은 아니었기 때문에 한국의 평화회의 참가 불허에 대한 명백한 국제법적 근거도 없었다. 따라서 한국의 평화회의 참가 불허도 명확하게 결정된 상황도 아니었다.

이 시기 구라치의 한국 방문과 쓰즈키가 요구한 수시 출장의 목적과 내용에 대해서는 자료의 한계로 정확히 파악할 수는 없다. 그러나 불일협약 및 러일협약의 교섭 상황의 추이와 이토가 불일협약의 신속한 타결을 강하게 주장하고 있었다는 점을 고려하면, 일본 전권위원단의 출국 직전에 있었던 구라치와 쓰즈키의 행동에 대한 의미를 대체로 파악할 수 있다. 구라치는 한국에 와서 '불일협상'의 신속한 타결과 한국특사 문

---

26 불일협약의 과정에 대해서는 鹿島守之助, 1970, 『日本外交史』 8, 鹿島平和研究所出版會 참고.

제에 대한 구체적이고 내밀한 대응방안의 훈령을 이토로부터 받았을 가능성이 높다. 그리고 쓰즈키는 그것의 실행을 위해 위와 같은 요구를 했다고 생각된다. 이에 따라 쓰즈키와 구라치의 런던 및 파리 출장은 불일협약의 조속한 체결과 만국평화회의에 한국특사단의 참가 저지를 위해 동맹국인 영국, 그리고 불일협약을 통해 프랑스의 협력을 구하기 위한 출장이었다고 판단된다.[27] 이들의 출장 직후인 6월 10일 불일협약이 체결되었고,[28] 14일 일본은 러시아로부터 "한국은 결코 제2회 평화회의에 초청되지 않았다"라는 답변을 받았다. 일본은 마침내 제2회 만국평화회의 개회 하루 전에 공식적으로 한국특사단의 회의 참가 불허를 확인하였다.[29]

한국특사단은 제2회 만국평화회의가 개회된 지 10일이나 지난 25일경에 헤이그에 도착하였다. 도착 직후였던 27일에는 한국특사단의 명의로 일본의 침략성과 을사조약의 불법성을 국제사회에 고발하는 「공고사」를 일본과 그 동맹국인 영국을 제외한 각국 전권위원단에 발송하였다.[30] 일본 전권위원단은 『오사카마이니치신문(大阪每日新聞)』의 특파원으로 헤이그에 파견되어 있던 다카이시 신고로(高石眞五郞)의 제보를 통해 한국특사단의 소식을 알게 되었다.[31] 그리고 이 내용은 29일 자로

---

27 한성민, 2015, 앞의 글, 377-378쪽.
28 『日本外交文書』 40-1, #88 「日佛協約調印濟報告ノ件」, 84쪽.
29 『海牙萬國平和會議日本外交文書』 2, #197 「國際紛爭平和的處理條約第六十條議定書調印濟ノ件」, 269-270쪽.
30 『日本外交文書』 40-1, #439 「海牙ニ到着ノ韓人三名平和會義ヘ代表トシテ出席方運動ノ件」, 428-429쪽.
31 이에 대해서는 『大阪每日新聞』 1907년 7월분 기사 참고.

일본정부 및 통감부로 긴급하게 타전되었다.³² 이에 따라 한국특사단에 대한 일본전권위원단의 대응도 본격화되었다.

일본 전권위원단은 우선 개최국인 네덜란드 정부와 주최국인 러시아의 전권위원단, 그리고 각국의 주요 전권위원단을 만나 한국특사의 의견을 수용하지 않도록 선결 조치를 취했다. 이에 한국특사단의 평화회의 참석 노력은 실패하였다. 그 후 한국특사단이 차선책으로 언론을 통해 을사조약의 불법성을 호소하는 것으로 방향을 전환하자, 일본 전권위원단의 대응은 한국특사들에게 관심을 보인 언론에 대한 방해공작으로 확대되었다. 이 시기 한국특사들에게 가장 큰 관심을 보였던 언론은 당시 헤이그에서 제2회 만국평화회의 관련 내용을 전문적으로 보도하고 있던 『쿠리에 드 라 콩페랑스(Courrier de la Conference)』였다. 발행인은 친러 성향의 영국 언론인 윌리엄 스테드(William Stead)였는데, 한국특사단은 스테드의 도움을 받아 신문지면에 을사조약의 불법성을 호소하고, 대중집회에서 연설하기도 했다. 이 때문에 일본 전권위원단은 스테드에게 압력을 가하여 대중집회에서 한국특사단의 목표였던 국제 여론을 모은 「반일결의안」의 채택을 무산시켰다.³³

---

32 『日本外交文書』 40-1, #439 「海牙ニ到着ノ韓人三名平和會議ヘ代表トシテ出席方運動ノ件」, 428-429쪽.

33 헐버트박사 기념사업회 편역, 2007, 『헤이그 만국평화회의 관련 일본정부 기밀문서 자료집』, 선인, 105쪽 「電受2808號」, 108쪽 「電受2814號」.

2. 제3차 한일협약 체결과 일본의 국권 침탈 확대

1) 제3차 한일협약 체결과 일본의 한국 내정 장악

　헤이그에서 진행된 일본대표단의 방해공작에서 무엇보다 주목되는 점은 이들이 한국특사단의 제2회 만국평화회의 참석에 대해 매우 치열한 방해공작을 했음에도, 회의장 밖에서 전개된 한국특사단의 활동에 대해서는 직접적으로 방해하지 않았다는 점이다. 가장 중요한 목표였던 평화회의의 참가는 좌절되었지만, 당시 헤이그에서 한국특사단은 평화회의 참가 이외의 정치활동은 자유롭고 공개적으로 전개할 수 있었다. 이 시기 헤이그에서 한국특사단은 숙소였던 드 종 호텔의 외부에 태극기를 게양하여 자신들이 대한제국의 대표임을 과시했으며, 다양한 언론 및 인물들을 만나 한국의 입장을 전달하고, 을사조약을 비롯한 일본의 불법적인 한국의 국권 침탈에 대해 호소하였다.

　한국특사단의 이와 같은 활동에 대한 일본 전권위원단의 대응에는 3가지의 정치적 의도가 있었다고 파악된다. 첫째, 한국대표의 만국평화회의 참가가 불허될 경우, 그 자체로 일본은 한국에 대한 보호권을 국제사회로부터 공식적으로 공인받는 계기가 될 것이었다. 을사조약은 체결 당시부터 국제적으로 불법성의 문제가 제기되었기 때문에 일본으로서는 한국이 일본의 보호국이라는 것을 국제사회로부터 확실하게 공인받을 필요가 있었다. 한국의 제2회 만국평화회의 참가 문제는 당시 일본에게 한국에 대한 보호권 문제를 열강과의 특별한 협의과정 없이 해결할 수 있는 기회였다. 헤이그 만국평화회의의 성격은 본질적으로 국제법 제정회의였다. 국가 간의 전쟁을 통제함으로써 세계 평화를 달성할 수 있는 법을 제정하자는 것이 그 취지였다. 그 결과 이 회의에 참가한 국가만이 국제법상 주권국으로 인정받는 의미를 내포하게 되었다. 이 회의에 초청받지 못하거나 참가하지 못한 국가는 더 이상 주권국가가 아니며, 식민지 내지는 그에 준하는 상태임을 뜻했다.[34] 따라서 한국의 평화회의 참가 불허는 그 자체로 열강이 한국에 대한 일본의 보호권을 공인하는 조치가 되는 것이었다.

둘째, 특사 파견을 빌미로 고종황제와 한국정부를 압박하여 한국에 대한 일본의 지배권을 더욱 강화할 수 있는 기회로 활용하기 위함이었다고 판단된다. 헤이그에서 한국특사단의 활동을 통해 일본이 한국의 외교만이 아니라, 내정에까지 직접적으로 간섭하고 있다는 사실이 폭로되었지만, 열강으로부터의 특별한 문제제기는 없었다. 이는 한국에서 일본의 세력 확대에 대한 열강의 암묵적 동의를 의미했다. 그리고 당시, 즉 1907년 7월 초반의 시기는 영국·프랑스·러시아가 결성한 '삼국협상'의 아시아에 대한 보완책으로서 불일협약은 이미 6월에 체결된 상태였고, 한국문제에서 가장 심각하게 대립했던 러시아와 일본 사이의 제1차 러일협약도 체결이 확실시되는 시기였다. 따라서 이 시기는 일본이 한국에 대한 지배권을 더욱 강화할 수 있는 절호의 기회였다. 이 기회를 놓치지 않고, 누구보다도 앞서서 가장 적극적으로 활용하려고 했던 인물은 한국통감 이토였다.

한국특사단의 헤이그 도착 소식을 7월 2일 일본 외무성을 통해 전달

---

34 최정수, 2008, 「제2차 헤이그 평화회의와 미국의 '세계평화전략'」, 『한국독립운동사연구』 29, 426-427쪽.

받은 이토는 한국특사단의 활동이 고종황제의 칙명에 의한 것인지와 특사 3명의 이름 및 헐버트와의 관계 등을 헤이그의 일본대표단을 통해 파악할 것을 우선적으로 요구하였다. 그리고 이토는 만약 한국특사의 활동이 칙명에 의한 것이라면, 이번 기회에 한국의 상황을 크게 변화시키는 정책을 전개할 수 있는 좋은 시기라고 하면서 세권, 병권 또는 재판권을 일본이 장악할 수 있는 기회라고 외무성에 자신의 의견을 개진하였다.[35] 당시 이토는 이미 한국의 특사파견 움직임을 사전에 파악하고 있었기 때문에 한국특사단이 헤이그에 나타났다는 소식에 놀라거나 당황하는 기색은 전혀 없었다. 오히려 그는 즉각적으로 자신이 생각하고 있던 한국에서 일본의 세력 확대를 피력하였다.[36]

이토의 요구대로 헤이그에서 일본 전권위원단을 통해 한국특사단의 신원이 확인되자, 그는 그것을 빌미로 일본의 한국 침탈을 강화하는 구체적인 작업에 착수했다. 이토는 헤이그 특사 파견 문제는 한일 간의 을사조약을 어긴 대일 선전포고와 같기 때문에 그렇다면 일본은 결코 전쟁도 사양하지 않겠다는 협박으로 한국정부에 책임을 추궁하였다. 그리고 다른 한편으로는 일본정부에 한국에 대한 처리방안을 청훈하였다.[37] 이에 대해 일본정부는 "제국 정부는 현재의 기회를 놓치지 않고, 한국 내정에 관한 전권을 장악할 것을 희망하며, 그 실행에 대해서는 실지의 정황을 참작할 필요가 있음에 따라 이를 통감에게 일임한다"고 결정했다.

---

35 『日本外交文書』 40-1, #443 「海牙ニ於ケル韓帝密使ノ姓名資格等問合並對韓措置ニ關スル件」, 430-431쪽.

36 한성민, 2015, 앞의 글, 384-386쪽.

37 『日本外交文書』 40-1, #473 「密使海牙派遣ニ關シ韓帝ヘ嚴重警告並對韓政策ニ關スル廟議決定方稟請ノ件」, 454-455쪽.

그리고 그 자세한 사항은 극비이기 때문에 하야시 외무대신이 직접 한국에 가서 설명할 것이라고 답했다. 이와 같은 한국의 내정 장악을 위한 일본정부의 처리방안은 일본 천황의 재가를 받아 7월 12일 한국통감 이토에게 하달되었는데, 구체적인 결정사항은 다음과 같다.

「처리요강안」

제1안 한국황제로부터 그 대권(大權)에 속하는 내치, 정무의 실행을 통감에게 위임시킬 것.

제2안 한국정부로 하여금 내정에 관한 주요 사항은 모두 통감의 동의를 얻어 이를 시행하며, 또한 시정 개선에 대해 통감의 지도를 받을 것임을 약속하게 할 것.

제3안 군부대신, 탁지대신은 일본인으로 임명할 것.

「제2요강안」

한국 황제로 하여금 황태자에게 양위하도록 할 것.

장래의 화근을 끊기 위해서는 이 수단으로 나가는 것도 부득이한 것이다. 다만 본건의 실행은 한국정부로 하여금 실행하게 하는 것이 좋다고 할 것이다. 국왕 및 정부는 통감의 부서(副署) 없이 정무를 실행할 수 없다[통감은 부왕(副王), 혹은 섭정(攝政)의 권한을 가질 것].

각 행정부의 주요 부서는 일본정부가 파견한 관료로 하여금 대신 혹은 차관의 직무를 실행하도록 할 것.[38]

---

38 『日本外交文書』 40-1, #474 「韓帝ノ密使派遣ニ關聯シ廟議決定ノ對韓處理方針通報ノ件」, 455-456쪽.

위에서 인용한 2가지 「처리요강안」은 한국의 상황을 참작하여 둘 중 하나를 선택하라는 의미가 아니었다. 「제2요강안」에 대해 『일본외교문서(日本外交文書)』에는 '「처리요강안」과 함께 결정된 제2의 요강안'이라고 짧은 주기가 붙어있지만, 이것은 당시 일본정부 내에서 가장 강경한 의견을 표명한 데라우치 마사타케의 처리방안을 반영한 참고사항이라고 판단된다. 「처리요강안」은 「제2요강안」과 비교하여 선택하는 '제1요강안'이 아니라, 말 그대로 실행을 전제로 하는 '처리요강안'이다. 오히려 실행의 선택지는 「처리요강안」 안에서 가능한 한 제1안으로 하고, 그것이 불가하다면 최소한 제3안은 실행해야 한다는 것으로 이해해야 할 것이다. 따라서 이 시기까지 고종황제의 양위는 일본정부의 실행방안이 아니었다.

그런데 이 이후 상황이 급변했다. 『오사카마이니치신문』에 의해 헤이그 특사 사건이 일본사회에 보도된 이래 한국특사들의 활동 내용이 계속적으로 일본사회에 알려지면서 한국에 대한 일본사회의 여론은 급격하게 악화되었다. 당시 일본사회의 여론은 헤이그 특사 사건에 대해 '(한국에 대한) 일본의 정성스런 호의를 무시한 배신행위이자, 열강의 면전에서 일본을 능욕한 사건'으로 규정하고 고종황제의 사죄와 폐위를 요구하였다. 그리고 이러한 한국에 대한 비난 여론은 사전에 특사 사건을 예방하지 못한 통감과 일본정부에 대한 비난 여론으로 급속하게 확대되는 동시에 이번 기회에 한국에 대해 일본정부의 단호한 조치를 요구하는 방향으로 나아갔다.[39]

---

39 「韓帝室と伊藤統監」, 『大阪每日新聞』, 1907.7.12; 「大勇斷と大決心」, 『大阪每日新聞』, 1907.7.14; 「韓國處分案-領土保全の形を變更せよ」, 『大阪每日新聞』, 1907.7.17.

불과 2년 전 포츠머스조약 체결의 결과에 대한 일본사회의 반발로 히비야(日比谷) 폭동사건을[40] 경험한 일본정부로서는 일본사회의 극심한 정부 비난 여론을 무마시킬 한국에 대한 강력한 조치가 필요했다. 그러나 그렇게 하기에는 열강의 반발이 우려되었는데, 이 문제는 의외로 쉽게 해결되었다.

일본 외무대신 하야시가 이토에게 「처리요강안」을 전달하기 위해 한국으로 출발한 직후, 일본 주재 영국·프랑스·미국 대사가 일본 외무성을 방문했다. 방문의 목적은 한국에 대한 일본의 대응을 파악하기 위함이었다. 외무차관 진다 스테미는 이들의 반응을 경계하여 하야시 외무대신과 이토 통감이 협의하여 결정할 것이라고 의례적으로 답변했다. 그런데 이때 3개국의 대사들은 모두 "일본이 어떠한 처분을 취하더라도 그것은 어쩔 수 없는 것"이라는 예상 외의 입장을 표명하였다.[41] 이에 일본정부는 한국에 대한 지배권 확대와 관련한 열강의 반응에 대해서는 우려를 털어 버리고, 즉시 하야시 외무대신에게 "통감과 협의한 뒤에 가급적 갑안(처리요강안)으로 결정하도록 했으나, 국내 여론이 의외로 강경한 방향으로 나가고 있으니 유념하여 처리하라"고 신속하게 훈령하였다.[42] 요컨대 '제2요강안'으로 실행하라는 훈령이었다.

이와 같은 훈령에 따라 이토는 헤이그 특사 파견과 이들의 반일행동을 빌미로 친일파 이완용 내각과 함께 고종황제의 퇴위를 요구하였다.

---

40 이에 대해서는 外務省 外交史料館 日本外交史辭典編纂委員會 편, 『日本外交史辭典』, 「日比谷燒打ち事件」, 863-864쪽 참고.

41 『日本外交文書』 40-1, #482 「林外相渡韓ニ付在本邦英佛米大使來訪ニ關スル件」, 459-460쪽.

42 『헤이그 만국평화회의 관련 일본정부 기밀문서 자료집』, 「電送1967號」, 187쪽.

일본의 협박 속에 고종황제는 퇴위에 대해서는 끝내 거부하고, 다만 이후의 정치는 황태자가 대리하도록 하겠다는 뜻을 표명했다. 하지만 일본은 이것을 왜곡하여 1907년 7월 19일 고종황제를 강제 퇴위시키고, 20일 일방적으로 황제 양위식을 거행했다. 당시 양위식에는 고종황제도 황태자도 참석하지 않았기 때문에 일본은 환관들을 시켜 구황제와 신황제를 대역하도록 했다. 이와 같은 일본과 친일파 이완용 내각의 폭거에 궁내부대신 박영효(朴泳孝)와 내대신 이도재(李道宰)가 반발하고, 일단의 시위대 장교들은 이완용 내각의 중심인물들을 체포할 계획을 세웠다. 이에 일본은 22일 새벽 일본군을 동원하여 궁궐에 들어와 박영효와 이도재 및 일단의 시위대 장교들을 체포하고, 황제의 어새(御璽)를 탈취하는 동시에 신·구 황제의 교체를 공식화하였다. 이후 24일에는 친일파 이완용 내각을 압박하여 일본은 여전히 조약의 정식 명칭도 명기되지 않은 '제3차 한일협약'을 체결하여 한국의 내정권을 장악하였다.[43]

이 결과 그동안 명목상으로 한국의 내정을 담당했던 한국정부와 외교를 담당한다고 했던 통감부 설치 이래의 이중 권력구조는 종식되었고, 통감은 한국의 외교와 내정을 총괄하는 명실상부한 최고 통치자가 되었다. 한국 국정의 주요 사항은 통감의 주도하에 한국정부의 대신들과 일본인 차관들, 그리고 통감부 관리들이 참석하는 '시정개선협의회'에서 논의하고 결정하게 되었다. 이에 따라 한국의 국방과 치안도 일본군으로 대체되었다.

셋째, 일본은 결코 열강으로부터 양해받은 한국의 "보호, 지도 및 감독"의 권한을 넘어선 행동을 하고 있지 않으며, 한국에 대해 서구 열강과

---

43 한성민, 2015, 앞의 글, 388-390쪽.

비슷한 수준의 문명적인 지도를 할 수 있을 정도로 일본이 발전했다는 점을 과시하려는 정치적 의도였다고 생각한다.

헤이그에서 한국특사단은 을사조약은 일본의 강압에 의해 체결된 불법조약이며, 이것으로 인해 한국은 자주적인 독립국으로서의 자유를 박탈당했음을 계속하여 호소하였다. 그리고 이미 그 이전부터 을사조약을 전후하여 한국에 체재하고 있던 미국인 선교사들은 일본인 이주자 및 일본 군대의 폭력성에 대해 국제적으로 문제제기를 하고 있었다. 특히 헐버트는 일본인 이주자를 위해서 한국인들의 토지가 무단으로 침탈되고 있다는 사실을 언론에 공개했다.[44] 이와 같이 한국에서 일어난 무법에 가까운 일본인들의 행동들은 서구 열강에게 일본이 한국을 보호국으로 통치할 자격이 있는가의 여부를 판단하는 근거로 작용할 수 있는 사안이었다.

이에 대해 일본 전권위원단은 일본의 불법적인 한국 침탈을 폭로하는 한국특사단의 활동을 방기하는 것으로 대응하였다. 이렇게 함으로써 당시 일본 전권위원단은 한국에 동정적이었던 세계 여론을 향해 일본은 한국특사단의 반일활동도 허용할 정도로 한국은 충분히 자유롭다는 점, 일본은 다른 열강과 마찬가지로 문명적인 방법에 의해 한국을 지도하고 있다는 점을 내보이려고 하였다. 이 때문에 일본 전권위원단은 유럽과 미국 등 열강의 언론들의 한국특사단과 일본에 대한 보도 내용에 대해 상당한 주의를 기울이며, 이를 하나하나 스크랩하여 일본정부와 통감부

---

44 Sir J. Jordan to the Marquess of Lansdowne, Seoul, September 18, 1905(Received October 18, 1905). No. 26. Confidential. FO. 405/161, pp. 19-20 : (17), pp. 28-29.

에 전송하였다.⁴⁵ 또 한국특사단을 직접 만나서라도 「신임장」의 진위를 파악하라고 이토가 요구했음에도 불구하고, 쓰즈키는 한국특사단을 직접 만나려 하지 않았다. 당시 쓰즈키는 대외적으로 일본이 한국에 압력을 행사하고 있다는 인상을 주지 않으려고 노력한 것이었다.⁴⁶

고종황제는 제2회 만국평화회의에 상당한 기대를 가지고 특사를 파견했지만, 당시 한국사회의 지식인들은 이와 달리 만국평화회의가 회의의 성격상 한국문제를 공식적으로 다루지 않을 것이며, 서구 열강도 한국문제에 개입하지 않을 것으로 파악하고 있었다.⁴⁷ 이와 같은 한국사회 지식인들의 인식은 당시의 국제법에 대한 이해를 바탕으로 한 것이었는데, 『대한매일신보』의 아래 논설은 그것을 대표한다.

> 추상(推想)컨대 필시(必是) 한국충분지사(韓國忠憤志士)가 박재가 재주지방(轉在歐洲地方)타가 대차열국회의지거(對此列國會議之擧)하야 자국(自國)의 원통(冤痛)한 정실(情實)과 일인(日人)의 강박(强迫)한 행동(行動)을 애호진소(哀呼陳訴)한 자(者)가 유(有)한 것이오. 열국회석(列國會席)에서 차제의(此提議)를 배척(排斥)함도 의례지사(依

---

45 『統監府文書』 5, (11) 來電第133號 「韓帝密使에 관한 뉴욕 '허랄드' 巴里版記事 報告 件」, 6쪽·(32) 來電第153號 「韓帝의 密使와 關聯된 日本의 對韓政策에 관한 獨逸新聞論調 報告」, 14-15쪽·(61) 來電第160號 「韓國問題에 대한 佛國新聞의 論調 및 輿論에 관한 駐佛栗野大使의 來信 轉電 件」, 27-28쪽·(62) 來電第161號 「韓國問題에 관한 '프렘덴브랄드'紙의 論說에 대한 駐墺內田大使來信 轉電 件」, 28쪽·(63) 來電第162號 「韓國問題에 대한 美國新聞의 論說에 관한 駐美靑木大使의 來信 轉電 件」, 29쪽·(112) 來電第2號 「韓國問題에 관한 獨逸新聞論調 報告 件」 (1), 55-56쪽·(113) 來電第3號 「上件」 (2), 56-57쪽.

46 한성민, 2015, 앞의 글, 390-391쪽.

47 최덕수, 2008, 앞의 글, 305쪽.

例之事)라.

　하위기연지(何爲其然也)오. 개기의석(蓋其議席)에 제출안건(提出案件)은 각국위원(各國委員)이 이경열록자(已經列錄者)라야 가불처리(可否處理)가 시유(始有)한 것이오, 기열록안건(其列錄案件)에 초무삼입(初無參入)한 문제(問題)는 돌연(突然)히 제출처리(提出處理)하기는 현칙소부허야(規則所不許也)니 금차한국제의(今此韓國提議)가 열국위원(列國委員)의 이경록입(已經錄入)한 안건(案件)이 아닌즉, 용애처리(容受處理)를 부득(不得)할지니 고(故)로 기제의(其提議)가 배척(排斥)척 될 것은 의례지사(依例之事)라 하노라.[48]

　위 논설은 당시 국제회의에서의 안건 처리에 대한 규정을 잘 설명하고 있다. 국제회의에서는 안건이 미리 각국의 위원들에게 공지되어 이들로부터 승인된 안건에 포함되지 않은 갑자기 제출된 안건은 처리하지 않는다는 점을 정확히 인식하고 있다. 그리고 이러한 인식을 토대로 한국인이 제출한 안건은 논의되지 않을 것으로 전망하고 있는 것이다.

　이 때문에 당시 한국의 지식인 사회에서 제2회 만국평화회의에 대한 특별한 기대가 없었고, 언론에서도 그다지 주목하지 않았다. 그런데 시간이 지나면서 평화회의에 안건을 제출한 한국인들은 이준, 이상설, 이위종의 3인이며, 이들은 단순한 충의지사가 아니라, 고종황제로부터「신임장」을 받고 파견된 특사라는 사실이 밝혀지면서[49] 이들의 활동에 대한 소식히 자세히 보도되기 시작하였다. 그러나 여전히 한국의 언론이나 지

48　「萬國平和會議에 韓國提議」,『대한매일신보』, 1907.7.4.
49　「韓人運動別報」,『대한매일신보』, 1907.7.9.

식인들은 특사들의 활동에 대해 적극적인 의미 부여는 하지 않았다. 아래의 기사는 그러한 모습을 잘 보여 준다.

> 해아국제회의(海牙國際會議)에 이위종(李瑋鍾)과 쓰테도氏가 동회(同會)에 공개연설(公開演說)하는데 일한조약(日韓條約)의 무효(無效)를 술(述)하되 수만언(數萬言)으로 하고 유창(流暢)한 불어(佛語)로 以하야 3시간(三時間)에 亘하얏는데 일본(日本)이 한국(韓國)을 對하야 학정(虐政) 부도덕(不道德)을 지적(指摘)하니 右 연설(演說)의 주최(主催)는 교철(矯澈)한 국제평화희망자(國際平和希望者)의 단체(團體)나 세력(勢力)이 있는 자(者)는 아니라더라.[50]

위 『대한매일신보』의 기사는 을사조약이 무효이며, 일본의 학정과 부도덕 등에 대해 주장했다는 이위종의 연설 요지와 함께 그가 유창한 프랑스어로 3시간 동안 연설했다는 것까지 공개연설의 분위기를 파악할 수 있을 정도로 실감나게 보도하고 있다. 하지만 이와 함께 공개연설의 주최 측이 세력이 있는 단체는 아니라고 서술하여 적극적인 의미 부여는 하지 않았다. 『대한매일신보』의 이러한 평가는 일본의 대응을 염두한 조치가 아닌가 생각한다. 그 이전부터 일본은 한국의 반일활동을 빌미로 한국정부를 강하게 압박하여 지배권을 확대시켜 왔다. 그러한 전례를 감안할 때, 헤이그 특사의 활동에 대해 기대를 가지고 이들의 활동을 상세히 보도하면서도 일본의 압력을 의식하여 적극적인 의미 부여는 하지 않은 것으로 파악된다.

---

50 「海牙會議 韓人演說」, 『대한매일신보』, 1907.8.24.

실제로 헤이그 특사 파견을 빌미로 일본이 한국정부에 사죄를 위해 고종황제가 일본에 방문할 것을 요구하는 등 일본의 압력이 현실화되면서[51] 한국사회의 인식과 대응은 변하기 시작했다. 급기야 일본으로부터 고종황제의 양위까지 위협받는 중대사태에 직면하면서는 '진실로 황제가 파견했는지 단언할 수 없다'거나,[52] 이들은 고종황제의 특사가 아니라는 등 한국정부와 특사의 관계를 부정하려고 노력하였다.[53] 이는 특사의 파견 및 활동은 고종황제와 무관하다고 항변하여 일본의 양위 압박을 모면하려는 대응이었다고 할 수 있다.

2) 일본의 국권 침탈 확대와 식민지 기반 조성

1907년 고종황제의 강제퇴위와 제3차 한일협약의 체결 이래 통감은 명실공히 한국의 내외정을 총괄하는 최고 통치자가 되었다. 한국 국정의 주요 사항은 통감 주도하에 한국정부의 대신들과 일본인 차관들, 그리고 통감부 관리들이 참석하는 '시정개선협의회'에서 논의하고 결정하게 되었다. 이에 따라 한국의 국방과 치안도 일본군으로 대체되었는데, 제3차 한일협약의 내용은 아래와 같다.

> 일본국 정부와 한국 정부는 속히 한국의 부강을 도모하고 한국 국민의 행복을 증진시키려는 목적으로 이하의 조항을 약정한다.

---

51 「一大問題」, 『황성신문』, 1907.7.12.
52 「海牙의 韓人消息」, 『대한매일신보』, 1907.7.7.
53 「駁報知新聞之無禮」, 『대한매일신보』, 1907.7.20; 「시사평론」, 『대한매일신보』, 1907.7.23; 「辦海牙問題之惑點」, 『황성신문』, 1907.7.18.

제1조 한국 정부는 시정 개선에 관하여 통감의 지도를 받을 것이다.

제2조 한국 정부의 법령의 제정 및 중요한 행정상의 처분은 미리 통감의 승인을 거칠 것이다.

제3조 한국의 사법 사무는 일반 행정 사무와 이를 구분할 것이다.

제4조 한국 고등 관리의 임면은 통감의 동의에 의하여 이를 집행할 것이다.

제5조 한국 정부는 통감이 추천한 일본인을 한국의 관리로 임명할 것이다.

제6조 한국 정부는 통감의 동의 없이 외국인을 초빙하여 고용하지 않을 것이다.

제7조 메이지 37년(1904) 8월 22일에 조인한 한일협약 제1항을 폐지할 것이다.[54]

이 조약을 통해 일본은 '시정개선'에 대한 통감의 지도권이라는 명목으로 한국의 내정에 간섭하는 것을 공식화하였다. 물론 그동안에도 '시정개선'이라는 명목으로 사실상의 내정간섭을 하고 있었으나, 본래 '보호조약'에 근거한 통감의 임무는 한국의 외교권만을 대행하는 것이었다. 따라서 통감부 설치 이후 실제로 각부 고문에 대한 지휘 감독권을 통해 통감이 한국의 내정에 간섭하더라도 어디까지나 형식적으로는 한국정부에 협조를 요청하거나 권고하는 절차를 밟아야만 했다. 이러한 간접적이고 우회적인 방법에 한계를 느낀 일본은 이제 법령 제정을 비롯한 주요 행정상의 처분에 대한 승인권, 고등관리의 임면에 대한 동의권 등을

---

54 『純宗實錄』, 순종즉위년 7월 24일, 「韓日協約成」.

장악함으로써 명실공히 한국 내정의 최고 결정권자가 되었다. 또한 일본인을 직접 한국정부의 관리로 임명할 수 있는 권리를 확보함으로써 조언이나 권고 수준이 아니라, 나아가 직접 행정실무까지 장악할 수 있는 발판을 마련하였다.

일본은 우선 기존의 고문제도를 폐지하고, 일본인을 직접 궁내부 이하 각부 차관을 비롯한 한국정부의 요직에 임명하는 이른바 '차관정치'를 시행하였다. 이 결과 통감이 임명한 일본인이 직접 한국의 정치 및 행정에 관여하게 되었다. 그 후 곧바로 궁내부를 비롯한 한국정부의 각 부 관제 및 지방관제의 개정에 착수하여 궁내부와 한국황제의 권한을 축소시키고, 일본인이 장악한 내각을 중심으로 한국정부를 개편하였다.

1907년 8월에는 「통감부관제」를 개편하여 통감의 직권을 확장하였다. 이에 따라 통감이 한국에서 일본정부를 대표하며, 조약 및 법령에 의거하여 한국의 제반 정무를 통할할 수 있게 하고, 부통감 2명을 두어 통감을 보좌하도록 하였다. 이미 한국정부의 각부 차관·국장에 일본인이 임용되었기 때문에 통감부의 외무·농상공무·경무 등 3개 기관의 총장은 불필요해졌으므로 폐관되었다.[55] 이해 12월에는 각 부의 관제를 개정하여 행정의 실무를 담당했던 각 부의 국·과를 통폐합하여 사무의 간소화와 통일을 기하는 동시에 지속적으로 일본인을 한국정부의 관리로 임용함으로써 각 관청의 어느 곳이든 일본인 관리가 없는 곳이 없게 되었다.

1909년 1월 현재 한국정부에 임용된 일본인 관리의 숫자는 고등관 466명, 판임관 1,614명 등 2,080명과 일본인 순사 1,548명으로 총

---

[55] 金正明 編, 1964, 『日韓外交資料集成』 8, 巖南堂書店, 31쪽.

3,628명에 이르렀다.[56] 이에 따라 한국의 정무와 행정에 대한 모든 정책은 그것이 대한제국정부에 의해 발의된 것이건, 통감부에 의해 발의된 것이건 모두 통감의 승인을 얻은 후에 대한제국 황제의 형식적인 재가를 얻는 절차를 취했으며 그것의 집행은 모두 통감의 지휘, 감독에 의해 이루어졌다.[57]

이와 같은 통감의 권한과 제3차 한일협약(정미조약)의 강압 체결 당시 함께 체결되었던 미발표「각서」제3조에 의거하여[58] 일본은 한국의 군부를 폐지하고 군대를 해산시켰다. 이러한 조치는 한국주차 일본군의 증원과 궤를 같이하여 이루어졌다. 러일전쟁 발발 직후 한국의 협력을 강제하기 위해 일본정부는 한국정부를 강압하여 1904년 한일의정서를 체결하였다.[59] 그리고 5월에는 정치·군사 부문에서 한국에 대한 보호의 실권 및 경제 부문에서의 이권 확장을 도모한다는「제국의 대한방침」을 결정하였다.

한일의정서의 제3조와 제4조에 의해 군사 부문에서는 이미 일본이 한국에서의 군사 주둔, 작전권은 물론 군사전략상 필요한 지점의 점령과

---

56 통감부, 1910, 『제2차 韓國施政年報』明治41年(1908), 18쪽.

57 국사편찬위원회 편, 1999, 『신편한국사』42, 262-269쪽.

58 미발표「각서」제3조의 내용은 다음과 같다. 1) 육군 1개 대대를 존치하여 皇宮守衛의 任에 當하게 하고 기타는 이를 해산할 것. 2) 軍部를 비롯한 육군에 관계되는 官衙를 全廢할 것. 3) 교육받은 士官은 한국 군대에 머물 필요가 있는 자를 제외하고 기타는 일본 군대로 부속시켜 실지연습을 시킬 것. 4) 해산한 下士卒 가운데 경찰관의 자격이 있는 자는 이를 경찰관으로 채용하고 기타는 가급적 實業에 종사토록 할 것. 그 방법은 예컨대 ① 間島로 이주시켜 개간에 종사시킬 것 ② 屯田法으로 황무지 개간에 종사시킬 것(『日本外交文書』40-1卷, #530「日韓協約ニ關スル文書送付ノ件」, 494-495쪽; #535「日韓協約規定實行ニ關スル覺書調印報告ノ件」, 498쪽).

59 『高宗實錄』卷44, 고종 41년 2월 23일, 「韓日議定書成」.

수용권을 확보하였다. 이에 근거하여 일본의 참모본부는 1904년 3월 10일 한국주차군사령부 및 예속 부대의 편성을 시작하였다. 한국주차군은 창설 당시 보병 1개 대대, 후비보병 5개 대대 및 주차헌병대 등의 특수병과로 조직되었고, 원칙적으로 1개 사단 규모를 유지하였다.[60]

이러한 일본군의 무력을 배경으로 1907년 7월 19일 고종황제의 강제 퇴위 때, 통감 이토는 고종황제의 명의로 통감부에 '폭도 진압'을 의뢰하는 조칙을 내리도록 하였다. 이를 통해 대한제국 황제로부터 통감에게 의병 탄압이 공식적으로 위임되었다는 인상을 주게 하였다. 이 조칙에 의거하여 이토는 기존의 한국주차 일본군 1개 사단에 더하여 1907년 7월 보병 1개 여단, 9월에는 보병 2개 연대를 일본으로부터 한국으로 증원시켰다. 이와 같이 한국주차 일본군을 증원시켜 한국의 국방과 치안이 일본군으로 대체되는 과정과 더불어 한국의 군부와 군대는 해체되었다.

통감부는 7월 31일 밤 순종황제로부터 군대해산의 조칙을 받아 한국의 군부를 폐지시켰다. 다음 날인 8월 1일에는 황궁 수비를 위한 700여 명의 친위대 1개 대대를 제외한 모든 한국의 군대를 해산시켰다.[61] 경찰은 일본군 헌병대를 주축으로 개편하였다. 1908년 5월 한국의 경찰기관을 한국주차 일본군사령관이 지휘하도록 하고, 7월 1일부터 해산된 한국군인이나 면직된 한국 순사를 헌병보조원으로 채용하여 일본 헌병 1인당 2~3명을 배속시켰다. 1909년 말 일본군 헌병대는 전국에 457개의 분견소를 설치하여 최종 행정단위인 면단위까지 한국의 치안을 완벽하게 장악했다.

---

60 임종국, 1988, 『日本軍의 朝鮮侵略史』 I, 일월서각, 111~121쪽.
61 『統監府文書』 3卷, (8) 「往電第107號 韓國軍隊 解散에 관한 件」, 244-245쪽.

1907년 7월에서 1908년 8월까지 약 14개월 간, 한국주차 일본군수비대의 무력탄압에 의해 학살된 의병과 지역 주민 등의 한국인 사망자는 약 12,000명에 달한다. 이에 비해 일본군의 사망자는 겨우 70여 명에 지나지 않는다.[62] 이와 같은 일본군의 한국인 학살에 대해 국내외의 비난 여론이 높아지고 있는 가운데, 통감의 군대 지휘권 행사에 대한 일본군부의 문제 제기, 그리고 한국에서 의병의 저항이 계속되었기 때문에 이토는 의병 탄압의 중심 기관을 한국주차 일본군수비대에서 한국주차 일본군헌병대로 바꾸어 의병에 대한 1909년 가을의 이른바 '남한대토벌작전'을 계획하였다.

재판기구는 일본의 재판소 구성을 그대로 모방하여 1907년 12월 구재판소 113개소, 지방재판소 8개소, 공소원 3개소, 대심원 1개소로 개편했다. 또 재판소를 행정기관으로부터 완벽하게 분리하고, 검사와 판사의 역할도 엄격히 구분했다. 이는 형식적으로는 사법기관을 행정기관으로부터 독립시킨 의미가 있었으나, 실제로는 판검사의 대부분을 일본인으로 채용하도록 하여 일본에 의한 한국 사법권 장악의 의미가 더욱 큰 것이었다.[63]

외교 부문에서는 1904년 8월의 제1차 한일협약의 제2조와 제3조에 의거하여 일본정부는 과거 일본 주재 미국공사관에서 근무했던 미국인 스티븐스를 한국정부의 외교고문으로 고용토록 하였다. 이를 통해 외교에 관한 중요한 사항은 모두 그의 의견을 자문 받아 시행하는 것과 함께

62　이승희, 2008, 「한말 의병탄압과 주한일본군 헌병대의 역할-이토 히로부미의 치안 구상을 중심으로-」, 『한국독립운동사연구』 30, 124-127쪽.
63　이 책 제3장 및 도면회, 2014, 『한국 근대 형사재판제도사』, 푸른역사 참고.

외국과의 조약 체결, 기타 중요한 외교 안건은 모두 일본정부와 협의하도록 하였다.[64] 이후 일본은 1905년 11월에 강제 체결된 을사조약에 의해 한국의 외교권을 박탈하여 한국정부의 외부(外部)를 폐지하고, 한국의 재외공관을 모두 철폐시켰다. 이와 동시에 한국에 주재하는 외국의 공사를 철수하게 하고 공사관을 폐쇄시켜 한국을 일본의 피보호국으로 하는 '보호관계(Protectorate)'를 확립하였다.[65]

경제 부문에 대해서는 먼저 한국의 재정 장악을 위해 제1차 한일협약의 제1조에 의거하여, 일본정부는 과거 일본 대장성의 주세국장이었던 메가타 다네타로를 추천하여 한국정부의 재정고문으로 고용하게 하였다. 이후 한국의 재정에 관한 사항은 모두 그의 의견을 자문받아 시행하게 하였는데, 메가타는 1905년 한국의 화폐정리사업을 추진하였다. 그는 폐제문란의 직접적 원인인 백동화를 환수하고 엽전을 점진적으로 정리하는 것과 함께 일본의 제일은행권을 조선의 법화(法貨)로 채택하였다. 이것은 일본에 의한 화폐발행권의 장악과정이었고, 구 화폐의 정리사업임과 동시에 새로운 식민지 통화제도의 수립과정이었다.[66]

철도의 장악은 일본이 러시아와 대항하면서 정치적, 경제적, 군사적으로 한국을 독점적으로 지배하기 위해, 그리고 상품과 병력을 단시간에 대량으로 수송하고, 연선에 정치력을 확산시키는 데 필수적이고 핵심적

---

64 『高宗實錄』卷44, 고종 41년 8월 22일.
65 이에 대해서는 戶水寬人, 1904, 「朝鮮の處分」, 『國際法雜誌』 3-1, 國際法學會; 立作太郎, 1930, 『平時國際法論』, 日本評論社; 康成銀, 2005, 『1905年韓國保護條約と植民支配責任』, 倉史社 참고.
66 吳斗煥, 1991, 『韓國近代貨幣史』, 韓國硏究院; 도면회, 2006, 「제3장 개항기의 신식 화폐」, 국사편찬위원회 편, 『화폐와 경제활동의 이중주』, 두산동아 참고.

인 사안이었다. 일본은 러일전쟁의 과정에서 기존에 건설 중이었던 경부철도의 신속한 공사를 추진하여 1905년 1월 완공하고, 한일의정서의 제3조 "군략상 필요한 지점 수용"의 조항을 빌미로 한국정부를 압박하여 경의철도, 경원철도, 경부철도의 지선인 삼마철도(삼랑진-마산)의 부설권을 확보해서 군용철도의 부설에 착수하였다. 또한 주요 철도역의 부지에 대해 과도하게 넓은 지역을 수용하여 군사주둔지로 활용하는 한편, 이후 지역의 중심지로 부상하게 될 철도역 주변 부지를 한국으로 이주하는 일본인들에게 싼값에 불하하여 지방 통제의 거점으로 활용할 수 있는 구조를 형성했다.[67]

이후 일본정부는 1906년 7월 한국의 철도들을 모두 국가재정으로 매수하여 통감부 철도관리국으로 이관하였다. 그리고 1909년의 시점에서는 이를 일본 철도원의 관할로 통합시켜 남만주철도와 연결시킬 것을 요구하였다. 이는 한국에 대한 일본의 세력 확장인 것임과 동시에 한국철도가 한반도의 종관철도로 일본과 대륙을 직접 연결함으로써 일본의 대륙 침략을 위한 가장 중요한 수송수단이 되었음을 의미하기도 한다.[68]

통신은 교통과 더불어 일본이 한국의 전 지역을 실질적으로 장악하고, 유기적이며 일원적인 통치력을 행사하는 데 필수불가결한 요소였다. 이에 따라 일본정부는 한국정부와 1905년 4월 '한일통신기관협정서'를 체결하여 한국의 우편, 전신, 전화 등의 모든 통신사업을 일본정부에 위탁하도록 하고, 통감부 산하에 통신관리국을 설치하여 한국의 통신권을

---

67 한성민, 2021, 「'韓國倂合'에 대한 일본의 정책적 일관성 검토-「對韓施設綱領」과 「對韓施設大綱」의 비교를 중심으로-」, 『한일관계사연구』 72, 255-256쪽.

68 정재정, 1999, 『일제침략과 한국철도(1892~1945)』, 서울대학교출판부; 이노우에 유이치 지음, 석화정·박양신 옮김, 2005, 『동아시아 철도 국제관계사』, 지식산업사 참고.

장악하였다.[69]

한국의 산업에 대해 「대한시설강령」은 농업을 가장 유망한 산업으로 규정하였다. 이에 따라 일본의 초과인구를 이주시켜 농업을 통해 한국을 식량공급기지화 하는 것을 산업에서의 중심 목표로 하고, 그외에 임업과 어업에서의 이권 확보를 정책목표로 제시하였다. 이것의 실현을 위해 한국의 토지 확보를 목적으로 1904년 6월 주한일본공사 하야시 곤스케(林權助)는 한국의 외부(外部)에 황무지개척권을 일본인에게 양여하라고 요구하였다. 이 시기 일본의 황무지개척권 요구는 보안회(保安會)를 중심으로 한 한국인들의 반대투쟁으로 좌절되었다. 하지만 이후 일본은 한국 정부에 지속적으로 압력을 가해 1907년 7월 법률 제4호 「국유미간지이용법」을 공포·실시하도록 하여 국유미간지를 시작으로 한국의 토지 약탈을 본격화하였다. 1908년엔 그동안 장악한 미간지와 역둔토를 기반으로 동양척식주식회사를 설립하였다.[70]

이처럼 한국의 토지를 수탈하는 과정에서 그와 동시에 일본인의 한국 이주와 이를 지원하기 위해 1905년 3월 법률 제41호로 「거류민단법」을 공포하였다. 이 법에 기초하여 일본정부는 한국에서 일본인 거류민단의 사무 관할과 일본인이 경영하는 은행업, 수산조합 등의 감독권을 통감부 및 이사청에 부여하였다. 이와 함께 한국인의 외국여행 및 이민 등 한국 관민의 외국에 대한 일체의 사항 및 외국인의 한국에서의 일체

---

69 『高宗實錄』卷45, 고종 42년 4월 1일.

70 尹炳奭, 1964, 「日本人의 荒蕪地開拓權 要求에 對하여 – 1904年 長森名儀의 委任契約企圖를 中心으로 – 」, 『歷史學報』22 및 尹炳奭, 1996, 『近代 韓國民族運動의 思潮』, 집문당 참고.

의 사항까지도 이 법을 근거로 통감부가 관할하도록 하였다.[71]

임업에서는 한국의 압록강과 두만강 유역의 원시림에 대한 러시아의 벌채권을 일본으로 이전시키는 것이 주요 목표였다. 이에 일본은 러일전쟁의 과정에서 한국정부를 압박하여 1904년 5월 18일 한·러 간의 국교단절 및 삼림협동조약(1896)을 폐기하도록 하였다.[72] 이로써 러시아의 벌채권은 폐기되었고, 전쟁에서 승리한 일본은 1906년 10월 한국과 '삼림경영에 관한 협동약관'을 체결하여 압록강·두만강 유역의 벌채권을 확보하였다.[73]

어업에 대해서는 농업 다음으로 유망한 산업으로 평가하고, 충청·황해·평안도 지역에서의 어업권 확보를 과제로 제시하였다. 이에 일본정부는 한국정부와 교환한 1904년 6월의 「충청·황해·평안도에서 어업에 관한 왕복문서」를 통해 이 지역으로 일본 어민의 어업 영역을 확장하였다. 나아가 1908년 10월에는 한국정부와 '어업에 관한 협정'을 체결하여 한국의 연해에서 재산권으로서의 어업권을 확보하였다.[74]

러일전쟁 이후 20세기 초 국제관계의 대립은 기존의 영국과 러시아의 대립을 중심으로 했던 이른바 '그레이트 게임(Great Game)'에서 영국과 독일을 중심으로 한 대립으로 변화되었다. 영국의 '3C정책'과 독일의

---

71 『公文類聚』第二十九編(明治三十八年 第七卷 外事·國際·通商), 「居留民團法ヲ定ム」, 日本國立公文書館 소장문서(アジア歷史資料センター, レファレンスコード A15113538000).

72 강영심, 1988, 「구한말 러시아의 삼림이권획득과 삼림회사의 채벌실태」, 『이화사학연구』 17·18합집 참고.

73 『高宗實錄』 卷47, 고종 43년 10월 19일.

74 이영학, 1995, 「개항 이후 일제의 어업 침투와 한국 어민의 대응」, 『역사와 현실』 18 참고.

'3B정책'의 대립은 '삼국협상'(영국·프랑스·러시아)과 '삼국동맹'(독일·오스트리아·이탈리아)의 대립으로 확장되었다. 열강의 대립 초점이 유럽으로 이동함에 따라 프랑스와 러시아는 영일동맹의 토대 위에서 대독일 포위망의 후방인 아시아에서 일본의 위협을 제거하려 했다. 이 결과 일본은 1907년 프랑스와 불일협약, 러시아와 제1차 러일협약을 체결하여 '삼국협상'의 파트너가 되었는데, 그 계기는 제2회 만국평화회의였다.

이와 같은 국제정세에서 고종황제는 제2회 만국평화회의에 이상설·이준·이위종 및 헐버트를 특사로 파견하였다. 회의에 참가해서 을사조약의 불법성 및 한국에 대한 일본의 무력 침탈을 국제사회에 폭로하여 한국의 독립 유지를 위한 국제사회의 지원을 이끌어 내기 위함이었다. 일본정부는 이와 같은 고종의 특사 파견 움직임을 이미 사전에 파악하고, 평화회의 의장국인 러시아에게 집요하게 한국의 참가 불허를 요구했다. 하지만 일본은 고종황제의 특사 파견을 사전에 저지하려 하지도 않았고, 헤이그에서 한국특사단의 활동에 대해서도 직접적인 제지를 하지 않고 방관하였다.

여기에는 3가지 중요한 정치적 의도가 있었다. 일본은 열강과의 이해관계를 조정하여 이 사건을 정치적으로 활용하였다. 첫째, 한국의 만국평화회의 참가문제는 '한국병합'을 추진하고 있던 일본에게 커다란 타격을 가할지도 모를 중대 사안이었다. 한국이 이 회의에 정식으로 참가하게 되면 그 자체로 한국의 외교권을 박탈한 을사조약은 사문화될 뿐만 아니라, 국제사회에서 독립국으로 공인받는 하나의 계기가 될 수도 있기 때문이었다.

하지만 반대로 한국대표가 평화회의 참가를 허가받지 못할 경우, 그 자체로 한국에 대한 일본의 권리를 국제사회에서 공식적으로 공인받는 계기가 될 것이었다. 일본은 포츠머스조약에 근거하여 한국의 외교권을 박탈했다. 하지만 이 조약에서 규정한 일본의 한국에 대한 '보호, 지도 및 감리'의 범위가 불분명했기 때문에, 애초에 한국의 외교권 박탈의 근거로 이용되기에는 불충분했다. 한국의 평화회의 참가 문제는 이러한 일본의 고민을 열강과의 특별한 협의과정 없이 해결할 수 있는 기회였다. 열강의 대립 중심이 유럽으로 이동하면서 동아시아에서는 일본에 우호적인 국제환경이 조성되었기 때문에 일본은 이 기회를 활용하려고 하였다.

둘째, 국제사회를 향해 한국특사단의 공개적인 반일활동을 허용할 정도로 일본은 한국에 대해 자유롭고 문명적인 지도를 하고 있기 때문에 일본도 다른 서구 열강과 동일하게 식민지를 통치할 수 있는 능력이 있음을 과시하려는 의도가 있었다. 셋째, 이 사건을 빌미로 한국에 대한 지배권을 한층 강화하려는 의도였다.

이러한 일본의 의도는 제2회 만국평화회의 기간 동안 소기의 목적을 달성하였다. 이 기간 동안 일본은 불일협약과 제1차 러일협약을 체결하면서 '삼국협상'의 파트너가 되었고, 그것을 이용하여 열강으로부터 한국의 회의 참가 불허를 약속받음으로써 한국에 대한 보호권을 공인받았다. 그리고 고종황제의 강제 퇴위와 한국의 내정권을 박탈한 제3차 한일협약을 강제 체결하여 한국에 대한 지배권을 강화하였다.

제2회 만국평화회의 특사파견은 한국의 독립 유지를 위해 고종황제가 대한제국의 황제로서 계획한 마지막 시도였다. 반면 당시 한국사회의 지식인들은 평화회의가 회의의 성격상 한국문제를 공식적으로 다루지 않을 것이며, 서구 열강도 한국문제에 개입하지 않을 것으로 파악하였다. 하지만 그렇다고 해도 대규모 국제회의에 한국인들이 한국문제를 안건으로 제출하였고, 한국의 독립을 위해 활동하고 있다는 사실은 한국 사회의 주목을 끌기에 충분했다. 이에 특사단의 활동 소식은 당시 언론을 통해 특사단의 신분, 연설 요지 등이 상세하게 보도되기 시작하였다. 다만, 이들의 활동에 대해 적극적인 의미 부여는 하지 않았고, 특사단의 활동에 대한 한국사회의 반응에 관한 보도도 없었다. 그동안 한국의 반일활동을 빌미로 일본은 한국정부를 강하게 압박하여 세력을 확대시켜 왔기 때문에 이를 우려한 대응이었다.

실제로 헤이그 특사 파견을 빌미로 일본이 한국정부에 사죄를 위해 고종황제가 일본에 방문할 것을 요구하는 등 일본의 압력이 현실화되면서 한국사회의 인식과 대응은 변하기 시작했다. 급기야 일본으로부터 고종황제의 양위까지 위협받는 중대사태에 직면하면서는 고종황제 또는 한국정부와 특사단과의 직접적인 관계를 부정하는 모습을 보였다. 이는 특사의 파견 및 활동은 고종황제와 무관하다고 항변하여 일본의 양위 압박을 모면하려는 대응이었다.

독립 유지를 위한 한국의 노력에 국제사회의 호응은 없었다. 이 시기 동북아시아에서는 1907년 이래 일본을 매개로 열강의 새로운 세력균형 체제가 구축되었는데, 이것은 동아시아에서 일본에 우호적인 상황을 조성하였다. 세력균형으로 성립된 영국·프랑스·러시아·일본의 사국 앙탕트체제가 오히려 일본의 세력팽창을 가능하게 해 주었기 때문이다. 영국·프랑스·러시아 등 열강의 관심의 초점이 유럽에서 독일의 팽창 억제로 이동했기 때문에 20세기 초 동아시아에서 유럽 열강의 영향력은 서서히 퇴조했고, 다만 일본에 대한 선택적 지지 혹은 견제를 통해 동아시아에서 자국의 영향력을 지키고자 하였다. 이러한 동아시아의 국제관계는 현실적으로 한국에 대한 일본의 세력 확대를 견제할 수 있는 국가가 없어졌다는 것을 의미했다.

　열강은 자국의 이익에 직접적인 피해가 없다면, 이 지역에서 세력의 균형자 역할을 하는 일본의 행동을 적극적으로 견제하지 않았다. 이와 같은 체제하에서 일본은 동북아시아를 안정시킨다는 명분으로 한국을 병합하고, 계속하여 제1차 세계대전에서 승전국의 일원이 되면서 만주와 중국으로 세력을 팽창시켜 나갔다. 반면 영국·러시아·프랑스·미국 등은 그 과정에서 일본을 효과적으로 견제하지 못했다. 동북아에서는 더 이상 세력균형체제가 작동하지 않았던 것이다. 이것이 1907년의 동북아체제(사국 앙탕트체제)가 갖는 근본적인 문제점이었다.

제5장
일본의 한국 강제 병합

1909년 7월 6일 일본정부는 각의에서 '한국병합'의 단행을 명시한 「대한정책의 기본방침」과 그 실행방안으로서의 「대한시설대강」을 의결했다. 이것은 일본정부가 최초로 '한국병합' 방침을 공식화한 조치였다. 하지만 당시 일본정부는 '한국병합'을 단행하는 시기에 대해서는 쉽게 결정할 수 없었다. 열강과의 관계에서 1911년에 예정되어 있던 일본의 불평등조약 개정 교섭에 '한국병합'이 일본에게 불리하게 작용하지 않을까라는 우려 때문이었다.

　'한국병합'의 단행, 특히 그 시기의 결정에 대해서는 일본의 내재적 이유보다 국제관계에서 유래하는 이유가 더욱 중요했다. 한국의 개항 이래 일본의 한국정책은 서구 열강에 의해 계속적으로 규제되었는데, 이는 병합에 이르는 과정에서도 거의 동일한 양상이었다. 또 한국 국내에서의 위기는 대체로 국제관계와 연동하기 쉬웠기 때문에 일본은 그 대처에 끊임없이 고민하지 않을 수 없었다.[1]

　일본의 '한국병합' 추진 과정에서 1910년 10월 예상치 못한 중대한 사건이 발생했다. 중국의 하얼빈(哈爾濱)에서 한국인 청년 안중근에게 이토 히로부미가 사살당한 '하얼빈 의거'였다. 이 사건은 청국 영토 내에 있는 러시아의 법권지대에서 일어났다. 한국이 일본에게 외교권과 사법권을 박탈당한 상황에서 한국인이 한국이나 일본도 아닌 제3국에서 일본인을 사살했기 때문에 이 사건의 처리는 관련 국가의 치외법권 및 조약이 얽히고, 각국, 특히 일본의 정치적 의도가 개입되어 상당히 복잡한 양상을 띠고 진행되었다.

　당시 일본정부는 국가적 숙원이었던 불평등조약의 개정과 '한국병

---

[1] 모리야마 시게노리 지음, 김세민 옮김, 1994, 『근대한일관계사연구』, 현음사, 203쪽.

합'을 앞둔 상황에서 안중근의 이토 사살 사건으로 인해 한국문제가 국제적 관심사로 부각되거나, 한국 내에서 반일운동이 고양되는 것을 차단하려고 매우 고심했다. 이에 일본정부는 외무성 정무국장 구라치 데쓰키치(倉知鐵吉)를 사건이 발생한 만주 현지로 파견하여 일본의 의도대로 이 사건을 수습하도록 하였다. 그 결과 안중근 재판은 사건의 파장을 최소화하여 열강의 개입으로부터 일본의 한국에 대한 보호관계를 현상유지하려는 일본의 정치적 목적이 관철되었다. 그리고 이것은 이후 해외 거류 한국인들의 독립운동에 대한 일본정부의 대응의 원형이 되었다고 할 수 있다.

기존의 연구에서는 '의거'라는 단어에서 드러나듯이 하얼빈 의거의 독립운동사적 의의와 안중근 의사의 활약상과 영웅성이 강조되어 왔다. 그 반면 안중근이 받은 재판의 성격과 그와 같은 재판을 전개한 일본의 정치적 의도에 대해서는 상대적으로 연구가 미흡하다. 그 이유는 의병 참모중장(參謀中將)이라고 해도 단 한 명의 한국 청년 안중근이 일본의 최고 국가원로인 이토를 사살했다는 사실 자체가 너무도 강렬한 나머지 하얼빈 의거의 성격과 의의 및 안중근의 생애와 사상을 조명하는 데 초점이 맞춰졌기 때문일 것이다.

이 과정에서 안중근 재판은 그 성격과 정치적 의도가 너무도 명백했기 때문에 그의 독립운동과 이토의 한국 침략정책을 해명하는 하나의 소재로 설명되었을 뿐, 상세한 연구가 이루어지지 못했다. 이 때문에 일본 사회 일각에서 여전히 안중근을 '테러리스트' 또는 '흉한'으로 규정하거나, 그의 이토 사살을 '한국병합'의 직접적인 계기로 인식하는 경향에[2]

---

2   中野泰雄, 1994, 「日本における安重根義士観の変遷」, 『亜細亜大学國際関係紀要』

대한 구체적인 검토도 이루어지지 않았다고 생각한다.[3]

한편, 하얼빈 의거 이전이었던 1909년 3월 이토가 통감직의 사임을 표명하자, 일본정부는 후임 통감의 선정을 논의하면서 대한정책을 통감에게 일임하였던 기존의 방침을 정부 주도로 변경하였다. 이 과정에서 외무대신 고무라 주타로는 '한국병합'에 대해 이토의 동의를 얻은 뒤 외무성 정무국장 구라치에게 '한국병합'을 목표로 한 대한정책의 방침을 수립할 것을 지시하였다.[4] 이에 따라 그는 「대한정책의 기본방침」과 그 실행방안으로 「대한시설대강」을 입안하였다. 구라치의 정책안이 7월 6일 각의에서 통과됨에 따라 이것은 일본정부의 공식적인 한국정책으로 채택되었다.[5] 이 문서에서 구라치는 당시 일반적으로 사용하지 않던 '병합'이라는 단어를 사용하여 '한국이 완전히 폐멸하여 일본 영토의 일부가 되는 것'이라고 '한국병합'의 개념을 정의하였다.[6] 이 방침은 일본정부가 최초로 '한국병합'을 공식화한 문서였다. 그리고 이 방침이 각의에서 통과되었다는 것은 일본정부 전체가 '한국병합'의 성격에 대해 '한국

    3-2; 糟谷政和, 1998, 「伊藤博文·安重根 - 韓國倂合と日本の朝鮮支配政策(20世紀の歷史のなかの人物)」, 『歷史地理敎育』 576; 신주백, 2009, 「한일 역사교과서는 安重根을 어떻게 기술해 왔는가(1945~2007)」, 안중근의사기념사업회 편, 『안중근 연구의 기초(안중근의거 100주년 기념논문집 2)』, 경인문화사 참고.

3 안중근 재판에 대한 보다 상세한 연구사의 정리에 대해서는 한성민, 2009, 「일본정부의 安重根 재판 개입과 그 불법성」, 『史學硏究』 96 참고.

4 倉知鐵吉, 1939, 「韓國倂合ノ經緯」, 日本外務省 調査部 第四課(日本 外務省 外交史料館 소장 外交文書, #N.2.1.0.4-1, 이하 '倉知鐵吉, 「韓國倂合ノ經緯」'), 2-3쪽.

5 日本外務省 편, 『日本外交文書』 42-1卷, #144 「對韓政策確定ノ件」, 179-180쪽; 倉知鐵吉, 「韓國倂合ノ經緯」, 10쪽.

6 한성민, 2010, 「구라치 데츠키치(倉知鐵吉)의 '韓國倂合' 계획 입안과 활동」, 『한국근현대사연구』 54, 84-85쪽.

이 폐멸하여 일본의 영토로 편입'하는 것으로 이해하고 동의했다는 의미이기도 하다. 또한 앞으로 일본정부의 각 부서에서 '한국병합' 정책은 이 방침을 기준으로 통일적으로 실행될 것임을 의미하며, '한국병합'이 실행 단계에 접어들었음을 시사한다.

이후 1910년에 접어들어 일본정부는 '한국병합'을 전제로 제2차 러일협약의 교섭과 영국·미국 등 열강과의 교섭을 무난하게 마무리하였다. 이에 일본정부는 '불평등조약 개정문제'에 대한 부담없이 '한국병합'의 단행을 결정하고, 그것을 실행할 담당자로 데라우치 마사타케를 육군대신 겸임의 제3대 통감으로 임명하였다. 그 직후 데라우치와 일본정부는 '한국병합'의 실행을 실무적으로 준비할 전담조직으로 내각 관할의 비밀조직을 창설했는데, '한국병합' 관련 부처의 관료들로 구성된 병합준비위원회였다. 이때 구라치는 통감부 외무부장 고마쓰 미도리(小松綠)와 함께 병합준비위원회의 주임(主任)으로 발탁되어 '한국병합'의 실행방안인 「병합실행방법세목」의 입안을 주도하였다. 이후 데라우치는 이 실행방안을 바탕으로 1910년 8월 '한국병합'을 단행하였다.

따라서 이 장에서는 '안중근의 이토 사살 사건'에 대한 일본의 대응 및 일본에 의해 일방적으로 진행된 안중근 재판의 성격과 그 의도를 검토하려고 한다. 그리고 이것을 바탕으로 당시 일본의 최고 국가원로였던 이토의 사망이 일본의 '한국병합' 정책에 미친 영향과 일본이 이를 수습하는 과정에서 재외 한국인에 대한 사법정책을 수립하는 과정을 파악할 것이다.

이와 함께 일본의 '한국병합' 단행 과정에 대해 먼저 구라치가 외무성 정무국장으로 발탁된 배경과 이후 그가 최초의 '한국병합' 계획인 「대한정책의 기본방침」을 수립하는 과정을 검토할 것이다. 그리고 그 실행방안으로 입안된 「대한시설대강」과 그 이전 일본의 한국정책에 대한 실행지침이었던 「대한시설강령」의 차이를 검토하여 일본의 '한국병합' 정책이 일관된 국가정책으로 추진되었음을 분석할 것이다. 둘째, 일본정부가 '한국병합'을 구체적으로 실행하기 위해 비밀리에 조직한 병합준비위원회의 활동과 역할을 파악할 것이다. 셋째, 병합준비위원회가 조직되기 전에 고무라의 지시로 구라치가 작성한 「대한세목요강기초안」, 데라우치의 지시로 아키야마 마사노스케(秋山雅之助)가 작성한 「한국시정에 관한 건·한국합병에 관한 건」 및 수상 가쓰라 다로(桂太郎)의 「한국병합 방침의 대강」 등의 내용을 비교·검토할 것이다. 그리고 이를 토대로 입안된 「병합실행방법세목」은 그동안 일본정부에서 한국의 국권 강탈을 위해 준비한 '한국병합'을 위한 마스터플랜이자, 한국에 대한 식민통치의 원안이었다는 것을 분석할 것이다.

1. 일본정부의 '한국병합' 방침 확정과 동아시아 국제관계

1) 일본정부의 '한국병합' 방침 확정과 한국정책

일본의 메이지시대 중반 이래 일본정부 내에서 이토는 최고 국가원로이자, 한국문제에 대한 최고 권위자였다. 따라서 이토가 통감에 재임하고 있던 시기에 일본의 한국정책은 모두 그에게 일임되어 있었다. 하지만 이토는 1909년 1~2월에 걸친 순종의 지방순행을 마치고, 이를 천황에게 보고한 뒤 3월 통감 사임을 표명하였다.[7] 이에 일본정부는 후임 통감 선정을 논의하면서 기존의 방침을 바꾸어 한국정책을 정부 주도로 수립할 필요성을 느끼게 되었다.

그동안 일본정부가 한국정책을 이토에게 일임했던 것은 통감이 이토였기 때문에 가능한 일이었다. 1889년 이토가 국가원로로 칙정(勅定: 천황이 조칙으로 직접 임명함)된 이래 일본의 국가정책에는 그의 영향이 미치지 않은 것이 없을 정도였다. 무엇보다 대외정책에 대한 영향력이 강하여 메이지시대 일본이 외국과 체결한 조약의 대부분은 이토의 검토하에 체결되었다고 해도 과언이 아니며 한국문제도 마찬가지였다. 이토의 이와 같은 권위는 추밀원(樞密院)의 기능으로 뒷받침되었다. 추밀원은 1888년 천황과 내각에 대한 자문기구로 창설되었다. 이토는 초대의장을 비롯하여 모두 4차례 추밀원 의장을 역임하였다. 메이지시대 추밀원은 단순한 자문기구가 아니라 국가정책의 최종 심의기구였고, 그 안에서도 이른바 국가원로의 영향력이 매우 강했다.

---

[7] 小松綠, 1920, 『朝鮮併合之裏面』, 中外新論社(이하 '小松綠, 『朝鮮併合之裏面』'), 57쪽; 倉知鐵吉, 「韓國併合ノ經緯」, 2쪽. 이토의 통감 사임 배경에 대해 일본학계에서는 다양한 의견이 제시되었는데, 그 대체적인 견해는 이토의 보호정치가 한국인의 환영을 받지 못하고, 역으로 조선의 저항, 특히 의병운동을 야기하였기 때문에 스스로 조선통치에 의욕을 잃었다는 점(모리야마 시게노리 지음, 김세민 옮김, 1994, 앞의 책, 239쪽), 즉 한국인을 위무, 회유하는 것으로 그들로부터 결코 마음으로부터의 복종을 얻을 수 없었기에 지배의 합의 혹은 지배의 정당성 획득에 자신을 잃었다는 것이다(운노 후쿠쥬 지음, 정재정 옮김, 2008, 『한국병합사연구』, 논형, 420쪽). 또 이와 더불어 이토의 '한국본위'의 자치육성정책으로 인해 '합병'이 늦어지고 있다는 우치다 료헤이(內田良平) 등의 우익세력을 중심으로 한 '반이토운동'에 직면하여 이토는 마침내 '병합'에 동의하고 통감을 사임했다는 것이다(黑龍會 편, 1930, 『日韓合邦秘史』 下, 黑龍會出版部, 70-76쪽). 즉 이토의 한국정책이 한국인들로부터 지지를 받지 못한 것이 그의 사임배경의 가장 큰 요인이라는 것인데 이에 대해서는 앞으로 더욱 면밀한 검토가 요구된다.

메이지시대 일본의 공식적인 국가원로는 이토 히로부미(伊藤博文, 1889.11.1 임명)를 비롯하여 구로다 기요타카(黑田淸隆, 1889.11.1 임명), 야마가타 아리토모(山県有朋, 1891.5.6 임명), 마쓰카타 마사요시(松方正義, 1898.1.12 임명), 이노우에 가오루(井上馨, 1904.2.18 임명), 사이고 쓰구미치(西鄕從道, 정식 임명절차를 거치지 않음)의 6명이었으며,[8] 이 중 최고의 국가원로가 이토였다. 최고 국가원로로서의 이토는 메이지시대에 정부 안에서건 천황 앞에서건 거리낌없이 자유롭게 행동할 수 있던 유일한 인물이었다.[9] 즉 당시 이토의 위상에 비추어 볼 때, 일본정부의 내각에서 한국문제에 대한 어떠한 공식적인 결정을 내리더라도, 이토는 그것이 자신의 판단과 맞지 않으면 그것을 변경시킬 수 있는 실질적인 힘을 가진 인물이었다. 이 때문에 일본정부는 이토가 통감이었던 시기에는 한국문제를 전적으로 그에게 일임했던 것이다.

그러나 후임 통감이 이토에 비견될 권위자가 아니라면, 일본정부에서 불평등조약의 개정문제 만큼이나 중요한 국가정책으로 추진한 '한국병합'이 걸린 한국정책을 통감 한 사람에게 일임할 수는 없는 문제였다. 이에 따라 일본정부는 당분간 급격한 한일관계의 변화 없이 이토의 한국정책을 유지한다는 입장에서 이토의 후임에 기존의 부통감이었던 소네 아라스케(曾禰荒助)를 제2대 통감으로 내정하였다. 다만, 이에 앞서 일본정부의 대한방침을 결정하여 소네에게 제시하고, 그가 이것에 동의할 경우에만 통감에 임명하는 것으로 결정하였다. 이에 고무라는 외무성 정

8　吉川弘文館編集部 編, 2007, 『近代史必携』, 吉川弘文館, 107-108쪽.
9　메이지시대 이토의 위상에 대해서는 春畝公追悼會, 1940, 『伊藤博文傳』 上·中·下, 統正社; 中村菊男, 1958, 『伊藤博文』, 時事通信社 참고.

무국장 구라치에게 이후 한국정책에 대한 일본정부의 방침을 수립할 것을 지시하였다.[10] 이때 구라치에 의해 기초된 것이 바로 「대한정책의 기본방침」인데, 그 내용은 아래와 같다.

제국의 한국에 대한 정책이 우리의 실력을 반도에 확립하고, 그것의 파악(把握)을 엄밀(嚴密)히 하는 것에 있음은 말할 필요가 없다. 일러전쟁 개전 이래 한국에 대한 우리의 권력은 점차 확장되어 마침내 재작년 일한협약(日韓協約)의 체결과 함께 동국(同國)에서의 시설(施設)은 크게 그 면목을 개선시켰음에도 불구하고, 동국에서 우리의 세력은 아직 충분히 충실함에 이르지 못하였다. 동국 관민(官民)의 우리에 대한 관계도 역시 아직 완전히 만족할 만한 것이 아니기 때문에 제국은 이후 더욱 동국에서 실력을 증진하고, 그 기반을 깊이 하여 내외(內外)에 대하여 다투지 않을 세력을 수립함에 노력하는 것을 필요로 한다. 따라서 이 목적을 달성함에는 지금 제국정부에서 아래의 대방침을 확립하고, 그것에 기초하여 제반의 계획을 실행하는 것을 필요로 한다.

① 적당한 시기에 한국병합을 단행할 것.

한국을 병합하여 그것을 제국(帝國) 판도(版圖)의 일부로 하는 것은 반도(半島)에서 우리의 실력을 확립하기 위해 가장 확실한 방법이다. 제국이 내외의 정세에 비추어 적당한 시기에 단연 병합을 실행하여 반도를 명실공히 우리의 통치하에 두고, 또 한국과 여러 외국과

---

10 倉知鐵吉, 「韓國併合ノ經緯」, 2-3쪽.

의 조약관계를 소멸시키는 것은 제국 백 년의 장계(長計)가 되는 것으로 한다.

② 병합의 시기가 도래할 때까지는 병합의 방침에 기초하여 충분히 보호의 실권을 장악하도록 노력하고 실력배양을 도모해야 할 것.

전항과 같이 병합의 대방침이 이미 확정되었지만, 그 적당한 시기가 도래하지 않은 기간은 병합의 방침에 기초하여 우리의 제반의 경영을 추진함으로써 반도에서 우리의 실력을 확고히 하는 것을 필요로 한다.[11]

위 방침의 내용을 간단히 요약하면, 한국을 일본 영토의 일부로 삼는 것이 한반도에서 일본의 권리를 확립하는 가장 확실한 방법이기 때문에 일본정부는 적당한 시기에 한국을 '병합'할 것이고, 그 시기가 오기까지는 '병합'의 방침 아래 일본이 한국의 실권을 더욱 확실히 장악해야 한다는 것이다. 이것은 구라치가 기초한 뒤 고무라가 약간 수정하여 성안되었는데, 일본정부가 '한국병합' 계획을 최초로 공식화한 문서였다. 하지만 최고 국가원로이자 한국정책의 권위자인 이토의 의견을 듣지 못했기 때문에 이 방침은 1909년 3월 30일 고무라가 가쓰라 다로 수상에게 극비로 보고한 것 외에는 이토가 열람하기까지 다른 원로나 각료들에게도 공개되지 않았다.[12]

---

11   倉知鐵吉, 「韓國倂合ノ經緯」, 3-5쪽; 日本外務省 編, 1965, 『日本外交年表竝主要文書』上, 原書房, 315쪽.

12   倉知鐵吉, 「韓國倂合ノ經緯」, 3-6쪽.

고무라와 가쓰라가 추밀원 의장의 관사인 도쿄(東京)의 레이난자카(靈南坂)로 가서 이토를 면회한 때는 4월 10일이었다. 당시 이들은 이토의 반대를 걱정하여 조심스럽게 "한국의 현 상황에 비추어 장래를 생각할 때, 한국을 병합하는 것 외에는 다른 방법이 없음"을 밝히고, 구라치가 작성한 위의 방침을 제시하였다. 이에 대해 이토는 의외로 즉시 전적으로 동감한다고 언명하면서 중대한 외교문제가 발생하지 않도록 미리 대비해야 한다는 주의만 주었다.

이토를 방문했던 당시의 상황에 대해 고무라와 가쓰라는 '한국병합'의 방침을 이토가 반대한다면, 강하게 반박하려고 작심하고 있었는데, 이토가 너무도 쉽게 동의하여 매우 허탈할 정도였다고 했다.[13] 이에 대해서는 이토의 의중을 가장 잘 파악하고 있었던 구라치도 이와 같은 이토의 반응에 대해 "조선에 대한 것이라면 이토공은 되도록 진의(眞意)를 감추고 마음에도 없는 주장을 하는 모습이 있었기 때문에" 한국 처분에 관한 것, 그것만은 자신도 확실히 알지 못했다고 진술하고 있다.[14] 하지만 위 방침서에는 구라치와 고무라의 의견뿐 아니라, 이토의 의견도 이미 상당히 반영되어 있다고 평가해야 할 것이다.

제3차 한일협약의 강제 체결 이래 한국의 내정이 통감부에 의해 완전히 장악된 1908년경 구라치는 "현재의 통감제는 불충분하기 때문에 좀 더 강화할 필요가 있음"을 이토에게 강하게 주장한 적이 있다. 이에 대해 이토는 "현재 한국의 외교와 군사권을 우리(일본)의 수중에 장악한

---

13 倉知鐵吉, 「韓國併合ノ經緯」, 9-10쪽; 春畝公追頌會, 1940, 「伊藤博文傳」 下, 統正社, 837-838쪽.

14 倉知鐵吉, 「韓國併合ノ經緯」, 6-8쪽.

상태에서 사법권까지 우리 손에 넣으면 결코 다른 것은 급하게 서두를 필요가 없다"고 구라치를 질책하였다.¹⁵ 이와 비교해 보면 위의 방침서에는 불과 1년 전 이토에게 통감제의 강화를 주장하던 구라치의 의견은 담겨 있지 않다. 아울러 '병합'의 시기가 도래할 때까지 '병합'의 방침에 기초하여 충분히 보호의 실권을 장악한다는 내용은 오히려 "급하게 서두를 필요가 없다"는 이토의 생각과 비슷하다.

1909년의 시점은 이미 한국의 국가적 실권의 대부분이 일본에 장악된 상태였다. 각지에서 일어난 의병의 항쟁은 '병합'의 시기에 영향을 주는 문제가 아니었다. 구라치의 표현에 의하면 한국주차 일본군을 사용하여 '남한대토벌작전'과 같이 무력으로 의병 등 저항세력을 철저히 탄압하여 '한국에서 충분히 보호의 실권을 장악'하는 문제였다.¹⁶ '한국병합'을 단행하는 문제에서 당시 일본정부가 가장 우선적으로 고려했던 문제는 이에 대한 열강의 승인 여부와 일본의 불평등조약 개정에 끼칠 영향이었다.¹⁷ 특히 제1차 러일협약 이래 상당한 관계개선이 있었다고 하더라도, 삼국간섭(1895) 이래 여전히 일본의 최우선적 적국이었던 러시아와 동맹국이자 열강의 대표인 영국의 승인 없이 '한국병합'을 단행할 수는 없었다.

---

15   倉知鐵吉, 「韓國併合ノ經緯」, 7-8쪽.

16   한국주차 일본군의 의병 탄압에 대해서는 이승희, 2008, 「한말 의병탄압과 주한일본군 헌병대의 역할-이토 히로부미의 치안구상을 중심으로-」, 『한국독립운동사연구』 30; 심철기, 2016, 「1907년 원주의병의 쇠퇴와 새로운 항일투쟁의 전개」, 『역사와교육』 22; 김헌주, 2019, 「대한제국기 의병운동의 쇠퇴와 사회적 고립과정」, 『역사와현실』 111 참고.

17   倉知鐵吉, 「韓國併合ノ經緯」, 29-30쪽; 『日本外交文書』 43-1卷, #2 「現行通商條約廢棄ニ關シ請議ノ件」, 2-6쪽.

「대한정책의 기본방침」의 입안자로서 구라치는 '한국병합'에 대한 열강과의 이해관계가 조정되지 않았고, 더불어 '한국병합'이 1911년에 예정된 일본의 불평등조약 개정교섭에 열강의 협상카드로 이용될 수 있다는 점을 우려하였다. 이 때문에 '병합'의 시기를 '적당한 시기'로 표현했던 것이다. 그리고 이와 같은 판단은 소위 문관파와 무관파를 막론하고 이토를 비롯한 당시 일본정부 수뇌부의 공통된 생각이기도 했다. 일본의 섣부른 '한국병합' 단행은 한일관계에 열강의 간섭을 불러와 청일전쟁 직후 일본에게 국가적인 치욕이 되었던 삼국간섭의 재발이 될 수도 있기 때문이었다.

따라서 위 방침서의 내용은 이토의 입장에서도 '한국병합'에 대한 자신의 생각과 부합하기 때문에 고무라 및 가쓰라에게 곧바로 동의했다고 해석하는 편이 타당하다. 전혀 의외라고 보기 힘들다. 오히려 이토는 이들에게 '한국병합'의 과정에서 '중대한 외교문제가 발생하지 않도록 미리 대비해야 한다'고 하여 마지막까지 '병합'에 대한 '적당한 시기'와 열강과의 이해조정의 중요성을 강조하고 있는 것이다. 또 구라치는 이토의 도쿄 체재 시 그의 비서관으로 역할 했기 때문에 매일 만나서 한국문제 등에 대해 의견을 교환하고 있었고,[18] 「대한정책의 기본방침」 작성 시에는 고무라와도 협의하였다. 이 과정에서 실무자인 구라치는 '한국병합'에 대한 이토와 고무라의 생각을 충실히 반영하여 작성했다고 생각된다. 즉 '한국병합'에 대한 이토와 고무라의 의향은 구라치의 조율을 통해 무리 없이 통일되어 공식화된 것이다.

일본의 '한국병합' 계획의 수립에서 무엇보다 주목할 만한 사실은 구

18　倉知鐵吉, 「韓國併合ノ經緯」, 6쪽.

라치가 앞의 방침서에서 '병합'이라는 단어를 사용했다는 점이다. 이에 대해서 구라치는 다음과 같이 설명한다.

당시 우리 정부와 민간에서 한국병합(韓國併合)의 주장이 적지 않았지만 병합의 사상이 아직 충분히 명확하지 않았다. 일한 양국(兩國)이 대등하게 하나로 합치는 것이라는 주장이 있었고, 또 혹은 오스트리아-헝가리 제국과 비슷한 종류의 국가를 만드는 의미로 해석하는 사람도 있었다. 따라서 문자도 역시 합방(合邦) 또는 합병(合併) 등의 문자를 이용하고 있었다. 하지만 본인은 한국이 완전히 폐멸되어 제국 영토의 일부로 되는 뜻을 명확하게 함과 동시에 그 어조가 다소 과격하지 않은 문자를 선택하려고 하여 여러 가지로 고민했지만 결국 적당한 문자를 발견하지 못하였다. 이에 따라 당시 아직 일반적으로 이용하지 않던 문자를 선택하는 것이 좋다고 생각하여 병합이라는 문자를 앞의 문서에 이용하였다. 그 이후로 공문서(公文書)에는 항상 병합이라는 문자를 이용하게 되었다.[19]

1909년 3월 이토가 통감을 사임하자, 한국와 일본 양국을 비롯하여 국제사회에서는 일본의 대한방침이 이를 계기로 크게 바뀔 것을 예상하고 있었다. 특히 일본사회에서는 일본이 한국을 완전히 접수하여 지배하게 될 것이라는 내용이 기정사실화되고 있었다. 다만 위의 인용문에서 구라치가 진술하고 있듯이 그 방식이 어떠한 형태가 될 것인지에 대해

19　倉知鐵吉, 「覺書」(1913년 3월 倉知鐵吉이 小松綠에게 보낸 각서); 小松綠, 『朝鮮併合之裏面』, 16쪽.

서는 다양한 의견들이 분출되고 있었다.[20] 이와 같은 상황에서 구라치는 '병합'이라는 단어를 사용하여 일본정부가 생각하는 '한국병합'의 구체적인 개념을 정의한 것이다. 이에 따르면 한국은 완전히 폐멸되어 일본 영토의 일부가 되는 것인데, 다만 '병탄'이라는 표현은 침략적 의미가 매우 크기 때문에 침략의 성격을 약화시키고 은폐시키기 위해 '병합'이라는 당시에 일반적으로 사용되지 않던 단어를 쓴 것이다. 그 결과 현재까지도 일본의 공문서 및 사문서 거의 대부분이 1910년 일본의 한국 국권 강탈을 '한국병합'으로 표현하고 있다.[21]

이에 대해 일본의 역사학자 운노 후쿠쥬는 구라치가 '병합'이라는 단어를 사용하기 전에 이미 메이지시대의 다른 문서들에서도 '병합'이라는 단어가 사용된 예가 있다는 점을 지적하였다. 구체적으로 1905년 7월 하야시 다다스 당시 영국 주재 일본공사가 가쓰라 임시 외무대신에게 보낸 전보에서 "병합의 시기가 일단 도래하면, 그 조약은 당연한 결과로 사실상 소멸되어야 한다"했던 사례와, 1907년 2월 제1차 러일협약의 협상과정에서 모토노 이치로(本野一郎) 러시아 주재 일본공사가 하야시 외무대신에게 보낸 전보에 "한국을 병합하는 목적을 향해 서서히 나아가지 않으면 안 된다. 대개 한국에서 평화로운 상태를 확립하려고 함에는 이 나라를 우리 나라(일본)에 병합하는 것 외에는 없다"라고 했던 사례, 그리고 같은 해 3월 하야시 외무대신이 이토 통감에게 보낸 전보에서 "우리로서는 그 의의 중에 한국의 병합도 포함한다는 것을 공식적으

---

20 小松綠, 『朝鮮併合之裏面』, 85쪽; 한명근, 2002, 『한말 한일합방론 연구』, 국학자료원, 28-35쪽 참고.
21 한성민, 2010, 앞의 글, 85쪽.

로 선포하여"라고 표현한 3가지 사례를 들었다. 그는 당시에 영어 단어 'annexation'의 번역어로 '병합'과 '합병' 양쪽이 모두 사용되고 있었으므로 구라치가 '병합'을 처음 사용한 것도 아니며 '병합'의 용어 사용이 특별한 것도 아니라고 주장하였다.[22]

하지만 구라치가 '병합'이라는 용어를 사용하기 이전에 사용된 사례는 운노 스스로 서술했듯이 'annexation'의 단순한 번역이었을 뿐, 구라치와 같은 구체적인 개념 규정 없이 일반적 의미로 사용된 것이었다. 또 당대에는 위 3가지 외에 다른 용례를 찾기 힘들기 때문에 오히려 '병합'이라는 용어가 일반적으로 사용되지 않았다는 것을 의미한다. 따라서 구라치가 사용한 '병합'의 의미가 퇴색되는 것은 아니라고 생각한다. 이와 관련하여 구라치는 "이 방침서에서 사용한 '병합'이라는 문자는 완전히 새롭게 안출된 것이라서 만약 새삼스럽게 그것으로 결정하자고 하는 것이 되면 의견이 분분할 것은 필연이었기 때문에 나는 묵묵히 이 문자를 사용하는 것 외에 일을 복잡하게 만들고 싶지 않았다. 가쓰라 수상 등은 이 방침서를 읽을 시에 때때로 '병합'을 '합병'으로 발음하여도 그 차이를 눈치채지 못할 정도로 자연스러웠다"라고 스스로 평가했다.[23] 당시 구라치는 가쓰라가 '병합'이라는 용어에 대해 어떻게 반응할 건인지에 대해 매우 주의 깊게 관찰하고 있었는데, 이것은 당시 그가 '병합'이라는 단어를 선택하여 사용하면서 어느 정도로 그 사용에 주의를 기울이고 있었는지를 보여 준다.

이렇게 구라치가 구체적으로 개념 규정한 「대한정책의 기본방침」은

---

22   운노 후쿠쥬 지음, 정재정 옮김, 2008, 앞의 책, 420-421쪽, 각주 3.
23   倉知鐵吉, 「韓國併合ノ經緯」, 12쪽.

무리 없이 이토의 동의를 받았다. 이에 고무라와 가쓰라는 안심하고 이를 당시 제2대 통감 내정자인 소네와 대표적인 국가원로 중 한 사람인 야마가타에게도 제시하여 동의받았다. 하지만 그 이후에도 다른 원로나 각료들에게는 여전히 극비로 다뤄졌다. 이 방침은 7월 6일에야 비로소 일본정부의 각의에서 공개되어 역시 구라치가 기초한 「대한시설대강」과 함께 「대한정책확정의 건」으로 통과되었다.[24]

위의 「대한정책의 기본방침」 제2항에서 구라치는 "병합의 시기가 도래할 때까지는 병합의 방침에 기초하여 충분히 한국에서 보호의 실권을 장악하도록 노력하고, 실력배양을 도모해야 할 것"이라고 하였다. 이때 '보호의 실권 장악'과 '실력배양'을 위한 구체적인 실천방안으로 입안한 것이 5개의 조항으로 구성된 「대한시설대강」인데, 그 내용은 아래와 같다.

「대한시설대강(對韓施設大綱)」
한국에 대한 제국정부의 대방침(大方針)이 결정된 이상은, 동국(同國)에 대한 시설(施設)은 병합의 시기가 도래하기까지 대요(大要)는 아래의 항목에 따라 그것을 실행하는 것을 필요로 한다고 인식함.
제1 제국정부는 기정의 방침에 따라 한국의 방어 및 질서의 유지를 담임하고, 그것을 위해 필요한 군대를 동국에 주둔시키고, 또 가능한 한 다수의 헌병 및 경찰관을 동국에 증파하여 충분히 질서유지의 목적을 달성할 것.

---

24 日本外務省 편, 『日本外交文書』 42-1卷, #144 「對韓政策確定ノ件」, 179-180쪽; 倉知鐵吉, 「韓國併合ノ經緯」, 10쪽.

제2 한국에 관한 외국 교섭사무는 기정의 방침에 따라 그것을 우리가 장악할 것.

제3 한국철도를 제국 철도원(鐵道院)의 관할로 이전하여 동(同) 철도원의 관할하에 남만주철도와의 사이에 밀접한 연락이 되도록 하여 우리 대륙철도(大陸鐵道)의 통일과 발전을 도모할 것.

제4 가능한 한 다수의 本邦人(일본인)을 한국 내에 이식(移植)하여 우리 실력의 근거를 튼실히 함과 동시에 일한(日韓) 간의 경제관계(經濟關係)를 밀접하게 할 것.

제5 한국 중앙정부 및 지방관청에 재임하는 본방인 관리의 권한을 확장하여 일층 민활하고 통일적으로 행정이 이루어지도록 노력할 것.[25]

위 「대한시설대강」은 1909년의 해당 시기 일본의 한국정책에 대한 실천방안으로 마련되었다는 점에서나, 군사력을 바탕으로 외교·경제·정치(행정)의 각 방면에서 일본의 세력을 확장한다는 서술체계 및 구체적인 내용의 면에서도 1904년에 수립된 「대한시설강령」의 연속선상에 위치한다.

일본정부는 1904년 러일전쟁 발발 직후 한국의 협력을 강제하기 위해 '한일의정서'를 체결하였다.[26] 그리고 5월에는 정치·군사에서 보호의 실권 및 경제에서의 이권 확장을 도모한다는 「제국의 대한방침」을 결정

---

25 『日本外交文書』 42-1卷, #144, 「對韓政策確定ノ件」, 79-180쪽.
26 『高宗實錄』 卷44, 고종 41년 2월 23일.

하였다. 「대한시설강령」은 이 방침의 실천방안으로 마련된 것이었다.[27] 1904년의 「제국의 대한방침」은 1909년의 「대한정책의 기본방침」으로 발전하였고, 「대한시설강령」은 「대한시설대강」으로 바뀐 것인데, 그 변화된 내용은 〈표 5-1〉과 같다.

「대한시설강령」은 한국에서 일본의 세력 확장을 위한 실천방안이자, 한국의 국가적 실권 박탈이라는 구체적인 정책목표를 제시하고 이를 달성하기 위한 로드맵이었다. 세력 확장의 근간은 군사력이었다. 그 핵심은 일본군의 한국 주둔으로 "한국의 위아래 국민들에 대해 우리의 세력을 유지하기 위해 가장 유용"한 것이라고 그 의미를 강조하였다.[28]

일본정부는 한국에 주둔하는 일본군의 무력을 바탕으로 외교고문과 재정고문을 한국정부가 고용하도록 하여 한국의 반일적인 외교활동을 차단하고, 행정의 기초인 재정의 실권을 장악한다는 목표를 세웠다. 그리고 이와 같은 목표가 달성되었다는 전제하에 국가 기능 면에서 혈관과 신경에 해당하는 교통과 통신시설에 대한 부설권과 운영권을 일본이 확실히 장악한다는 목표를 세웠다. 특히 일본정부는 "교통 및 통신기관의 주요 지점을 우리가 장악하는 것은 정치상·군사상 및 경제상의 여러 문제에서 매우 중요한 일이며, 그중에서도 교통기관인 철도사업은 한국경영의 골자라고 할 수 있다"라고[29] 하여 국가의 대동맥에 해당하는 철도를 한국 경영의 핵심으로 파악하고 있다. 그리고 이러한 바탕 위에서 일본의 초과인구를 한국에 이주시키는 동시에 일본의 식량공급지로서

27　『日本外交文書』37-1卷, #390 「對韓方針竝ニ對韓施設綱領決定ノ件」, 351-356쪽.
28　『日本外交文書』37-1卷, #390 「對韓方針竝ニ對韓施設綱領決定ノ件」, 352쪽.
29　『日本外交文書』37-1卷, #390 「對韓方針竝ニ對韓施設綱領決定ノ件」, 352쪽.

<표 5-1> 「대한시설강령」과 「대한시설대강」의 비교

구분		대한시설강령(1904.5.31)	대한시설대강(1909.7.6)
군사		• 군사 주둔: 일본의 국방, 한국의 방어·치안 및 한국에 대한 세력유지 목적 • 군사전략상 필요한 지역 수용 • 친위대를 제외한 한국군대의 감원	• 한국의 방어, 질서유지 담임 • 필요한 군대의 주둔 • 가능한 한 다수의 헌병 및 경찰관 증파
외교		• 한국의 외교사무는 일본의 사전동의를 받도록 함 • 한국의 외교사무 처리는 외부아문(外部衙門)으로 일원화 • 일본의 목적달성을 위해 외국인을 외교고문으로 고용케 함	• 외교권 장악의 현상 유지
경제	재정	• 행정의 기초인 재정 실권 장악 • 일본인을 재정고문으로 고용케 함	• 한일 경제관계의 밀접화
	교통	• 철도는 한국 경영의 핵심 • 경부선: 신속한 완성, 경의선: 경영권 확보, 경원선과 마산·삼랑진 철도 부설권 확보	• 한국철도를 일본 철도원의 관할로 통합, 남만주철도와 연결하여 대륙철도의 통일과 발전 도모
	통신	• 우편, 전신, 전화사업의 관리를 일본정부에 위탁시킬 것	
	식산 (殖産)	• 농업: 한국의 산업 중 가장 유망, 일본의 초과인구 이식 및 식량공급지화 • 관유황무지(官有荒蕪地)의 개척권 및 민유지의 매매, 임차의 권리 확보 • 임업: 두만강, 압록강 연안에 대한 러시아의 벌채권을 폐지하고, 일본인에게 양여토록 함 • 광업: 유망하지 않음. 유망한 쪽은 일본이 수용하고, 그 외는 외국인과 균점 • 어업: 기존에 확보한 어업권 외에 충청, 황해, 평안도의 어업권 확보	• 가능한 한 다수의 일본인을 한국에 이식하여 일본세력의 기반 강화
정치(행정)		• 재정의 실권 확보를 기초로 행정부 장악	• 한국의 중앙정부 및 지방관청에 재임 중인 일본인 관리의 권한 확대

한국의 경제구조를 식민지적 경제구조로 개편하고, 마지막으로 행정의

실권을 장악한다는 것이다. 이 과정에서 외교고문을 일본인이 아닌 외국인으로 하고, 광업에서 유망하지 않은 분야는 외국인과 균점한다고 했다. 이와 같은 일본정부의 정책은 한국에서 일본의 세력 확장에 대해 발생할지 모르는 열강의 불만을 사전에 무마시키려는 조치였다.

「대한시설강령」이 큰 목표와 세부 목표를 설정하고, 다양한 부분에서 구체적인 실행지침을 제시하는 등 상당히 많은 내용을 다루었던 것에 비하여, 그로부터 5년 뒤에 작성된 「대한시설대강」은 앞에서 살펴본 것과 같이 5개 조항의 매우 간략한 내용이었다. 이 방침에서도 여전히 군사력을 한국정부에 대한 핵심적인 압박수단으로 활용하여 한국의 외교·경제·정치(행정)의 각 분야로 일본의 세력을 확대한다는 기조는 그대로 유지되고 있다. 그러나 「대한시설강령」 이후 약 5년 동안의 변화상을 반영하여 미묘한 변화가 보인다.

「대한시설강령」과 비교하여 「대한시설대강」에서 변화된 내용으로 주목되는 부분은 크게 2분야이다. 먼저 군사 부문에서의 변화다. 앞에서도 이미 언급했듯이 군사력은 한국에서 일본의 세력을 확장하는 가장 핵심적인 수단이었다. 1909년의 시점에서도 이것의 중요성은 변하지 않았다. 그런데, "가능한 한 다수의 헌병 및 경찰관 증파"라는 부분이 눈에 띈다. 그전에는 없던 내용인데, 여기에는 일본정부 내에서 군대에 대한 지휘권의 문제가 있었다. 구 「대일본제국헌법」(이하 「일본제국헌법」)에서는 군대의 통수권을 행정부로부터 분리하고, '천황의 대권'이라고 하여 일본 천황의 고유 권한으로 규정했기 때문에 행정부의 문관에게는 군대의 지휘권이 없었다.[30] 「일본제국헌법」 제정의 책임자로서 이 점을 잘

---

30 「JACAR(アジア歴史資料センター)Ref.A03020029600, 御署名原本・明治二十二年・

알고 있던 이토는 한국주차 일본군에 대한 지휘권한을 통감직 수락의 전제조건으로 제시하여 병력 사용권을 허락받았다.³¹ 그렇다고 해도 문관인 통감이 병력 사용권을 통해 군대에 직접적인 지휘권을 행사하는 것에 대해 한국주차 일본군은 강한 불만을 가지고 반발하고 있었다. 그리고 이와 동시에 의병에 대한 탄압과정에서 일본군에 의해 계속하여 발생하고 있던 민간인 학살사건에 대한 국내외의 비판도 시간이 갈수록 커지고 있었다.

일본군의 지휘권 문제와 의병 탄압의 방식에서 일본의 한국정책을 책임진 통감 이토는 다른 방법을 고려할 수밖에 없었다. 당시 이토가 찾은 새로운 방법이 의병 탄압의 중심기관을 한국주차 일본군수비대에서 한국주차 일본군헌병대로 이전하고, 헌병대의 규모를 더욱 확대하는 것이었다. 한국에서 한국주차 일본군헌병대는 군사경찰권보다 보통경찰권의 행사가 중시되었다. 군대조직이면서도 경찰기관으로서의 특징을 가지고 있었기 때문에 통감의 지휘권 행사에 문제가 없었다.³² 또한 의병의 탄압에도 헌병대를 이용하는 것이 오히려 여러모로 일본에게나, 통감 이토에게나 유리했다. 경찰로서의 성격을 가지고 있는 헌병경찰을 의병 탄압의 전면에 내세움으로써 군대에 의한 민간인 학살의 이미지에서 헌병경찰에 의한 질서유지라는 이미지 조작이 가능했기 때문이다.

憲法二月十一日・大日本帝国憲法(国立公文書館)」.

31 "제4조 통감은 한국의 안녕질서를 保持하기 위하여 필요하다고 인정할 때는 한국수비군의 사령관에 대하여 병력의 사용을 명할 수 있다"(「JACAR(アジア歴史資料センター)Ref.A01200013600, 統監府及理事庁官制○理事庁職員定員令○統監府財政監査庁職員官等給与令中ヲ改正シ○統監府及所属官署技師官等給与令ヲ定ム(国立公文書館 소장 문서)」.

32 이승희, 2008, 앞의 글, 121쪽.

두 번째 눈에 띄는 부분은 철도와 관련된 분야이다. 철도는 「대한시설강령」의 단계에서 이미 '한국 경영의 핵심'으로 지목된 분야였다. 이에 따라 「대한시설강령」에는 각각의 철도 노선에 대해 부설권을 확보해야 할 노선, 공사를 완성해야 할 노선, 경영권을 확보해야 할 노선 등이 구체적으로 명시되어 있었다. 이에 비해 1909년의 시점에서는 한국 철도의 관리를 일본 철도원의 관할로 통합하고, 나아가 남만주철도와 연결하여 대륙철도의 통일과 발전을 도모한다고 하였다. 이것은 통감부가 이미 한국의 철도를 확실하게 장악했다는 것을 한마디로 표현하는 것이다. 또한 그 관리를 일본 철도원의 관할로 통합하여 남만주철도와 연결한다는 것은 이미 이 시점에서 일본정부는 한반도를 일본의 판도에 포함시키고 있으며, 일본의 국가권력이 철도를 통해 한국에 대한 침략과 수탈에 본격적으로 나섰다는 것을 의미한다.[33]

이외에 다른 부분에서는 한일관계의 밀접화와 일본인의 한국 이주 확대, 그리고 기존에 확보한 권한의 확대 및 유지를 주문하고 있다. 이것은 기본적으로 지난 5년 동안 「대한시설강령」의 실행으로 1909년의 시점에서는 일본이 이미 한국의 국가적 실권 대부분을 확보했음을 의미한다. 그리고 "병합의 시기가 도래할 때까지는 병합의 방침에 기초하여 충분히 보호의 실권을 장악하도록 노력하고 실력배양을 도모해야 할 것"이라고 한 「대한정책의 기본방침」의 두 번째 조항에 부합하는, 즉 일본에 의한 한국 상황의 현상유지가 기본 정책임을 알 수 있다.

일본정부는 군사력을 바탕으로 한국의 정치·외교·행정·경제의 전

---

33 한성민, 2021, 「'韓國倂合'에 대한 일본의 정책적 일관성 검토-「對韓施設綱領」과 「對韓施設大綱」의 비교를 중심으로-」, 『한일관계사연구』 72, 249-252쪽.

분야에서 조직적으로 일본의 세력을 부식하고, 한국의 국가적 권한과 이권을 박탈하였다.[34] 이 결과 「대한시설대강」이 입안되는 1909년 7월의 시점에서 한국의 국가 실권의 대부분은 이미 일본에게 박탈당한 상태였기 때문에 하나의 독립된 주권국가라고 할 수 없는 상태였다. 물론 한국에 대한 일본의 침략정책, 또는 '한국병합' 정책이 항상 일본의 의도대로 쉽게 이루어지거나, 일방적으로 이루어졌다고 할 수는 없다.

일신의 부귀와 안위를 위해 일본 세력에 편승하여 그 침략정책을 도운 일부의 한국인들이 존재했다. 그러나 많은 수의 한국인들은 일본의 침략정책이 인지될 때마다 일본에 대항하였다. 시종무장관 민영환, 전좌의정 조병세(趙秉世)처럼 자신의 목숨을 끊는 순절(殉節)로 침략을 규탄하거나, 을사의병, 정미의병과 같이 무기를 들고 일본에 대항하여 무장투쟁을 전개한 인물들, 안중근·전명운처럼 침략의 책임자를 직접 응징하거나, 이준·이상설·이위종의 헤이그 특사처럼 국제사회에 한국의 현실을 호소한 인물들 등 다양한 방식으로 일본 제국주의에 대항하였다. 이와 같은 한국사회의 저항에 대해 일본정부는 한국문제와 관련하여 열강과의 이해관계를 조정해야 했고, 대규모의 일본군을 동원하여 한국사회의 국권수호운동을 탄압했어야 했다. 이처럼 일본의 목적이 어떻든 상당한 규모로 일본의 국가적 자원을 투여해야 하는 결코 평탄하지만은 않은 과정을 거쳐야 했다.

그렇다고 해서 1904년의 러일전쟁 발발 이래, 일본의 침략정책, 또는 '한국병합' 정책이 포기된 적은 없었다. 「대한시설강령」과 「대한시설

---

34 구체적인 내용은 이 책의 제4장 제2절 제2항 '2) 일본의 국권 침탈 확대와 식민지 기반 조성' 참고.

대강」을 비교해 보면, '한국병합'을 위한 일본의 침략정책은 꾸준히 이어졌다는 것을 알 수 있다. 또한 시간이 지나면서 일본정부가 설정한 구체적인 목표들이 대부분 달성되었다는 사실도 알 수 있다. 이 기간 동안 통감이었던 이토나, 일본의 수상이었던 가쓰라 등의 일본 정치인들은 그 시기 시기마다의 정치적 현안에 따라 '한국병합'의 가능성을 부인하기도 했다. 하지만 이들 일본의 정치인들이 결정한 정책을 일본정부를 구성하는 각 분야의 관료들은 일관되게 국가정책으로 추진하였다.[35] 이에 따라 이토가 통감을 사임하는 1909년 초반의 한국은 이미 독립된 국가로서의 실질적 권한이 거의 없는 상태가 되었다.

2) 이토의 만주 시찰과 안중근 의거

통감직을 사임한 이래 도쿄에 체재하고 있던 이토는 1909년 7월 한국으로 건너왔다. 당시 그는 이미 통감을 사임한 상태였다. 그러나 제2대 통감으로 소네가 현직에 있었음에도 불구하고, 이토는 직접 한국정부를 강압하여「한국 사법 및 감옥에 관한 사무 위탁에 관한 각서」(1909. 7.12)를 체결하도록 했다. 이것으로 인해 한국의 사법권은 완전히 박탈되어 일본정부가 장악하게 되었다고 해도 과언이 아니게 되었다. 이후 이토는 이해 가을 30여 명의 수행원을 이끌고 만주 시찰에 나섰다. 이에 대해 일본정부는 전적으로 개인적인 시찰이라고 강조했지만, 이 만주 시찰의 과정에서 당시 러시아정부의 실세였던 재무대신 코코프초프(Vladimir N. Kokovtsov)와 하얼빈에서 회담이 예정되어 있었고, 만주의

---

35   한성민, 2021, 앞의 글, 259-260쪽.

철도에 대해 미국 국무장관이 공개적으로 중립화안을 제기하고 있었다는 점, 그리고 수행원의 면면을 볼 때, 결코 개인적인 휴가나, 시찰이라고 볼 수는 없다.

이토의 만주 시찰을 주선한 사람은 남만주철도주식회사 총재 고토 신페이(後藤新平)였다. 그는 1907년 봄부터 이토에게 만주여행을 권고해 왔는데, 1909년 8월 이토가 해외여행의 시기가 왔다며 고토의 제의에 동의했다고 한다. 고토는 이토에게 만주로 가서 "현재 러시아의 동양사무의 주관자 코코프초프와 만나 극동문제, 즉 한국문제의 처리에 대해 미리 우리 나라(일본)의 방침을 밝혀 두는 것이 어떠한가"라고 했고, 이토는 코코프초프가 교섭에 동의한다면 장소는 어디라도 좋다고 하였다. 이에 고토는 주러공사 모토노를 통해 코코프초프와 교섭하여 10월 하순 동청철도 시찰의 명분으로 하얼빈으로 와서 이토와 만나 회담할 것을 약속했다고 한다.[36]

이토는 10월 14일 만주를 향해 출발하였다. 당시 수행원은 무로타 요시아야(室田義文, 귀족원의원)·무라타 아쓰시(村田惇, 육군중장)·후루야 히사쓰나(古谷久綱, 추밀원의장 비서관)·마쓰모토 나오스케(松本直亮, 육군소좌)·모리 다이지로(森泰二郎, 궁내대신 비서관)·고야마 젠(小山善, 궁내성 어용계 의사)·정영방(鄭永邦, 주일중국공사관 2등서기관, 통역)외 3인이었다.[37] 수행원의 구성을 보아도 이것은 도저히 개인 자격의 여행이라고는 볼 수 없다. 18일 다롄(大連)에 도착한 이토 일행은 20일 뤼순(旅順)을

---

[36] 小松緑, 1927, 『明治外交秘話』, 中外商業新報社(原書房, 1966 재간), 256-263쪽. 이것은 고토가 상당 기간 비밀로 유지되던 이토의 만주 시찰 목적을 고마쓰에게 1926년 12월에 직접 이야기한 것이라고 한다.

[37] 『日本外交文書』 42-1卷, #149 「伊藤公滿洲旅行ニ關シ通報ノ件」, 193쪽.

거쳐 남만주철도를 이용하여 22일 펑톈(奉天)에 도착, 24일에는 푸순(撫順)탄광을 시찰하고 26일 오전 9시 약속 장소인 하얼빈역에 도착했다. 이토는 열차 안에서 코코프초프와 30여 분 동안의 담화 후 하얼빈역에서 내려 러시아수비대의 사열을 받는 도중 한국인 청년 안중근에 의해 사살되었다.

이토의 사망 소식은 펑톈 주재 일본총영사 고이케 조조(小池張造)와 하얼빈 주재 일본총영사 가와카미 도시히코(川上俊彦)로부터 안중근의 이토 사살 당일인 1909년 10월 26일 외무성으로 보고되었다. 고이케의 첫 보고에서는 이토가 저격당했다는 간단한 내용의 급보만 외무성에 접수되었으나, 곧이어 하얼빈총영사 가와카미의 보고를 통해 이토의 사망 소식은 당일 외무성에 보고되었다. 이와 같은 급보를 접수한 외무대신 고무라는 즉시 청국 주재 일본공사관을 비롯한 일본의 재외공관에 이 소식을 알리면서 당분간 비밀로 유지하라고 훈령하였다.[38] 이것은 아직 그 대처방안이 정해지지 않은 상태에서 당시 일본의 최고 국가원로인 이토의 사망이 일본의 대내외에 미칠 파장을 고려한 조치였다.

하지만 이와 같은 일본정부의 조치는 현실적으로 별다른 성과를 거둘 수 없었다. 만주에서 발간되고 있던 신문들은 하얼빈 의거 당일인 26일 자로 즉시 안중근의 저격 사건과 이토 사망 소식을 대서특필하였고,[39] 27일에는 급보로 한국과 일본의 언론에도 보도되었다.[40] 또 만주철

---

38 『日本外交文書』 42-1卷, #159 「伊藤公薨去ニ關シ內報ノ件」, 198쪽.
39 「大凶報!! 大悲報!!」, 『滿洲日日新聞』, 1909.10.26.
40 「滿洲視察中の伊藤博文公 哈爾賓驛頭に狙擊さる」, 『東京朝日新聞』, 1909.10.27; 「伊藤公遭難」, 『東京日日新聞』, 1909.10.27; 「伊藤公爵暗殺さる」, 『京城新報』, 1909.10.27; 『大韓每日申報』, 1909.10.27.

도문제와 관련하여 이토의 만주 시찰을 예의주시하고 있던 영국과 미국에도 실제 시차를 계산하면 다소 차이가 있지만 도쿄(東京)발 특별기사로 이미 26일에 보도되었다.[41] 이에 따라 이토 사망 사건과 이후의 한국문제는 세계적인 관심사로 떠올랐고, 일본사회는 큰 충격을 받았다.

일본사회의 여론은 우선 타국에서 저격을 받아 객사한 이토에 애도를 표하는 한편, "한국황제가 직접 일본에 와서 사죄할 것을 요구"했고,[42] 나아가 일본정부와 통감부에 최고 국가원로 이토의 죽음에 대한 복수를 요구하면서 의병의 완전한 '소탕'을 통한 한국의 강제 병합을 주장하였다.[43] 이렇게 이토의 사망에 대해 일본의 여론이 격앙되고 국제적으로 주목받는 상황에서 일본정부는 이 사건에 대한 처리방침의 결정을 서두르지 않으면 안 되었다. 일본정부는 이토 사망 당일 원로·대신회의를 열어 신속하게 그 처리방침을 결정하였다. 외무성이 이에 대해 소네 통감에게 보낸 전보에는 구체적인 대응책의 내용이 기재되어 있지 않아 그 처리방침의 정확한 내용을 파악할 수 없다. 하지만 당시 시간상의 한계에서 처리된 긴급한 결정이라는 점과 이후 일본정부의 움직임을 보면 어느 정도 추측이 가능하다.

일본정부는 우선 사건의 정확한 조사와 조치를 위해 외무성 정무국장 구라치를 만주 현지에 파견한다는 것과, 이토 저격의 당사자들을 일본의 조차지인 관동도독부(關東都督府)의 법원에서 재판한다는 처리방침

---

41 "PRINCE ITO ASSASSINATED," *The New York Times*, Oct. 26, 1909.
42 「母國人心の憤激」, 『京城新報』, 1909.11.2.
43 이규수, 2009, 「안중근 의거에 대한 일본 언론계의 인식」, 독립기념관 한국독립운동사연구소 편, 『안중근 의거의 국제적 영향(광복64주년 및 개관 22주년 기념학술심포지엄)』, 130-131쪽.

을 결정하였다.⁴⁴ 이를 통해 볼 때 '안중근의 이토 사살 사건'에 대해 일본정부는 약 3달 전인 7월 6일 이미 '한국병합'을 공식화한 상황에서 이 사건의 파장을 고려하여 최대한 자국의 의지를 관철시킬 수 있는 일본의 법권지대에서 재판으로 처리한다는 방침을 결정한 것으로 보인다.

하얼빈 의거의 다음 날인 27일 고무라 외무대신은 하얼빈 주재 가와카미 총영사에게 긴급한 전보를 보냈다. 그 주요 내용은 1907년 법률 제52호의 3조에 의거하여 안중근에 대한 재판을 관동도독부 관할의 지방법원에서 시행할 것을 결정하였으니, 하얼빈 총영사관에서 영사재판에 의한 예심을 열지 말고, 범인 및 연루자들을 헌병에 인도하여 뤼순의 관동도독부로 이송하라는 지시였다.⁴⁵ 그런데 이미 영사재판을 시작했을지도 모른다고 생각했는지 고무라는 다시 한 번 긴급 전문으로 "만약 예심에 착수했다면 즉시 그것을 중지하고 속히 범인을 뤼순으로 호송하라"는 지시를 내렸다.⁴⁶ 이어 28일에는 안중근의 이토 저격 사건에 대한 상세한 조사와 그 사후처리를 위해 외무성 정무국장 구라치에게 대외비로 뤼순으로의 출장을 지시하였다.⁴⁷

일본정부가 일본외교의 실무책임자이자, '한국병합' 준비의 실무자였던 구라치를 즉시 만주에 파견한 점을 보면, 당시 일본정부가 '한국병합'과 관련하여 안중근의 이토 저격 사건을 어느 정도로 심각하게 인식했는지 짐작할 수 있다.

---

44   국사편찬위원회 편, 1999, 『統監府文書』 7卷(이하 『統監府文書』), 2-3쪽.
45   『日本外交文書』 42-1卷, #164 「伊藤公ニ對スル兇行者處分ニ關スル件」, 199쪽.
46   『日本外交文書』 42-1卷, #164 「伊藤公ニ對スル兇行者處分ニ關スル件」, 199쪽.
47   『日本外交文書』 42-1卷, #168 「伊藤公遭難事情調査ノ爲旅順出張ニ關シ內訓ノ件」, 200-201쪽.

구라치를 만주로 파견한 다음 날인 29일 고무라 외무대신은 소네 통감에게 구라치의 보좌를 위해 한국사정과 한국어에 정통한 인물을 선발하여 뤼순으로 파견하라는 지침을 내렸다.[48] 이에 통감부는 한국어 통역관 고쿠부 사토루(國分哲)를 뤼순으로 파견하였다.[49] 또한 통감부는 외무성의 지시와는 별도로 이미 안중근의 이토 저격 당일 경성지방재판소 소속의 검사정(檢事正) 나카가와 이치스케(中川一介)를 하얼빈으로 보내는 한편,[50] 30일에는 육군대신 데라우치와 협의하여 러일전쟁 당시 대러시아 첩보전의 전문가이자 전 한국주차헌병대장으로 한국사정에 정통한 아카시 모토지로(明石元二郎)를 만주로 파견하였다.[51]

통감부에서 이들을 파견한 명분은 어디까지나 구라치에 대한 보좌 역할이었다. 하지만 통감부에서 파견한 인물들과 구라치 사이에서 상당한 갈등이 발생했다. 아카시를 중심으로 한 통감부의 요원들은 일본의 세력권 밖인 러시아 지역으로까지 밀정을 파견하는 등 안중근의 이토 사살 사건과 관련된 한국 국내외의 항일운동조직에 대한 전면적이고 대대적인 조사를 통해 사건을 확대시키려고 노력했다.[52] 반면 일본정부와 구라치는 정부 내에서 이미 '한국병합' 단행의 방침이 대외비로 결정되었기 때문에 그 계획이 진행 중인 상황에서 복잡한 외교문제와 열강이 개입할 수 있다는 점을 고려하여 사건을 축소시키려고 노력했다. 일본정

---

48 『統監府文書』7卷, #(52) 來電 第159號, 24쪽.
49 『統監府文書』7卷, #53 往電 第120號, 24쪽.
50 국사편찬위원회, 1978, 『韓國獨立運動史』 資料7卷(이하 '『韓國獨立運動史』'), 329쪽, 電報.
51 『統監府文書』7卷, #103 機密統發第1907號, 51-52쪽.
52 『韓國獨立運動史』資料7卷, 232-237쪽, 憲機第2624號.

부와 통감부 사이의 이와 같은 갈등은 통감부 요원들이 당시 일본정부에서 극비로 결정한 '한국병합' 방침을 파악할 수 없었기 때문에 일어난 것이었다.⁵³

10월 31일 일본을 출발하여 11월 5일 중국의 뤼순에 도착한 구라치는 자신이 직접 하얼빈에 가서 이토 사망에 대한 조사활동을 하는 것은 러시아 측을 불필요하게 자극할 우려가 있다고 판단하였다. 이에 그는 뤼순에 체재하면서 만주 각지의 한국인 상황에 대해 조사함과 아울러 안중근에 관해서는 하얼빈 및 블라디보스토크 주재 총영사를 지휘하여 러시아 쪽의 조사내용을 보고받았다.⁵⁴ 이와 함께 통감부에서 파견한 요원들이 하얼빈 및 러시아 연해주 등지에 잠입하여 직접 조사한 내용도 보고받았다.

통감부에서 밀정으로 파견한 헌병대위 무라이(村井因憲)는 "이번 사건은 블라디보스토크『대동공보(大東共報)』의 이강(李剛), 유진율(兪鎭律), 최재형(崔在亨), 러시아의 수도 모스크바에 체재하고 있는 이범진, 미국인 헐버트 및 미국에서 스티븐스 저격 사건의 실행자인 전명운(田明雲)

---

53   한성민, 2021, 『일본의 '韓國倂合' 과정 연구』, 경인문화사, 142-144쪽.
54   『統監府文書』7卷, 94쪽, #(138) 來電第1483號. 이와 관련하여 한상권은 11월 2일 구라치가 하얼빈에서 직접 안중근을 심문했다고 서술하고 있으나(한상권, 2004, 「안중근의 하얼빈거사와 공판투쟁(2) - 외무성관리, 통감부 파견원의 신문과 불공정한 재판진행에 대한 투쟁을 중심으로」, 『덕성여대논문집』33, 53쪽; 안중근의사: 5장 각주2의 도서. 기념사업회 편, 2009, 앞의 책, 29쪽), 이는 사실과 다르다. 구라치가 일본에서 4일 大連을 경유하여 5일 旅順에 도착했기 때문에 시간적으로 불가능하다. 무엇보다 구라치 자신의 구술기록에서도 자신은 직접 조사에 임하지 않았다고 밝혔으며, 다른 기록에서도 직접 심문의 내용은 찾아볼 수 없다. 『韓國獨立運動史』資料7卷, 331-332쪽, 電報第二十八號.

의 교사에서 나온 것으로 판단된다"고 보고하였다.⁵⁵ 또 당시 법원의 통역으로 신분을 위장하고 안중근의 심문에 참여했던 통감부의 사카이 요시아키(境喜明) 경시도 이번의 '흉행'은 직접 한국 국내와 연계되어 있다고는 판단할 수는 없으나, "블라디보스토크 방면의 폭도, 프랑스 선교사, 『대한매일신보』 및 안중근이 회원으로 활동했던 서북학회 사이에 하나로 맥락이 통하고 있는 것은 의심할 여지가 없다"고 보고하였다.⁵⁶ 이처럼 통감부 요원들은 자신들이 이 사건에 관계되어 있다고 판단한 한국인 독립운동가들의 계보까지 작성하면서,⁵⁷ 안중근의 이토 사살 사건을 정치적으로 확대시키고, 이것을 빌미로 급속하게 '한국병합'을 추진하려는 공작을 펼치고 있었다.⁵⁸

하지만 구라치는 이러한 통감부 요원들의 보고내용과는 매우 다른 판단을 내렸다. 그는 "지금까지 심문의 결과를 종합하면 안중근·우덕순(禹德淳)·조도선(曺道先)·유동하(柳東夏) 4인 외에 다른 인물들은 흉행 사건과의 관계가 매우 적거나 또는 전혀 관계없는 것 같고, 조도선과 유동하도 관계가 그렇게 깊지는 않다"고 일본정부에 보고하였다.⁵⁹ 이와 같은 판단의 관점에서 구라치는 이토 사망 사건은 일본 국내에서 생각하

55　국가보훈처 편, 1995, 『亞洲第一義俠 安重根』 1(이하 '『亞洲第一義俠 安重根』'), 603쪽; 『한국독립운동사』 資料7卷, 232-255쪽, 憲機第2624號.

56　『韓國獨立運動史』 資料7卷, 「復命書」, 335-346쪽.

57　『亞洲第一義俠 安重根』 1, 603-616쪽.

58　倉知鐵吉, 「韓國倂合ノ經緯」, 27-28쪽; 『統監府文書』 7卷, 31-32쪽, #(71) 往電 「狙擊事件處理를 위한 協調依賴 件」; 51-52쪽, #(103) 機密統發第1907號 「事件處理를 위해 明石駐韓憲兵隊長 旅順派遣 件」; 220쪽, #(230) 來電第176號 「事件眞相 糾明을 위한 調査員 浦鹽派遣 件」.

59　『日本外交文書』 42-1卷, 211쪽, #180.

는 것처럼 한국인들의 조직적인 대규모 항일운동사건이 아닌, 블라디보스토크를 중심으로 한 일부 반일적인 한국인들이 일으킨 사건으로 규정하였다. 이에 따라 구라치는 안중근의 이토 사살 사건의 정치적 의미를 축소시켜 사건을 신속하게 종결지어야 한다고 외무성에 보고했다.[60] 이에 고무라 외무대신은 사건의 확대에 노력한 통감부에 "범죄는 한국 중앙 혹은 지방 관헌이나 기타 유력자와는 관계없는 일부 불평 한인의 행동"이라고 통보함으로써[61] 구라치의 사건 조사 보고를 토대로 사건의 성격을 규정하였다.

안중근이 침략의 원흉 이토를 저격하는, 즉 하얼빈 의거를 계획한 장소로서 러시아의 블라디보스토크 방면과 관련한 철저한 조사에 대해서는 구라치도 대체로 동의하였다.[62] 하지만 그는 조사의 목적에 대해서는 통감부 요원들과 다른 생각을 가지고 있었다. 구라치는 이토 저격 사건의 진상을 알기 위한 조사는 철저히 할 필요가 있으나, 실제 사건의 처리는 가능한 한 축소시키려 했는데, 이러한 그의 생각은 아래의 구술에 잘 나타나 있다.

> 11월 3일 나는 다롄(大連)에 도착하여 그때부터 만주(滿洲)를 1차례 순시하였다. (중략) 러시아 측과 복잡한 관계가 일어나는 것을 우려하여 하얼빈에 일부러 가지 않았지만, 창춘(長春)까지의 각 지역을 돌면서 한인(韓人)의 상황 등을 조사하고 마지막으로 뤼순(旅順)에

60　倉知鐵吉,「韓國倂合ノ經緯」, 26-27쪽.
61　『統監府文書』 7卷, #139, 來電第171號, 95쪽.
62　『韓國獨立運動史』 資料7卷, 210-212쪽, 電報.

도착하여 그곳에서 오랫동안 체류하고 있었다. 나의 조사 결과, 이번 암살 사건은 도쿄(東京)에서 일부의 사람들이 생각한 것처럼 대규모의 것이 아니라, 블라디보스토크에 있는 약간의 불령한인(不逞韓人)들이 계획하여 그것을 만주에서 결행한 것이었다. 즉 그 근원은 블라디보스토크에 있으며 그것도 규모가 큰 것은 아니라고 판정하였다.

따라서 (중략) 당면의 문제는 뤼순의 법정에서 적법하게 본 사건을 처리하면 충분하다고 인정하여 가능한 한 사건을 작게 취급하는 것이 필요하다고 그 뜻을 정부에 헌언하였고, 정부도 대체로 그 방침을 취할 작정이었다. 그러나 한편 한국의 경성(京城)에 있는 일부 일본인 중에서는 이토공(伊藤公) 암살을 한국황제가 사주한 것이라고 하여 이것을 이유로 이참에 즉시 병합을 단행하려고 무리하게 증거를 만들려고 획책하였다.

내가 뤼순에 도착하자 즉시 한국주차군 참모장(參謀長) 아카시(明石) 소장이 왔다. 검사 측에서도 나카가와 이치스케(中川一介) 검사정이 왔다. 또 그밖에 한국어에 능통한 통감부의 모[某, 사카이(境)] 경시 등이 왔다. 이들은 뤼순에 체재하면서 피고 한국인을 감시하고, 합법, 비합법의 조치로 무언가 증거를 만들려고 획책하였다. 그래서 이들 한국에서 온 일파와 나 사이에 대단한 암투가 일어났다. (중략)

나는 정부가 병합의 대방침을 결정한 이상 그것을 실행함에는 가장 적당한 시기를 선택하는 것이 필요하며 무리해서 병합을 강행하는 것은 단연코 불가하다고 믿고 있었지만, 한국에서 온 일파는 전혀 병합의 묘의(廟議)가 결정되었는지 어떤지 알지 못하고 유일무이 이번 기회에 병합을 실현시키려고 고심한 것에 지나지 않는다. (중략) 한국 측에서 온 사람들도 도저히 그 목적을 달성할 수 없음을 깨닫고

나의 뤼순 출발을 전후해서 즉시 한국으로 돌아갔다. 이에 이토공 암살 사건을 이용하여 병합을 실행시키려 한 계획은 종언을 고하게 되었다.[63]

위의 구라치의 구술에서 알 수 있듯이, 구라치 및 일본정부는 안중근의 이토 사살 사건을 '한국병합'의 기회로 활용하려는 통감부 요원들의 생각과 달리 가능한 한 사건의 규모나, 정치적 의미를 축소시켜 처리하려고 하였다. 당시 일본은 불평등조약 개정교섭 문제와 '한국병합'에 대한 열강의 대응에 노심초사하고 있었다. 이 상황에서 극비 결정사항이었던 '한국병합' 방침과 이에 대한 일본정부의 의도를 공개할 수 없었던 구라치는 통감부 요원들의 활동을 저지하고 '안중근의 이토 사살 사건'을 단순한 살인사건으로 의미를 축소시킨 것이다. 이와 동시에 일본정부는 안중근의 이토 사살 사건의 정치적, 국제적 파장을 최소화시키기 위해 일본의 조차지로, 일본이 법권을 가지고 있는 관동도독부 법원에서의 재판을 통해 사건을 신속하고 조용하게 처리하려 한 것이다.

이에 따라 일본정부의 '한국병합' 방침 및 열강에 대한 외교를 파악하지 못한 통감부의 목적은 실패로 돌아갔다. 사카이 경시가 자신의 활동이 실패한 원인에 대해 구라치에 대해서는 전혀 언급하지 않고 관동도독부 법원 측의 비협조와 검찰의 급속한 기소처분에 불만를 제기하고 있는 것을 보면,[64] 이러한 재판공작에서 구라치는 표면에 나서지 않고 관동도독부의 법원과 검찰을 통해 일본정부의 의지를 관철시킨 것으로

---

63 倉知鐵吉, 「韓國併合ノ經緯」, 27-29쪽.
64 『韓國獨立運動史』 資料7卷, 471-472쪽, 高秘收第1022號의 1.

판단된다. 이는 안중근 재판의 과정에서도 마찬가지였다.

정리하자면, 당시 일본정부의 의도는 하얼빈 의거로 인한 국내외적인 정치적 파장을 최소화시키고, 일본정부의 직접적인 통제가 가능한 조차지인 관동도독부에서 재판 개입을 통해 안중근 재판을 신속하게 종결시키는 것이었다.

1909년 7월 6일 일본 내각의 각의결정으로 이미 '한국병합' 방침을 결정한 일본정부는 그 실행을 앞서 한국 내에서 반일세력을 제거하기 위해 이른바 '폭도대토벌작전'을 전개하고 있었다. 대외적으로는 만주에 대한 문호개방과 철도문제를 중심으로 미국과의 긴장감이 높아지던 시기이기도 했다. 이토의 만주 시찰은 만주에서 철도를 매개로 예상되는 미국과 러시아의 결합을 사전에 저지하고, '한국병합'에 대한 러시아의 승인을 얻어 내는 것이 목적이었다. 바로 이러한 때에 안중근은 한국 침략의 중심인물인 이토를 사살하였다.[65]

안중근의 이토 사살 사건으로 말미암아 우선 한국에서는 안중근이 민족영웅으로 추앙될 수 있고, 그 결과 안중근의 의거로부터 영향받은 비슷한 사건들이 연속적으로 일어날 우려가 있었다.[66] 또한, 이른바 '폭도대토벌작전' 이래 감소 추세에 있던 한국의 항일의병투쟁이 다시금 고양될 위험이 있었다. 일본 내에서는 '한국병합'에 대한 민간의 강경 여론이 격화될 것이고, 대외적으로는 일본의 한국 침략 문제가 국제적으로 주목받게 될 우려가 있었다. 이렇게 되면 그동안 일본정부가 치밀하게

---

65 한성민, 2009, 앞의 글, 242-243쪽.

66 검사는 안중근을 사형에 처하는 이유의 하나로 이토 암살 사건이 이재명의 이완용 암살미수 사건처럼 다른 한국의 사이비 정치범의 표본이 될 수 있다는 점을 내세웠다(「安重根事件公判速記錄」, 『滿洲日日新聞』, 1910.2.12).

준비해 온 '한국병합'은 한국사회의 전면적인 반발에 직면하여 실패하거나, 일본 국내의 강경 여론에 밀려 일본정부의 의도와는 다른 방향에서 민간 주도로 추진될 수도 있는 문제였다. 당시 무엇보다 일본정부가 우려한 것은 다른 열강이 개입하여 청일전쟁 때와 비슷하게 제2의 '삼국간섭'이 발생하여 '한국병합'이 좌절되는 사태였다. 이러한 우려에서 일본정부는 통감부를 통해 안중근의 이토 사살 사건 이후 지역별, 계층별, 사회단체별 한국사회의 동향에 대해 연일 동태를 파악하는[67] 한편, 재외공관들을 통해 열강의 반응을 면밀하게 살피면서 그 대응책에 부심하였다.[68]

실제로 안중근의 이토 사살 사건은 한국에서 의병운동에 일정한 영향을 주었다.[69] 10월 27일 서울에서 무장한 군중이 서대문 밖의 역사(驛舍)를 파괴하고, 시내의 일본인 상점을 공격하였다. 당시 한국 주재 러시아 군사요원 비류코프(Biryukov)는 하얼빈 의거 이후 전라남도에서 의병의 활동이 눈에 띄게 활성화되었다고 하면서 이에 따라 앞으로의 계획을 토의하기 위해 대구에서 일본군 진압부대장 회의가 열렸다고 본국에 보고하였다.[70] 또 12월에는 안중근 의거에 자극받은 이재명(李在明)의 이완용 처단 시도가 있었다.

---

67 松田利彦, 2009, 「이토 히로부미 살해사건의 파문 - 경찰 자료로 보는 한국인 사회의 상황」, 이성환·이토 유키오 편저, 『한국과 이토 히로부미』, 선인, 332-336쪽, 〈표 10-2〉 참고.

68 『日本外交文書』 42-1卷, #170 「伊藤公爵暗殺ニ關スル米國ノ輿論報告ノ件」, 201-202쪽·#173 「伊藤公薨去ト日本政策ノ關係ニ付新聞切拔送付ノ件」, 204-207쪽·#179 「伊藤公薨去ニ關スル佛國輿論趨勢報告ノ件」, 209-211쪽.

69 「果然韓國に暴徒蜂起す」, 『東京日日新聞』, 1909년 10월 31일.

70 박 벨라 보리소브나, 「안중근 의거에 대한 조선과 해외의 반응 - 러시아, 조선 및 일본 사료를 중심으로」, 안중근의사기념사업회 편, 2009, 『안중근 연구의 기초(안중근 의거 100주년 기념논문집 2)』, 경인문화사, 342-343쪽.

반면 일본사회의 여론은 급속하게 '한국병합' 주장으로 경사되어 갔다. 당시 일본사회의 여론은 "이번 기회에 일거에 조선문제를 해결하고, 한일 간의 미지근하고 애매한 관계를 타파하여 당당하고 명쾌하게 신국면을 타개함으로써 한일 양국의 영구적 평화를 구축하라"고 외쳤다.[71] 또 열강은 일본의 우려 그대로 한국에 대한 일본의 정책 변화를 타진하였다. 이에 일본정부는 '한국병합' 방침을 그 이전에 이미 결정했음에도, 이토가 구축한 한국에 대한 통치체제는 폐지되지 않고 그대로 남아 있을 것이며, 한국과 일본의 통합은 먼 미래에나 이루어질 것이라는 점을 외국의 외교관들과 기자들에게 확신시키려고 노력하였다.[72]

일본정부는 안중근의 이토 사살 사건을 처리하는 과정에서 당면한 '한국병합'에 대한 의도를 은폐시켜 열강의 개입을 회피하고, 한국인들의 독립의지가 확산되는 것을 저지하려고 했다. 더불어 '한국병합'을 앞두고 국내 여론이 일본정부의 의도와는 다르게 자극받는 것을 사전에 방지하고자 하였다. 따라서 일본정부는 '한국병합' 계획의 수립 단계에서부터 그것과 관련한 모든 사항 및 당시 일본외교의 현안과 대응방향을 모두 파악하고 있는 외무성 정무국장 구라치를 만주에 파견해서 안중근의 이토 사살 사건을 신속하고 조용하게 해결하려고 한 것이었다.

---

71 『朝鮮』 4-4, 1909, 「伊藤公の横死と朝鮮問題」, 4쪽; 倉知鐵吉, 「韓國併合ノ經緯」, 27쪽.

72 "ATTITUDE OF JAPAN TO KOREA UNCHANGED," The New York Times, Oct. 28, 1909. 이와 관련하여 이토의 암살 소식이 가쓰라 총리대신에게 보고되었을 때, 마침 그는 주일영국대사 맥도널드(MacDonald)와 동석하고 있었다. 이때 가쓰라는 즉석에서 "(일본의) 대한국정책은 변하지 않는다"라고 맥도널드에게 단언하였다(나라오카 소치, 「영국에서 본 이토 히로부미와 한국통치」, 이성환·이토 유키오 편저, 『한국과 이토 히로부미』, 선인, 119-120쪽).

3) 안중근 재판의 불법성과 재외 한국인 독립운동가의 사법처리 원칙 수립

(1) 안중근 재판의 불법성과 일본의 정치적 의도

관동도독부로 이송된 안중근은 재판에 앞서 관동도독부 검찰로부터 하얼빈 의거에 대해 11차례의 취조를 받았는데, 대략 2시기로 구분된다. 1909년 10월 30일부터 11월 26일까지 관동도독부의 미조부치 다카오(溝淵孝雄) 검사가 약 한 달 동안 7차례 조사한 것이 전기이고, 12월 20일 이후 4차례 더 조사한 것을 후기라고 할 수 있다.[73]

전기의 조사에서 미조부치 검사는 안중근을 '동양의 의사', '충군애국의 사(士)'라고 호칭하면서 정치범으로 깍듯이 예우하였다. 이 시기에는 심문내용도 한국에 대한 일본의 역할에 대해 통감부제도를 중심으로 한국독립불능론, 한국의 동양화근론, 문명개화론 등을 거론하여 안중근과 치열한 이념논쟁을 전개하였다.[74] 그러나 12월 중순경부터 검찰의 태도가 돌변하였다. 미조부치는 안중근에게 '압박도 가하고 혹은 억설도 하고 또 능욕하고 모멸도 하였다.'[75]

이것은 구라치가 안중근에 대한 재판과정에 개입한 결과였다. 이후

---

[73] 관동도독부 검찰관의 조사 외에 통감부에서 파견한 사카이 경시도 11월 26일부터 12월 11일까지 안중근을 11차례 조사하였는데, 이 조사는 구라치와는 다른 목적에서, 즉 사건을 확대시켜 급속한 '한국병합'을 추진하려는 통감부의 아카시 모토지로(明石元二郞)가 지휘하였다.

[74] 이에 대해서는 한상권, 2004a, 「안중근의 하얼빈거사와 공판투쟁(1)-검찰관과의 논쟁을 중심으로」, 『역사와 현실』 54; 한상권, 2004b, 앞의 글 참고.

[75] 안중근, 「안응칠역사 - 안중근 의사 자서전」(외솔회, 1974, 『나라사랑』 34 수록, 이하 「안응칠역사」), 215쪽.

검사의 심문과 재판과정은 오로지 안중근이 이토를 오해하여 개인적인 감정에서 살해한 반인도적인 범죄로 맞춰졌다.[76] 특히 관동도독부 법원은 재판이 시작되기 직전까지도 안중근으로부터 "이토 사살은 오해에서 비롯된 것"이라는 한마디를 듣기 위해 무사 석방을 보장하면서까지 집요하게 회유하려 하였다.[77]

그렇다면 구라치로부터 압력받은 관동도독부 법원은 왜 이렇게 안중근의 '이토 오해론'에 집착했던 것일까. 일본은 한국에 통감부를 설치한 이래 한국개혁에 대한 보고서를 작성해서 서구의 공사관에 배포하고 있었다.[78] 통감부에서 1907년부터(1906년 내용) 영문으로 발간한 *Annual Report on Reforms and Progress in Chosen*(『조선에서의 진보와 개혁에 대한 연례보고서』)이 그것인데, 1923년부터는 *Annual Report on Administration in Chosen*(『조선에서의 통치에 대한 연례보고서』)으로 명칭이 바뀌었고, 1938년에 폐간되었다. 또 당시 미국 예일대학의 교수로 저명한 학자였던 조지 래드(George T. Ladd)를 한국으로 초청하여 한국에 대한 이토의 통감정치를 홍보하는 글을 쓰게 하기도 했다.[79] 이러한 것들을 이용하여 일본은 한국에 대한 문명적 개혁과 지도를 국제사회에 홍보하는 데 노

---

76 『韓國獨立運動史』 資料6卷, 234-235쪽, #37 「被告人 安應七 第8回 訊問調書」; 284쪽, #39 「被告人 安應七 第10回 訊問調書」; 307쪽, #44 「被告人 安應七 第11回 訊問調書」.

77 「안씨정색」, 『대한매일신보』, 1910.2.26.

78 안종철, 2007, 「'韓國倂合' 전후 미일 간 미국의 한반도 治外法權 廢止交涉과 妥結」, 『法史學硏究』 36, 41쪽.

79 래드는 문명개화론적 관점에서 이토 히로부미의 행정개혁에 대해 철저히 옹호하면서 일본에 의한 개혁은 한국을 밝은 길로 인도할 것이라고 영어권 독자들에게 호소했다. 이는 일본에게 엄청난 힘이 되었다(안종철, 2007, 위의 글, 44-45쪽).

력하고 있었다. 이와 같은 상황에서 안중근의 이토 저격 사건이 발생한 것이다. 의거가 사실 그대로 알려지면 한국에서 반일운동의 기폭제가 될 수도 있고, 국제사회에서는 통감통치에 대한 허구성이 폭로되는 계기가 될 수도 있었다.

하지만 안중근 스스로가 이토를 잘못 오해하여 저격한 것이라고 공개적으로 인정한다면, 이는 오히려 고양되는 한국의 반일운동을 저하시키고, 국제사회에서 일본의 한국통치에 대한 정당성을 더욱 홍보할 수 있는 동전의 양면과 같았다. 이 때문에 일본은 안중근의 이토 사살 사건을 정치적인 반일사건이 아닌 단순 살인사건으로 규정한 데 이어 '안중근의 이토 오해론'을 재판의 전 과정에서 매우 집요하게 추궁했던 것이다. 그러나 이러한 일본정부와 법원의 회유 노력은 결국 좌절되었다.

이에 따라 재판은 안중근의 정치적 발언을 완전히 봉쇄하고 일본정부의 입장만을 확인하는 방향으로 진행되었다. 1910년 2월 9일의 제3회 공판에서 안중근은 "이토는 한국의 역적일 뿐만 아니라 일본에도 대역적"이라고 발언하였다. 이에 재판장은 공안방해라며 방청을 금지시키고 폐정과 함께 재판의 공개를 정지시켰으며, 정치상 의견개진은 불필요하므로 제한한다며 그것을 서면으로 제출할 것을 요구하였다.[80] 그럼에도 불구하고 관선변호사들은 아무런 문제제기도 하지 않았다. 변론도 일본법률 적용에 대한 불법성을 형식적으로는 제기하였지만, 대체로 검사의 논고를 반복하는 수준이었다. 관동도독부에서 선임한 변호사들은 검사와 마찬가지로 안중근의 이토 사살은 오해에서 비롯된 범행임을 강조

---

80 「安重根의 公判(제3일 오후)」, 『대한매일신보』, 1910.2.18.

하였다.⁸¹ 이에 따라 안중근은 일본정부가 의도한 검사의 논고 그대로 2월 14일 사형 판결을 선고받아 3월 26일 사형되었다.

이와 같은 재판에 대해 안중근은 "나는 당당한 대한국의 국민인데 어찌하여 오늘 일본 감옥에 갇히고 더구나 일본법률로 재판을 받게 되니 이것은 무슨 까닭인가? 내가 언제 일본에 귀화했던가. 판사도 일본인이요, 검사도 일본인, 변호사도 일본인이며, 통역관도 일본인, 방청인도 일본인이다. 이것은 벙어리 연설이요, 귀머거리 방청과 같은 것이다"라고 비판하였다.⁸² 영국의 신문 『더 그래피(The Graphie)』는 "세계적인 재판의 승리자는 안중근이었다. 그는 영웅의 월계관을 쓰고 자랑스럽게 법정을 떠났다. 그의 입을 통해 이토는 한낱 파렴치한 독재자로 전락되었다"라고 보도하였다.⁸³

이처럼 일본정부는 이토 사망의 여파로 그동안 치밀하게 준비해 온 '한국병합' 계획이 국제적인 관심사로 떠오르는 것을 피하려 했다. 안중근의 이토 사살 사건은 급속한 '한국병합'의 계기가 된 것이 아니라, 오히려 일본정부가 비밀리에 추진해 온 '한국병합' 계획의 성패를 우려할 정도로 그들에게 직접적인 타격을 준 것이었다. 즉 일본정부가 안중근 재판에 개입한 의도는 한국인의 이토 사살이라는 의거의 파장을 최소화하고, 보호관계를 현상유지하고자 함이었다.

일본정부의 개입에 의한 안중근 재판의 불법성은 크게 3가지로 요약할 수 있다. 재판 관할지 위반과 변호사의 직권 선임, 그리고 한국인인

---

81 관선변호인들의 변론내용에 대해서는 한성민, 2009, 앞의 글, 253-255쪽 참고.

82 안중근, 「안응칠역사」, 127쪽.

83 The Graphie, "A JAPANESE "CAUSE CELEBRE"(金宇鍾 主編, 2005, 『安重根和哈爾賓』, 黑龍江省 朝鮮民族出版社, 111쪽 수록).

안중근에게 일본 형법을 적용한 것이 그것이다.

첫째, 재판 관할지 위반의 문제이다. 안중근이 의거를 실행한 하얼빈은 청국의 영토였다. 하지만 하얼빈은 동청철도를 부설한 러시아가 철도 수용지로 청국으로부터 조차한 러시아의 법권지대였다. 따라서 안중근에 대한 체포 및 수사권은 1차적으로 러시아에 있었다. 의거 직후 러시아 관헌에 체포된 안중근은 당일 일본관헌의 입회하에 러시아에서의 사건에 대해 1차 심리를 담당하는 국경지방재판소 제8구 시심재판소(始審裁判所) 판사로부터 조사받았다. 심문에서 안중근은 자신은 한국인이며, 이토가 한국인들에게 압제를 가하고 많은 동지들을 처형했기 때문에 그에 대한 심판으로 사살했다고 진술하였다. 즉 정치적 목적에서 이토를 사살했다는 것이다. 이에 시심재판소의 판사는 본인의 자백과 목격자들의 증언에 의해 범행의 증거가 충분하므로 형 기피방법을 차단시킨다는 이유에서 안중근의 입감을 결정했다.[84]

러일전쟁이 발발한 뒤 한국은 일본의 강요에 의해 1904년 5월 「칙선서(勅宣書)」를 발표하여 한국과 러시아 두 나라 사이에 체결되었던 기존의 조약과 협정을 모두 폐기한다고 선언하였다. 그리고 이와 동시에 주러공사관의 폐쇄와 러시아 주재 한국공사 이범진의 소환을 결정하였다.[85] 이에 따라 한국과 러시아의 외교관계는 을사조약 이전에 이미 단절되었다. 그런데 당시 하얼빈이 러시아의 조차지였다고는 해도 청국의 영토라는 사실은 변함이 없었다. 그리고 러시아정부는 조차에 대한 열강의 반발을 무마시키기 위해 하얼빈 조차 이전에 청국과 치외법권을

---

84 『韓國獨立運動史』 資料7卷, 327-329쪽, 「被告審問調書」·「決定書」.
85 『高宗實錄』 卷44, 光武 8년(1904) 5월 18일.

협정한 국가는 하얼빈 및 동청철도지대의 조차 이후에도 여전히 이 지역에서 치외법권을 향유할 것이라고 보장하였다. 이에 따라 일본은 1906년 후반 이래 러시아의 외교정책이 유럽 중심으로 전환되어 아시아에서 러일 간에 유화국면이 조성되자,[86] 한청통상조약(1899)의 치외법권 규정을[87] 근거로 동청철도 조차지에서 한국인의 치외법권을 주장하였다. 이러한 일본의 요구에 러시아는 동청철도 민정처(民政處)의 명의로 "이후 한국인이 범죄를 일으킬 경우 그를 가까운 일본영사관으로 인도할 것"을 약속하였다.[88] 하지만 이것은 정부 간의 실질적인 범인인도협정이 아니었기 때문에 러시아가 일본 쪽에 안중근을 인도할 의무는 없었다.[89]

---

[86] 당시의 러일관계에 대해서는 최덕규, 2004, 「러일전쟁과 러일협상(1905~1910)-러일전쟁 이후 러시아의 동아시아정책을 중심으로-」, 『아시아문화』 21 참고.

[87] '한청통상조약'의 제5조는 한국과 청국 간의 쌍무적인 치외법권을 인정하고 있다. 이에 대해서는 정태섭·한성민, 2008, 「乙巳條約 이후 韓·淸 간 治外法權 연구(1906~1910)」, 『한국근현대사연구』 46 참고.

[88] 국사편찬위원회 편, 2004, 『間島·沿海州 關係(韓國近代史資料集成9)』 1卷, 1-3쪽, #(1) 「韓國臣民ノ治外法權享有ニ關スル件」. 신운용은 이와 같은 동청철도 민정처의 훈령을 근거로 러시아의 안중근 인도가 '김재동·서재근 사건'의 선례에 따른 것으로 보았다(신운용, 2009, 「일제의 국외한인에 대한 사법권침탈과 안중근 재판」, 『한국사연구』 146, 221-222쪽). 하지만 이 훈령은 지방기관의 선언적 차원의 것으로 정부 차원의 공식 약속이 아니었다. 또 안중근은 정치범이었기 때문에 '김재동·서재근 사건'과는 성격이 다르다. 일본사회의 비난 여론이 러시아에서 안중근과 한국으로 옮겨간 상황에서 러시아가 안중근을 인도하지 않았다면 일본사회의 비난 여론은 다시 러시아로 향했을 것이다. 의거 당일 즉각적으로 코코프초프에 의해 안중근이 일본에 인도되었다는 것은 러시아의 정치적 선택이었다는 점을 말해 준다.

[89] 국경지대에서 한인 의병활동에 대한 일본의 불만에도 불구하고 1908년 러시아의 남우수리지방 국경행정관이 한인 의병조직에 대해 "관심도 갖지 말고, 처벌도 하지 말며, 격려도 하지 말라"고 연해주 주지사에게 지시하였다(박종효 편역, 2002, 『러시아 國立文書保管所 所藏 韓國關聯文書 要約集』, 한국국제교류재단, 339쪽, 「1908년 4월

무엇보다 안중근은 정치범이었다. 현재와 마찬가지로 정치범은 본국으로 송환하지 않는 것이 당시의 국제적 관례였다.[90] 따라서 이러한 국제적 관례에 따라 안중근이 재판받는다면 당연히 러시아의 국경재판소에서 시행되었어야 했다. 시심재판소 판사가 안중근을 일본영사관에 인도하지 않고 입감하기로 결정한 것은 이를 뒷받침한다.

그러나 하얼빈 의거가 일어난 당일 러시아정부는 총리대신과 재무대신의 명의로 일본정부에 이토의 사망에 대한 공식적인 조전(弔電)을 보냈고,[91] 안중근의 국적이 확인되자, 당시 하얼빈에 체재 중이던 재무대신 코코프초프는 곧바로(26일) 안중근을 일본총영사관으로 인도하였다.[92] 그 이유는 당시 이토 사망에 대해 러시아의 경호책임을 비난하는 일본의 여론을 의식하고, 또 극동에서 일본과의 관계개선을 중요시한 러시아정부의 외교정책상 안중근의 인도로 인한 일본과의 갈등을 피하려 한 것이었다.

한국은 청국과 한청통상조약에서 쌍무적인 치외법권을 확보하고 있

19일(5. 3) 플루그가 스미르노프에게 보낸 전문」). 이것을 보면, 의병이 정치적 목적을 가지고 있어서 일반 범죄자와 성격이 다르긴 하지만 러시아가 한국인 범죄자의 인도에 그다지 협조적이지는 않았던 것 같다. 또 안중근 의거 이전까지 러시아는 하얼빈에서 사법권 행사의 권리를 강하게 주장하고 있었다.(許世楷, 1969, 「伊藤博文暗殺事件-韓國併合の過程における一悲劇」, 我妻榮 外, 『日本政治裁判史錄』明治・後, 第一法規出版株式會社, 536-537쪽).

90 「犯人の所管問題」, 『京城新報』, 1909.10.29.
91 『日本外交文書』 42-1卷, #157 「伊藤公薨去ニ關シ露國當局弔意表彰ノ件」, 197쪽.
92 박종효 편역, 2002, 『러시아 國立文書保管所 所藏 韓國關聯文書 要約集』, 한국국제교류재단, 332쪽, 「1909년 10월 13일(26) 하얼삔에서 재상이 보낸 전문」; 『한국독립운동사』 資料7卷, 330쪽, 電報 第160號(暗號); 『亞洲第一義俠安重根』 1, 6쪽, 號外 第2號.

었으므로 청국 영토 내에서 한국인이 피고가 될 경우, 그 재판권은 한국에게 있었다. 그러나 당시 한국은 안중근에 대한 재판권을 행사할 수 없었다. 일본의 강압에 의해 한국은 1905년 11월 을사조약을 체결하여 외교권을 박탈당했고, 그 뒤 1909년 7월에는 사법권 및 감옥 사무에 관한 이관 협약(이른바 '기유각서')에 의해 사법권까지 탈취당했다. 이 때문에 일본이 한국을 대신하여 안중근에 대한 재판권을 행사하게 된 것이다.

안중근의 신병을 인수한 하얼빈 주재 일본 총영사관은 예심을 열지 말고 안중근을 관동도독부 지방법원으로 이송하라는 일본정부의 훈령에 따라 11월 3일 그를 관동도독부로 이송하였다.[93] 그 근거는 아래의 1908년 4월의 「만주에서 영사재판에 관한 건(법률 제52호)」(10월 1일 시행)의 제3조였다.

> 제3조 만주에 주재하는 영사관(領事館)의 관할에 속한 형사사건은 외무대신이 국교(國交)상 필요하다고 인정할 경우, 그 사건을 관동도독부 지방법원에서 그것을 재판하도록 할 수 있다.[94]

위 법률의 조문은 재판의 대상을 명확하게 규정하지 않았기 때문에 한국이 일본에게 외교권과 사법권을 박탈당한 상황에서 안중근에 대한 재판 관할지 이관에도 적용할 수 있는 것처럼 보인다. 그러나 영사재판은 기본적으로 자국의 국민이 어디에 있든지, 자국법을 적용받는다고 하

---

93 『한국독립운동사』資料7卷, 332-333쪽, 「電報」·「電報第1號」.
94 「明治四十一年. 法律 第五十二號·滿洲ニ於ケル領事裁判ニ關スル件」, 日本國立公文書館 소장 문서 A03020745800.

는 속인주의(屬人主義)에 근거한 법권이다. 위 '영사관의 관할에 속한 형사재판', 즉 영사재판은 일본인에 대한 일본의 영사재판과 한국으로부터 강제 위임받은 한국인에 대한 영사재판을 구분해야 한다. 따라서 위 법률의 제3조 조항은 구「일본제국헌법」으로 규정된 일본 국적의 일본인에게만 적용되는 법률인 것이었다.

1909년 10월 당시까지 한국이 강압에 의해 일본에 위임한 것은 외교의 대리와 사법권의 대리이지 법권 자체 또는 주권의 양도가 아니었다. 관동도독부는 구「일본제국헌법」의 시행지역이 아니었기 때문에[95] 일본 본토와는 구분되지만, 일본의 행정권과 사법권이 직접적으로 행사되는 일본의 조차지였다. 또 한국의 사법권이 일본에 장악되어 있었다고 해도 한국에 설치된 통감부재판소와 관동도독부의 재판소, 일본 본토의 재판소는 서로 계통을 달리하여 존재하고 있었다.[96] 한국 국적의 안중근에 대한 재판 관할지를 일본의 조차지인 관동도독부로 이관하는 것은 영사재판의 법적 근거인 속인주의에 어긋나며, 애초에 한국 국적의 안중근에게 위 조항이 적용될 이유가 전혀 없었다.

이러한 법적 문제에 대한 우려 때문이었는지, 구라치는 11월 12일 일본의「국적법」에서 규정한 '일본'의 범위에 관동주가 포함되는지 이시이 기쿠지로(石井菊次郎) 외무차관에게 문의하였다.[97] 이에 대해 이시이

---

95 문준영, 2009,「이토 히로부미의 한국사법정책과 그 귀결」, 이성환·이토 유키오 편저,『한국과 이토 히로부미』, 선인, 192쪽.
96 통감부시기 일본의 한국사법정책에 대해서는 도면회, 2005,「1910년대 식민지 조선의 형사법과 조선인의 법적지위」, 서울대학교 한국문화연구소 편,『한국 근대사회와 문화』Ⅱ, 서울대학교출판부 및 문준영, 2009, 위의 글 참고.
97 『亞洲第一義俠安重根』1卷, 第12號, 135쪽.

는 아직 그 범위에 대한 해석이 일정하지 않기 때문에 경우에 따라, 그리고 제반의 사정을 참작하여 결정해야 한다고 회답하였다.[98] 이는 일본정부가 일본법률 제52호를 근거로 안중근의 재판 관할지를 관동도독부로 결정하였지만, 실제로는 당시 일본정부에서조차 아직까지 일본 법권의 범위에 대한 명확한 기준이나 구분이 없었다는 것을 의미한다.

따라서 러시아가 포기한 안중근에 대한 재판권을 일본이 한국을 대신하여 행사하더라도, 그 재판은 하얼빈 주재 일본총영사관에서의 영사재판으로 행해져야 했다. 만약 사안의 성격상 영사관의 영사재판 정도로는 감당할 수 없는 재판이라면, 한국의 법권지역으로 안중근을 이송하여 통감부재판소에서 재판했어야 한다. 그러나 일본정부는 자신들이 한국에 강요하여 강제 체결한 조약의 규정까지 무시하고 일본의 조차지인 관동도독부로 안중근을 이송하여 재판을 진행하였다.

둘째, 안중근의 변호사를 관동도독부 법원이 직권으로 선임한 문제이다. 안중근은 1910년 2월 7일에서 14일까지 6차례 공판받았다. 재판의 시작에서 사형언도까지 불과 1주일 만에 일사천리로 진행된 것이다. 당시 공판에 앞서 안중근의 변호인으로 신청한 변호사는 러시아인 2명, 영국인 1명, 스페인인 1명, 한국인 2명, 일본인(본토 거주자) 1명으로 모두 7명이었다. 법원은 이들을 모두 허가할 방침이었고, 이 중에서 영국인 변호사 더글러스(G. C. Douglas)와 러시아인 변호사 미하일로프(Konstantin Petrovich Mikhailov)의 2명에 대해서는 이미 관동도독부 법원으로부터 허가된 상태였다.[99] 하지만 외국변호사들을 통해 안중근 재판

---

98 『亞洲第一義俠安重根』 1卷, 第8號, 151쪽.
99 『韓國獨立運動史』 資料7卷, 517쪽, 「報告書」; 521쪽, 電報2號(暗號); 「日士辯護」, 『大

에 대한 국제적인 관심이 높아지고, 이에 따른 재판의 향방에 우려를 갖게 된 일본정부는 법원에 압력을 가하여 이를 철회토록 하였다. 그 결과 히라이시 우지토(平石氏人) 관동도독부 고등법원장이 도쿄로 소환되어 일본정부와 장시간 업무협의를 마치고 1910년 1월 하순 뤼순으로 돌아온 직후 일체의 외부 변호사 선임은 갑자기 불허되었고, 일본인 관선변호사만이 선임되었다.[100] 법원이 제시한 관선변호인 선임의 근거는 아래의 「관동주재판사무취급령(칙령 제253호)」(1908년 9월 22일) 제15조였다.

> 제15조 법원 또는 재판장이 직권으로 변호사를 소송승계인, 소송대리인 또는 변호인으로 선정하거나 또는 선임해야 할 경우에는 변호사가 아닌 자도 선임할 수 있다."[101]

위 법률의 조문에서 재판장이 직권으로 변호인을 선임할 수 있다는 조항을 근거로 법원은 안중근의 변호를 신청한 다양한 국적의 변호인들을 모두 불허하고, 관동주 거류 변호사로 한정하여 뤼순 거류 가마다 세이지(鎌田正治)와 다롄 거류 미즈노 기치타로(水野吉太郎)를 관선변호인으로 선임하였다.[102]

하지만 근대법은 재판에서 피고인이 변호인으로부터 조력받을 권리를 기본적인 권리로 규정하고 있다. 따라서 위 「관동주재판사무취급령」

韓每日申報』, 1909.12.16;「安氏護安」,『大韓每日申報』, 1910.1.7.
100 「旅順情報」,『大韓每日申報』, 1910.1.27;「旅順通信(一)」,『大韓每日申報』, 1910.2.8.
101 「勅令 第253號 關東州裁判事務取扱令(1908년 9월 22일)」, 日本公文書館 소장 문서 A03020768300.
102 「旅順通信(一)」,『大韓每日申報』, 1910.2.8.

의 제15조는 일상적인 재판장의 직권에 의한 변호인의 선임을 허가한 것이 아니라, 피의자가 스스로 변호인을 선임할 능력이 되지 않을 때에 한하여 재판장이 관선변호인을 선임할 수 있는 것으로 파악해야 마땅하다. 그럼에도 관동도독부 법원은 이 규정을 무리하게 일본정부의 의도대로 해석해 버렸다. 그 결과 안중근은 피의자로서 기본적인 권리인 변호인의 조력을 받을 권리까지도 박탈당한 채 불공정하게 재판을 받을 수밖에 없는 상황이 되었다.

셋째, 한국인인 안중근에게 일본 형법을 적용한 문제이다. 구라치의 재판 개입은 안중근이 관동도독부의 지방법원으로 이송되어 오자, 본격화되었다. 당시 그는 관동도독부 법원의 관료도 아니었고, 재판을 주재하는 법관이 아니었음에도 불구하고 1909년 11월 7일 외무성으로 안중근에게 한국법률과 일본법률 중 어느 것을 적용해야 할 것인가를 문의하였다.[103] 이에 다음 날 이시이 외무차관은 외국에서 한국인의 법적 지위는 일본인과 동일하기 때문에 마땅히 일본법률을 적용해야 한다고 회답하였다.[104] 이어 같은 달 30일, 구라치는 극비문서로 고무라 외무대신에게 전보를 보냈는데, 이것은 당시 구라치로 대표되는 일본정부가 안중근 재판에 직접적으로 개입하고 있었음을 잘 보여 준다. 그 내용은 다음과 같다.

제34호 극비(極秘)

안중근의 (중략) 흉행은 사리(私利)에서 나온 것이 아님이 명백하

---

103 『日本外交文書』 42-1卷, #176 「兇徒ノ處罰ニ關スル外務本省ノ意見問合ノ件」, 208쪽.
104 『日本外交文書』 42-1卷, #178 「淸國ニ於ケル韓人ノ刑法上ノ地位ニ關シ回訓ノ件」, 209쪽.

므로 법원에서는 혹시 그 형을 무기징역(無期徒刑)으로 해야 한다는 주장이 나오지 않으리라고 보장하기 어렵습니다. (중략) 이는 전적으로 형(刑)의 적용문제에 속하기 때문에 행정부에서 이에 간섭하는 모습을 피해야 함은 물론이라고 하겠으나, 안중근을 사형에 처할 것인가 아닌가 하는 문제는 사안이 중대하기 때문에 그 이해(利害) 또한 고려해야 합니다. 정부에서 이에 관하여 어떠한 희망이 있다면 현재 본관(本官)과 법원 당국 간의 관계가 양호함을 기회로 하여 법원 내의 의논(議論)이 아직 결정되지 않았고, 安[안중근], 禹[덕순]의 죄상이 확정되지 않은 이때에 미리 희망을 본관을 경유하여 법원 측에 전달하는 것이 좋을 것이라고 생각합니다. 이에 대해 만약 정부의 희망사항이 있다면 속히 알려 주기 바랍니다.[105]

요컨대, 위 내용은 구라치 스스로 행정관료이기 때문에 사법권에 간섭할 수 없다는 점과 안중근이 정치범임을 고백하였던 것이다. 그럼에도 이와 같은 행정권과 사법권의 분립에 대한 인식이 무색하게 구라치는 법원의 분위기가 안중근의 형역을 사형이 아닌 무기징역으로 할지 모르니, 그 형량이 확정되기 전에 정부에서 먼저 안중근의 형량에 대해 법원에 압력을 행사해 달라고 요청하였다. 이전의 오쓰 사건(大津事件)에서[106]

---

[105] 『日本外交文書』 42-1卷, #181 「安重根ノ處罰ニ關スル我政府ノ內意問合ノ件」, 211-212쪽.
[106] 1891년 일본순사 쓰다 산조(津田三藏)가 일본을 방문 중이던 러시아 황태자 니콜라이의 머리를 군도로 내리쳐 상처를 입힌 사건으로 당시 일본정부는 쓰다(津田)를 사형에 처하려고 재판부에 압력을 가했으나, 당시의 재판부는 쓰다(津田)의 행동은 확고한 정치적 신념에서 비롯된 것이라고 하여 무기형을 언도하였다. 이 사건은 근대 일본에서 사법권의 독립을 확립한 사건으로 평가받고 있다. 이에 대해서는 田中時彦, 1969, 「大津事件-司法權の獨立」, 我妻榮 外, 『日本政治裁判史錄』 明治·後, 第一法規

일본정부는 재판 개입에 실패한 경험이 있었기 때문에 구라치는 재판이 시작되기 전에 일본정부의 확고한 의지를 관동도독부 법원에 관철시키려 한 것으로 보인다. 이에 대해 12월 2일 고무라는 "안중근의 범행은 극히 중대하므로 징악(懲惡)의 정신에 의거하여 극형에 처하는 것이 타당하다"고 회답하였다.[107] 이것은 법원이 판단해야 할 안중근의 형량을 일본정부에서 결정했음을 명백히 보여 준다.

안중근을 극형에 처해야 한다는 일본정부의 입장은 곧 법원에 대한 구라치의 직접적인 압력으로 나타났다. 재판도 하기 전에 형량을 미리 정부가 결정하여 법원에 강요하는 것은 사법기관으로서 법원의 존립근거를 허무는 행위였기 때문에 이러한 일본정부의 개입에 대해 법원도 매우 반발하였다. 관동도독부 사법부의 책임자였던 히라이시 고등법원장은 구라치에게 곤란함을 역설하였고, 법원 내의 젊은 직원들도 공개적으로 사법권의 독립을 주장할 정도였다.[108]

그러나 관동도독부 법원장은 구라치를 통한 일본정부의 강한 압력에 굴복하여 결국 일본정부의 뜻대로 재판할 것에 동의하였다.[109] 그럼에도 법원 내의 사법권 독립요구에 불안함을 느낀 것인지, 일본정부는 히라이시 고등법원장을 도쿄로 소환하여 안중근 재판을 신속히 진행시키라고 지시함으로써 다시 한 번 정부차원에서 안중근에 대한 사형을 보장받

出版株式會社, 143-175쪽 참고.

107 『日本外交文書』42-1卷, #182 「安重根ニ對スル課刑ニ關スル件」, 212쪽; 『韓國獨立運動史』資料7卷, 477쪽, 電報.

108 『韓國獨立運動史』資料7卷, 電報第37號, 477-478쪽; 『日本外交文書』42-1卷, #183 「安重根ノ裁判ニ關シ高等法院長トノ打合報告ノ件(一), (二)」, 212-213쪽.

109 『日本外交文書』42-1卷, #183 「安重根ノ裁判ニ關シ高等法院長トノ打合報告ノ件(一), (二)」, 213쪽; 『韓國獨立運動史』資料7卷, 電報第39號 極秘, 478쪽.

왔다.[110] 이에 따라 안중근 재판은 사법의 이름을 빌려 일본정부의 의도를 관철시키는 요식행위로 진행되었다.

을사조약 이래 일본은 한국을 강압하여 여러 차례 조약 및 협정을 체결하였다. 일본은 이러한 방식으로 한국의 국권을 하나하나 강탈하였고, 사법권은 그 중요한 대상 중에 하나였다. 당시 일본이 한국에 강압한 조약과 협정의 내용을 그대로 따른다고 하더라도, 안중근의 재판과 그에게 적용될 법률은 한국법률이어야 했다.

한국은 이미 일본에게 대부분의 국권을 박탈당했지만 어쨌든 여전히 하나의 국가로 존재하고 있었고, 제3차 한일협약과 기유각서로 일본에게 전반적인 사법권을 박탈당했어도 한국법률 자체가 폐지된 것은 아니었다. 일본은 을사조약 체결 당시 한국이 과거 각국과 맺은 조약을 계속 준수할 것이며[111] 한국의 대외관계 및 외교사무를 일본이 행사한다고 하더라도 한국과 청국의 관계는 기존 한청통상조약의 규정대로 유지될 것임을 확인하였다.[112] 이것은 청국에서 범죄를 일으킨 한국인에게 한국법률에 따라 영사재판한다는 점을 일본정부가 확인한 것이다. 그리고 한국의 사법 및 감옥 사무가 일본에게 위임된 기유각서의 제3조는 한국인에 대한 법률 적용을 다음과 같이 규정하고 있다.

> 제3조 한국에 있는 일본 재판소는 협약 또는 법령에 특별한 규정
> 이 있는 사람을 제외하고 한국 신하와 백성들에 대하여 한

---

110 「旅順情報」, 『대한매일신보』, 1910.1.27; 한상권, 2004b, 앞의 글, 47쪽.

111 中央研究院 近代史研究所 편, 1972, 『清季中日韓關係史料』 9卷, 6150-6152쪽, #4245 「外務部收日使內田康哉照會」(光緒31년 10월 30일).

112 정태섭·한성민, 2008, 앞의 글, 56쪽.

국의 법규를 적용한다.[113]

위 조항의 내용은 한국의 사법 및 감옥에 관한 사무를 한국정부가 일본정부에 위탁했기 때문에 한국인이 한국에 소재한 일본의 재판소에서 재판을 받는다고 해도, 특별한 규정이 없으면 한국법률을 적용한다는 것이다. 이에 따라 일본은 한국에 통감부재판소를 설치하고, 「한국인에 계(係)하는 사법에 관한 건(칙령 제238호)」(1909년 10월 16일) 제2조에서 위 조항을 다시 한 번 확인하고 있는데, 그 내용은 아래와 같다.

> 제1조 통감부재판소는 본령(本令) 기타의 법령(法令)에 특별히 규정되어 있는 경우를 제외하고는 한국인에 대하여 한국법규를 적용함.
> 제2조 한국인과 한국인이 아닌 자 사이의 민사사건(民事事件)에 대해서는 위의 변경으로써 일본법규를 적용함. 단 한국인에 대한 재판의 집행은 한국법규에 의함.[114]

위 법령은 기유각서의 특별규정 조항을 한국인과 외국인 간의 민사사건으로 특정하여 일본법률을 적용하는데, 그나마도 한국인에 대한 재판의 집행은 한국법률에 의한다고 규정하였다. 한국인에게는 한국법률을 적용한다는 원칙은 일본이 한국정부를 강압하여 체결한 조약과 협약에서도 계속적으로 관철되고 있었던 것이다.

---

113 『純宗實錄』 卷3, 隆熙 2년(1909) 7월 12일, 「司法及監獄事務委託於日本政府約定書」).
114 『官報』, 1909.11.1, 號外.

또 위에서 살펴본 바와 같이 일본정부와 관동도독부의 법원은 외국에서 한국인의 법적 지위는 일본인과 동일하기 때문에 일본형법의 적용을 받아야 한다고 했다. 하지만 이것은 전혀 사실과 다르다. 외국에서 한국인의 법적 지위가 일본인과 동일하다는 것을 일본 내각이 확정 지은 시기는 '한국병합' 직전인 1910년 7월 8일이었다.[115] 그리고 이러한 결정도 한국과 일본의 실제 법체계와 재판소가 '한국병합' 이후까지도 한동안 통합 정비되지 않았기 때문에 한국인과 일본인에게는 각각 다른 법률이 적용되었다. 실제로 1918년 6월 「공통법(共通法)」이 시행되기 전까지는 일본인이 본토에서 '형법'상의 죄를 범하고 조선에 건너와도 조선총독부 재판소는 이를 처벌할 수 없었고, 조선인이[116] 조선에서 범한 「조선형사령」상의 범죄도 역시 본토에서는 처벌할 수 없었다.[117]

따라서 안중근에 대한 재판의 모든 절차가 일본에 의해 진행된다고 하더라도, 국가로서의 한국이 존재하고, 한국법률이 시행되고 있던 1909년 당시에 안중근에게 적용되어야 할 법률은 일본법률이 아닌 한국법률이어야 했다. 하지만 지금까지 살펴본 것과 같이 일본정부는 이토를 사살한 안중근에 대해 총체적인 불법재판을 전개하여, 1910년 2월 14일 사형을 언도하고, 3월 26일 사형을 집행하였다. 이는 한마디로 사법살인이라고 규정해야 할 것이다.

---

115 山本四郞 편, 1984, 『寺內正毅關係文書』 首相以前, 京都女子大學, 「朝鮮施政方針及施設經營」, 180-181쪽.
116 '한국병합' 후 일본정부는 기존의 국가로서의 한국을 폐멸시키고 지역명인 '朝鮮'으로 변경하였다.
117 도면회, 2005, 앞의 글, 170-174쪽.

(2) 재외 한국인 독립운동가의 사법처리 원칙 수립

일본정부는 한국인인 안중근에게 일본의 조차지인 요동반도(遼東半島)의 관동도독부 법원에서 일본법률을 적용시킨 불법재판을 강행하여 그들의 정치적 의도대로 안중근을 사형시켰다. 당시 관동도독부 법원이 「판결문」에서 제시한 재판의 근거는 아래와 같다.

「판결문(判決文)」(1910년 2월 14일)

(상략) 본건에 관해 본 법원이 법률상 정당한 관할권(管轄權)을 가진 것을 설명하지 않으면 안 된다. 본건의 범죄지와 피고인의 체포지는 모두 청국의 영토라 할지나 러시아 동청철도(東淸鐵道)의 부속지로서 러시아정부의 행정 관할하에 있다. 그러나 본건 기록에 첨부된 러시아정부가 회송한 그 나라의 국경지방재판소 형사소송기록(刑事訴訟記錄)에 의하면, 러시아 관헌은 피고를 체포한 후 곧 피고를 심문하고 신속히 증거를 수집한 뒤, 그날 피고 등은 모두 한국에 국적을 가지고 있는 것이 명백하다 하여 러시아의 재판에 회부하지 못할 것으로 결정하였다. 그리고 메이지 38년(1905) 11월 17일 체결한 한일협약(韓日協約) 제1조에 의하면 일본국 정부는 도쿄의 외무성을 통해 금후(今後) 한국의 외국에 대한 관계와 사무를 감리, 지휘할 것이며 일본국의 외교 대표자와 영사(領事)는 외국에서 한국의 신민(臣民)과 이익을 보호한다고 하였다. (중략) 한일협약 제1조의 취지는 일본정부가 그 신민에 대해 가진 공권(公權) 작용(作用)으로 한국 신민도 동일하게 보호하는 것으로 해석해야 할 것이므로 공권 작용의 일부에 속하는 형사법의 적용에서 한국 신민을 일본 신민과 동등한 지위에

두고, 그 범죄에 일본형법을 적용, 처단함은 협약의 본지(本旨)에 가장 잘 맞는 것이라 하지 않을 수 없다. 따라서 본 법원은 본건의 범죄에는 일본형법의 규정을 적용할 것이며 한국법을 적용할 수 없는 것으로 판정한다.[118]

위 판결문에서 보이듯이 관동도독부 법원이 안중근 재판의 관할권에 대해 제시한 가장 중요한 근거는 을사조약의 해석상 해외에서 한국인의 법적 지위는 일본인과 동일하기 때문에 일본법률을 적용시킨다는 논리였다. 하지만 앞에서 살펴본 바와 같이 을사조약에 의해 한국인에 대한 일본의 관할권을 인정한다고 해도, 외국에서 한국인과 일본인의 법적 지위가 동일하다고 해석될 여지는 전혀 없었다. 당시 한국과 일본의 법률에서는 오히려 한국인과 일본인의 법적 지위가 다르다는 것을 강조한다.

이와 관련하여 이토는 1908년 중반 대한제국의 각 재판소로 부임하는 일본인 사법관에 대한 훈시에서 러시아나 청국에 귀화한 조선인이라고 주장할지라도 그들의 치외법권에 의한 특전을 인정하지 않고, 모두 한국인으로 취급하여 재판해야 한다고 지시한 적이 있다.[119] 이 때문에 외국에 체류하는 한국인에 대한 법적 지위를 이해하는 데 오해의 소지가 있다. 그러나 이는 당시 한국에 「국적법」이 없다는 점을 이용하여 이토가 일방적으로 지시한 것이고, 그나마도 외국 국적의 한국인이 한국에 입국했을 때에 한정된 것이었다.

---

118 『統監府文書』 7卷, (350) 「安重根·禹德淳·曺道先·劉東夏 被告에 대한 判決文」, 398-405쪽.
119 남기정 옮김, 1978, 『일제의 한국 사법부 침략 실화』, 육법사, 96-97쪽.

그리고 간과할 수 없는 부분이, 일본에 의한 안중근 재판은 위에 인용된 판결문에서 보이듯이 러시아의 협조가 있었기에 가능했다는 점이다. 러시아의 재판권 포기는 일본의 최고 국가원로인 이토의 사망이라는 사안의 중대성에서 나온 조치로, 이전의 러시아의 태도와 비교하면 상당히 예외적인 케이스였다. 이후에 '안중근의 이토 사살 사건'과 비슷한 사건이 발생할 경우, 그때마다 러시아의 협조가 있을 것이라고 보장할 수는 없었다. 또한 당시 일본정부는 일본의 법권이 아닌 지역에서 한국의 독립운동가를 처벌할 수 있는 근거가 매우 박약했다.

안중근에 대한 재판은 외국에서의 한국인에 대한 법적 지위를 확정하지 않은 상황에서 사건의 정치성, 법역과 적용 법률, 치외법권의 문제 등 기존에 선례가 없었던 사안이었다. 이 때문에 러시아의 협조를 받았음에도 안중근을 실제로 재판하기까지 구라치는 그것에 대한 관련 근거를 계속해서 일본정부에 문의해야 했다. 그 문의에 대해 일본정부는 자국의 의도대로 재판을 실행하기 위해서 계속하여 자의적인 결정을 해야 했다. 그것은 이전에 일본이 한국에 강요한 조약과 법률을 위반하는 것이었으며, 일본의 근대화의 중요한 지표 중 하나였던 사법부의 독립성도 심각하게 침해하는 것이었다.

따라서 일본정부는 외국에서 전개되는 한국인의 독립운동을 일본의 의도대로 신속하게 처리할 수 있는 방침을 마련해야 했고, 그 기본 방침이 "외국에서 한국인의 법적 지위는 일본인과 동일하다"는 원칙이었다. 이 원칙에 따라 일본정부는 1910년 7월 8일 각의에서 구체적인 '한국병합'의 방침을 확정 지은 것과 동시에 '조선인의 국법상의 지위'를 확정하였는데, 그 내용은 다음과 같다.

① 조선인은 특별히 법령 또는 조약으로 별도의 취급을 할 것을 정한 경우 이외에는 오로지 내지인[內地人(일본인)]과 동일한 지위를 갖는다.

② 간도 거주자에 대해서는 전항(前項) 조약의 결과로 현재와 같은 지위를 가지는 것으로 간주한다.

③ 외국에 귀화하여 현재 이중 국적을 가진 자에 대해서는 추후 국적법(國籍法)이 조선에 행해질 때까지 우리 측 이해관계에서는 일본 신민으로 간주한다.[120]

①항은 한일 양국이 평화적인 합의에 의해 하나의 나라가 되며, 이에 따라 한국인과 일본인은 동일한 지위를 갖는다는 것이 '한국병합'에 대한 일본의 기본 입장이었다. 하지만 "특히 법령 또는 조약에서 별도로 취급할 것을 정한 경우"라는 예외규정을 만들어 두었다. 그리고 그 예외규정으로 작동한 것이 1912년에 제정된 「조선형사령」이었다. ②항은 1909년 일본과 청국이 체결한 '간도에 관한 청일협약'에 따라 용정촌(龍井村)·국자가(局子街)·두도구(頭道溝)·백초구(百草溝) 등 간도의 상업지역에 거주하는 조선인은 일본인으로 취급하여 재판하지만, 그 이외의 지역에 거주하는 조선인은 청국법률 관할에 속한다는 것이다. 이 점에서 상업지역 이외의 간도 지역에 거주하는 한국인은 일본의 사법제도 영역 밖에 존재하면서 독립운동을 할 수 있는 여지가 있었다고 할 수 있다. ③항은 조선인 중 미국 또는 러시아에 귀화하여 독립운동에 참여한 경우,

---

120 「韓國併合ニ關シ各種ノ意見」, 『韓國併合ニ關スル書類』, 日本國立公文書館 소장문서, 2A.1.〈別〉139; 『寺內正毅關係文書』, 「朝鮮施政方針及施設經營」, 180-181쪽.

특히 이들이 조선에 들어와 한 사람의 외국인으로서 권리와 의무를 행사할 때는 형사처벌을 하기 어렵기 때문에 모든 조선인의 외국에 대한 귀화를 인정하지 않겠다고 일본정부가 일방적으로 원칙을 정한 것이다.

이에 따라 간도 지역의 영사재판에서는 한국인과 일본인이 모두 동일한 법률 적용을 받도록 하여 한국인 형사 범죄인은 「조선형사령」이 아니라 「일본 형법」에 의해 재판하도록 하였다. 이 결과 한국인이 외국에 체재할 때는 일본인과 거의 동일한 법적 지위를 가지게 되었으나, 일단 식민지 조선으로 들어오게 되면 식민지 조선인으로서 차별적 지위를 가지게 되었다. 즉 식민지 조선인은 일본제국 외부에서는 일본인이지만, 일본제국 내부에서는 식민지 조선인으로 구별되는 이중적인 법적 지위를 가지게 된 것이다.[121]

하지만 위의 규정에 의해 외국에서 식민지 조선인이 실제로 일본인과 동일한 법적 지위를 갖게 된 것도 아니었다. 외국에서도 식민지 조선인은 여전히 불완전한 일본인이었다. 일본정부는 외국에 체재하는 조선인은 일본 형법의 적용을 받지만, 그 소송절차만은 「조선형사령」이 정한 규정에 따르도록 했기 때문이다. 그렇게 한 주요 이유는 「조선형사령」 제12조의 규정 때문인데, 그 내용은 아래와 같다.

> 제12조 검사(檢事)는 형사소송법(刑事訴訟法)에 규정된 외의 사건이 금고(禁錮) 이상의 형(刑)에 해당하여 신속한 처분을 필요로 하는 것이라고 판단될 때는 공소(公訴)의 제기 전에 한해 압수(押收), 수색(搜索), 검증(檢證) 및 피의자(被疑者)의 구인

---

121 도면회, 2014, 『한국 근대 형사재판제도사』, 푸른역사, 479-480쪽.

(拘引), 피의자 또는 증인의 신문(訊問), 감정(鑑定), 통역(通譯) 또는 번역(飜譯)의 처분을 할 수 있다. 위 규정에 의해 검사에게 허가된 처분은 사법경찰관(司法警察官) 역시 그 처분을 할 수 있다.[122]

위 조항은 사건에 대한 압수, 수색, 검증 및 피의자의 구인과 피의자 또는 증인에 대한 심문 등의 사법권한을 검사뿐만 아니라 사법경찰관에게까지도 광범위하게 부여하고 있다. 반면 일본 형법에서는 사법경찰관에게 위의 권한 중 어떠한 것도 허가하지 않았다. 그리고 검사라고 하더라도 독자적인 판단에 의해 즉각적으로 피의자를 구인할 수 있는 경우는 ① 피고인의 주거가 일정하지 않을 때, ② 피고인에 의한 증거인멸의 우려가 있을 때, ③ 피고인이 도주 또는 도주의 우려가 있을 때의 3가지 경우로 엄격하게 규정하고 있다. 이외에 검사가 피의자를 구인하려고 할 때는 피고사건, 피고인의 이름 및 주소를 정확히 기재하고, 이에 대한 판사의 허가를 받아 '구인장(拘引狀)'을 발부받아야만 했다.[123] 하지만 피의자가 식민지 조선인일 때는 위의 「일본형법」상의 규정과 절차가 모두 무시되는 것이다. 이것은 식민지 조선인의 인권유린을 의미하는 것이고, 검사와 사법경찰관의 독자적인 판단만으로 자의적이고 신속한 처벌이 집행된다는 것을 의미한다.

이 결과 일본의 재외공관과 조차지의 법원은 「일본형법」에 따라 일본의 법권이 작동되는 지역이면 그곳이 어느 곳이건 조선인을 처벌할

---

122 松山房, 1937, 「第四編 刑事」, 野村調太郎 編著, 『朝鮮民刑事令』, 7쪽.
123 松山房, 1937, 위의 글, 7-14쪽.

수 있으면서도, 실제 수사와 소송과정에서는 「조선형사령」에 따라 초기 수사 단계에서부터 검사 및 사법경찰관이 광범위하고 자의적인 권한을 행사할 수 있게 되었다. 즉 외국에 체류하는 한국인 독립운동가들에 대해 일본정부의 의도대로 신속하게 처벌할 수 있는 규정을 만든 것이다. 이와 같이 안중근 재판은 일본정부에게 타국에서 활동하는 한국인 독립운동가에 대한 처벌 방침을 고민하게 만든 계기였을 뿐만 아니라, 하나의 중요한 선례가 되었던 것이다.

요컨대 일본정부는 이토 사망의 여파로 그동안 치밀하게 준비해 온 '한국병합' 계획이 국제적인 관심사로 부각되는 것을 피하려 했다. 안중근의 이토 저격 사건은 급속한 '한국병합'의 계기가 된 것이 아니라, 오히려 일본정부에게 그들이 비밀리에 추진해 온 '한국병합' 계획의 성패를 우려할 정도의 직접적인 타격을 준 것이었다. 이 때문에 일본정부는 안중근 재판에 적극적으로 개입하였다. 하얼빈 의거의 파장을 최소화하고 '한국병합'의 실행까지 보호관계를 현상유지하려고 하였다. 그리고 이 사건은 일본정부에게 이후 재외 한국인 독립운동가의 활동에 대한 대응과 처벌 방침을 고민하게 만든 계기이자, 중요한 선례가 되었다.[124]

---

124 한성민, 2016, 『乙巳條約 이후 일본의 '韓國倂合' 과정 연구』, 동국대학교 박사학위논문, 148-153쪽.

2. '한국병합' 실행

1) 외무성 중심의 '한국병합' 계획 수립과 국제관계 조정

1909년 3월 이토 히로부미가 통감 사임을 표명하자, 일본정부는 후임 통감의 선정을 논의하면서 대한정책을 통감에게 일임하였던 기존의 방침을 정부 주도로 변경하였다. 이 과정에서 외무대신 고무라는 '한국병합'에 대해 이토의 동의를 얻은 뒤 구라치에게 '한국병합'을 목표로 한 대한정책의 방침을 수립할 것을 지시하였다. 이에 따라 그는 「대한정책의 기본방침」과 그 실행방안으로 「대한시설대강」을 입안하였다. 7월 6일 각의에서 통과됨에 따라 이것은 일본정부의 공식적인 한국정책으로 채택되었다.[125]

구라치는 이 문서에서 당시 일반적으로 사용하지 않던 '병합'이라는 단어를 사용하여 '한국이 완전히 폐멸하여 일본 영토의 일부가 되는 것'이라고 '한국병합'의 개념을 정의하였다.[126] 이 방침은 일본정부가 최초로 '한국병합'을 공식화한 문서였다. 그리고 이 방침이 각의에서 통과되었다는 것은 일본정부 전체가 '한국병합'의 성격에 대해 '한국이 폐멸하여 일본의 영토의 일부로 편입'하는 것으로 이해하고 동의했다는 의미이기도 하다. 또한 앞으로 일본정부의 각 부서에서 '한국병합' 정책은 이

125　日本外務省 編, 『日本外交文書』 42-1卷, #144 「對韓政策確定ノ件」, 179-180쪽; 倉知鐵吉, 「韓國倂合ノ經緯」, 10쪽.

126　한성민, 2010, 「구라치 데츠키치(倉知鐵吉)의 '韓國倂合' 계획 입안과 활동」, 『한국근현대사연구』 54, 84-85쪽.

방침을 기준으로 통일적으로 실행될 것임을 의미하며, '한국병합'이 실행 단계에 접어들었음을 시사한다.

1910년에 접어들어 일본정부는 '한국병합'을 전제로 제2차 러일협약의 교섭과 영국·미국 등 열강과의 교섭을 무난하게 마무리하였다. 이에 일본정부는 '불평등조약 개정문제'에 대한 부담없이 '한국병합'의 실행을 결정하고, 그것을 실행할 적임자로 데라우치를 육군대신 겸임의 제3대 통감으로 임명하였다. 그 직후 데라우치는 '한국병합'의 실행을 구체적으로 준비할 내각의 비밀조직으로 일본정부 내 관련 부처의 실무관료들로 구성된 병합준비위원회를 조직하였다. 이때 구라치는 통감부 외무부장 고마쓰 미도리와 함께 병합준비위원회의 주임으로 발탁되어 '한국병합'의 실행방안인 「병합실행방법세목」의 입안을 주도하였다.

제2회 만국평화회의에서 구라치는 전권대사 쓰즈키 게이로쿠(都築馨六)를 보좌하여 일본정부와 이토의 기대에 부응해서 한국의 만국평화회의 참가 저지와 불일협약의 조속한 타결이라는 당면과제를 효과적으로 수행하였다. 이토는 헤이그에서의 성과를 토대로 한국에서 일본의 지배권을 더욱 강화시킬 수 있었다. 구라치는 이때의 능력을 인정받아 외무성에서 그의 위상은 더욱 높아졌고, 1908년 6월 일본외교의 실무책임자인 외무성 정무국장에 임명되었다. 구라치가 정무국장에 발탁된 것은 외무성에서도 매우 이례적인 케이스였다. 이에 대해 일본의 근대 인물을 평한 『메이지다이쇼인걸전(明治大正人傑傳)』에서는 구라치에 대해 다음과 같이 평하고 있다.

> 구라치 데쓰키치(倉知鐵吉)는 가스미가세키(霞ヶ關)에서 하나의 이채로운 (인물)로 칭해진다. (정무국장) 이전까지 현저한 공적, 풍부한

경험이 없음에도 비교적 고속 출세한 사람이다. (중략) 그는 야마가타 아리토모(山県有朋)에게도 눈에 띄었지만, 본래 이노우에 가오루(井上馨) 계열의 사람으로 고(故) 이토 히로부미(伊藤博文)의 마음에 들어 일찍이 통감부의 서기관을 역임한 적이 있다. (중략) 외무성으로 옮겨 처음 2년 간 독일공사관에서 서기관을 역임한 것 외에 나가서 교제관(交際官)을 한 적이 없다. 본성(本省)에 있으면서 외교의 기무(機務)에 참여하였고, 야마자 엔지로(山座圓次郎)가 영국으로 전임되자, 그 뒤를 이어 오랫동안 정무국장을 역임하였다. 그의 두뇌는 명석하고 치밀해서 사무에 재능이 있었다. 특히 상식이 풍부하여 일을 행함에 모든 것을 상식으로부터 판단하기 때문에 건실한 점이 있다.[127]

위의 인물평을 통해 알 수 있듯이 구라치는 외교관으로서 눈에 띄는 뚜렷한 대외활동이나 공적이 없을 뿐만 아니라, 외교관의 기본적인 경력이라고 할 수 있는 재외공관 근무 경력도 거의 없었다. 그의 대외공관 주재는 외무성에 임관한 초기 독일 주재 일본공사관의 서기관으로 2년 간 근무한 것이 유일하다. 하지만 이것도 그가 베를린대학에서 경제학을 공부했다고 하는 것을 보면, 외교관으로의 근무라고 하기보다는 독일유학이 실질적인 목적이었던 것으로 보인다.

근대 일본의 외교, 특히 메이지시대의 일본외교는 영국 및 미국의 후원과 지도 아래 발전하였고, 외무성의 주요 인물들도 거의 예외 없이 영

---

127 鵜崎鷺城, 1927, 『明治大正人傑傳』, 成輝堂書店, 111쪽, 「霞ケ關の外交家 倉知·坂田·阿部·田村」.

국이나 미국 주재 공관에서의 근무경력을 가지고 있었다.[128] 이와 같은 근대 일본외교의 특징과 비교하면, 구라치의 정무국장 발탁은 상당히 이례적인 것이라고 할 수 있다.

그렇다면 이것은 무엇을 의미하는 것일까. 위의 인물평에서는 구라치의 입신배경에 대해 이토, 이노우에 가오루, 야마가타 아리토모 등 국가원로들의 후원과 함께 그의 두뇌가 명석하고 치밀하다는 점을 들고 있다. 특히 이와 같은 구라치에 대한 인물평은 다른 곳에서도 공통적으로 나타난다. 당시의 시사잡지 『태양(太陽)』에서는 구라치에 대해 사교계에 나가는 것을 좋아하지 않았으며 두뇌가 명석하고, 신경이 예민하며 관찰력이 뛰어나다고 평가하고 있다.[129] 이러한 그의 자질에서 구라치는 직접적인 외교활동보다는 정책 기획에서 재능을 나타냈고, 대외공관의 주재보다는 외무성에 있으면서 기무에 참여한 것이다. 즉 그는 외교현장형이기보다는 기획관리형 인물이었다. 이러한 구라치의 모습은 이미 앞에서 살펴본 하얼빈 의거에 대한 사후처리 과정에서도 잘 나타난다.

구라치가 정무국장으로 발탁된 시기는 한국에 대한 일본의 지배권이 완전히 확립되지 않은 상황에서 만주의 문호개방 및 철도부설의 문제로 미국을 중심으로 한 열강의 개입이 시작되고, 미국 본토에서는 일본인 이민문제로 미일 간의 긴장감이 조성되던 시기였다. 이 때문에 1908년 초 프랑스에서는 미일관계에 대한 비관적인 전망에 기초하여 미국과 일본이 전쟁을 피하지 못할 것이라는 소문이 돌아 주식시장에서 일본 공

128　이와 같은 근대 일본외교의 특징에 대해서는 內山正熊, 1965, 「霞ヶ關正統外交の成立」, 日本國際政治學會 編, 『日本外交史の諸問題』 II, 有斐閣; 千葉功, 2008, 『旧外交の形成』, 勁草書房 참고.

129　金子範二, 1911, 「外務次官と局長」, 『太陽』 增刊號(17-9), 215쪽.

채가 폭락할 정도였다.¹³⁰ 이러한 미일 대립의 여파로 그동안 일본외교의 중심축이었던 영일동맹은 약화되어 갔던 반면, 국제사회에서 일본이 8대 열강의 일원으로 인정받으면서 불일협약, 러일협약의 체결로 일본의 외교 자체가 다각화되어 가는 시기이기도 했다.¹³¹

또 일본 내부적으로는 일본과 서양 열강 간에 체결되었던 기존의 불평등조약 만료(1911)를 앞두고, 외무성을 중심으로 관련 부처가 하나가 되어 불평등조약의 개정을 위해 고심하던 시기이기도 했다. 이러한 당시의 정세에 대해 이토가 "최근의 세계 추세를 숙고하여 그것이 제국에 미치는 영향이 어떨 것인가를 고려하면 참으로 우려를 금할 수 없다"라고¹³² 표현할 정도로 어려운 시기였다.

따라서 이 시기 일본 외무성은 '한국병합'과 관련하여 복잡해진 열강과의 외교관계를 조율하면서 일본외교의 새로운 대안을 모색해야 했는데, 이러한 문제를 해결할 일본외교의 실무책임자로 외교현장의 외교관보다는 기획관리형인 구라치를 선택한 것이라고 할 수 있다. 이후 구라치는 이토 및 외무대신 고무라와 밀접한 의견교환을 통해 열강과의 이해관계 조정¹³³ 및 일본의 '한국병합' 계획을 실무적으로 수립해 나갔다.

---

130 『日本外交文書』 41-1卷, #107「日米關係ニ關スル佛國ノ悲觀的輿論ニ對スル施策ニ關スル件」, 150쪽.

131 千葉功, 2008, 앞의 책, 173-180쪽.

132 이토는 이처럼 일본을 둘러싼 세계정세에 대한 고민을 토로하는 동시에 당시 일본 외교의 주안점을 정리하여 하야시 외무대신에게 자신의 의견을 개진하였다(『日本外交文書』 40-3卷, #2199「日本ニ對スル英獨米諸國ノ態度ニ關シ意見提出ノ件」, 789-791쪽).

133 이와 관련하여 『朝鮮功勞者銘鑑』에서는 구라치에 대해 1908년 외무성 정무국장으로 발탁되어 일영동맹조약을 비롯하여 불일·러일·미일조약의 개정에 위대한 공적을 쌓았다고 기록하고 있다(朝鮮功勞者銘鑑刊行會, 『朝鮮功勞者銘鑑』, 624쪽).

일본정부는 안중근의 '하얼빈 의거'의 파장을 최소화시키기 위해 이를 한국인의 조직적인 반일운동이 아닌 단순 살인사건으로 규정하였다. 그리고 관동도독부 법원에서 진행한 불법재판을 통해 안중근을 사형시키면서 신속하게 사건을 종결지었다. 그러나 이와 같은 일본정부의 사후처리에도 불구하고, 이토의 사망은 일본의 우익단체와 한국 친일단체의 '한일합방'운동을 격화시키는 데 일정한 영향을 주었다.

1909년 한국의 친일단체 일진회는 한국과 일본 두 나라를 연합국가로 합친다는 '정합방(正合邦)'론을 내세워 「합방청원서」를 한국과 일본 정부에 제출하였다. 일본에서도 우익 낭인세력들을 중심으로 '일한동조론(日韓同祖論)'을 내세워 '한일합방론'을 일본정부에 제출하였다.[134] 다만, 이 시기까지 '한일합방론'은 다분히 감정적이고, 선언적인 차원의 것들이 대부분이었고, 그 의미도 앞에서 살펴본 바와 같이 하나로 통일되어 있지 않았다. 그 표현도 '합방', '합병' 또는 '병탄' 등 다양한 어휘가 사용되고 있었다.[135]

이러한 '합방운동'은 한국사회에서 배척받은 것은 물론이고, 일본정부의 고려 대상도 전혀 아니었다. 한국을 일본에 합병하여 연방국가의 구성을 희망한 일진회의 '합방운동'은 한국을 완전히 폐멸시켜 일본의 일부로 편입한다는 일본정부의 방침과는 성격이 다를 뿐만 아니라, 오히려 한국의 민족운동을 자극할 우려가 있었다. 실제로 합방성명 후, 일진

---

134 일진회의 '정합방'론에 대해서는 한명근, 2002, 앞의 책; 小川原宏幸, 2005, 「一進會の日韓合邦請願運動と韓國併合 - 「政合邦」構想と天皇制國家原理との相克」, 『朝鮮史研究會論文集』 43, 朝鮮史研究會; 김종준, 2010, 『일진회의 문명화론과 친일활동』, 신구문화사 참고.

135 倉知鐵吉, 「韓國併合ノ經緯」, 11-12쪽.

회는 서울에서 다른 정치세력들로부터 강력한 반대의 비판을 받아 정치적으로 고립상태에 빠졌고, 지방에서도 소요발생까지는 이르지 않았어도 사회적으로 냉혹한 평가와 함께 일진회의 합방성명에 반대하는 의견이 다수였다.[136] 이러한 한국사회의 분위기에 대해 이토 사망 직후 미국의 『뉴욕 타임스(The New York Times)』는 일본의 삼엄한 경비 속에 국가를 동요시킬 만한 거대한 규모의 선동이 성공할 것이라고 생각하지는 않지만, 일본의 한국주권 병탄을 막기 위해 민중봉기를 의도한 활발한 항일운동이 계속될 것이라고 보도하였다.[137]

일본이 한국의 '청원'에 의한 '병합'이라는 모양새를 취하려 한 것은 열강의 문제제기를 피하려는 것이 주요한 목적이었다. 그러기 위해서는 우선 한국의 치안상황이 안정적이어야 했다. 국가의 주권이 일본으로 양도됨에도 한국사회가 평온하다면 한국의 청원에 의한 '병합'이라는 일본의 명분이 현실적으로 뒷받침되기 때문이다. 그러나 일진회의 합방운동은 이러한 일본의 의도와 다르게 한국에서 반일운동을 촉발할 위험성이 다분했다. 실제로 1909년 12월 일진회의 「합방청원서」 제출로 인하여 이완용 내각의 타도를 목표로 시도되었던 서북학회·대한협회·일진회의 3파 연합운동은 결렬되었고, 각지에서 반일연설회가 개최되는 등 반일운동을 자극하였다.[138]

일진회의 합방청원으로 인하여 한국에서 사회적으로 '합방' 반대 및 항일의 분위기가 강하게 감지되자, 12월 9일 한국통감 소네는 일진회에

---

136 朝鮮總督府, 1917, 『朝鮮ノ保護及倂合』, 318쪽; 국사편찬위원회 편, 1968, 『한국독립운동사』 1, 정음문화사, 486-493쪽.

137 "Uprising in Korea may follow murder", *The New York Times*, Oct. 26, 1909.

138 한성민, 2021, 앞의 책, 198-199쪽, 각주 59.

대해 집회 및 연설 금지 명령을 내리는 등 탄압을 가하였다.[139] 그리고 이러한 소네의 일진회 탄압에 대해 당시 서울 주재 일본인 신문기자단은 12월 21일 공동성명을 발표하여 일진회의 합방청원은 반일운동을 촉발시키고, 한일관계를 악화시키는 행위라고 비판하는 선언서를 발표하여 소네의 일진회 탄압을 간접적으로 지원할 정도였다.[140] 이를 통해서도 당시 한일 두 나라의 '합방' 또는 '병합'에 대한 한국사회의 강한 반발의 분위기를 알 수 있다.

그러나 1910년에 들어서자, 일본사회의 다양한 세력들의 '합방론'은 구체적인 방법과 성격을 제시하는 수준에 이르렀다. 당시 일본의 대표적인 국제법학자 아리가 나가오(有賀長雄)는 합방의 형식을 ① 종속관계, ② 식민지(직할식민지와 자치식민지로 구분), ③ 내지화(內地化)의 3종류로 구분하고, 각각의 장점과 문제점을 설명하면서 '한일합방'의 현실적인 안으로 직할식민지를 제시하였다.[141]

이처럼 일본의 민간사회에서도 구체적인 합방론이 등장하고 있는 상황에서 일본정부는 민간에서 계속적으로 제기되는 다양한 '한일합방론'을 통제하고 일본정부 주도의 구체적인 실행계획을 준비할 필요성을 느끼게 되었다. 국제정세 측면에서도 '한국병합'과 일본의 불평등조약 개정과 관련한 열강의 반응에 대한 일본의 우려는 1910년으로 접어들면서 해소되기 시작했다.

러일전쟁 이후 만주에 대한 문호개방 약속을 지키지 않는 일본에 대

---

139 日本外務省 編, 1953, 『小村外交史』 下, 紅谷書店(이하 '『小村外交史』'), 382쪽.

140 釋尾春芿, 1926, 『朝鮮併合史』, 朝鮮及滿洲社, 529-534쪽.

141 有賀長雄, 1910, 「合邦の形式如何」, 『政友』 120(海野福壽 編, 『外交史料韓國併合』 下, 不二出版, 2003 수록).

해 불만을 가지고 있던 미국은 1909년 초 러시아에 동청철도의 매수의사를 밝히며 미국과 러시아의 협력을 시도했다. 이에 대한 러시아의 입장은 러일관계를 중시했던 외무대신 이즈볼스키와 미러관계를 중시했던 재정대신 코코프초프로 양분된 상태였다. 이와 같은 상황에서 이토가 코코프초프와 만나 만주철도 및 '한국병합'에 대한 협상을 위해 만주 시찰에 나섰던 것인데, 그의 사망으로 실패했다. 독일은 일본에 대한 미국의 불만을 이용하여 동아시아에서 영국·프랑스·러시아·일본의 '4국 앙탕트체제'를 견제하기 위해 독일·미국·청국의 삼국동맹을 추진하고 있는 상황이었다.[142] 이와 같은 국제환경의 변화는 '한국병합' 실행을 결정한 일본에게 상당한 위협이었다. 만주를 매개로 동아시아에 대한 열강의 간섭이 현실화될 경우, 그 영향은 곧바로 한반도에도 미칠 것이고, 그것은 일본의 '한국병합'의 실행이 곤란해진다는 것을 의미했기 때문이다.

하지만 미국의 미러 협력 시도는 러시아 내부의 노선대립으로 성공하지 못하였다. 이에 미국의 국무장관 녹스(Philander C. Knox)는 1909년 11월 「만주 제철도 중립화안」을 발표하였다.[143] 이것은 러시아와 일본이 장악하고 있는 만주 지역의 철도를 영국·미국·일본·러시아·프랑스·독일의 6개국이 국제연합체를 구성하여 공동으로 매수하고, 그 소유권을 중국에게 돌려준 뒤, 이 철도들을 국제적으로 공동관리하자는 것이

---

142 김원수, 2016, 『헤이그 만국평화회의 특사외교와 국제관계』, 도서출판 선인, 115-120쪽.

143 『日本外交文書』 42-1卷, #749 「米國政府ヨリ錦愛鐵道豫備協定成立通告竝提議ノ件」, 722-723쪽.

었다.[144] 이 「만주 제철도 중립화안」은 그 이전의 미국의 제의와는 달리 철도를 매개로 만주를 분할하고 있던 러시아와 일본의 기득권을 빼앗아 6개국의 열강이 분할하자고 하는, 즉 러시아와 일본에 대한 직접적인 도전이었다.

이같은 상황에서 같은 처지의 러시아가 일본에게 미국에 대한 공동대응을 제의해 옴에 따라 제2차 러일협약의 교섭이 시작되었다.[145] 러시아와 일본 간에 교섭이 진행되고 있던 1910년 4월 10일 러시아의 수상 스톨리핀(Pyotr A. Stolypin)은 "일본의 한국병합에 러시아는 이의를 주장할 이유도 권리도 없다. 다만 그 시기는 사전에 통보해 주기 바란다"고 밝힘으로써 일본의 '한국병합' 방침을 공식 승인했다.[146] 이것은 '한국병합'에 대한 일본의 가장 큰 근심이 사라진 것을 의미한다.

제1차 러일협약 이래 러일관계가 많이 개선되었다고 해도, 러시아는 한국과 국경을 맞대고 있어서 한반도와 관련한 이해관계에 일본과 함께 가장 민감한 열강이었다. 특히 러시아는 1905년 포츠머스조약의 체결에서 일본의 한국에 대한 보호권은 인정하지만, 한국의 주권을 침해할 수 있는 사항은 반드시 한국정부의 동의를 받아야 한다는 단서조항을 설정했다.[147] 이것은 러시아가 이후 한국의 상황변화에 대해 열강의 개입 여지를 만들어 놓은 것이었다. 따라서 일본의 국방계획에서는 여전히 러시

---

144 최문형, 2004, 『국제관계로 본 러일전쟁과 일본의 한국병합』, 지식산업사, 406쪽.

145 『日本外交文書』 42-1卷, #750 「滿洲鐵道中立化ニ關スル米國ノ覺書ニ付日本政府ト協議シタキ旨露國外務大臣內談ノ件」, 724쪽.

146 『日本外交文書』 43-1卷, #9 「新日露協商ニ關シ露國總理, 外務, 大藏各大臣トノ會談報告ノ件」, 110-112쪽.

147 日本 外務省 編, 『小村外交史』 下, 60-68쪽.

아를 최우선적인 적국으로 평가하고 있었다. 그러한 일본의 첫 번째 가상적국이 '한국병합'을 승인한 것이다. 일본정부의 입장에서는 '한국병합'과 관련한 열강과의 이해관계 조정에서 매우 고무적인 상황을 맞이한 것이었다.

일본의 불평등조약 개정에 대해서는 영국과의 교섭이 가장 중요했다. 제국주의 최강대국인 영국과의 교섭결과는 대체로 다른 열강과의 교섭에 반영되기 때문이었다.[148] 조약 개정 교섭은 새로운 수출입 세율 문제로 논란이 있기는 했지만, 영국은 일본과 새로운 조약의 체결에 대체로 동의하였다. 교섭과정에서 5월 19일 주일영국대사 맥도널드(Claude MacDonald)는 외무대신 고무라에게 "영국정부도 물론 병합에 대해 이의는 없다. 다만 갑자기 병합을 실행하는 것은 동맹의 관계상 좋지 않다고 생각한다"는 의견을 제시하여 러시아와 비슷하게 '한국병합'을 승인해 주었다.[149] 다만 영국은 한국이 일본에 '병합'되더라도 기존에 영국이 한국에서 누리던 관세 및 치외법권의 특권을 상당 기간 유지해 주기를 희망하였다.[150] 이에 대해서는 미국도 비슷한 입장이었다.

---

148 『日本外交文書』 43-1卷, #1 「新通商航海條約及特別相互關稅條約草案ニ關シ請議ノ件」, 1-2쪽.

149 『日本外交文書』 43-1卷, #546 「在本邦英國大使ヨリ韓國併合ニ關スル日本政府ノ意向問合ノ件」, 659쪽.

150 『日本外交文書』 43-1卷, #551 「韓國併合ノ際同國ト第三國間ノ旣存ノ條約ノ效力ニ付英外相ヨリ申出ノ件」, 663-664쪽.

2) 병합준비위원회의 조직과 활동

(1) 일본정부의 '한국병합안' 준비와 병합준비위원회의 조직

열강으로부터 '한국병합'에 대해 긍정적인 반응을 얻음에 따라 일본정부는 드디어 '한국병합'을 구체적으로 준비해 나갈 시점이 되었다고 파악하였다. 그럼에도 일본정부는 '한국병합'의 실행 시기와 모양새에 대해 매우 예민하게 고려하고 있었다. 당시 일본의 내각총리대신 가쓰라는 이에 대해 아래와 같은 생각을 가지고 있었다.

> 합방(병합) 실행 시기는 무엇보다 주의를 요함은 물론이다. 이에 모든 준비를 하고, 그들(한국)로 하여금 자발적으로 합병(병합)을 청원하도록 하는 것을 최상으로 한다. 그렇다고 하더라도 시기를 잃을 염려가 있으면 현금(現今) 내외 특히 한국인들로 하여금 의혹을 일으키지 않을 때 결행하는 것이 필요하다고 생각한다. 덧붙이면 현재 교섭 중에 있는 러시아와 사건 결말 후 가장 가까운 시기를 잡아 선택하는 것이 적당하다고 생각한다.[151]

요컨대 일본정부의 내각총리대신 가쓰라는 러시아가 '한국병합'에 대해 공식적으로 승인을 표명했지만, 국제정세에 따라 언제 입장에 변화가 있을지도 모르기 때문에 '병합'의 실행 시기를 제2차 러일협약이 최종적으로 타결된 직후로 상정한 것이다. 또 한국의 외교권을 박탈한 을

---

151 德富蘇峰, 1917, 『公爵桂太郎傳』坤卷, 故桂公爵記念事業會(原書房, 1967 복간, 이하 '『公爵桂太郎傳』'), 465쪽.

사조약의 유효성에 대해 조약 체결 당시부터 한국만이 아니라, 여러 국가에서 무효론이 제기되고 있었다. 이에 일본은 가능한 한 한국을 완전히 폐멸시키는 '한국병합'만은 국제적인 비판이 없도록 외형적으로 제국주의적 침략의 방식이 아닌 한국이 오히려 일본과의 '병합'을 희망한다는 모양새를 취하려 했다.[152] 하지만 그것이 가능하지 않다면, 가쓰라는 러시아가 '한국병합'을 승인한 현재의 시기를 잃지 않고 일방적으로 '병합'하겠다는 의사를 밝힌 것이다.

이와 같이 '한국병합' 시기에 대한 일본정부의 입장이 결정되자, 정부 내에서 '한국병합' 문제를 담당하여 준비할 기구가 필요해졌다. 당시 일본정부는 실제 '한국병합'을 실행할 책임자로 평소 한국정책에 대해 강경책을 주장하던 현직 육군대신 데라우치를 제3대 통감으로 임명하고 육군대신을 그대로 겸직시켰는데, 데라우치 자신도 '한국병합'을 구체적이고 실무적으로 준비할 정부 내의 조직이 필요하다는 생각을 가지고 있었다.

데라우치는 '병합' 실행 과정에서 만약 일본정부 내에서 여러 가지

---

[152] 강창일은 이와 같은 방침에 의해 일진회의 이용가치가 부활, 소생되었다고 한다(강창일, 2003, 『근대 일본의 조선침략과 대아시아주의 - 우익낭인의 행동과 사상을 중심으로』, 역사비평사, 260쪽). 하지만 "한국 측으로부터 병합을 '지원'하게 하는 방식이란 일진회의 합방운동에 기대한 것이 아니라, 이완용 내각과 한국황제에게 '志願'의 형식을 강제하는 것에 다름 아니다"(운노 후쿠쥬 지음, 정재정 옮김, 2008, 앞의 책, 436-437쪽)라고 한 운노의 파악이 타당하다고 생각한다. 1909년 12월과 같이 다시 일진회의 합방운동이 전개되면, 1910년 들어와 소강상태에 접어든 반일운동이 또 다시 자극될 우려가 있었다. 그렇게 되면 일본이 홍보하듯이 한국의 '지원'에 의한 '병합'은 논리적으로 맞지 않는 상황이 되는 것이다. 일본이 의도한 한국의 '지원'이란 위와 같은 반일운동을 자극하는 상황을 피하면서도 합법성을 띠기 위해 주권자인 한국황제, 그렇지 않으면 최소한 주권자로부터 통치의 권한을 위임받은 한국정부의 '지원'을 의미하는 것이었다.

이견이 일어나 일관된 정책의 수행이 방해받게 되면 지난한 이 대사건을 원활하게 해결하는 것이 불가능할 것이라고 생각했다. 그는 단지 대강이 아니라 구체적인 실행사항을 미리 명확하게 정하여 이후 논란의 여지를 차단하기 위해 정식으로 각의에서 의결해야 한다고 판단했다.[153] 그리고 그는 일본정부와의 원활한 공조도 중요하지만, 이토나 소네와는 달리 장기간 동안 한국에 체재하면서 구체적인 한국사정을 파악해 본 경험이 없었고, 그만큼 한국의 사정에 대해 상대적으로 어두웠기 때문에 '한국병합' 실행에 대한 정밀한 마스터플랜이 필요했다.

이 시기 일본정부 내에는 공식적으로 결정되지 않은 3가지 '한국병합안'이 마련되어 있었다. 각각 작성자의 이름으로 구분하면, 외무성에서 준비된 「구라치 안」, 내각총리대신이 작성한 「가쓰라 안」, 육군성에서 준비한 「아키야마 안」이 그것이다. 이 중 가장 먼저 작성된 것은 「구라치 안」인데, 관련 기록에서 각각 다른 명칭이 사용되고 있다. 구라치의 회고에 의하면, 1909년 7월 「대한정책의 기본방침」이 각의에서 통과된 직후 그는 고무라의 지시에 따라 「대한세목요강기초안」을 작성했다고 회고한다. 고무라는 실제 '병합' 실행의 시기를 예측할 수는 없지만 그때를 대비하여 구체적인 실행방법을 결정해 두어야 한다고 생각하여, 그 기초안의 작성을 구라치에게 지시하였다. 그 결과 구라치가 작성하고 고무라가 약간 수정하여 「대한정책의 기본방침」이 각의에서 통과된 같은 달 7월 마련된 것이 바로 「대한세목요강기초안」이라는 것이다.[154]

153　小松綠, 『朝鮮併合之裏面』, 87-88쪽.

154　倉知鐵吉, 「韓國併合ノ經緯」, 13-14쪽; 倉知鐵吉, 「覺書」(1913년 3월 10일), 小松綠, 1920, 『朝鮮併合之裏面』, 16쪽.

다만 위 회고에서는 「대한세목요강기초안」의 정확한 내용은 살펴볼 수 없다. 그런데 이와 관련하여 '한국병합' 실행에 대해 그 방안을 제시한 문건으로 『고무라외교사(小村外交史)』에는 「고무라의견서(小村意見書)」라는 문서가 수록되어 있고,[155] 일본 국립공문서관 소장의 『한국병합에 관한 서류』에는 「1909년(메이지 42년) 한국병합에 관한 외무대신 안」이라는 문서가 수록되어 있다.[156] 전자에는 일부 내용이 생략되어 있지만[157] 이 두 문서는 동일한 문서이다. 특히 후자의 상단에는 "1909년 가을 외무대신의 안으로 각의를 경유하지 않은 것"이라고 가필되어 있다.

즉 「외무대신 안」이 가을에 각의에 제출되었다면 이 문서는 이미 그 이전에 작성되었을 것이다. 따라서 작성시기가 고무라의 지시로 구라치가 「대한세목요강기초안」을 작성했다고 하는 시기와 대체로 일치한다. 그리고 고마쓰는 1913년 3월 구라치가 '한국병합' 과정을 정리하여 답변한 「각서」에 대한 부기에서 구라치의 기초안에 대해 「제2호 세목서」라고 명명하고 있다.[158] 이 중 「고무라의견서」와 「메이지 42년 한국병합에 관한 외무대신 안」은 외무성으로부터 각의에 제출된 것이기 때문에 당시의 외무대신의 대표성을 따라 「고무라의견서」 또는 「외무대신 안」으로 불리워진 것 같다. 그리고 각의를 거치지 않은 이유에 대해서는 구라치의 표현대로 "말 그대로 기초안"이기 때문인지, 대외비로 검토되어

---

155 日本外務省 編, 『小村外交史』 下, 383-385쪽.

156 「明治四二年韓國併合ニ關する外務大臣案」, 『韓國併合ニ關スル書類』(日本國立公文書館 소장문서, 『公文別錄』, 2A.1.〈別〉139).

157 후자와 비교하여 "3) 한반도 통치의 건"에 대한 세부 내용이 생략되어 있다(日本外務省 編, 『小村外交史』 下, 384쪽).

158 小松綠, 『朝鮮併合之裏面』, 17쪽.

서 인지, 혹은 이토 사망의 여파로 내각에서 검토할 여유가 없었는지는 정확히 알 수 없다. 반면 『고무라외교사』에서는 "각의에서 각료 일동의 찬성을 받았다"고 기록하고 있다.

따라서 앞의 기초안을 고무라가 약간 수정하여 마련했다고 하는 구라치의 회고와 담당자에게 해당 사안의 일체를 위임하는 고무라의 인사 경향을 고려하면,[159] 위의 문서들은 각각 「대한세목요강기초안」, 「고무라의견서」, 「1909년(메이지 42년) 한국병합에 관한 외무대신 안」, 「제2호 세목서」라고 문서명만 다를 뿐이지 모두 동일한 문서이고, 그 작성자는 구라치라고 파악된다.[160] 구라치가 작성한 기초안의 서문은 아래와 같다.

> 한반도에서 우리의 실력을 확립하고, 더불어 한국과 제 외국과의 조약관계를 소멸시키기 위해 적당한 시기에 한국병합을 시행해야 한다는 것은 이미 묘의(廟議)에서 결정하였다. 병합 실행의 시기에 대해서는 내외의 상황에 따라 결정할 문제이며, 현재 그것을 예측할 수 없음은 당연한 것이지만, 내외의 상황은 하루하루 달라지는 것이기 때문에 이후 예측할 수 없는 새로운 사건이 발생하여 언제 병합 실행의 기회가 도래할 것인지에 대해서도 고려하기 어렵다. 따라서 이 실행의 경우에 우리가 취해야 할 방침 및 조치는 지금부터 그에 대한 강구를 거듭하여 만일의 착오가 없도록 할 필요가 있다. (하략)[161]

159　金子範二, 1911, 「外務次官と局長」, 『太陽』 17-9, 216쪽.

160　倉知鐵吉, 「韓國倂合ノ經緯」, 13-14쪽; 日本外務省 編, 『小村外交史』 下, 385쪽. 이 문건에 대해 이 책에서는 작성자인 구라치가 붙인 명칭을 따르도록 하겠다.

161　日本外務省 編, 『小村外交史』 下, 383쪽; 「明治四二年韓國倂合に關する外務大臣案」,

구라치는 위 기초안의 서문에서 앞의 「대한정책의 기본방침」에서 밝힌 '한국병합의 적당한 시기'의 중요성을 다시 한 번 강조한다. 하지만 '적당한 시기'는 국내외의 사정에 따라 달라지는 것으로 전혀 예측할 수 없기 때문에 그 시기가 도래했을 때 문제없이 '한국병합'을 단행하기 위해서는 각의에서 '병합'의 방침이 결정된 지금부터 그 구체적인 준비를 해야 한다고 하였다. 그리고 그는 '병합'에 대한 준비 내용을 크게 1) 병합 선포의 건, 2) 한국황실 처분의 건, 3) 한반도 통치의 건, 4) 대외관계의 건의 4부분으로 구분하여 제안하였다.

두 번째로 준비된 것은 「가쓰라 안」이다. 이것은 도쿠토미 소호(德富蘇峰)가 편찬에 관계한 가쓰라 관련 저작에서만 보이고, 작성시기나 구체적인 문서의 명칭도 알 수 없다.[162] 「가쓰라 안」은 전문, 제1 병합의 방법, 제2 병합의 선포, 제3 외국에 대한 선언의 4부분으로 구성되어 있는데, 해당 전문의 내용은 다음과 같다.

> 한반도를 명실공히 우리의 통치하에 두고, 병합하여 한국과 제외국과의 조약관계를 소멸시키기 위해, 적당한 시기에 한국의 병합을 단행해야 하는 것은 이미 묘의(廟議)에서 결정된 것이다. 그리고 병합 단행의 시기에 이르면 제국정부와 한국정부와의 사이에서 하나의

『韓國併合ニ關スル書類』(日本國立公文書館 소장문서, 『公文別錄』, 2A.1.〈別〉139).

162 「가쓰라 안」에 대해 오가와라와 윤대원은 「한국병합방침의 대강」이라는 명칭을 사용하고 있다(오가와라 히로유키 지음, 최덕수·박한민 옮김, 2012, 『이토 히로부미의 한국병합 구상과 조선사회』, 열린책들, 337쪽; 윤대원, 2015, 「일제의 한국병합 방법과 식민통치 방침」, 『한국문화』 70, 303쪽). 하지만 이것은 정식 명칭이 아니라 桂太郎의 傳記 편찬자인 德富蘇峰의 문장에서 추려 명명한 것이다(德富蘇峰 편, 1917, 『公爵桂太郎傳』 坤卷, 459-464쪽 참고).

조약을 체결하여 한국을 자의에서 나온 형식에 의해 병합을 실행함으로써 가장 온당한 방법으로 실행함에도 불구하고, 만약 이 방법에 의해 그것을 실행할 수 없는 경우에는 우리의 일방적인 행위에 의해, 제국정부에서 한국을 향해 병합을 선언하는 것으로 한다. 또한 그것이 어떠한 방법에 의할 것인가를 묻지 않고, 병합을 실행할 때는 조칙(詔勅)으로 병합을 선포하고, 또 제 외국에 대해서는 병합 후에 제국정부의 방침의 대체(大體)를 선언하는 것이 필요하다고 생각한다.[163]

위 「가쓰라 안」의 서문에서 가장 특징적인 내용은 '한국병합'의 실행 방법으로 '조약'에 의한 실행을 규정한 것이다. 그 외 전문의 앞부분은 「대한정책의 기본방침」을 요약한 것이고, 세부 내용은 「구라치 안」과 거의 동일하다. 따라서 「구라치 안」(「대한세목요강기초안」)과 「가쓰라 안」의 내용이 거의 동일하다는 점과 「구라치 안」이 작성된 후 고무라가 이것을 가쓰라에게 보고했다는 점을 고려하면,[164] 「가쓰라 안」은 고무라의 보고 이후 「구라치 안」을 요약하여 정리한 것이고, 다만 여기에 '조약 체결'에 의한 병합 실행 방법을 전문에 추가한 것으로 보인다. 세 번째로 작성된 것이 「아키야마 안」이다. 제3대 통감이자, '한국병합'의 실행자로 내정된 데라우치는 우선 '병합' 실행 방안의 마련을 현직 육군대신으로서 자신이 관할하고 있는 육군성에 지시한 것 같다. 『한국병합에 관한 서류』에는

---

163 德富蘇峰 편, 1917, 위의 책, 459쪽.
164 倉知鐵吉, 「韓國併合ノ經緯」, 13-14쪽; 日本外務省 編, 『小村外交史』 下, 382-383쪽.

육군성 괘지에 작성된 「한국의 시정에 관한 건·한국병합에 관한 건」이라는 문서가 있다. 이 문서는 작성시기가 1910년 5월로 명기된 '서문'과 '한국병합'의 시기에 대해 보호통치의 실효를 거두어 한국인들의 귀복(歸服)을 받은 후 실행한다는 점진적 병합론의 「한국시정에 관한 건」(제1안) 및 현시점에서 즉시 실행한다는 즉시 병합론의 「한국합병에 관한 건」(제2안)의 3부분으로 구성되어 있다.[165]

이 문서의 작성자에 대해 고마쓰는 육군성 참사관 겸 법제국 참사관 아키야마 마사노스케(秋山雅之介)라고 특정하였는데,[166] 당시의 상황과 이후 아키야마의 활동을 보면 타당하다고 생각된다.[167] '병합' 방법에 대한 아키야마의 '서문'은 다음과 같다.

본안(本案) 및 한국합병의 형식에 관한 건은 본건(本年) ① 당초의

---

165 「韓國ノ施政ニ關スル件·韓國併合ニ關スル件」, 『韓國併合ニ關スル書類』(日本國立公文書館 소장문서, 『公文別錄』, 2A.1.〈別〉139).

166 小松綠, 『明治外交秘話』, 271쪽.

167 秋山雅之介는 廣島 출신으로 1890년 도쿄제국대학 법학부를 졸업하고 외무성에 출사하여 영국 및 러시아 주재 일본공사관에서 書記官 등을 역임했다. 1901년 병환으로 퇴직한 후에는 국제법을 연구하며 和佛法律學校(현재의 法政大學)와 明治法律學校(현재의 明治大學)에서 강사로 근무했고, 1905년 법학박사 학위를 취득했다. 데라우치로부터 국제법에 대한 전문성을 인정받아 1904년 육군성 참사관으로 발탁되어 그의 측근 인물로 활동하면서 법제국 참사관을 겸임하였다(手島益雄, 1915, 『廣島県百人物評論』, 日本電報通信社名古屋支局, 74-76쪽; 朝鮮公論社 편, 1917, 『(在朝鮮內地人)紳士名鑑』, 朝鮮公論社, 449쪽; 松田利彦, 1993, 「朝鮮植民地化の過程における警察機構(1904~1910年)」, 『朝鮮史研究會論文集』 31, 朝鮮史研究會, 147쪽). '한국병합' 후에는 데라우치의 측근으로서 조선총독부의 참사관, 司法府長官, 中樞院 書記官長事務取扱 등을 역임한 인물이다. 1922년 青島守備軍 民政長官을 끝으로 퇴관한 후에는 法政大學 學長을 역임하는 등 교육계에 종사하였다(朝鮮公論社 편, 1917, 『(在朝鮮內地人)紳士名鑑』, 朝鮮公論社, 449쪽).

복안(腹案)으로 우선 제1 방안으로 통감부와 한국정부 및 궁내부(宮內府)에 대한 긴축쇄신(緊縮刷新)을 결행한 후 합병을 결행하는 것이 좋겠지만, 동안(同案)을 고수하든, 즉시 제2안의 합병을 결행하든 한국 관민(官民) 중에 반항이 있을 것임은 동일하기 때문에 합병에 관한 건 중에 명언(明言)한 바와 같이 관계 제 외국(諸外國)의 의향도 고려하여 현재 한국정부를 폐쇄하여 동국을 제국에 합병하고, 그 결과로 ② 미국(米國)이 포와국[布哇國(하와이)]을 합병한 것과 마찬가지로 종래 한국과 제 외국 간에 존재하는 조약을 당연히 소멸시키고, 영사재판권을 비롯한 그 조약상의 특권과 특전을 철폐시킬 수 있는 외교상의 관계가 있다면 지금 즉시 제2안을 채택하더라도 결코 불가한 것은 아니다.[168] (밑줄은 필자)

위의 서문에서 보이는 것과 같이 아키야마는 점진적 병합론과 즉시 병합론을 모두 거론했지만, 어떠한 것이 적절한 방법인가에 대해서는 결론을 내리지 않았다. 그런데 처음에 아키야마가 작성한 병합안은 위의 2개의 병합안을 동시에 작성한 것이 아니라, 점진적 병합론에 기초한 「한국시정에 관한 건」 하나였던 것 같다. 데라우치는 이것을 바탕으로 점진적인 병합론을 채택하려는 생각에서 통감부 외무부장으로 한국사정을 잘 파악하고 있는 고마쓰에게 의견을 구하였다. 이에 대해 고마쓰는 점진론이 일견 타당해 보이지만, 이것은 한국의 사정을 모르는 지상공론(紙上空論)에 불과하다고 신랄하게 비판하였다. 그러면서 "이토가 위

---

168 「韓國ノ施政ニ關スル件・韓國併合ニ關スル件」, 『韓國併合ニ關スル書類』, 日本國立公文書館 소장문서, 『公文別錄』, 2A.1.〈別〉139).

풍과 덕망으로 시정개선에 나섰지만, 그의 정책은 한국에서 환영받지 못했으며 관민의 구별 없이 시간이 갈수록 한국에서 일본을 배척하는 기세는 비등해졌다"고 하였다. 때문에 "병합은 하루빨리 단행하지 않을 수 없다. 시간을 끄는 것은 화근을 더욱 키우는 것이다"라고 답변하였다.[169]

이와 같은 비판에 직면하여 아키야마는 제2안으로 즉시 병합론에 입각한 「한국합병에 관한 건」을 작성한 것으로 보인다.[170] 고마쓰의 비판에서 아키야마가 제2안으로 제시한 즉시 병합론의 내용은 보이지 않기 때문이다. 하지만 당시 일본의 입장에서 까다로운 문제인 외교관계의 정리를 즉시 병합론의 전제조건으로 제시한 점과 위 서문의 밑줄 ①, 그리고 즉시 병합론을 제시한 제2안의 내용 곳곳에서도 제1안에 대한 주장을 하고 있는 점을 보면, 그는 여전히 점진적 병합론을 우선적인 방법으로 고려하고 있었음을 짐작할 수 있다.

이처럼 1910년 5월의 시점에서 일본정부 내에는 위와 같이 3가지 '병합안'이 마련되어 있었다. 그러나 「가쓰라 안」은 조약에 의한 '병합' 실행 부분 외에는 「구라치 안」을 요약하여 정리한 것이었다. 따라서 각각의 「병합안」에 대한 구체적인 내용은 「구라치 안」과 「아키야마 안」을 중심으로 병합 실행 및 선포, 한국황실의 처분, 한반도 통치, 대외관계의 4분야로 나누어 그 공통점과 차이점을 비교하도록 하겠다.

외무성 정무국장 구라치와 육군성 참사관 겸 법제국 참사관 아키야마는 모두 국제법에 정통한 인물들이었다. 그리고 일본정부가 상정한 '한국병합'은 결코 한국과 일본 간의 동등한 합병이 아니라, 일본이 힘의

169　小松綠, 『朝鮮併合之裏面』, 81-83쪽; 『明治外交秘話』, 271쪽.
170　오가와라 히로유키 지음, 최덕수·박한민 옮김, 2012, 앞의 책, 388쪽.

논리에 의해 일방적으로 한국을 장악하는 성격이었다. 따라서 이들이 마련한 「병합안」은 큰 틀에서는 별 차이가 없다. 하지만 구체적이고 세부적인 면에서는 상당한 차이가 있을 뿐만 아니라, 각각 그들이 소속된 외무성과 육군성의 입장이 강하게 투영되어 있다. 그 공통점을 정리하면 〈표 5-2〉와 같다.[171]

〈표 5-2〉 「구라치 안」과 「아키야마 안」의 공통점

구분	대한세목요강기초안 (1909년 가을)	한국시정에 관한 건 / 한국합병에 관한 건 (1910년 5월)
병합 실행 및 선포	・詔勅으로 선포 ・천황 大權에 의한 한반도 통치, 일본제국헌법의 불시행	
한국황실 처분	・한국황제 및 황실 폐위 ・현 한국의 황제 및 황실은 일본의 황족 및 華族제도에 준하여 대우 ・한국황제의 직계 가족은 일본으로 이주	
한반도 통치	・총독부 설치, 총독은 親任官 ・일본 내각총리대신의 감독을 받아 정무 수행 ・소수의 한국인으로 구성된 총독의 자문기관 설치 ・한반도에 수비군 주둔, 총독의 필요시 수비군의 사령관에게 병력 사용 명령	
대외관계	・한국병합에 따라 한국과 외국과의 조약 소멸 ・외국인에 관한 사법사무는 재한 일본재판소에서 취급	

위 표에서 보이는 것과 같이 구라치와 아키야마는 모두 '한국병합'의 실행 및 선포에 대해 조칙으로 '병합'을 선포하고, 이후 한반도의 통치는 일본천황의 대권(大權)에 의하며 구 「일본제국헌법」을 시행하지 않는다고 하였다.

---

[171] 「明治四二年韓國併合に關する外務大臣案」・「韓國ノ施政ニ關スル件・韓國併合ニ關スル件」, 『韓國併合ニ關スル書類』(日本國立公文書館 소장문서, 『公文別錄』, 2A.1.〈別〉139).

그런데 앞에 인용한 「아키야마 안」 서문의 밑줄 ②와 같이 미국의 하와이 합병이 언급된 점, 그리고 당시 일본정부가 '한국병합'에 참고하기 위해 국가합병의 사례들을 조사한 「국가결합급국가병합유례(國家結合及國家倂合類例)」에 하와이가 포함된 것을[172] 근거로 아키야마는 미국의 하와이 합병을 모델로 하여 '조약 체결에 의한 병합'을 제시했다는 주장이 있다.[173] 하지만 이같은 주장은 수긍하기 어렵고, 근거도 빈약하다고 생각한다.

우선 앞의 인용문의 밑줄 ② 하와이의 사례는 '한국병합'의 모델로 제시한 것이 아니라, 서문의 논리를 보완하는 수식어구에 불과하다. 이 부분의 앞뒤를 연결한 전체적인 문맥의 의미는 '일본이 한국을 합병하면 국가로서의 한국은 소멸하는 것인데, 그에 따른 조치로 현재(1910)의 일본이 한국과 열강과의 조약 폐기 및 영사재판권, 조약상의 특전을 철폐시킬 수 있는가', 즉 하와이 합병 때의 미국처럼 국제사회에서 일본이 그만큼의 외교적 힘이 있는가를 묻고 있는 것이다. 그 정도의 힘이 일본에 있다면 즉각적인 '한국병합'을 실행해도 된다는 의미로 이해해야 할 것이다.[174]

『한국병합에 관한 서류』 중 하나의 문서인 「국가결합급국가병합유례」에 포함된 미국의 하와이 합병 사례는 '조약 체결'로 실행되었다는 점 외에는 '한국병합'과는 상당히 다른 성격이었다. 합병조약 체결은 미국과 기존의 하와이 왕국 간에 체결된 조약이 아니었다. 하와이 거주 미국인들

---

172 「國家結合及國家倂合類例」, 『韓國倂合ニ關スル書類』(日本國立公文書館 소장문서, 『公文別錄』, 2A.1.〈別〉139), 20-24쪽.
173 윤대원, 2015, 앞의 글, 317쪽.
174 한성민, 2021, 앞의 책, 206쪽.

이 무력을 동원하여 하와이 왕국을 붕괴시키고, 하와이 공화국을 수립하여 미국과 체결한 조약이었다. 그나마도 미국 상원의회에서 조약 비준의 요건인 재적의원의 3분의 2 이상의 찬성을 획득하지 못해 해당 의제에 대해 과반수 이상의 찬성이면 통과가 가능한 '합동결의안(Joint Resolution)'을 통해 변칙적으로 비준한 조약이었다. 미국 자체가 국가들의 연합으로 이루어진 합중국일 뿐만 아니라, 하와이는 새롭게 미국에 편입된 다른 주들과 마찬가지로 식민지가 아닌 준주(準州)로 편입되어 합병조약의 체결 당시부터 상당한 자치권을 획득하고 있었다. 결코 '한국병합'의 모델로 볼 수 있는 것이 아니었다.[175] 특히 하와이에 대한 이해관계에서 미국의 하와이 합병에 가장 강력하게 반발했던 국가가 일본이었다.[176]

그리고 「국가결합급국가병합유례」에는 하와이 외에 이오니아섬과 콩고도 조약 체결에 의한 사례로 소개되어 있다.[177] 즉 하와이 사례는 당시 일본이 참고한 다양한 국가병합 사례 중 하나일 뿐이다. 이에 대해 특별한 의미를 부여한 흔적은 찾아볼 수 없다. 오히려 아키야마는 프랑스의 튀니지에 대한 보호관계를 참고사례로 계속적으로 언급하고 있고,[178] 국권을 박탈한 '한국병합'은 프랑스가 타히티를 식민지로 편입한 방법과

---

175 「國家結合及國家倂合類例」, 『韓國倂合ニ關スル書類』(日本國立公文書館 소장문서, 『公文別錄』, 2A.1.〈別〉139), 20-24쪽 및 조웅, 1997, 「1898년 미국의 하와이 병합과 논쟁」, 『미국사연구』 5; 안종철, 2013, 「하와이원주민 문제의 역사적 쟁점과 미 연방대법원의 관련 판결분석」, 『法史學硏究』 48 참고.

176 조웅, 1997, 위의 글, 68쪽.

177 「國家結合及國家倂合類例」, 『韓國倂合ニ關スル書類』(日本國立公文書館 소장문서, 『公文別錄』, 2A.1.〈別〉139), 7쪽, 17-20쪽.

178 「韓國ノ施政ニ關スル件·韓國倂合ニ關スル件」, 『韓國倂合ニ關スル書類』(日本國立公文書館 소장문서, 『公文別錄』, 2A.1.〈別〉139).

비슷한 점이 더 많다.[179]

무엇보다 아키야마는 즉시 병합론을 제시한 「한국합병에 관한 건」에서 "한국합병을 실행하는 하나의 수단으로 종래의 통감정치에서 일보 나아가 이참에 다시 일한협약을 체결하여 한국정부로 하여금 자국의 통치권 전부를 제국정부에 위탁시키고, (중략) 일국의 통치권 전부를 타국이 장악하는 것으로 함은 그 무기한일 때는 물론이고, 가령 그것에 기한이 있다고 해도 동일하게 그 나라의 멸망이다. 주권자인 황제가 존재하고 국가가 존속하고 있으면서 통치권의 전부를 타국에 위임하는 것은 예로부터 실례가 없음은 물론 국제관계상 결코 발생할 수 없는 사실이라고 하지 않을 수 없다"라고[180] 하여 조약 체결에 의한 '한국병합' 실행을 부정하였다.

그리고 위 문서의 뒷부분에서는 "한국을 제국에 합병함에는 프랑스가 마다가스카르를 합병하고, 미국이 하와이를 합병한 것과 같이 오직 제국의 칙령으로 그 합병을 공식화하여 그것을 열강에 통첩하는 것으로 결행할 수 있을 것이다"라고[181] 하여 명확하게 조칙에 의한 '한국병합'의 실행과 선포를 주장하였다.

한국황실의 처분에 대해서는 공통적으로 한국 황제 및 황실을 폐위하여 일본으로 이주시키고, 일본의 황족 및 화족제도(華族制度)에 준하여 대

---

179 「國家結合及國家倂合類例」, 『韓國倂合ニ關スル書類』(日本國立公文書館 소장문서, 『公文別錄』, 2A.1.〈別〉139), 26-34쪽.

180 '韓國倂合ニ關スル件', 「韓國ノ施政ニ關スル件·韓國倂合ニ關スル件」, 『韓國倂合ニ關スル書類』(日本國立公文書館 소장문서, 『公文別錄』, 2A.1.〈別〉139).

181 '韓國倂合ニ關スル件', 「韓國ノ施政ニ關スル件·韓國倂合ニ關スル件」, 『韓國倂合ニ關スル書類』(日本國立公文書館 소장문서, 『公文別錄』, 2A.1.〈別〉139).

우한다고 하였다. 이러한 조치는 한국의 황제나 황족이 '한국병합' 이후 총독부의 통치에 개입하는 것을 사전에 봉쇄함과 동시에 이들이 반일운동의 상징적 구심으로 기능하지 못하도록 볼모로 잡아 한국인들과 격리시킴으로써 한국에서의 반일운동을 사전에 예방하려는 의도로 보인다. 또한 '한국병합'이 되어도 한국황실의 생활에 변화가 없을 것임을 보장하여 '병합'에 대한 동의를 보다 쉽게 끌어내려고 했던 의도로도 파악된다.

'한국병합' 이후 한반도 통치는 구라치와 아키야마 모두 통치기관으로 총독부를 설치하고, 한반도에 수비군을 주둔시킨다고 하였다. 그 책임자인 총독은 친임관 중에서 임명하고, 일본 내각총리대신의 감독을 받아 정무를 수행하며, 필요시 수비군의 사령관에게 병력 사용을 명령할 수 있는 권한을 부여하도록 했다. 그리고 소수의 한국인으로 구성된 총독의 자문기관을 설치하도록 하였다.

위와 같이 총독부를 설치하고 총독에게 이전의 통감과 마찬가지로 일반행정의 권한과 병력 사용의 권한을 모두 부여한 것은 군사력에 기반한 통치를 상정한 것이고, '한국병합' 이후 한국인들의 반발을 예상하고 있었다는 것을 의미한다. 또 한국인으로 구성된 자문기관의 설치는 '병합' 이후 한국의 구 지배층인 양반들의 불만을 무마시킴과 동시에 이들을 통치의 협력자로 포섭하려는 의도였다.[182]

대외관계에 대해서는 '한국병합'이 실행되면, 국가로서의 한국이 소멸되는 것이기 때문에 공통적으로 한국과 외국과 사이에 체결된 기존 조약의 효력은 소멸되며, 외국인에 관한 사법사무는 재한 일본재판소에서 취급하도록 하였다.

---

182 한성민, 2021, 앞의 책, 208쪽.

이처럼 '한국병합' 이후의 전체적인 구조에 대해서는 「구라치 안」과 「아키야마 안」의 내용이 비슷하다. 그러나 이러한 구조가 구체적으로 실행되는 부분에 대해서는 서로 상당한 차이가 있을 뿐만 아니라, 각각 그들이 소속된 외무성과 육군성의 입장이 강하게 투영되어 있다. 그 차이점은 〈표 5-3〉과 같다.[183]

〈표 5-3〉「구라치 안」과 「아키야마 안」의 차이점

구분	대한세목요강기초안 (1909년 가을)	한국시정에 관한 건 / 한국합병에 관한 건 (1910년 5월)
병합 선포	• 병합 이후 상황과 양립할 수 없는 것 제외하고는 외국인의 권리 보장	• 외국인의 권리 보장에 대한 언급 없음
한국황실 관리	• 황제 → 大公, 황태자 및 義親王 → 公, 황실 → 大公家 및 公家로 호칭 변경 • 구 한국황실에 연금 지급, 사유재산 인정 • 구 한국황실에 관련 사무는 궁내성에서 관리	• 구 한국황실의 관리에 대한 언급 없음
한반도 통치	• 외교사무는 외무대신과 협의하여 처리 • 총독부에 총무부, 재무부, 공무부, 식산부, 경무총감 설치 • 한국 현재의 13도를 8도로 개정 • 지방은 도, 부, 군으로 구분 • 도의 관찰사는 일본인, 부윤·군수는 일본인 또는 한국인 • 현재의 大審院을 최고재판소로 개정, 東京의 최고재판소로 상고는 불허 • 한국인 상호 간의 민사는 한국인에 대한 특별법령 및 관행 적용	• 총독은 천황에 직예, 육해군 통솔 및 군대배치, 사용의 직권 • 총독은 무관을 임명 • 총독부에 총관관방, 육군부, 해군부, 민정부(내무국, 재무국, 통신국, 식산국), 경무총감 설치 • 경무총감은 헌병사령관이 겸임 • 한국인의 일본에 同化 정도에 의해 한국의 대표기관이나, 제국의회 의원 선출 가능 • 국장 이하 총독부 관리는 일본인, 한국인 구별 없이 임용

---

183 「明治四二年韓國併合に關する外務大臣案」·「韓國ノ施政ニ關スル件·韓國併合ニ關スル件」, 『韓國併合ニ關スル書類』(日本國立公文書館 소장문서, 『公文別錄』, 2A.1.〈別〉139).

	• 형사 및 한국과 일본인 또는 외국인 간의 민사는 일본법령 적용 • 민사의 경우 한국인 재판관 이용 가능, 그 외는 항상 일본인 재판관	• 일본의 법률, 칙령, 기타 법규 모두를 한반도에서 실시할 수는 없음 • 총독부의 예산은 총독 책임하의 특별회계, 초기 일시적인 비용은 일본 중앙정부에서 보조
대외관계	• 한국병합에 따라 원칙적으로 한국과 외국과의 조약 소멸 • 수출세 병합과 동시 철폐, 수입세 당분간 유지 • 외국인의 기득권은 병합과 양립할 수 없는 것 제외 충분히 보호 • 외국인에게 한반도 내지 개방, 토지소유권 부여 • 일본과 한국 간 연안무역 당분간 현상 유지 • 내지잡거와 토지소유권 문제에서 청국인에게는 상당한 제한	• 제1안(점진적 병합): 일본이 외국과 교섭하여 한국병합 전에 치외법권 철폐 • 제2안(즉각적 병합): 일본의 한국병합 선언과 동시에 한국에서 외국의 치외법권 소멸

〈표 5-3〉에서 보이듯이 「구라치 안」은 '한국병합'을 선포할 때 '병합' 이후 상황과 양립할 수 없는 것을 제외하고는 외국인의 권리를 충분히 보장한다는 내용이 포함되어야 한다고 하였다. 외무성의 관료로 대외관계에 민감한 구라치는 '한국병합'에 따른 상황의 변화로 인해 기존에 한국에서 누리던 기득권이 침해받을 것이라고 예상하는 외국인의 불안감을 해소시킬 필요가 있었다. 그렇게 하지 않으면 외국인의 불안감은 반발로 나타날 것이고, 이것이 그들의 모국으로 연결되어 해당 국가의 '한국병합'에 대한 반대 또는 개입이 나타날 것을 우려했기 때문이다.

일본으로 이주시킨 한국 황제 및 황실의 관리에 대해 구라치는 그 호칭부터 변경해야 한다고 하였다. 그는 현재의 순종황제는 '대공(大公)'으로, 황태자 및 의친왕(義親王)은 '공(公)'으로, 황제의 가족은 '대공가(大公家)', 황태자 및 의친왕의 가족은 '공가(公家)'로 호칭할 것을 제안하였다. 이것은 직접적으로 드러나는 호칭의 변경을 통해 '한국병합'으로 더 이상 한국에는 황제도, 황실도 없으며 국가로서의 한국도 자연히 소멸된 것이며, 더불어 이들이 일본천황 또는 일본황실과 대등하지 않은 하위계급이 되었음을 한국인에게 명확하게 인식시키려는 의도로 파악된다.

그리고 한국황실에 대한 일체의 사무를 일본정부의 궁내성에서 처리하도록 하고, 기존에 한국황실 소유의 사유재산을 인정하는 동시에 일본정부의 국고(國庫)에서 매년 연금을 지급해야 한다고 하였다. 이것은 일본황실의 사무를 담당하는 궁내성을 통해 한국황실의 활동과 생활을 확실하게 통제하는 한편, 생활의 안정을 보장하여 한국황제를 비롯한 한국황실의 사람들이 지위의 변경에 따른 불만이나 경제적 곤란에서 다른 생각을 갖지 않도록 하려는 의도였다.[184]

이렇게 「구라치 안」은 '한국병합'에 따라 예상되는 외국인의 불만을 사전에 방지하고, 한국황실이 일본으로 이주하게 되면 당연히 나타날 문제인 이들에 대한 구체적인 관리방안을 제안하고 있다. 그러나 「아키야마 안」에서는 이러한 부분에 관련된 구체적인 방안은 언급되지 않았다.

「구라치 안」과 「아키야마 안」의 가장 명확한 차이점은 한반도의 통치 방안이다. 구라치는 한반도의 통치를 중앙관청, 지방청, 재판소의 3부분으로 나누어 그 방안을 제안하였다. 우선 중앙관청에 대해서 구라치는 총독의 자격을 문관 또는 무관의 어느 한쪽으로 특정하지 않았다. 다만 그 직무 중 외교에 관계된 부분은 일본의 외무대신과 협의하여 처리할 것을 명시하였다. 총독부를 총무부, 재무부, 공무부, 식산부의 4부 체제로 조직할 것과, 경찰사무를 위해 총독에 직예하는 경무총감을 설치할 것을 제안하였다. 그리고 앞의 공통점에서 서술한 자문기관에 대해서도

---

184 한성민, 2021, 앞의 책, 210-211쪽.

구성은 한국인으로 하지만 의장과 부의장은 일본인으로 임명할 것을 주장하였다.

지방청의 부분에서는 지방행정단위를 도·부·군으로, 그 행정의 책임자는 관찰사, 부윤, 군수로 구분하였다. 그리고 기존의 13도 체제를 8도 체제로 개정하고, 광역 지방행정단위인 도의 행정기관으로서 관찰사청의 조직체계는 총무부, 수세부(收稅部), 식산부의 3부로 구성할 것과 관찰사는 반드시 일본인으로, 부윤 및 군수는 일본인 또는 한국인 중에서 임명할 것을 제안하였다.

재판소에 대해서는 '한국병합' 후 치외법권이 철폐될 것을 예상하여 외국인에 대한 재판을 인수해도 지장이 없도록 미리 조직해야 한다고 하였다. 재판소의 조직과 관련해서 한국의 대심원(大審院)을 최고재판소로 개정하고, 이 재판소로부터 도쿄의 대심원으로의 상고는 불허해야 한다고 하였다. 그리고 실질적인 재판에서는 그 재판의 성격과 당사자에 따라 적용 법률을 다르게 적용할 것을 요구하였다. 한국인 상호 간의 민사재판에서는 한국인에 대한 특별법령 및 관행을 적용하고, 형사재판 및 한국인과 일본인 또는 외국인 간의 민사재판에는 일본법령을 적용해야 한다고 하였다. 그리고 실제 재판과정에서는 민사재판의 경우에는 한국인 재판관이 담당할 수 있지만, 그 외는 항상 일본인 재판관이 담당해야 한다고 주장하였다.

이와 같은 「구라치 안」의 방안은 중앙행정 및 말단 지방행정까지 모두 일본이 실질적이고 전일적인 통치권을 장악해야 한다는 의도를 보여준다. 총독의 직무 중 외교에 관한 사항은 일본 외무대신과 협의하여 처리해야 한다는 조항은 '한국병합'에 대한 열강의 반응이 우려되는 상황에서 외무성을 중심으로 통일적이고 일관된 대응이 필요하다는 점을 강조한 것으로 판단된다. 그리고 재판에 관련된 사항에서 케이스별로 적용 법률을 명확하게 규정한 것은 '안중근의 이토 저격 사건'에 대한 경험을 토대로 '병합' 후의 한반도에 「일본제국헌법」을 시행하지 않음에 따라 발생할 수 있는 혼란을 사전에 방지하려는 목적으로 보인다.[185]

이에 비해 「아키야마 안」의 한반도 통치안은 중앙통치기구의 구성과 운영에만 한정되어 있고, 지방통치에 대해서는 언급이 없다. 구체적으로 총독은 천황에 직예하며, 육해군의 통솔 및 군대배치를 할 수 있고 직권으로 군대를 운용할 수 있어야 하기 때문에 무관이 임명되어야 한다고 하였다. 총독부의 조직은 총독관방, 육군부, 해군부, 민정부(民政部: 내무국, 재무국, 통신국, 식산국으로 구성), 경무총감으로 구성하며, 경무총감은 헌병사령관이 겸임할 것을 요구하였다. 이같은 조직체계에서는 4개 국으로 구성된 민정부에서만 일반행정을 담당하는 통치구조가 된다.

총독부의 관리에 대해서는 국장 이하는 일본인과 한국인의 구별 없이 임용하도록 하였다. 바꿔 말하면 국장 이상의 고위관리, 즉 총독부 각 부의 책임자 이상은 모두 일본인으로만 임명해야 한다는 주장이다. 총독부의 예산은 총독 책임하의 특별회계로 처리하도록 하나, 한반도 통치 초기에 투입되는 일시적인 비용은 일본 중앙정부에서 보조해 줄 것을 요구하였다. 그리고 한반도 통치과정에서 일본의 법률, 칙령, 기타 법규 모두를 한반도에서 실시할 수는 없다고 하여 한반도를 일본과는 완전히 구분되는 법역으로 설정하였다. 그러면서도 한국인의 일본으로의 동화 정도에 따라 한국인으로 한국의 대표기관 구성이나, 제국의회 의원 선출이 가능하다고 하였다.

---

185 한성민, 2021, 위의 책, 212쪽.

위와 같이 한반도 통치에 대한 「아키야마 안」의 방안은 육해군을 통솔할 수 있는 무관 총독의 임명을 전제로 한반도를 일본과 구별된 역외의 통치범위로 하고, 예산의 집행도 특별회계로 해야 한다고 하였다. 이것은 총독에게 무소불위의 권한을 부여하면서 총독부를 일본정부로부터 분리하고, 그 독자성을 요구한 것이다. 또 총독부의 조직에 육군부와 해군부의 편성, 헌병사령관의 경무총감 겸임 등의 사항을 고려하면, 한반도에 대한 군사통치의 성격을 명백히 밝힌 것이라고 할 수 있다.

대외관계에 대한 부분에서 「구라치 안」은 '한국병합'에 따라 원칙적으로 한국과 외국과의 조약은 소멸하고, 일본과 외국과의 조약은 한반도에 적용할 수 있는 한 그 효력이 한반도에 미치도록 해야 한다고 하였다. 그에 따라 외국인의 기득권은 '병합'과 양립할 수 없는 것 외에는 그것을 충분히 보호하고, 외국인에게 한반도의 내지를 개방하여 토지소유권을 부여할 것을 요구하였다. 다만 내지잡거(內地雜居)와 토지소유권 문제에서 청국인에게는 상당한 제한을 두도록 하였다. 대외 경제와 관련해서는 한국과 일본 간의 연안무역은 당분간 현상을 유지하고, 수출세는 '병합'과 동시 철폐하지만 수입세는 당분간 유지해야 한다고 제안하였다.

이처럼 「구라치 안」은 대외관계에서 열강의 반응에 대해 상당한 주의를 기울이고 있다. '한국병합'에 의해 원칙적으로 한국와 외국과의 조약관계는 소멸하지만, 이미 열강은 한국에서 치외법권을 비롯한 기득권이 있기 때문에 이것의 침해에 대한 열강의 반발을 사전에 방지하려는 입장에서 열강의 기득권을 최대한 보장한다는 입장을 보이고 있다. 반면 청국인에게는 상당한 제한을 두었다. 구라치는 이에 대해 청국이 일본인에게 내지잡거과 토지소유권을 허가하지 않기 때문에 그것에 대한 대응이라고 하였다. 하지만 여기에는 한국의 개항 이래 한국의 경제권 장악에서 일본의 최대 라이벌이었던 청국에 대한 견제의 의미도 함께 고려된 것 같다.

또한 대외 경제에서 한국과 일본 간의 연안무역 조항은 '병합' 이후 일본 상인들의 무분별한 무역확대와 그에 대한 열강의 반응을 경계한 조치로 보인다. 수출세의 폐지는 한국을 경제적으로 값싼 원료 공급지로의 재편하는 것을 의미하며, 수입세의 유지는 재한 일본인의 한국경제권 장악과 함께 신설 총독부의 안정적인 세원(稅源) 확보의 방안으로 고려된 것으로 보인다.

「아키야마 안」은 이와 달리 '한국병합'과 관련된 대외관계를 치외법권에만 한정해서 보고 있기 때문에 현실성이 떨어진다. 아키야마는 점진적 병합론의 제1안에서는 일본이 외국과 교섭하여 '한국병합' 전에 치외법권을 철폐해야 한다고 하였고, 즉시 병합론의 제2안에서는 일본의 '한국병합' 선언과 동시에 한국에서 외국의 치외법권은 자동적으로 소멸되어야 한다고 하였다.[186]

지금까지 살펴본 바와 같이 1910년 5월의 시점에서 일본정부 내에는 3가지 「병합안」이 있었고, 작성자의 소속과 입장에 따라 그 내용과 성격을 달리하였다. 「가쓰라 안」은 대외적으로 보여지는 '한국병합'의 직접적인 실행 방식을 고민하여 조약 체결에 의한 '병합' 실행에 중점을 두었다. 「구라치 안」은 '한국병합'에 대한 열강의 반응을 우선적으로 고려하면서, '한국병합'의 실행으로 일본이 한국에 대한 실질적인 통치권을 행사함에 따라 나타날 문제들을 예상하여 가장 구체적이고 세부적인 방안들을 제시하였다.

---

186 한성민, 2021, 위의 책, 214쪽.

반면, 「아키야마 안」은 시기에 차이를 두고 점진적 병합론(제1안)과 즉시 병합론(제2안)에 기반한 방안을 모두 제시했다. 아키야마가 작성한 2개의 안은 '병합' 실행의 성격은 다르지만, 치외법권의 철폐 방식 외에 구체적인 방안에서는 별 차이가 없다. 「아키야마 안」은 제1안과 제2안 모두 한국을 일본의 헌법 범위 밖에 두어 천황의 대권으로 통치하며, 열강의 치외법권 및 한국과 열강 간의 조약은 구체적인 고민 없이 '병합'과 동시에 그 효력을 소멸시켜야 한다고 하였다. 그 외 대부분의 내용은 한국통치 방안에 집중되어 있다. 그는 총독에게 막강한 권한 부여와 총독부의 독립성에 초점을 두고, 군사력을 바탕으로 한국과 일본을 분리하여 통치해야 함을 제안하였다. 하지만 이 같은 「아키야마 안」은 '한국이 완전히 폐멸되어 일본의 일부가 된다'는 일본정부의 구상과 배치될 뿐만 아니라, '병합' 실행에서 가장 중요한 고려사항인 열강과의 관련 부분을 너무나 단순하게 취급한 한계를 보인다.[187]

일본정부는 청일전쟁을 정리하는 '시모노세키조약(1895)'에서 군부의 요구를 반영하여 청국으로부터 요동반도를 할양받았다. 그러나 청일전쟁과는 아무 관련도 없었던 러시아·프랑스·독일의 삼국간섭에 의해 일본은 요동반도를 청국에 반환해야 했다. 이 사건은 당시 일본의 국가적 치욕이었지만, 그와 동시에 대외문제에서는 사전에 열강과의 이해관계 조정이 필수적이라는 것을 명확하게 인식하게 된 계기이기도 했다. 이에 따라 일본은 러일전쟁의 강화조약을 체결하는 과정에서 전쟁 당사자 간의 조정이 아니라, 제3국인 미국의 중재를 받았다. 이후 한국에 대

---

187 오가와라는 「아키야마 안」 중 점진적 병합론에 대해 "가장 체계적이고 구체적인 점진적 병합론"이라고 대단히 높게 평가하고 있다(오가와라 히로유키 지음, 최덕수·박한민 옮김, 2012, 앞의 책, 328쪽).

한 지배권을 확대해 나가는 과정에서도 일본은 다른 열강이 인정한 선을 넘지 않으면서 추진하고 있었다.[188] 열강과의 이해관계 조정은 일본의 '한국병합' 실행에서 핵심적인 사항이었던 것이다. 이 때문에 「아키야마 안」은 당시의 일본정부에게 실질적인 '병합' 실행방안이 될 수 없었다.

본래 「아키야마 안」은 '한국병합'의 실행을 담당하게 된 데라우치가 개인적으로 참고하기 위해 작성을 지시한 것으로 일본정부의 공식적인 문서가 아니었다. 특히 아키야마의 점진적 병합론은 '한국병합'의 직접적인 실행이 이미 결정되어 있던 1910년 5월의 시점에서는 그다지 현실적이지도 못한 계획이었다. 이 때문에 아키야마의 점진적 병합론은 고마쓰로부터 "지상공론에 불과하다"는 신랄한 비판을 받아야 했다.[189] 그 직후 곧바로 아키야마가 '즉시 병합론'에 입각한 문서를 작성한 것과 「아키야마 안」의 구체적 내용을 보면 '한국병합'에 대한 아키야마의 구상은 그다지 체계적인 것은 아니었던 것으로 평가된다.

따라서 당시 미국의 만주 진출 시도, 제2차 러일협약의 상황, 일본의 불평등조약 개정 문제 등을 고려하면 일본정부의 입장에서는 「구라치 안」이 가장 현실적인 안이었다. 특히 「가쓰라 안」의 내용이 「구라치 안」과 거의 동일하다는 점은 이미 일본정부의 수반인 내각총리대신 가쓰라가 병합 실행의 방식 외에는 구라치의 「한국병합 안」에 동의하고 있었다는 것을 의미한다. 그리고 이후 데라우치가 조직한 병합준비위원회에 구라치와 고마쓰는 주요 인물로 참여한 반면, 아키야마는 포함되지

---

188 한성민, 2016, 앞의 글, 4쪽.
189 小松綠, 『朝鮮併合之裏面』, 83쪽.

않았다. 이는 데라우치도 「구라치 안」을 가장 현실적인 「병합안」으로 인정했음을 의미한다.[190]

하지만, 「가쓰라 안」의 병합 실행 방식과 「아키야마 안」도 특정한 부분에서는 나름의 효용성을 가지고 있었다. 「가쓰라 안」에 따라 한국황제의 청원에 의해 한일 간에 '병합조약'이 체결된다면, 열강의 반응을 우려하는 일본정부의 입장에서는 대외적으로 가장 보기 좋은 모양새가 될 것이었다. 그리고 총독의 권한 강화와 총독부의 독립성을 강조한 「아키야마 안」은 육군대신으로 현직을 유지하면서 '한국병합'의 실행을 담당할 제3대 통감이자, 초대 총독에 내정된 데라우치와 일본 군부의 입장에서 상당히 매력적인 내용이었다. 이 때문에 「가쓰라 안」과 「아키야마 안」의 특징적인 내용은 이후 병합준비위원회에서 마련한 「병합실행방법세목」에 충분히 반영되었다.

데라우치는 5월 30일 통감에 임명된 후 가장 현실적이고 세부적인 「병합안」을 입안한 구라치를 중심으로 '한국병합'의 준비를 확정 지으려 했다. 데라우치가 실제 한국에 부임한 시기는 제2차 러일협약이 조인된 후인 7월 말이었다. 이 사이에 그는 내각의 동의 아래 비밀조직으로 '병합준비위원회'를 조직하였는데, 그 인원구성은 〈표 5-4〉와 같다.[191]

〈표 5-4〉에서 보이는 인적 구성의 가장 큰 특징은 당면한 '한국병합'에 일본정부와 통감부에서 외교·법률·재정·식민지 경영과 관련된 실무책임자들이 모두 모였다는 점이다. 이에 따라 병합준비위원회는 일본정부의 '한국병합'에 대한 구체적인 실행방법을 준비함과 동시에 각 부

---

190 한성민, 2021, 앞의 책, 216쪽.
191 小松綠, 『朝鮮併合之裏面』, 89-90쪽.

〈표 5-4〉 병합준비위원회의 구성

지위	이름	일본정부에서의 직책
의장	시바타 가몬(柴田家門)	내각서기관장
주임	구라치 데쓰키치(倉知鐵吉)	외무성 정무국장
	고마쓰 미도리(小松綠)	통감부 외무부장
위원	야스히로 한이치로(安廣伴一郞)	법제국 장관
	와카쓰키 레이지로(若槻礼次郞)	대장성 차관
	고토 신페이(後藤新平)	척식국 부총재
	나카니시 세이이치(中西淸一)	법제국 서기관
	에기 다스쿠(江木翼)	척식국 서기관
	고다마 히데오(兒玉秀雄)	통감부 회계과장
	나카야마 세이타로(中山成太郞)	통감부 서기관

처 사이에 상충되는 의견충돌을 해소하는 자연적인 소통의 공간이기도 했다.

병합준비위원회는 내각 각 부처의 원활한 의견 조율을 위해 내각을 직접 관장하는 총리대신 소속의 내각서기관장인 시바타 가몬(柴田家門)이 의장이 되어 회의를 주관했다. 위원회의 회의에 상정될 원안(原案)의 작성은 주임으로 임명된 구라치와 고마쓰가 담당했다. 고마쓰의 회고에 의하면 원안은 크게 열강에 관련된 사항과 한국에 관련된 사항으로 나누어 준비했다고 한다. 구라치가 전반적인 열강과의 구체적인 외교문제에 대해, 고마쓰는 한국과 관련된 구체적인 사항에 대해 원안을 작성하였다. 다른 위원들은 이들이 작성한 원안을 토대로 각 부처의 입장에서 문제점이나 대안을 제시하는 구조였다.[192]

192　小松綠, 『朝鮮倂合之裏面』, 89쪽.

병합준비위원회의 활동기간은 길지 않았다. 고마쓰는 활동기간을 6월 20일을 전후한 시점에서 시작하여 7월 7일에 모든 회의가 끝났다고 회고했다.[193] 그리고 이들에 의해 수립된 병합 실행계획은 일본정부의 내각으로부터 7월 8일 승인받았다.[194] 따라서 이들의 공식적인 활동기간은 6월 20일을 전후한 시점에서 7월 8일까지 보름 남짓의 상당히 짧은 기간이었다. 이 기간 동안 이들은 도쿄 나가타초(永田町)의 총리대신 관저에서 '한국병합'의 실행에 수반하여 예상되는 다양한 문제점들을 조정함과 동시에 '한국병합' 실행을 위한 구체적인 계획을 수립하였다.

이와 같이 사전에 작성된 원안을 토대로 짧은 시간 동안 검토가 이루어지는 회의구조에서는 애초에 원안 작성을 담당한 인물의 역할이 커질 수밖에 없다. 대체로 원안이 제시한 틀 안에서 세부적인 조정을 중심으로 회의가 이루어지기 때문이다. 따라서 원안의 작성을 담당한 구라치와 고마쓰의 역할이 부각되는데, 그중에서도 주목되는 인물은 구라치이다.

고마쓰는 회고에서 원안을 작성한 자신과 구라치의 역할과 비중을 비슷하게 서술하였다. 하지만 '한국병합'에서 일본이 가장 중요하게 고려했던 부분은 '병합' 대상인 한국이 아니라 이에 대한 열강의 반응이었다. 그리고 구라치가 '한국병합'에 대한 최초의 계획을 수립한 이래 '병합'의 구체적인 개념을 규정했을 뿐만 아니라 병합준비위원회의 최종적 작업인 「병합실행방법세목」과 「병합조약문」 등의 원안을 기초한 점, 또 고마쓰 스스로 구라치를 "병합 사건의 주임자"라고 평가하면서 '병

193　小松綠,『朝鮮併合之裏面』, 93-94쪽.
194　「韓國併合ニ關スル書類」(日本國立公文書館 소장문서,『公文別錄』, 2A.1.〈別〉139); 朝鮮總督府 편,『朝鮮ノ保護及併合』, 325-330쪽.

'합'의 중요사항에 대한 근거로 그의 「각서」를 제시하고 있다는 점[195] 등을 고려하면 병합준비위원회에서 가장 중심적인 역할을 한 사람은 역시 구라치였고, 일본정부 안에서 중심적인 역할을 한 정부부처도 외무성이라고 파악된다.

(2) '한국병합' 후 한반도 통치를 위한 「병합실행방법세목」 입안

병합준비위원회의 구성과 활동에 앞서 일본정부는 6월 3일 각의에서 병합 후 한국에서 실행할 13개 항목의 시정방침을 의결하였다. 그 구체적인 내용은 아래와 같다.

병합 후 한국에 대한 시정방침 결정의 건

① 조선에는 당분간 헌법을 시행하지 않고, 대권(大權)에 의해 그것을 통치할 것.
② 총독은 천황의 직속으로 하고, 조선에서의 모든 정무를 통할할 권한을 가질 것.
③ 총독에는 대권의 위임에 의해 법률사항에 관한 명령을 발포할 권한을 부여할 것. 단 이 명령은 별도로 법령 또는 율령 등 적당한 명칭을 만들도록 할 것.
④ 조선에서의 정치는 되도록 간이함을 목표로 함. 따라서 정치기관도 역시 이 주지(主旨)에 따라 개폐할 것.

---

195 小松綠, 『朝鮮倂合之裏面』, 15-16쪽; 春畝公追頌會, 『伊藤博文傳』 下, 1012-1015쪽, #55 「朝鮮總督府外事局長小松綠宛前外務次官倉知鐵吉覺書」(1913).

⑤ 총독부의 회계는 특별회계로 할 것.

⑥ 총독부의 통치비용은 조선의 세입(歲入)으로 그것에 충당하는 것을 원칙으로 한다. 하지만 당분간은 일정한 금액을 정해 본국 정부로부터 보충할 것.

⑦ 철도 및 통신에 관한 예산은 총독부의 소관으로 편입할 것.

⑧ 관세(關稅)는 당분간 현행대로 유지할 것.

⑨ 관세 수입은 총독부의 특별회계에 속하도록 할 것.

⑩ 한국은행(韓國銀行)은 당분간 현행 조직을 개편하지 않을 것.

⑪ 합병(合倂) 실행을 위해 필요한 경비는 금액을 정해 예비비(豫備費)에서 그것을 지출할 것.

⑫ 통감부 및 한국정부에 재직하는 제국 관리 중 불필요한 사람은 귀환 또는 휴직을 명할 것.

⑬ 조선의 관리에는 그 계급에 따라 가능한 한 다수의 조선인을 채용할 방침을 채택할 것.[196]

위 각의결정은 크게 4부분으로 나누어 볼 수 있다. 첫째, 통치구조로 한국에서 「일본제국헌법」은 시행하지 않고, 천황에 직예하는 총독을 두어 대권으로 통치할 것(①~④), 둘째, '병합'에 필요한 경비 부분(⑤~⑦, ⑨~⑪), 셋째, 열강에 대한 것으로 관세는 당분간 현행대로 유지한다는 것(⑧), 넷째, '병합' 후 총독부에 가능한 한 다수의 조선인을 채용한다(⑫~⑬)는 결정이었다. 이 각의결정은 '한국병합' 실행의 책임자인 데라우

---

[196] 『日本外交文書』 43-1卷, #547 「倂合後ノ韓國ニ對スル施政方針決定ノ件」, 660쪽. 각 항목의 번호는 순서에 따라 필자가 부여한 것이다.

치의 의향이 강하게 반영된 것이었다.[197]

이것은 전반적인 '한국병합'의 방향만을 설정한 개략적인 것으로 구체적인 '병합'의 실행과 이후 통치구조를 논리적으로 설정한 방침이라고 평가하기 어렵다. 이 각의결정에는 일본의 '한국병합' 실행에서 중요한 문제였던 한국과 열강과의 '조약' 처리문제, 한국에서 열강의 치외법권 문제, 한국 황실을 비롯한 한국의 지배층에 대한 처우문제 등 구체적인 고민을 필요로 하는 사항들은 전혀 언급되지 않았기 때문이다. 따라서 위 각의결정은 '한국병합'의 실행과 이후 통치구조를 논리적으로 설정했다기보다는 「병합실행방법세목」을 마련하기 위한 일본정부 차원의 지침이라고 평가할 수 있다.[198]

이와 같은 기본방향하에 병합준비위원회는 보름 남짓의 기간 동안 '한국병합'에 대한 전반적인 사항을 점검하고, 실행 계획을 수립하였다. 이들의 주요 검토사항은 한국에서 「일본제국헌법」 시행 여부, 한국과 열강 간의 조약 철폐 여부, 한국황실의 대우, 한국 원로대신의 처우, 한국 인민에 대한 통치방침, 병합 실행에 필요한 경비, 한국에 대한 새로운 통치기구로 조선총독부의 설치안, 병합 시 공포될 칙령안 등 부문별로 총 22개 항목이었는데, 그 구체적인 항목은 다음과 같다.

---

197 오가와라 히로유키 지음, 최덕수·박한민 옮김, 2012, 앞의 책, 395-396쪽.
198 운노는 이 6월 3일의 「각의결정」을 근거로 이미 '병합'실행의 방침은 각의에서 결정되었기 때문에 병합준비위원회의 활동을 단순한 실무집행기구 정도로 파악한다(운노 후쿠쥬 지음, 정재정 옮김, 2008, 앞의 책, 427-437쪽). 하지만 이후 병합준비위원회의 활동에서는 위 각의결정의 사항이 변경된 것도 있고, 각의결정에서 언급하지 않은 내용까지도 입안하면서 구체적인 한국통치의 원형을 수립한 것이기 때문에 질적으로 다른 것이었다고 생각된다.

병합실행방법세목

제1 국가의 호칭에 대한 건
제2 조선인의 국법(國法)상의 지위
제3 병합 시 외국 영사재판에 계류 중인 사건의 처리 및 영사청(領事廳)에 구금 중인 범죄자의 처분
제4 재판소에서 외국인에게 적용되는 법률
제5 외국 거류지의 처분
제6 거류민단법의 적용에 관한 건
제7 외국인 토지소유권의 장래
제8 외국인이 소유하는 차지권(借地權)의 처분
제9 조선의 개항장 간 및 일본 개항장과 조선 개항장 간 외국선박의 연안무역
제10 일본 내지(內地)와 조선 간에 이출입되는 화물에 대한 과세
제11 외국과 조선 간에 수출입되는 화물에 대한 과세
제12 청국인의 거주에 대한 제한
제13 조선의 채권 채무
제14 한국 훈장에 관한 건
제15 관리의 임명에 관한 건
제16 한국의 황실 및 공신의 처분
제17 입법사항에 관한 긴급 칙령안
제18 조선총독부 설치에 관한 칙령안
제19 구(舊) 한국 군인에 관한 칙령안
제20 구 한국정부의 재정에 관한 긴급 칙령안

제21 조선에서 법령의 효력에 관한 제령안(制令案)

제22 관세에 관한 제령안[199]

병합준비위원회는 위의 「병합실행방법세목」 22개 항목 이외에도 최종적인 「병합조약문」뿐만 아니라, 한국 측과 일본 측 각각의 대표에게 부여할 「전권위임장」의 원안 작성까지 '한국병합'에 관련된 거의 모든 사항을 세밀히 챙겼다.

그런데 각 부처의 다양한 인물들로 급하게 결성된 위원회가 위와 같이 병합에 관련된 중요 사항들을 불과 2주 정도의 짧은 기간 동안 검토하여 입안한다는 것은 통상적으로 무리일 것이다. 따라서 위원회에서 그토록 신속하게 구체적인 병합실행안을 마련할 수 있었던 것은 이미 존재하는 원안을 토대로 입안한 결과라고 생각된다. 고마쓰는 구라치가 보내 온 「각서」에 대한 부기에서 "「제2호 세목서」는 이후 협의과정에서 개정된 조항이 있기 때문에 관계 각 장에서 기술하겠다"고 하였다.[200] 이는 병합준비위원회의 협의과정이 기본적으로 구라치가 작성한 원안, 즉 「대한세목요강기초안」을 바탕으로 진행되었음을 의미한다.

앞에서 살펴보았듯이 구라치는 '한국병합'의 준비 내용을 크게 1) 병

---

199 小松綠은 당시 병합준비위원회의 검토사항을 21개 항목으로 정리하고 있으나(小松綠, 『朝鮮併合之裏面』, 98-107쪽), 寺內正毅가 각의에 제출한 「併合處理ノ方案」에는 '제22 관세에 관한 제령안'을 포함하여 22개 항목으로 정리되어 있다(『韓國併合ニ關スル書類』, 日本國立公文書館 소장문서, 『公文別錄』, 2A.1.〈別〉139; 朝鮮總督府 편, 『朝鮮ノ保護及併合』, 325-330쪽). 제22항을 小松綠이 누락한 것인지, 寺內正毅가 각의 제출 전에 추가한 것인지는 정확히 알 수 없다. 이 글에서는 일본 각의에 제출된 22개 항목을 따른다.

200 小松綠, 『朝鮮併合之裏面』, 17쪽.

합 선포의 건, 2) 한국황실 처분의 건, 3) 한반도 통치의 건, 4) 대외관계의 건의 4부분으로 나누어 제안하였다.

첫 번째, 병합 선포의 건에서 구라치는 '병합'의 선포는 조칙으로 하고, 이 조칙에는 동양의 평화와 한국인의 보호를 위한 '병합'이라는 점과 외국인의 권리보장에 대한 내용이 담겨야 한다고 하였다. 그리고 한반도의 통치권은 천황의 대권에 속한다는 점을 밝혀 한반도에서「일본제국헌법」을 시행하지 않는다는 점을 명백히 해서 후일의 논란을 예방해야 한다고 주장했다.[201]

이 내용은 이후 병합준비위원회의 논의의 지침이라고 할 수 있는「병합 후 한국에 대한 시정방침 결정의 건」, 그리고 병합준비위원회에서 실제 입안한「병합실행방법세목」및 '한국병합에 관한 조약'과「한국병합조서(韓國倂合詔書)」에까지 일본정부의 일관된 입장으로 거의 대부분 수용되었다. 그리고 구체적인 병합 실행의 방식은「가쓰라 안」에서 제안한 조약 체결에 의한 '한국병합' 실행을 최선의 실행방법으로 채택하였다. 만약 한국의 저항으로 조약의 체결이 여의치 않을 때는 차선책으로 일본정부가 일방적으로 '한국병합'을 선포하는 것으로 하였다. 이에 병합 후 선포될 일본 천황의「조서」를 조약 체결에 의해 병합이 실행되었을 때의 것과 일방적 선포에 의해 실행되었을 때의 것의 2가지를 모두 준비하였다.[202]

그런데 한반도에서「일본제국헌법」의 시행문제는 병합준비위원회에

---

201 「明治四二年韓國倂合に關する外務大臣案」,『韓國倂合ニ關スル書類』(日本國立公文書館 소장문서,『公文別錄』, 2A.1.〈別〉139); 日本外務省 編,『小村外交史』下, 383쪽.

202 「詔勅, 條約, 宣言案」,『韓國倂合ニ關スル書類』(日本國立公文書館 소장문서,『公文別錄』, 2A.1.〈別〉139); 日本外務省 編,『小村外交史』下, 385-386쪽.

서 가장 논란이 되었던 부분이다.[203] 이 문제는 '병합'의 실행과 이후 조선총독부의 한국통치의 성격 및 그 세부 실행계획을 수립한「병합실행방법세목」에 직접적으로 관련된 문제였다. 따라서 병합준비위원회에서는 다른 계획의 수립 이전에 우선 이「일본제국헌법」시행문제를 명확히 정리할 필요가 있었다.

쟁점은 한반도에서「일본제국헌법」을 시행할 것인가, 하지 않을 것인가에 대한 문제가 아니었다.「일본제국헌법」을 시행하지 않는다는 것이 일반론이었지만, 그럴 경우 "한국이 완전히 폐멸되어 일본 영토의 일부로 편입된다"는 '한국병합'의 개념과 모순되기 때문에 이를 해결하기 위함이었다. 일본정부는 한국통치의 기본 방침으로 1910년 6월 3일 각의에서 결의된「병합 후 한국에 대한 시정방침 결정의 건」의 ①항에서 "당분간 조선에서는 헌법을 시행하지 않는다"라고 결정했다. 이러한 결정에는 통감으로 임명된 데라우치의 의견이 강하게 반영된 것이었다. 데라우치는 본국과 전혀 사정을 달리하는 신영토에 헌법을 적용하는 것은 시정상 매우 불편하다는 의견을 강하게 피력했다.[204]

하지만 '한국병합' 후의 한반도에서「일본제국헌법」의 불시행론은 데라우치만의 생각이 아니었다. 앞서「병합안」을 작성했던 구라치와 아키야마 모두 한국에서「일본제국헌법」의 불시행을 명시했듯이 당시 일

203　山本四郎 편, 1984,『寺內正毅關係文書』(首相 以前), 京都女子大學校, 178-179쪽; 小松綠,『朝鮮併合之裏面』, 94-96쪽.

204　小松綠,『朝鮮併合之裏面』, 94-96쪽. 이에 대해 오가와라는 데라우치가 한국통치에서 일본의회의 간섭을 배제하기 위해 헌법불시행론을 채택했고, 또 이에 대한 일본사회의 혈연적 민족주의가 작용했다고 파악한다(小川原宏幸, 2005,「韓國併合と朝鮮への憲法施行問題 – 朝鮮における植民地法制度の形成過程 – 」,『日本植民地研究』17, 日本植民地研究會, 19쪽).

본사회의 일반적인 입장이었다. 이 시기 일본사회는 한국사회를 일본보다 1,000년 정도 뒤처진 사회로 인식하는 것이 일반적이었다.[205] 이러한 인식에 기반하여 일본정부는 대체로 "메이지 초기 시대의 일본인의 문화 정도에도 미치지 못하는 새롭게 일본에 편입된 인민에게 그것(「일본제국헌법」)을 적용하는 것은 단지 불편할 뿐만 아니라, 헌법제정의 정신에도 부합되지 않는다"는 생각을 가지고 있었다.[206]

하지만 한국에서 「일본제국헌법」이 시행되지 않는다고 하면, 이것은 일본이 구상한 '한국병합'의 성격과 모순이 발생한다. 을사조약 이래 한국과 일본 사이의 조약과 협정들은 국제사회에서 그 유효성에 의문이 제기되고 있었다. 일본정부는 최후까지 열강의 간섭을 고려하여 '한국병합'의 모양새로 '한국이 자발적으로 일본에 청원하여 이루어지는 병합'이라는 형식을 매우 중요시했다. 당시 이러한 상황을 잘 알고 있었던 구라치는 자신이 작성한 「한국병합조약안」 전문에서 양국의 합의에 의한 '병합'임을 무엇보다 강조하였다.[207]

이렇게 일본이 국내외에 선전한 '양국의 합의에 의한 병합'으로 한국과 일본이 하나의 국가가 되는 것이라면, 한국은 '병합'에 의해 일본에 새로운 영토로 편입되는 것이고, 한국인은 일본인과 동일한 법적 지위를 갖는 일본에 새롭게 편입되는 인민이 되는 것을 의미한다. 그리고 실제

---

205 『東京朝日新聞』, 1910.8.26.

206 小松綠, 『朝鮮併合之裏面』, 94-95쪽.

207 "日本國皇帝陛下及韓國皇帝陛下ハ兩國間ノ特殊ニシテ親密ナル關係ヲ顧ヒ相互ノ幸福ヲ增進シ東洋ノ平和ヲ永久ニ確保セムコトヲ欲シ此ノ目的ヲ達セムカ爲ニハ韓國ヲ日本帝國ニ併合スルニ如カサルコトヲ確信シ茲ニ兩國間ニ併合條約ヲ締結スルコトニ決シ"(「韓國併合條約(案)」, 1910년 8월 20일 決議, 『韓國併合ニ關スル書類』, 日本國立公文書館 소장문서, 『公文別錄』, 2A.1.〈別〉139).

로 각의에서 결정된 「병합실행방법세목」의 '제2 조선인의 국법상의 지위'에서는 예외 규정으로 정한 외에는 조선인은 내지인(일본인)과 동일한 지위를 갖는다고 규정하였다.[208] 따라서 별다른 단서조항 없는 「일본제국헌법」 불시행론은 '한국병합'의 성격과 모순되는 것이다.

그리고 열강과의 관계를 고려할 때, 한국에서 「일본제국헌법」을 시행하지 않는다고 하면 한국은 「일본제국헌법」 범위의 밖에 위치하는 직접 식민지가 된다. 이렇게 될 경우, 한국과 일본은 이원적인 법체계를 갖게 되어 '한국병합' 이후에도 열강이 한국에서 기존에 자신들이 누린 기득권 유지를 주장할 수 있는 빌미를 제공하게 된다. 이것은 일본에게 상당히 우려스러운 문제였기 때문에 일본은 형식적으로라도 한국에서 「일본제국헌법」의 시행을 인정하지 않을 수 없었다.[209]

이에 따라 병합준비위원회는 한국이 일본의 새로운 영토로 편입된 이상 어쩔 수 없이 한국에서 「일본제국헌법」을 시행하는 것은 논리적으로 당연하다고 전제했다. 그러나 실제로는 이를 시행하지 않고, 헌법 내에서 예외법규를 제정하여 실행하는 것으로 결정하였다.[210] 그리고 「병합실행방법세목」의 '제1 국가 호칭에 대한 건'에서 기존의 '한국'이라는 국가명도 불필요한 혼란을 방지한다는 이유로 일본의 한 지역으로서의

---

208 「韓國併合ニ関スル閣議決定書」, 『韓國併合ニ關スル書類』, 日本國立公文書館 소장문서, 『公文別錄』, 2A.1.〈別〉139; 小松綠, 『朝鮮併合之裏面』, 99쪽.

209 한성민, 2021, 앞의 책, 222-225쪽.

210 小松綠, 『朝鮮併合之裏面』, 94-96쪽. 이 문제에 대한 최종결론을 수상 桂太郎이 寺内正毅에게 7월 12일에 통고하는 것을 보면 「병합실행방법세목」의 각의결정 당시에도 여전히 논란이 거듭된 것으로 보인다(小松綠, 『朝鮮併合之裏面』, 106쪽, 「憲法ノ釋義」 1910년 7월 12일 桂수상이 寺内총독에게 보낸 通牒).

의미로 '조선'으로 개칭하였다.[211]

두 번째, 한국황실 처분의 건에서 구라치는 '병합'과 동시에 구 한국황실을 정권에서 격리시키고 그 대우는 일본의 황족 및 화족의 예를 참작하여 특전을 부여한다는 것, 그리고 호칭은 현 황제를 대공(大公)전하, 태황제·황태자 및 의친왕은 공(公)전하로 할 것을 제안하였다.[212] 특히 대공이란 칭호는 왕은 물론 친왕보다도 1단계 상위에 해당하는 명칭을 선택할 필요가 있다는 점을 고려해서 특별한 존칭을 안출해 낸 것이라고 하였다.

이같은 내용에 대해 앞의 「병합 후 한국에 대한 시정방침 결정의 건」에서는 특별한 언급이 없었다. 병합준비위원회는 '제16 한국의 황실 및 공신의 처분'에서 이 내용을 거의 그대로 수용함과 아울러 세비(歲費)는 기존의 황실비를 거의 그대로 존중하여 150만 원으로 정했다. 이것은 한국황실의 기존 생활에 급격한 변혁을 가하고 싶지 않다는 데라우치의 배려였다고 한다.[213] 하지만 그보다는 '병합'이 되어도 한국황실의 생활에 변화가 없을 것임을 보장하여 '병합'에 대한 동의를 보다 쉽게 끌어내려고 했던 조치로 보인다.

---

211 "第一 國稱ノ件 韓國ヲ改稱シテ朝鮮トスルコト"(「韓國併合ニ関スル閣議決定書」, 『韓國併合ニ關スル書類』, 日本國立公文書館 소장문서, 『公文別錄』, 2A.1.〈別〉139; 小松綠, 『朝鮮併合之裏面』, 98-99쪽). 이와 관련하여 병합준비위원회 위원의 한 사람인 척식국 부총재 後藤新平은 '병합' 후 한국의 명칭에 대해 한국인의 역사적 심리를 고려하여 '高麗'로 개칭할 것을 제안했으나, 가쓰라 데라우치의 동의를 얻지 못하여 결국 '朝鮮'으로 결정되었다고 한다(日本外務省 編, 『小村外交史』下, 338쪽).

212 「明治四二年韓國併合に關する外務大臣案」, 『韓國併合ニ關スル書類』, 日本國立公文書館 소장문서, 『公文別錄』, 2A.1.〈別〉139; 日本外務省 編, 『小村外交史』下, 384쪽.

213 小松綠, 『朝鮮併合之裏面』, 90쪽.

그 외 황족 및 원로대신과 '병합'의 공신에 대해서는 일본의 화족제도를 준용하여 작위를 수여하고[214] 세습재산으로 15만 원 이하 3만 원 이상의 공채증서를 지급하는 것으로 하였다. 이것은 일본 화족제도에서 남작(男爵)의 세습재산이 1만 원을 넘지 못하는 것에 비하면 파격적인 것이었다. 또 기존의 일반 한국관리에 대해서도 '제15 관리의 임명에 관한 건'에서 가능한 한 많은 조선인을 채용한다는 방침을 정하였다.[215] 병합의 결과 우선적으로 폐관될 내각관료 및 기타 고위직은 중추원의 고문·찬의·부찬의로 임명하는 것으로 정하였다.[216]

한국의 군대에 대해서는 '제19 구 한국 군인에 관한 칙령안'에서 기존 한국의 군인은 조선주차군사령부에 부속시켜 일본 군인에 준하여 대우한다고 규정하고, 당분간 그 실질적 처우는 종전의 예에 따른다고 하였다.[217] 이는 1907년의 군대해산 이후 해산 군인들이 대거 의병에 투신하여 일본에 저항한 것에 대한 경험에서 나온 방안으로 생각된다. 즉 기존 관리들의 생활을 보장함으로써 '병합'에 대한 이들의 조직적인 반발을 사전에 방지함과 동시에 이들을 식민지배의 협력자로 포섭하려는 조치였다.

세 번째, 한반도 통치에 관한 부분은 총독부를 설치하여 군사력을 중심으로 하는 통치를 상정했다는 점에서 구라치의 통치안은 큰 틀에서

---

214 「韓國併合ニ関スル閣議決定書」,『韓國併合ニ關スル書類』, 日本國立公文書館 소장문서,『公文別錄』, 2A.1.〈別〉139; 小松綠,『朝鮮併合之裏面』, 103쪽.

215 「韓國併合ニ関スル閣議決定書」,『韓國併合ニ關スル書類』, 日本國立公文書館 소장문서,『公文別錄』, 2A.1.〈別〉139; 小松綠,『朝鮮併合之裏面』, 102쪽.

216 小松綠,『朝鮮併合之裏面』, 91-92쪽.

217 「韓國併合ニ関スル閣議決定書」,『韓國併合ニ關スル書類』, 日本國立公文書館 소장문서,『公文別錄』, 2A.1.〈別〉139; 小松綠,『朝鮮併合之裏面』, 105쪽.

「아키야마 안」과 동일했다. 하지만 그 구체적인 부분에서는 차이점이 많았다. 특히 총독부 및 총독의 권한과 관련된 부분은 근본적으로 달랐다. 이는 병합준비위원회 논의과정에서도 상당한 논란이 있었던 것으로 보인다. 「병합실행방법세목」의 총독부 관련 사항이 전혀 구체적인 내용을 담고 있지 않을 뿐만 아니라, '한국병합' 직후 임시로 취할 조치 및 「병합 후 한국에 대한 시정방침 결정의 건」의 총독과 관련한 지침 ①~④·⑬항 이상의 내용을 입안하지 않았기 때문이다. 이는 「구라치 안」과 「아키야마 안」의 공통사항이기도 했다.[218]

병합준비위원회는 총독부 및 총독에 대해 「병합실행방법세목」에서 「제18 조선총독부 설치에 관한 칙령안」을 마련하였는데, 그 내용은 아래와 같다.

「제18 조선총독부 설치에 관한 칙령안」

조선에 조선총독부를 설치함.
조선총독부에 조선총독을 두어 위임의 범위 내에서 육해군을 통솔하고, 일체의 정무를 통할하도록 함.
통감부 및 그 소속 관서는 당분간 그것을 존치하고, 조선총독의 직무는 통감으로서 그것을 행하도록 함.
종래 한국정부에 속한 관청은 내각 및 표훈원(表勳院) 외에는 조선총독부의 소속 관서로 간주하고 당분간 그것을 존치함.
전항의 관서에 재근하는 관리에 관해서는 구 한국정부에 재근 중

---

218 한성민, 2021, 앞의 책, 226-227쪽.

일 때와 동일하게 대우함.

부칙

본령은 공포일로부터 그것을 시행함.[219]

위 칙령안에 보이듯이 총독에 대한 규정은 "위임의 범위 내에서 육해군을 통솔하고, 일체의 정무를 통할한다"는 일반적 규정 외에 구체적인 자격, 권한 및 의무 규정이 전혀 없다. 서로 차이점이 많았지만, 앞의 「구라치 안」과 「아키야마 안」에는 총독부와 총독에 관한 구체적인 내용이 담겨 있었다. 그와 같은 참고자료가 있었음에도, 「병합실행방법세목」에는 그 구체적 내용이 없는 것이다.

식민지 통치기구인 총독부와 그 책임자인 총독에 관한 사항은 일본의 한국 식민통치에서 매우 중요한 사안이었다. 특히 일본은 한국의 통치에서 「일본제국헌법」을 시행하지 않고 천황의 대권으로 통치한다고 했다. 이에 따라 병합준비위원회는 '제17 입법사항에 관한 긴급 칙령안'과 '제21 조선에서 법령의 효력에 관한 제령안'에서 "한국을 통치하는데 법률을 필요로 하는 사항에 대해서는 법률 대신 일본 천황의 칙령과 천황으로부터 위임받은 총독의 명령인 제령, 행정권에 속하는 부령(府令)으로 한다"고 했기 때문에[220] 총독부와 총독에 대한 규정은 그야말로 식민통치의 핵심 사안이었다. 따라서 이 사안에 대해 병합준비위원회에서

---

219 「韓國倂合ニ関スル閣議決定書」, 『韓國倂合ニ關スル書類』, 日本國立公文書館 소장문서, 『公文別錄』, 2A.1.〈別〉139; 小松綠, 『朝鮮倂合之裏面』, 104-105쪽.

220 「韓國倂合ニ関スル閣議決定書」, 『韓國倂合ニ關スル書類』, 日本國立公文書館 소장문서, 『公文別錄』, 2A.1.〈別〉139; 小松綠, 『朝鮮倂合之裏面』, 103-104쪽.

논의하지 않았을 리가 없다. 그런데 이 부분이 일반적 규정으로만 입안되었을 뿐만 아니라, 각의에서도 그대로 결정된 것은 데라우치의 역할이었다고 추측된다.

구라치는 「구라치 안」에서 한국의 중앙행정 및 말단 지방행정까지 모두 일본이 실질적이고 전일적인 통치권을 장악해야 한다는 기조 아래 총독의 자격을 친임관으로 했을 뿐 문관 또는 무관으로 특정하지 않았고, 총독부와 총독이 일본정부의 통제 아래에 있어야 함을 강조했다. 이에 반하여 아키야마는 일본정부에 대해 총독부와 총독의 독립적 위상을 강조하면서 무관을 총독으로 임명할 것을 제안했다. 이 두 인물 중 구라치는 고마쓰와 함께 병합준비위원회에서 주임으로 중심적인 역할을 하고 있었다.

위에서 살펴본 바와 같이 「구라치 안」은 짧은 기간 동안 입안된 「병합실행방법세목」에서 초안과 같은 역할을 했다. 반면 아키야마는 병합준비위원회에 참여하지 못했고 군부 쪽의 다른 인물도 없었다. 그리고 병합준비위원회의 다른 구성원들은 모두 일본정부와 통감부의 소속으로 식민지 경영의 실무책임자들이었다. 「아키야마 안」의 내용대로 조선총독이 무소불위의 권력을 가지게 되어 일본정부의 통제를 받지 않고 각각의 사안에 대해 독단적 결정을 내려 실행하게 되는 것을 이들의 입장에서는 상당히 우려하지 않을 수 없었을 것이다. 이에 병합준비위원회가 총독부와 총독에 관련된 사항을 「구라치 안」을 중심으로 입안하리라는 것은 어렵지 않게 예상할 수 있다.

그러나 이것은 데라우치가 쉽게 수용할 수 있는 사안이 아니었다. '한국병합'의 실행자이자, 초대 조선총독으로 결정된 그에게 「아키야마 안」이 주장하는 총독부의 독립적 위상과 총독의 무소불위의 권력은 상당히 매력적인 것이었기 때문이다. 데라우치가 병합준비위원회의 회의에 직접 참여했는지는 확실하지 않다. 하지만 그는 의안의 결정과정에 적극적으로 참여하여 자신의 의견을 반영시키고 있었다.[221] 하지만 '한국병합' 실행의 책임자로 결정되었다는 권위가 있는 데라우치라고 해도 총독부와 총독에 관한 사안은 자신의 의도대로 결론짓기 힘들었을 것이다.

이 사안은 일본이 처음으로 하나의 주권국가를 식민통치하는 것이었고, 그 통치기구 및 통치책임자와 일본정부의 관계 설정, 그리고 식민통치의 성격에 관한 것이어서 일본정부의 각 부처와 이해관계가 맞부딪치고 있었기 때문이다. 일본정부의 각의에서 일반적 내용만을 규정한 '제18 조선총독부 설치에 관한 칙령안'이 그대로 승인된 것은 이러한 이해충돌을 반영한 것으로 보인다.[222] 이 때문에 데라우치는 「병합실행방법세목」에서는 일본정부의 각 부처 모두가 동의하는 일반적 내용만을 입안하고, 구체적인 사항은 추밀원의 결정을 기대한 것 같다. 메이지시대 일본의 추밀원은 천황의 자문기구이면서 동시에 내각을 뛰어넘는 국가 최고의 의결기구였다. 추밀원이 의결한 사항은 곧바로 천황의 재가로 이어졌다. 당시 추밀원의 의장은 일본 군부의 최고 권위자이자, 이토 사망후 최고 국가원로가 된 야마가타 아리토모였다. 야마가타와 데라우치는 모두 조슈(長州) 출신이며 육군 군벌의 핵심 인물로 격렬한 대륙침략주의자였고, '한국병합'에 대한 공통의 인식을 가지고 있었다.

「병합실행방법세목」이 각의에서 결정된 7월 8일 이후 총독부와 총독에 대한 사안은 추밀원으로 이관되어 데라우치의 기대대로 그 내용이

---

221 小松綠, 『朝鮮併合之裏面』, 88-91쪽.
222 한성민, 2021, 앞의 책, 229-230쪽.

크게 변경되었다. 이것은 '한국병합'이 실행된 이후인 9월 29일 천황의 재가를 받아 최종적으로 10월 1일 21개조의 「조선총독부관제(칙령 제354호)」로 공포되었다. 여기에는 「아키야마 안」의 핵심 내용이었던 총독부의 독립적 위상과 총독의 권한 강화에 대한 내용이 대부분 반영되었다. 즉 조선총독의 자격은 육해군 대장 출신으로 한정되었고, 식민지 한국에서 입법·사법·행정 및 군사지휘권까지 모든 권한을 총독 1인에게 부여하면서도 본국 정부에 책임지지 않는 무소불위의 통치자로 상정되었다.[223]

「아키야마 안」의 내용은 총독부의 예산에 관한 사항에도 반영되었다. 반면 「구라치 안」에는 총독부의 재정에 대한 특별한 언급이 없다. 아키야마는 총독부의 예산은 총독 책임하의 특별회계로 처리하는 것을 원칙으로 하고, 다만 '한국병합' 초기에 투입되는 일시적인 비용은 일본 중앙정부에서 보조해 줄 것을 주장하였다. 아키야마의 주장은 총독부의 독립성을 강조한 그에게는 당연한 논리였다. 재정의 독립 없이 총독부의 독립성이 보장될 수는 없기 때문이다. 이와 같은 「아키야마 안」의 내용은 이미 데라우치를 통해 앞의 「병합 후 한국에 대한 시정방침 결정의

---

[223] "勅令 第354號. 朝鮮總督府官制. 제1조 조선총독부에 총독을 두며, 총독은 조선을 管轄한다. 제2조 총독은 親任으로 하고 陸海軍大將으로 그에 임명한다. 제3조 총독은 日本天皇에 直隸하고, 위임의 범위 내에서 육해군을 통솔하며 조선의 防備를 관장한다. 총독은 제반의 정무를 통할하며 內閣總理大臣을 거쳐 上奏 및 재가를 받는다. 제4조 총독은 그 직권 또는 특별위임에 의하여 朝鮮總督府令을 발포하며, 이에 1년 이하의 懲役 또는 禁錮, 拘留, 200圓 이하의 벌금이나 科料의 벌칙을 부가할 수 있다. (중략) 제6조 총독은 소관 관리를 감독하며 奏任文官의 진퇴는 내각총리대신을 거쳐 이를 상주하고, 判任文官 이하의 진퇴는 이를 專行한다. (중략) 제9조 총독부에 官房 및 다음의 5부를 둔다. 總務部, 內務部, 度支部, 農商工部, 司法部"(「조선총독부관제(칙령 제354호)」, 『(조선총독부)관보』 제28호, 1910.9.30).

건」단계에서부터 ⑤~⑦, ⑨~⑪ 항목으로 반영되어 있었다.

하지만 불과 보름 남짓의 기간 동안 현실적 상황을 충분히 고려해야 하는 예산문제를 병합준비위원회에서 구체적으로 입안할 수는 없었다. 이에「병합실행방법세목」은 '제13 조선의 채권 채무'와 '제20 구 한국정부의 재정에 관한 긴급 칙령안'에서 한국정부의 채권, 채무는 모두 일본정부가 인수하고, 차입금을 조선특별회계에서 부담하는 것으로 결정했다. 또 구 한국정부에 속하는 세입·세출의 예산은 종전대로 그것을 습용(襲用)한다고 하여 '한국병합' 직후 당장 필요한 총독부의 예산 운용에 대한 방안을 입안하였다.[224] 그리고 최종적으로는 조선총독부의 회계를 특별회계로 하고, 그 세입 및 일반회계의 보충금으로 그 세출을 충당하는 것을 주요 내용으로 하는 총독부의 예산규정이 최종적으로 입안되었다. 그리고 앞의「조선총독부관제」와 함께 '한국병합' 이후인 10월 1일「조선총독부 특별회계에 관한 건(칙령 제406호)」으로 공포되었다.[225]

이는 데라우치나 아키야마의 입장에서는 조선총독부를 일본정부의 간섭 없이 독립적으로 운영하기 위해 요구한 사안이었지만, 일본정부의 입장에서도 식민통치 비용을 식민지 현지에서 충분히 조달하여 일본의 경제적 부담을 최소화하겠다는 의도가 작용한 결과이기도 했다.

마지막으로 대외관계의 건에서 구라치는 한국이 외국과 체결한 조약은 원칙적으로 '한국병합'과 동시에 소멸하지만, '병합'과 양립할 수 없

---

224 「韓國併合ニ関スル閣議決定書」, 『韓國併合ニ關スル書類』, 日本國立公文書館 소장문서, 『公文別錄』, 2A.1.〈別〉139; 小松綠, 『朝鮮併合之裏面』, 102쪽, 105쪽.

225 「朝鮮總督府官制·朝鮮總督府特別會計ニ關スル件ヲ定ム附朝鮮總督府通信官署ニ於ケル現金ノ出納ニ關スル勅令案ニ對スル樞密院決議」, 日本國立公文書館 소장문서, 『公文類聚』第三十三編·明治四十三年 卷五, 2A. 11.〈類〉1092.

는 것을 제외하고는 당분간 외국인의 기득권을 충분히 보호해야 한다고 주장하였다. 그리고 그는 한국에서 보호해야 할 외국인의 기득권을 구체적으로 제시하였는데, 이는 「병합실행방법세목」에 거의 그대로 반영되었다.

대외관계는 '한국병합'을 열강으로부터 승인받는 문제 및 일본의 불평등조약 개정문제와 관련하여 일본정부가 특히 주의를 기울이던 문제였다. 그럼에도 내각에서 「병합실행방법세목」 입안의 지침으로 결의한 「병합 후 한국에 대한 시정방침 결정의 건」에는 ⑧항의 "관세는 당분간 현행대로 유지할 것" 외에 대외관계와 관련한 특별한 지침이 없다. 애초에 「병합 후 한국에 대한 시정방침 결정의 건」은 제목에서도 보이듯이 한국 통치방안 입안에 대한 지침이고, 대외관계에 관한 지침은 결정하지 않은 것이다. 이는 대외관계 관련 사항의 입안을 병합준비위원회에 일임한 것으로 봐야 할 것이다. 위원회의 구성원 중 외교 전문가는 외무성 정무국장인 구라치가 유일했고 대외관계에 관한 원안을 그가 작성했다. 즉 일본정부는 그동안 일본의 '한국병합' 정책에서 꾸준히 활동해 온 구라치의 성과와 능력을 인정하여, 그에게 '한국병합'에서 예상되는 열강의 반응에 대응할 방안의 마련을 일임한 것이다.

구라치는 '한국병합'에 대한 열강의 반발을 사전에 방지해야 한다는 자신의 생각을 충실히 반영하여 대외관계에 대한 원안을 작성하였다. 그 핵심은 당분간 한국에서 외국인의 기득권을 보장하는 것이었다. 병합준비위원회에서 입안된 「병합실행방법세목」의 전체 22개 항목 중 절반에 가까운 10개 항목이 한국에서 외국인의 기득권 보장에 관한 내용이었다. 그리고 그 내용은 첫째, 치외법권 및 영사재판 관련 내용(제3~제4), 둘째, 토지소유문제(제5·제7~제8·제12), 셋째, 한국에서의 금융·무역(제

9·제11·제13·제22)의 3가지로 유형화할 수 있다. 즉 구라치는 한국에서 열강의 기득권의 핵심을 치외법권의 특혜와 경제적 이익으로 파악한 것이다.[226]

그 구체적인 내용을 보면, 치외법권 및 영사재판과 관련해서는 '제3 병합 시 외국 영사재판에 계류 중인 사건의 처리 및 영사청(領事廳)에 구금 중인 범죄자의 처분'에서 현재 영사재판에 계류 중인 재판은 재판의 종결까지 현행대로 시행하는 것을 보장하고, '제4 재판소에서 외국인에게 적용되는 법률'에 대해서는 '한국병합' 이후 개시되는 재판부터는 외국인도 일본인과 동일한 법규의 적용을 받는다고 규정하였다.[227]

토지소유문제에 대해서는 '제5 외국 거류지의 처분'에서 각국 거류지의 사무는 경찰에 관한 사항을 제외한 것 외에는 현 상태를 유지하되 가능한 한 신속히 정리하고, '제7 외국인 토지소유권의 장래'에서 외국인의 토지소유권도 당분간 현 상태 유지, '제8 외국인이 소유하는 차지권(借地權)의 처분'에서 외국인의 영구차지권은 희망에 따라 소유권으로 변경하고, 희망하지 않을 경우는 그대로 존속시킨다고 하였다.[228] 다만 청국인에 대해서는 '제12 청국인의 거주에 대한 제한'에서 한국에 거주하는 청국인에 대해서는 제령으로 일본에서와 동일한 제한을 둔다고 하였다.[229]

---

226 한성민, 2021, 앞의 책, 232-233쪽.

227 「韓國倂合ニ関スル閣議決定書」, 『韓國倂合ニ關スル書類』(日本國立公文書館 소장문서, 『公文別錄』, 2A.1.〈別〉139); 小松綠, 『朝鮮倂合之裏面』, 99-100쪽.

228 「韓國倂合ニ関スル閣議決定書」, 『韓國倂合ニ關スル書類』(日本國立公文書館 소장문서, 『公文別錄』, 2A.1.〈別〉139); 小松綠, 『朝鮮倂合之裏面』, 100쪽.

229 「韓國倂合ニ関スル閣議決定書」, 『韓國倂合ニ關スル書類』(日本國立公文書館 소장문서, 『公文別錄』, 2A.1.〈別〉139); 小松綠, 『朝鮮倂合之裏面』, 102쪽.

한국에서 외국인의 금융·무역에 대해서는 '제9 조선의 개항장 간 및 일본의 개항장과 조선의 개항장 간 외국선박의 연안무역'은 당분간 종전대로 허가, '제11 외국과 조선 간에 수출입되는 화물에 대한 과세'도 종전의 세율에 따라 수출입세를 징수, '제13 조선의 채권 채무'는 일본정부가 인수하여 대신할 것을 약속하였다. 그리고 이러한 내용은 '제22 관세에 관한 제령안'을 입안하여 한국을 상대로 한 외국인의 무역에 대해 일본정부가 당분간 종전의 세율대로 유지할 것임을 공식적으로 보장하도록 하였다.[230]

당시 영국과 미국을 비롯한 열강은 일본 외무성과 협의과정에서 이미 일본의 '한국병합' 가능성을 파악하고 있었다. 이에 열강은 일본의 '한국병합'을 인정하는 대가로 기존에 그들이 한국에서 누리던 경제적 특혜의 유지를 요구하고 있었다.[231]

일본은 한국을 식민지화하는 과정에서 영국과 미국 및 러시아를 비롯한 열강과의 협조를 중시했으므로 열강과의 이해관계를 해소하는 과정에서 그들의 입장을 완전히 무시할 수는 없었다. 이에 일본은 한국이 일본의 새로운 영토로 편입되는 것이기 때문에 한국과 열강과의 기존 조약은 폐지한다는 것을 원칙적으로 확인했다. 하지만 열강의 반발을 우

---

230 「韓國倂合ニ關スル閣議決定書」, 『韓國倂合ニ關スル書類』(日本國立公文書館 소장문서, 『公文別錄』, 2A.1.〈別〉139); 小松綠, 『朝鮮倂合之裏面』, 100-102쪽.

231 『日本外交文書』43-1卷, #546 「在本邦英國大使ヨリ韓國倂合ニ關スル日本政府ノ意向問合ノ件」, 659-660쪽・#548 「韓國倂合ト日本ノ新關稅率ノ日英同盟ニ對スル影響ニ關シ'タイムス'主筆'チロル'ノ談話報告ノ件」, 660-661쪽・#550 「在本邦英國大使ヨリ韓國倂合後同國ト他國トノ條約及協定稅率ノ存否ニ付質疑ノ件」, 662-663쪽・#555 「韓國倂合後韓國關稅率据置期間ニ關シ回訓ノ件」, 667-668쪽. 그 외 영국과 미국의 움직임에 대해서는 나라오카 소치, 2009, 앞의 글; 안종철, 2007, 「'韓國倂合' 전후 미일 간 미국의 한반도 治外法權 廢止交涉과 妥結」, 『法史學硏究』 36 참고.

려하여 당분간 한국이 국가로 존재하던 때와 동일하게 열강의 기득권을 인정하는 것으로 결정한 것이다.

병합준비위원회는 위 준비사항들을 회의를 마친 다음 날인 7월 8일 각의에 제출하였다. 각의에서는 이에 대해 별다른 이의제기나 수정 없이 그날 즉시 「한국병합에 관한 각의결정서」로 승인하였다. 병합준비위원회에는 관련 부처의 실무책임자들이 모두 참가하여 항상 각부 대신과 연락을 취하고 있었기 때문에 각의결정의 수속은 형식에 불과했다.[232]

병합준비위원회에서 수립한 「병합실행방법세목」은 '한국병합' 실행을 위한 단순한 실무계획 정도가 아니었다. '병합'에 따른 한국과 일본의 관계 설정, 열강과의 관계 설정, '병합' 대상인 한국과 한국인의 지위, 한국의 지배계층에 대한 처우 등을 규정하였다. 이외에도 병합준비위원회는 그 실행에 필요한 주요 문서의 원안까지 마련했다. 이러한 이들의 활동은 '한국병합' 실행의 마스터플랜을 수립한 것이라 할 수 있다. 이들에 의해 수립된 「병합실행방법세목」은 '한국병합' 후 일본의 한국통치의 구체적인 상(像)을 만든 '한국통치의 원형'이라고 평가할 수 있을 것이다.

3) '한국병합에 관한 조약'의 강제와 실행

'한국병합'에 관한 실무적인 준비가 끝난 후, 데라우치는 한국으로 부임하면서 '한국병합'에 대한 전 과정에 참여하여 중심적인 역할을 수행한 구라치에게 한국으로의 동행을 요청하였다. 데라우치의 입장에서 그동안 '한국병합' 준비에 가장 적극적으로 참여했던 구라치가 한국에

232　小松綠, 『朝鮮併合之裏面』, 93-94쪽.

가서 '한국병합' 실행의 실무를 직접 처리하는 것은 효율적일 뿐만 아니라 당연한 것이었다. 구라치의 입장에서도 '한국병합'을 마무리 지음으로써 자신의 공로를 돋보이게 할 수 있는 좋은 기회였다. 하지만 구라치는 이 제안을 거절했는데 그 이유는 다음과 같다.

> 처음에 데라우치(寺內) 통감은 나를 조선에 동행시키려 했지만 나는 그것을 사절하였다. 이에 대한 나의 개인적인 전망이 틀렸던 것이다. 즉 나는 병합을 완료하는 데에는 상당한 시간이 필요한 것이기 때문에 데라우치 통감 부임 후 1~2개월 안에 해결될 것이라고는 생각하지 못했다. 그 오랜 기간 동안 나는 병합문제의 담임자로 도쿄를 비우는 것은 불가능했다. 종래의 과정을 가장 잘 알고 있었고, 또 데라우치 백작과도 각별한 관계가 있었던 내가 백작과 동행하는 것이 가장 좋은 형편이라는 것은 알고 있었다.
> 하지만 교섭이 장기화되어 도쿄 쪽과 협의 등을 할 경우, 내가 도쿄에 있지 않으면 곤란하다고 생각했기 때문에 그 뜻을 데라우치 백작에게 말하였다. 일의 진행에 따라서는 일시적으로 도우러 가는 것이 잘못된 것이 아니지만, 당초부터의 동행은 사양하고 싶다고 하여 그것을 거절했다. 그러자 데라우치 백작도 그것도 맞다, 그러면 다른 사람으로 하자고 하여 나의 동행은 취소되었다.[233]

위 구라치의 진술에서 잘 나타나 있듯이, 구라치가 데라우치의 한국 동행 요구를 거절한 가장 큰 이유는 실제 '한국병합'의 실행까지는 상당

---

233 倉知鐵吉, 「韓國倂合ノ經緯」, 30-31쪽.

한 시간이 소요될 것이라고 예상했기에 장기간 도쿄를 떠날 수 없다는 것이었다. 데라우치가 통감으로 부임하는 1910년 7월 말의 시점은 '한국병합'을 위한 열강과의 이해관계 조정도 끝난 시점이었고, 명목상의 주권을 제외한 한국의 모든 국가적 기능을 일본이 장악한 상태였다. 그리고 한국사회나 일본사회 모두에서 일본에 의한 한일관계의 변화, 즉 '한국병합'이 예상되던 시기였다. 그럼에도 '한국병합'을 일선에서 추진한 구라치는 실제 '병합'이 이루어지기까지에는 상당한 시간이 소요될 것으로 예상했고, 이에 대해 데라우치도 "그것도 맞다"고 하여 구라치의 판단에 동의하고 있다.

그 이유는 무엇일까. '한국병합'은 일본이 그 이전에 식민지로 만든 타이완(臺灣)과는 그 경우가 달랐다. 일본은 청일전쟁의 결과 시모노세키조약을 통해 청국으로부터 일부 지역인 타이완을 할양받아 식민통치를 전개하였다.[234] 반면 당시 한국의 실질적 국가 기능의 대부분이 일본에 박탈당한 상태라고 하더라도, '한국병합'은 하나의 주권국가인 한국을 일본 영토의 일부로 편입하는 것이었고, 기존의 한국인 전체를 일본의 새로운 인민으로 편입하는 것이었기 때문에 타이완의 경우와는 질적으로 차원이 다른 문제였다.

한국이 완전히 폐멸되어 일본의 새로운 영토로 편입된다는 것은 한국의 기본적인 통치권을 비롯한 채권·채무 및 대외관계 등 그동안 한국이 주권국가로 행사한 일체의 권리·의무가 일본에 승계된다는 것을 의미한다. 그렇게 되면 열강이 '한국병합'과 그에 따른 한국과의 조약관계 소멸을 원론적으로 동의했다고 하더라도, 그 구체적인 과정에서는 상당

---

234 이에 대해서는 김영신, 2001, 『대만의 역사』, 지영사 참고.

한 문제 제기와 이해조정이 필요하다는 것은 예상하기 어렵지 않다.

또한 명목상의 국가로 허울만 남은 한국이라고 해도 국가를 폐멸시키는 주권의 양도를, 그것도 일본이 원하는 대로 한국정부가 스스로 일본정부에 자청하는 모양새로 '주권양도조약'을 체결한다는 것도 쉬울 것이라고 예상할 수는 없었다. 이 과정에서 주권자인 순종황제의 저항이나, 한국인들로부터 어떠한 반발이 나올지 누구도 예상할 수 없는 문제였고, 그럴 경우 '한국병합'의 실행은 지연될 수밖에 없었다.

일본정부는 '한국병합' 실행 직후 공포할 조칙에 대해 조약에 의한 '병합'일 때의「조칙안」과 일방적 선언에 의한 '병합'일 때의「조칙안」까지 2가지를 모두 준비했다. 이것은 일본정부가 '한국병합'의 실행에 상당한 시간이 소요될 것이라고 판단하고 있었음을 입증한다. 한국과의 교섭이 일본이 의도한 대로 되지 않거나, 다른 변수가 발생하면 차선책으로 일본은 일방적인 '한국병합'을 선언할 것임을 의미하기 때문이다.[235]

그리고 일본외교의 실무책임자로서 구라치가 이 시기 도쿄를 떠날 수 없었던 또 하나의 이유가 있었다. 일본이 개항 이래 열강과 체결한 불평등조약 개정 문제는 메이지시대 일본사회의 숙원 중 하나였다. 일본이 '한국병합' 실행을 결정한 이 시기는 일본의 불평등조약 개정 문제에서도 중요한 시기였다. 일본이 체결한 불평등조약의 만료기간이 1년 앞으로 다가오고 있었는데, 여기에는 주요 열강이 모두 포함되어 있었다.

영국·독일·이탈리아 등 10개국과의 조약은 1911년 7월, 프랑스 및 오스트리아와는 8월이 기간 만료였고, 미국과의 조약은 이미 기간이 만

---

235 한성민, 2021, 앞의 책, 240-241쪽.

료되어 있었다.²³⁶ 이에 일본정부는 1907년 5월 조약개정조사위원회를 조직하였고, 같은 해 10월에는 이 조직을 조약개정준비위원회로 확대 개편하여 불평등조약 개정 문제에 대비하고 있었다. 당시의 국제법에서는 조약 개정 교섭을 하기 위해서는 기존 조약의 실효 1년 전에는 해당 국가에 기존 조약의 폐기를 통고해야 했는데, 그 시기가 바로 일본정부의 각의에서 '한국병합'의 실행이 결정된 1910년 7월이었다.

'한국병합' 실행을 추진하는 한편에서 일본정부는 불평등조약 개정에 대해 "일시적으로 무조약관계가 되더라도 어쩔 수 없다는 각오"로, 이 해 7월부터 13개국에 기존 조약의 폐기를 통고하고, 조약 개정 교섭을 개시하였다. 구라치는 위의 조약개정조사위원회와 조약개정준비위원회의 조직 당시부터 당연직 위원으로 활동하고 있었다.²³⁷

이와 같이 1910년 7월 이후 일본정부에서는 '한국병합' 실행 및 일본의 불평등조약 개정 교섭 과정에서 다양한 문제들이 발생할 것으로 예상되었고, 그 문제의 대부분은 외무성을 중심으로 열강과 이해관계를 조정해야 하는 상황이었다. 당시 구라치는 일본외교의 실무책임자인 외무성 정무국장이면서 조약개정준비위원회 위원, 그리고 '한국병합' 계획의 입안자였다. 따라서 구라치는 일본외교의 중요한 시기에, '한국병합'의 실행에 상당한 시간이 소요될 것이라고 예상되는 상황에서 도쿄를 떠날 수 없다는 판단을 한 것이고, 데라우치도 이에 동의한 것이었다.

하지만 구라치나 일본정부의 예상과 달리 '한국병합'은 매우 신속하게 진행되었다. 그것은 데라우치의 무력을 동원한 강압과 이완용 등 일

---

236 明治期外交資料硏究會 編, 1996, 『條約改正關係調書集』 第1卷, クレス出版, 15쪽.
237 明治期外交資料硏究會 編, 1996, 위의 책, 15-25쪽.

부 친일관료들의 협조가 있었기에 가능했다. 7월 말 한국으로 부임한 데라우치는 한국을 강압하여 불과 한달도 안 된 8월 22일 한국병합에 관한 조약을 체결하였다.

데라우치는 아직 한국에 부임하기 전이었던 6월부터 '한국병합' 실행을 위한 사전 작업에 착수했다. 그는 한국주차헌병대 사령관 아카시 모토지로를 통해 한국정부를 강압하여 6월 24일 「한국정부의 경찰사무를 일본정부에 위탁하는 각서」를 체결하여 한국의 경찰권을 박탈한 뒤, 이를 일본의 한국주차헌병대에 복속시켜 한국의 경찰권을 장악했다.[238] 이를 바탕으로 데라우치는 한국의 13도 각 도에 1개의 일본군 헌병대를 배치하여 3리마다 초소를 설치하도록 하고, 서울 및 여전히 항일의병이 활동하고 있던 지역에 한국주차군 병력을 집중적으로 배치시켰다.

이렇게 한국의 전 지역에 대한 감시망을 촘촘하게 편성한 뒤, 7월 23일 서울에 부임한 데라우치는 곧바로 위수령을 내려 한국에서 모든 정치집회와 연설회를 금지시키고, 『대한매일신보』와 『황성신문』 등 한국의 언론들을 철저하게 검열하면서 일본군의 무력시위로 공포 분위기를 조성했다. 그 후 8월 16일부터 데라우치는 한국의 전권위원인 내각총리대신 이완용과 통감의 관저에서 비밀리에 '한국병합' 실행을 위한 협상을 시작했다. 이완용이 일본이 제시한 '한국병합안'을 대부분 그대로 수용했기 때문에 협상기간은 불과 1주일도 걸리지 않았다.

협상과정에서 이완용이 수정을 요구한 사안은 단지 2가지였다. '병합' 후에도 '한국'이라는 국호와 한국황실에 대해 '왕'으로 존칭할 수 있도록 해 달라는 것이었다. 이에 대해 데라우치는 '한국'의 명칭을 그대로

---

238 『官報』, 1909년(隆熙4年) 6월 25일, 號外.

사용하면 국제사회에서 여전히 독립국가로 혼동할 소지가 있다는 이유로 원안에서 제시한 지역명인 '조선'으로 결정했다. 황실의 존칭에 대해 일본이 제시한 안은 고종과 순종은 '대공'으로 황태자는 '공'을 제시했으나, 한국의 민심을 자극할 수 있다는 이완용의 의견을 수용하여 고종은 '이태왕', 순종은 '이왕', 황태자는 '영친왕'의 존칭을 사용하도록 했다. 이것으로 담판은 종결되었다.[239]

8월 22일 서울의 주요 지역에 약 2,600명의 무장한 일본군과 헌병대가 30미터 간격으로 배치된 삼엄한 분위기 속에 창덕궁의 흥복헌(興福軒)에서 대한제국의 마지막 어전회의가 열렸다. 어전회의라고 하지만, 일본군이 조장한 공포 분위기 속에서 회의는 없었다. 단지 데라우치와 조약 체결을 위해 이완용이 순종황제로부터 「전권위임장」을 받아 내는 자리에 불과했다. 원하던 대로 「전권위임장」을 받아 낸 이완용은 곧바로 통감 관저로 가서 데라우치와 한국병합에 관한 조약을 체결하였다. 그리고 1주일 뒤인 8월 29일 '한국병합'이 공식적으로 발표되었다.[240] 한국병합에 관한 조약의 내용은 아래와 같다.

한국병합에 관한 조약

한국 황제 폐하와 일본국 황제 폐하는 양국 간의 특수하고 친밀한

---

[239] 寺內正毅, 1910, 「韓国併合始末ノ件」, JACAR(アジア歴史資料センター)Ref. A04010229300, 公文雑纂·明治四十三年·第十九巻·通信省·通信省, 統監府朝鮮総督府, 台湾総督府, 会計検査院, 府県(国立公文書館).

[240] '한국병합' 실행 당시의 자세한 내용에 대해서는 운노 후쿠쥬 지음, 정재정 옮김, 2008, 앞의 책, 444-477쪽 및 윤대원, 2011, 『데라우치 마사다케 통감의 강제병합 공작과 '한국병합'의 불법성』, 소명출판, 103-132쪽 참고.

관계를 고려하여 상호 행복을 증진하며 동양의 평화를 영구히 확보하기를 원하여, 이 목적을 달성하기 위해서는 한국을 일본제국에 병합하지 않으면 안된다고 확신하여 이에 양국 간에 병합 조약을 체결하기로 결정하였다. 이를 위하여 한국 황제 폐하는 내각총리대신(內閣總理大臣) 이완용을, 일본 황제 폐하는 통감 자작(子爵) 데라우치 마사타케(寺內正毅)를 각각 그 전권위원(全權委員)에 임명함에 위 전권위원들은 회동, 협의하여 다음과 같은 여러 조항을 협정하였다.

제1조 한국 황제 폐하는 한국의 전부(全部)에 관한 일체 통치권을 완전히 또한 영구히 일본 황제 폐하에게 양여한다.

제2조 일본 황제 폐하는 전 조항에 기재한 양여를 수락하고, 또 완전히 한국을 일본제국에 병합하는 것을 승낙한다.

제3조 일본 황제 폐하는 한국 황제 폐하, 태황제 폐하, 황태자 전하와 그 후비(后妃) 및 후예로 하여금 각각 그 지위에 따라 상당한 존칭, 위엄 및 명예를 향유케 하고, 또 이를 보호하고, 유지하는 데 충분한 세비(歲費)를 공급할 것을 약속한다.

제4조 일본 황제 폐하는 앞의 조항 이외에 한국의 황족 및 그 후예에 대하여 각각 상당한 명예 및 대우를 향유하게 하고, 또 이를 유지하는 데 필요한 자금을 공여할 것을 약속한다.

제5조 일본 황제 폐하는 훈공(勳功)이 있는 한국인으로서 특히 표창하는 것이 적당하다고 인정되는 자에 대하여 영예와 작위를 주고 또 은사금을 수여한다.

제6조 일본국 정부는 위에서 기술한 병합의 결과로서 한국의 시정을 전적으로 담임하여, 그곳에서 시행할 법규를 준수하는 한국인의 신체 및 재산에 대하여 충분히 보호하고, 또 그 복리의 증진을 도모한다.

제7조 일본 정부는 성의 있고 충실하게 새로운 제도를 존중하는 한국인으로서 상당한 자격이 있는 자를 사정이 허락하는 범위에서 한국에서의 제국의 관리로 등용한다.

제8조 본 조약은 한국 황제 폐하 및 일본 황제 폐하의 재가를 경유한 것으로, 공포일로부터 이를 시행한다.

위의 증거로 양 전권위원은 본 조약에 기명하고 조인한다.

1910년(융희 4년) 8월 22일
내각총리대신 이완용

1910년(메이지 43년) 8월 22일
통감 자작 데라우치 마사타케[241]

그동안 상당히 많은 연구들은 급속한 '한국병합'을 주장한 '무관파'와 이에 반대한 '문관파'의 대립이라는 도식에서 일본의 '한국병합'을 서술해 왔다. 이와 같은 관점이 의미를 가지려면 무관파 정권과 문관파 정권의 시기에 따라 일본정부의 '한국정책'이 각각 다르게 나타났어야 할

---

241 일본외무성 편, 『日本外交年表竝主要文書』 上, 「韓國併合に關する條約」, 340쪽.

것이다. 다음 〈표 5-5〉는 을사조약에서 '한국병합'까지 일본정부의 내각 총리대신과 외무대신을 정리한 것이다.

〈표 5-5〉 을사조약에서 '한국병합'까지 일본의 총리대신 및 외무대신

내 각	총리대신(재임 기간)	외무대신(재임 기간)
제1차 가쓰라 내각	가쓰라 다로(桂太郞) (1901.6.2~1906.1.7)	고무라 주타로(小村壽太郞) (1901.9.21~1906.1.17)
제1차 사이온지 내각	사이온지 긴모치(西園寺公望) (1906.1.7~1908.7.14)	가토 다카아키(加藤高明) (1906.1.17~1906.3.3)
		사이온지 긴모치 (1906.3.3~1906.5.19)
		하야시 다다스(林董) (1906.5.19~1908.7.14)
제2차 가쓰라 내각	가쓰라 다로 (1908.7.14~1911.8.30)	데라우치 마사타케(寺內正毅) (1908.7.14~1908.8.27)
		고무라 주타로 (1908.8.27~1911.8.30)

위 표에 보이는 것처럼 을사조약 이후 '한국병합'까지 일본의 정권은 제1·2차 가쓰라 내각과 사이온지 긴모치(西園寺公望) 내각이 교대로 성립했다. 가쓰라는 대표적인 무관파 인물이었고, 사이온지는 대표적인 문관파 인물이었다. 이 두 정권에서 '한국병합'의 추진과 일본의 대외정책 전개의 중심 기관이었던 외무성의 외무대신은 대체로 문관 출신이었다. 그리고 이 시기 일본의 내각이 바뀌었다고 해서 한국정책의 성격 변화는 없었다. 문관파와 무관파 두 정권 모두에서 한국정책의 기조는 한국에 대한 일본의 지배권 강화였고, 그것이 일관되게 관철되었다. 이같은 정책 실현의 중심에서 활동한 인물이 구라치였고, 그는 한국정책의 성과를 바탕으로 고위관료로 성장하였다. 이 과정에서 일본의 정권이 바뀌어

도, 외무대신이 변경되었어도 구라치의 활동이 일본의 한국정책 외에 다른 분야로 변경된 적은 없었다. 즉 이 시기 일본에 무관파 정권이 들어서든 문관파 정권이 들어서든 그것에 상관없이 한국에 대한 지배권 강화는 일본정부의 일관된 정책이었다.

이는 실제 한국정책의 집행과정에서도 명확하게 드러난다. 앞에서 살펴본 것처럼 이토는 대표적인 문관파 인물이었고, 그의 통감 재임 시절 일본의 한국정책은 그에게 일임되어 있었다. 하지만 그는 한국정책을 결코 독단적으로 처리하지 않았다. 이토는 헤이그 특사 사건에 대한 대응에서처럼 고종황제의 강제 퇴위나 제3차 한일협약 체결과 같은 중요한 한국정책에 대해서는 일본정부 내에서 다른 의견이 없도록 국가원로와 내각의 통일된 의견을 요구하였고, 그것을 바탕으로 집행하였다.

이와 같은 모습은 데라우치도 동일했다. 데라우치는 대표적인 무관파 인물로, 당시 일본정부 내에서 가장 강경한 한국정책을 주장한 인물이자, 즉시 병합론자로 현재까지 알려져 있다. 하지만 그는 '한국병합'의 실행을 담당할 제3대 통감으로 임명되었을 때, '한국병합'의 즉시 단행이 아니라, 처음엔 점진적인 '한국병합'의 방식을 주장했던 육군성의 「아키야마 안」을 토대로 한 '한국병합'을 생각하고 있었다. 그러나 오히려 이와 같은 점진적인 한국병합론을 신랄하게 비판한 인물이 통감부의 문관이었던 고마쓰였다. 이후 데라우치는 '한국병합'을 준비하면서 일본정부 내에서 의견이 통일되지 않으면 곤란하다는 생각에 따라 관련 부처가 모두 참여하도록 병합준비위원회를 조직하였다. 이때 그는 군부 쪽 인물을 배제하고, 기존에 한국정책을 담당하던 구라치와 고마쓰를 주임으로 임명하여 중심인물로 삼았다. 즉 데라우치 역시 일본정부의 통일된 의견을 바탕으로 '한국병합'을 실행한 것이다.

실무관료의 측면에서도 구라치는 외무성, 고마쓰는 통감부, 마지막으로 참여한 아키야마는 육군성 소속이었다. 이들은 일본의 '한국병합' 정책에 직접적으로 참여한 시기도 달랐고, 소속도 달랐다. 그런데 이들의 활동에서 '한국병합' 자체에 대한 비판이나 의문, 혼란은 보이지 않았다. 각각 별도로 준비된 「구라치 안」과 「아키야마 안」이 구체적인 부분에서는 차이가 있지만 2가지 「병합안」 모두 한국에서 「일본제국헌법」의 불시행, 조선총독부의 설립을 통한 군사통치 등 큰 틀에서 동일한 내용이었다는 것은 이같은 점을 잘 보여 준다. 또 이와 동시에 일본정부에서 '한국병합'의 성격에 대해 전반적인 이해가 되어 있었다는 것을 의미한다. 특히 구라치, 고마쓰, 아키야마의 3인 모두 국제법의 전문가였다는 것은 일본정부가 '한국병합'의 추진에서 가장 중요한 문제를 국제관계로 파악하고 있었다는 점을 나타낸다.

따라서 지금까지 검토한 내용을 종합하면, '한국병합'에 대해 일본정부 내에서 무관파와 문관파 간에 특별한 대립이나 차이점은 보이지 않는다. 오히려 일본의 '한국병합'이 어느 한순간에 결정된 것이 아니라, 을사조약 이래 일본정부의 일관된 정책으로 추진되었다는 것을 증명한다.[242]

이렇게 일본이 계획하고 실행한 '한국병합'은 한국인의 의사와 상관없이 일본의 한국 침략정책으로 추진된 것이었다. 그 통치형태도 일본의 필요에 따라 일본 천황의 칙령 및 조선총독의 제령과 부령을 제정하여 시행하는 통치구조를 만들었다. 한국은 일본의 헌법이 시행되는 신부영토(新附領土: 새롭게 부속된 또는 편입된 영토)로 편입되었지만, 일본의 필요

---

[242] 한성민, 2021, 앞의 책, 236-238쪽.

에 의해 실제로는 시행되지 않는 지역이 되었다. 즉 일본은 한국을 필요에 따라 일본의 영토이기도 하고, 식민지이기도 한 이중적이고 차별적인 통치구조로 '병합'한 것이다. 이에 따라 한국인들은 의무에서는 일본인이었고, 권리에서는 식민지 조선인이었다.

일본은 '한국병합'을 한국인의 행복과 동양의 평화를 위한 것이라고 선전했다. 하지만 '한국병합'의 결과 일본이 지배의 용이성을 위해 배려한 옛 한국의 지배층을 제외한 대다수의 한국인들은 일본인이지만 일본인이 아닌, 즉 의무만 있고 권리는 없는 식민지 피지배민으로 전락하였다. 이에 따라 일본은 '한국병합' 이후 1910년부터 계속적으로 일부 한국인들 사이에 전개되었던 자치권 획득 운동을 전혀 고려하지도 않았고, 1940년대 제2차 세계대전에 한국인들을 일본신민의 의무라며 징병과 징용에 동원하면서도 그에 합당한 권리는 보장하지 않는 이율배반적인 통치형태를 지속하였다.

결론

이 책은 '일본의 한국 보호국화와 강제 병합' 과정을 국제관계사 측면에서 접근한 연구이다. 보호국화와 병합에 대한 한국 측의 대응 내지 저항보다는 일본 측의 강제 병합 과정의 실상과 그 기제를 국제관계 속에서 밝히는 데 초점을 두었다. 이 책은 다음과 같은 측면에서 기존 연구와의 차별성을 가지고 있다고 하겠다.

첫째로, 한국 식민화 과정은 결코 일본의 침략과 한국의 저항이라는 단순 구도만으로 설명할 수 없다. 혹은 강대한 제국주의 일본에 대항하기에 불가항력이었다거나 일본은 이를 위해 치밀하게 준비했다는 식의 주장은 병합의 한 측면만 이해할 수 있을 뿐이다. 아울러 보호국화와 병합과정이 연구자들의 연구 대상 국가별로 산발적으로 연구되어 왔기 때문에 보호국화와 병합의 다양하고 중층적인 국면을 정확하게 규명하는 데 한계가 있다. 이 책에서 살펴본 바와 같이 서양 제국주의 국가의 견제를 받기도 하고 또는 공조와 동의하에서 일본의 한국 보호국화와 병합이 이루어지고 있었다. 이에 거시적 관점에서 유럽세력의 재편과 제국주의 국가 간의 대립 속에서 서구 열강의 동아시아정책 변화 및 일본의 침략외교의 변동 속에서 보호국화와 병합을 종합적으로 재구성하고자 하였다.

둘째로, 이 책은 한국의 역사학자들이 집필한 것으로 불가피하게 한국의 입장과 시각이 반영되어 있다. 이 책의 출발점도 한국 영토인 1897년 12월 '인천항 위기'에서 시작하고 있으며, 한반도에서 발발하고 전개된 다양한 러일 간의 분쟁들과 한반도 내에서 전개된 러일전쟁 등을 소개하고 있다. 또한 구조적인 입장에서 400년간 유교문명국으로 주권을 행사하고 독립국을 영위하던 한국정부의 정책과 대응 방식을 조선의 정치와 사회·경제의 구조적 맥락과 변화된 상황을 염두에 두면서 분석하였다. 반면 지면 관계상 국권 침탈에 대한 한국사회의 저항은 간략하게 처리하였다.

셋째로, 일본의 한국 식민지화 과정은 단순한 군사적 점령이 아니라 일련의 조약 체결과 경제적 침탈을 통해 서서히 잠식해 들어오고 국제법을 활용했다는 특징이 있다. 이를 이집트, 튀니지의 사례와 비교 검토하였다. 을사조약의 결과로 설치된 통감부와 대한제국정부의 병렬적 권력구조 및 통감의 권력 행사의 특징을 분석하여 보호통치의 구조와 실상을 기술하였다. 특히 이토의 보호국 정책을 주이집트총영사 크로머의 보호국 정책과 비교하여 제국주의 국가 간의 보호국 및 식민지 지배의 유사성을 확인하였다.

넷째로, 러일전쟁 후 강점까지 5년이라는 시간을 가진 이유를 국제적으로 설명하였다. 기존 연구에서는 대체로 한국인과 의병의 저항에 초점을 맞추어 '남한대토벌작전'이 종료된 후 병합이 단행된 것으로 설명하고 있다. 반면 이 책에서는 1907년 불일협약, 러일협약, 영러협상을 통해 일본을 중심으로 한 1907년 체제 수립, 이후 2차 러일협약 등 병합 과정을 국제관계 속에서 새롭게 설명을 시도하였다.

다섯째, '한국병합'의 구체적인 과정을 일본 외무성과 육군성과 병합안을 비교하고 병합준비위원회에 참여했던 실무관료들의 활동을 분석하여 실증적으로 재구성하고, 당시 일본이 구상한 '한국병합' 이후 한반도에 대한 초기 통치정책의 내용과 성격을 규명하였다. 최종적으로 한반도는 일본의 영토이기도 하고, 필요에 따라 식민지이기도 한 이중적이고 차별적이며 기형적인 통치구조의 성격도 분석하였다.

마지막으로, 이 책의 뒷부분에 보론으로 '한국병합'에 대한 '합법·유효론' 및 '불법·무효론'의 논쟁에 관하여 설명하고, 을사조약과 한국병합에 관한 조약의 불법성 또는 합법성을 형식적·절차적 측면에서 규명하였다. 기존의 한국학자들과 일부 진보적인 일본학자들의 불법성 주장 논리와 그 외 일본학자들의 시제법을 이용한 합법성 논리를 정리하면서, 그 논쟁의 한계와 함께 당시의 국제법을 근거로 한 '한국병합'의 합법성·불법성 논쟁의 구조적 문제점도 지적하였다.

오랜 기간 주권국가로 존재하고 있던 독립국가 한국을 일본의 식민지로 만드는 것은 결코 간단하거나, 단시일 안에 처리할 수 있는 사안이 아니었다. 특히 '한국병합'은 일본이 서구 열강과 평등한 관계를 설정하려고 한 자국의 불평등조약 개정 문제와 밀접하게 연동되어 있었기 때문에 일본의 침략과 한국의 저항이라는 한일관계의 측면만으로는 도저히 설명할 수 없다. 일본은 국가 자원을 총동원하여 청일전쟁과 러일전쟁으로 이어지는 두 번의 대외전쟁을 수행하면서 한반도에 대한 직접적인 경쟁자를 배제하고, 다른 열강으로부터 한국을 일본의 세력권으로 인정받았다. 그 결과가 한국을 강압하여 보호관계를 설정한 을사조약 체결이었고, 이것이 일본이 '한국병합'의 추진을 본격화하는 첫 단계였다.

이후 일본은 한국에 대한 강제 병합을 추진해 나가는 과정에서 열강에 대해서는 한반도를 둘러싼 그들의 이해관계를 조정하면서 한국과의 외교관계를 재정립해야 했고, 필수적으로 한국정부의 채권·채무를 승계해야 했다. 한국에 대해서는 기존의 한일관계를 재조정하고, 한국정부의 기능을 일본이 대체하여 담당해야 했다. 이 과정에서 일본은 막대한 인력과 재원 및 정부의 역량을 투입해야 할 필요가 있었다. 그리고 이에 필요한 비용은 기본적으로는 일본 국민들이 부담해야 했다. 물론 이와 같은 일본의 한국정책은 한국에 시혜를 베푸는 것이 아니라, 식민지 모국으로서 일본의 이익 창출을 위한 하나의 거대한 투자였다. 그리고 그 이익은 식민지 한국에서 인적·물적 자원의 수탈과 함께 일본이 유럽의 열강과 동등한 근대 제국주의 국가로 확인받는 것이었다.

그렇기 때문에 '한국병합'은 결코 이토 히로부미나 가쓰라 다로, 데라우치 마사타케와 같은 당시 일본정부를 이끈 소수의 정치지도자, 또는 특정한 정치세력이 독자적으로 추진할 수 있는 것이 아니었다. 일본국민과 일본사회의 전반적인 동의와 지지 아래 일본정부가 국가역량을 최대한 투입하여 추진해야 했다. 메이지 시대 중반 이래 일본 대외정책의 최대 과제는 불평등조약 개정과 한국지배 문제였고, 이 둘은 서로 대립하는 관계가 아니라 상호 보완적인 관계였다. 일본은 서양 제국주의 국가를 발전모델로 수용하면서 이들과 실질적으로나 외형적으로나 동등해지려 했다. 불평등조약의 개정은 서양의 제국주의 국가들과 실질적인 평등을 의미했고, 한국 침략으로 대표되는 식민지의 확보는 외형적으로 서양의 제국주의 국가들과 대등해지려는 노력이었다.

'한국병합'은 열강과의 이해관계 조정이 가장 중요한 문제였다. 또한 한국사회의 반발을 최소화하면서 일본의 의도에 맞게 통치제체를 준비하는 것에도 상당한 시간이 필요했다. 따라서 일본정부는 일본 군부의 과격한 입장보다 외무성을 중심으로 한 점진적인 방식을 취할 수밖에 없었다. 여전히 '한국병합'에 대해 일본에서는 '한일 양국 정부의 합의에 의한 조약 체결', 또는 '한국인의 자발적인 의사에 바탕을 둔 병합'이라고 하거나, '한국병합'에 부정적인 인식을 가지고 있던 이토를 사살한 '안중근 의거'가 계기가 되어 비로소 '한국병합' 방침이 갑자기 결정된 것이라는 인식이 존재한다. 이러한 인식은 침략의 책임에 대한 자기합리화에 불과할 뿐이다.

보론:
'한국병합'의 불법·무효성

일본의 한국 국권 침탈은 러일전쟁 이후 본격화되었다. 일본은 핵심적인 침략수단으로 군사력을 이용하면서도 공식적으로는 한국정부를 강제하여 한국과 일본 간의 조약을 체결하는 방식으로 한국의 국권을 침탈하였다. 한일의정서(1904.2.23)를 시작으로 제1차 한일협약(1904.8.22), 제2차 한일협약(을사조약)(1905.11.17), 제3차 한일협약(정미조약)(1907.7.24) 및 최종적으로 한국의 주권을 완전히 박탈하여 일본의 식민지로 만든 한국병합에 관한 조약(1910.8.22)에 이르기까지 일본은 한국 침탈의 과정에서 일관되게 조약 체결의 방식을 고집하였다.[1]

이러한 조약들의 강제 체결과정과 내용에 대한 구체적이고 본격적인 학계의 분석은 1990년대 후반부터 시작되었다. 그 연구결과를 바탕으로 한국학계가 러일전쟁 이후 한일 간에 체결된 모든 조약은 불법 조약이기 때문에 무효라고 문제제기하면서 한국과 일본의 학계에서 논쟁이 촉발되었다.

한일의정서의 강제 체결 이래 한국병합에 관한 조약까지의 합법성·불법성을 둘러싼 한국과 일본 학계의 논쟁은 당시의 역사문제로만 끝나는 것이 아니라, 현재까지도 한일관계에 큰 영향을 미치고 있는 상당히 중요한 문제이다. 지금의 한일관계를 규정한 1965년의 한일기본조약 제2조는 과거 양국의 관계를 설정했던 조약들에 대해 "1910년 8월 22일 및 그 이전에 대한제국과 대일본제국 간에 체결된 모든 조약 및 협정이 이미 무효임을 확인한다"고 규정했는데, 한일 양국은 이것을 서로 전혀 다르게 해석하고 있다. 특히 "이미 무효(already null and void)"라는 구절

---

1 한성민, 2019, 「'한국병합'은 합법인가 불법인가?」 남상구 편, 『20개 주제로 본 한일 역사 쟁점』, 동북아역사재단.

을 한국정부는 모든 조약 및 협정이 원천적으로 불법·무효이기 때문에 "이미 무효"의 시점을 당시 또는 1910년 8월 22일 이전으로 해석한다. 그러나 일본정부는 1965년의 시점에서 볼 때 일본은 한국에 대한 실효적 지배를 상실했고, 한국은 독립해 있기 때문에 1948년 8월 대한민국정부가 수립된 시기부터 '한국병합'은 이미 무효가 되었다고 해석한다. 즉 일본정부는 여전히 과거 일본의 한국 지배가 합법적이며, 유효하다는 관점을 견지하고 있는 것이다.

1. 합법·유효론의 근거와 주장

'한국병합'에 대한 불법·무효성 및 합법·유효론에 대한 논쟁은 1998년부터 2000년에 걸쳐 일본의 월간지 『세카이(世界)』의 지면을 통해 시작되었다. 당시 한국의 이태진이 한국병합에 관한 조약의 형식적·절차적 측면의 불법성에 대해 문제제기하면서 쟁점화되었다.[2] 이에 대한 일본학자들의 대응은 크게 2가지 주장으로 나뉜다. 첫 번째, '한국병합'은 당시에도 합법이었고, 현재에도 합법이라는 주장과 두 번째, 현재의 시점에서는 부당하지만, 당시에는 합법이었다는 주장이다. 두 주장의 어

---

2 李泰鎭, 1998, 「韓国併合は成立していない-日本の大韓帝国国権侵奪と条約強制」上, 『世界』650, 岩波書店; 1998, 「韓国併合は成立していない-日本の大韓帝国国権侵奪と条約強制」下, 『世界』651 岩波書店. 당시 『世界』(岩波書店)의 지면을 통해 전개된 한일 간의 논쟁은 이태진 편, 2001, 『한국병합, 성립하지 않았다』, 태학사; 이태진, 2003, 『한국병합의 불법성 연구』, 서울대학교출판부 등에 정리되어 있다.

느 쪽이든 '한국병합'이 1910년 당시에는 합법이었다고 주장하는 일본 학자들의 핵심 근거는 국제법상의 시제법(時際法)의 관점이다.

첫 번째 주장의 대표적인 학자인 사카모토 시게키(坂元茂樹)는 과거에 체결된 조약의 유효·무효는 그 당시에 적용되고 있던 국제법으로 판단해야 한다고 하여 시제법의 관점을 명확히 했다. 그러면서 무력에 의한 위협 또는 무력행사를 금지한 현대적 국제법의 생각을 가지고 과거 조약의 무효를 주장하는 것은 있을 수 없는 일이라고 했다. 이에 따라 사카모토는 명확하게 논쟁을 해결하기 위해서는 통상적인 논쟁의 원인이 된 시점의 법을 적용해야 한다고 주장하였다. 또한 그는 시제법이라는 시각에 의하면 당시 금지되고 있었던 것은 국가 대표자에 대한 강박이나 강제이지, 국가에 대한 강박이나 강제는 금지되지 않았고, 조약의 무효 원인으로 파악하지 않는다고 하였다. 이에 사카모토는 을사조약의 체결에는 국가에 대한 강제와 국가 대표에 대한 강제가 혼재되어 있기 때문에 한국의 국가 대표에 대한 강제라고 단순화할 경우에는, 국제법상 조약의 무효를 주장하는 한국이 그것을 입증해야 하며, 입증하지 못하는 한 을사조약 등 당시 한일 간의 조약은 여전히 유효하다고 주장한다. 이와 함께 사카모토는 당시의 국제법이 강자의 법이었음을 인정하면서도, 그러한 근대 국제법의 성격에 대한 책임을 왜 일본에 대해서만 묻는가라고 문제제기 하였다.[3]

두 번째 주장의 대표적인 일본학자는 운노 후쿠쥬(海野福壽)와 오가와라 히로유키(小川原宏幸)이다. 운노는 일본의 '한국병합'을 지배의 유효성이란 측면에서 현재의 관점에서는 부당하지만, 당시에는 합법이었다

---

3 坂元茂樹, 1998, 「日韓は旧條約問題の落とし穴に陥ってはならない」, 『世界』 652.

고 주장하였다.⁴ 운노와 그 뒤를 이은 오가와라는 일단 '한국병합'이 일본의 침략행위였음을 인정한다. 하지만 이들 역시 국제법상의 시제법을 이용하여 당시에는 합법적이고 유효한 조약이었다고 주장한다. 그리고 '한국병합'의 원인과 과정에 대해서는 '선의에 기초하여 한국을 근대화하려 했던 이토의 한국정책이 실패'했기 때문에 어쩔 수 없이 '한국병합' 정책으로 전환되었다고 파악한다.

그러나 국제법상의 시제법을 근거로 한 일본학자들의 주장은 같은 일본학계 안에서도 비판받는다. 일본의 국제법학자인 사사가와 노리가츠(笹川紀勝)는 국가에 대한 강제와 대표자에 대한 강제를 구별하는 의식적인 결론은 을사조약 시기가 아니라, 1920~1930년대에 독일과 오스트리아에서 베르사유조약과 관련하여 시작되었고, 제2차 세계대전 후의 국제법위원회에서의 경우라고 하였다. 따라서 2가지의 강제를 구별해야 한다는 주장은 사카모토가 스스로 세워 놓은 시제법의 논리와는 모순되는 것이라고 비판한다.⁵

---

4   海野福壽, 2001, 『韓國併合史の硏究』, 岩波書店(운노 후쿠쥬 지음, 정재정 옮김, 2008, 『한국 병합사 연구』, 논형); 海野福壽, 2004, 『伊藤博文と韓國併合』, 靑木書店.
5   사사가와 노리가츠, 2009, 「전통적 국제법 시대에 있어서 일한의 구조약(1904~1910)」, 이태진·사사가와 노리가츠 공편, 『한국병합과 현대』, 태학사, 579쪽.

2. 불법·무효론의 근거와 주장

한국 학자들은 일본이 한국의 국권 탈취를 목적으로 강요한 한일의정서 이래 5개의 조약들은 모두 한국의 대표들을 강제하여 체결한 조약이라는 점, 주권자인 한국 황제의 비준을 받지 않았다는 점, 한국의 외교권을 박탈한 을사조약과 내정간섭을 규정한 제3차 한일협약(정미조약)은 아예 조약의 정식 명칭도 없었다는 점, 최종 조약인 한국병합에 관한 조약을 제외하면 국가 주권에 관련된 조약임에도 약식 조약으로 체결된 점 등을 지적하였다. 당시의 국제법에 비추어 볼 때 해당 조약들은 모두 불법이기 때문에 형식적으로나 절차적으로나 애초부터 성립하지 않은 무효라고 주장하였다.

특히 이태진은 국가의 대표를 강박하여 체결한 을사조약이 불법이기 때문에 이를 전제로 성립한 '한국병합'도 불법이라는 논리에 기초하여, 한국병합에 관한 조약에 서명한 일본 측 대표가 한국의 외교를 대리했던 통감 데라우치 마사타케(寺内正毅)라는 점에서 서명 자격의 문제, 순종황제의 「칙유(勅諭)」 날조의 여부, 그리고 비준서로서의 성격 문제 등에 대해 당시의 국제법을 이용하여 한국병합에 관한 조약의 불법성을 증명하고자 하였다.[6]

그렇다면, 이러한 문제점에 주목하여 한일의정서에서부터 한국병합에 관한 조약까지 한일 간의 조약 체결과정을 검토해 보자. 1904년 2월 8일 일본은 인천항에 정박 중인 러시아 군함을 공격하면서 러일전쟁을

---

6   이태진, 2001, 앞의 책; 이태진, 2003, 앞의 책.

일으켰다. 그리고 이와 동시에 한국에 군대를 파견하여 9일 서울 점령을 시작으로 전국의 주요 지역에 일본군을 주둔시켜 나갔다. 23일에는 한국점령을 사후에 합법화하기 위해 한국정부를 강압하고, 외부대신 이지용(李址鎔)을 뇌물로 매수하여 한일의정서를 체결하였다. 이 과정에서 일본과 공수동맹 체결을 끝까지 반대한 내장원경 이용익(李容翊)과 육군참장 이학균(李學均) 등은 일본으로 납치 또는 감금되었다. 당시 일본은 명백하게 한국의 대표들을 강박하거나, 매수한 것이다.

일본의 계속되는 승리 속에 러일전쟁이 막바지에 이르자, 일본은 1905년 7월 가쓰라-태프트 밀약을 통해 미국으로부터, 8월에는 제2차 영일동맹을 체결하여 영국으로부터, 9월에는 포츠머스조약을 통해 러시아로부터 한국에 대한 '보호·지도 및 감독'의 권리를 승인받았다. 이후 일본의 한국 국권 침탈이 강화되었으나, 이것이 즉각적인 한국의 국권 상실을 의미하는 것은 아니었다. 강화조약의 협상과정에서 러시아는 일본이 한국의 주권을 침해할 만한 조치를 할 경우에는 한국정부와 합의한 후 집행해야 한다는 단서조항을 달았고, 영국과 미국 등 열강은 이에 동의했다. 이것은 러일전쟁 후 일본의 즉각적인 '한국병합'을 불가능하게 만들었을 뿐만 아니라, 한국의 국권 침탈과정에서 일본이 불법적인 방법을 동원해서라도 형식적으로는 반드시 한일 간 조약 체결의 방식을 채택하게 한 하나의 원인이 되었다.

포츠머스조약의 체결로 열강과의 이해 조정이 끝난 뒤, 이토 히로부미(伊藤博文)가 일본정부의 특파대사 자격으로 한국에 왔다. 그는 일본군으로 궁궐을 포위하고 무력시위를 통해 공포 분위기를 조성한 가운데 한국의 외교권 박탈과 그것을 대신할 통감부의 설치를 규정한 을사조약의 체결을 강요하였다. 고종황제가 국가의 대외적 독립과 관련된 중대

사안이기 때문에 대신들의 의견과 백성들의 여론을 참고해야 한다고 반대의 뜻을 표명하자, 이토는 "대한제국은 폐하가 모든 것을 직접 결정하는 전제군주국"인데, 일반 인민의 의견을 듣는다는 것은 매우 이상하다고 고종황제의 면전에서 반박하였다. 결국 이토의 요구에 따라 고종황제와 주요 대신들이 참석한 어전회의가 열렸으나, 일본의 조약안은 참석자 전원의 반대로 부결되었다. 이에 11월 17일 이토는 주차군 사령관 하세가와 요시미치(長谷川好道)를 대동하고 입궐하여 고종황제를 배제시키고, 자신이 대신회의를 주재하여 한 사람씩 개별 의견을 심문하였다.

이 자리에서 참정대신 한규설(韓圭卨), 탁지부대신 민영기(閔泳綺), 법부대신 이하영(李夏榮)이 반대의견을 표명하자, 하세가와는 일본군 헌병대장에게 한규설과 이하영을 가리키며 무언가 명령을 내렸다. 이로부터 신변의 위협을 감지한 외부대신 박제순(朴齊純), 학부대신 이완용(李完用), 군부대신 이근택(李根澤), 내부대신 이지용, 농상공부대신 권중현(權重顯)은 조건부 찬성 의견을 밝혔다. 이들이 이른바 '을사오적'이다. 그럼에도 참정대신 한규설이 여전히 반대를 주장하자, 이토는 그를 회의장에서 끌어내 감금시켰다. 그러고는 외부대신의 직인을 가져오게 해서 조약의 명칭도 없는 문서에 날인하도록 하여 체결된 것으로 처리하였다. 일본군이 황제의 궁궐 앞에서 무력시위를 벌인 것은 국제법의 시제법에 의해 국가와 국가의 대표를 구분할 것도 없이 그 모두에 대한 명백한 강박이었다고 할 수 있다.

을사조약은 한 국가의 외교권 박탈을 규정한 주권에 관계된 중대한 조약이었음에도, 그 명칭이 없었을 뿐만 아니라, 한국정부의 의사표시는 외부대신 박제순의 기명 날인만 있었기 때문에 형식적으로도 성립 요건을 충족시키지 못한 것이었다. 또한 주권자인 고종황제의 재가나 비준도 없는 그야말로 '늑약'이었다. 제2차 한일협약이라는 명칭은 이 불완전성을 가리기 위해 나중에 붙여진 것에 불과하다. 이 때문에 1906년 1월 13일 『런던 타임스』는 이토의 협박과 강압으로 조약이 체결된 사정을 상세히 보도하였으며, 프랑스의 법학자 프랜시스 레이(Francis Rey)도 같은 해 2월 프랑스의 학술지 『국제공법』에 투고한 특별 기고에서 이 조약의 무효를 주장하였다. 이후 1935년 미국 하버드대학에서 편찬한 「효력이 발생할 수 없는 조약들에 관한 연구보고서」에서도 대표적인 사례로 을사조약을 거론할 정도로 을사조약은 체결 당시부터 불법성의 문제가 제기되고 있었다.

이 때문에 이상찬은 을사조약 무효설에 근거하여 다른 명칭으로 불러야 한다고 주장한다. '을사조약', '을사늑약', '제2차 한일협약', '한일신협약' 등으로 불려 온 조약안은 일본에 의해 대한제국에 강요되었지만 조인되지 않은 '조약안'에 불과하기 때문에 「외교권 위탁에 관한 한일조약안(한일 외교권 위탁 조약안)」이나 「한일 외교감리 조약안」으로 부르는 것이 적합하다고 주장한다.[7]

헤이그 특사 사건을 빌미로 고종황제를 강제 폐위시킨 이토는 1907년 7월 24일 친일파 이완용 내각과 함께 여전히 조약의 정식 명칭도 명기되지 않은 제3차 한일협약을 체결하여 한국의 내정권을 장악하였다. 그리고 한국의 내정 장악을 구체적으로 실행하기 위한 「비밀 각서」가 뒤이어 승인되었는데, 한국 군대의 해산, 사법권의 위임, 일본인 차관의 채용, 경찰권의 위임 등을 규정하는 것이었다. 특히 일본은 제3차 한일협약의 내용을 실행하는 과정에서 한국황제의 어새를 탈취하여

---

7 이상찬, 2005, 「〈을사조약〉이 아니라 한일 외교권 위탁 조약안이다」, 『역사비평』 73.

조직적으로 한국정부의 공문서를 위조했다. 이는 1907년 10월 18일부터 1908년 1월 18일까지 집중적으로 행해졌다. 한국의 군대해산에 관한 황제의 조칙에 대해 이토는 자신이 일본어로 기초한 것을 그대로 한국어로 번역하여 공포하게 하였다. 이외에 한국정부의 조직 개편, 재판소 구성, 재정 개편 등에 관한 60여 개의 법령 제정과정에서 통감부 문서과 직원들은 황제의 이름자 서명을 위조하고, 어새를 자의적으로 사용하였다. 통감 이토로 대표되는 일본의 이러한 행위는 명백한 월권행위인 동시에 범죄행위였다.[8]

1910년 7월 23일 서울에 도착한 데라우치는 곧바로 위수령을 내려 한국에서 모든 정치집회와 연설회를 금지시키고 일본군의 무력시위로 공포 분위기를 조성했다. 그 후 8월 16일부터 한국의 전권위원인 내각총리대신 이완용과 '한국병합' 실행을 위한 협상을 시작했다. 이완용이 일본이 제시한 '한국병합안'을 대부분 그대로 수용했기 때문에 협상기간은 불과 1주일도 걸리지 않았다. 하지만 조약의 교섭에 앞서 한국 측 「전권위임장」의 준비까지 일본이 하고, 비준 문제를 조약 안에 포함시킨 것 등은 여전히 한국병합에 관한 조약이 강압에 의한 불법 조약이었음을 증명한다.

이와 관련하여 순종황제는 붕어 직전인 1926년 4월 26일 "지난 날의 병합 인준은 강린(일본)이 역신의 무리와 더불어 제멋대로 해서 선포한 것이오. 내가 한 것이 아니다"라고 그 불법성을 폭로했는데, 이 내용은 1926년 7월 8일 미국의 한국인 사회에서 발행하던 『신한민보(新韓民

8　이태진, 2009, 「1904~1910년 한국 국권 침탈 조약들의 절차상 불법성」, 이태진·사사가와 노리가츠 공편, 『한국병합과 현대』, 태학사; 康成銀, 2005, 『1905年韓國保護條約と植民支配責任』, 倉史社.

報)』를 통해 알려졌다.[9] 실제로 '한국병합' 공포에 대한 한일 양국 황제의 「조칙」 중 한국의 「조칙」에는 황제의 이름자 서명이 빠져 있다. 또 사용된 어새는 「전권위원 위임장」에 사용된 국새와 다른 일반행정 결재용으로 1907년 7월 고종황제의 강제 퇴위 때부터 통감부가 탈취하여 가지고 있던 것이었다. 따라서 '한일 양국 정부의 합의에 의한 조약 체결', 또는 '한국인의 자발적인 의사에 바탕을 둔 병합'이라는 일본정부의 발표와 달리 '한국병합'에 대한 「조칙」은 한국황제나 한국사회의 자유로운 의사가 반영된 것이라고 볼 수 없다.

지금까지 살펴본 것처럼 국가 대표에 대한 강제, 문서위조, 어새의 탈취, 조약에 대한 비준의 생략 등 한일의정서에서 한국병합에 관한 조약의 체결까지 일본의 한국 침략과정에서 체결된 조약들은 모두 불법적으로 체결된 조약이었다. 이와 같이 당시의 국제법으로 '한국병합'이 불법이었음을 입증하는 것은 일본의 침략성을 명백히 밝힌다는 점에서 매우 중요한 문제이다.

하지만 우려스러운 점이 있다. 만약 '한국병합'이 당시의 국제법에서는 합법이었다는 결론이 나오면, 일본의 명백한 침략행위에 대해 더 이상의 책임 추궁은 무의미해지고, 단지 도덕성의 문제로 귀결되기 때문이다. 그럴 경우 한국은 이를 인정할 수 있는가라는 문제가 있다. 또한 이 과정에서 불법 또는 합법에 대한 기준을 국제법에 절대적으로 의지하고 있다는 것도 우려스러운 점이다. 당시의 국제법은 제국주의 열강이 그들의 이해관계를 조정하고, 그들 자신의 이익을 대변하기 위해 만든 법규라고 할 수 있다. 즉 제국주의 열강의 침략성을 전제로 형성된 것

---

9 「전용희황제의유조」, 『新韓民報』, Jul. 8, 1926.

이다. 이것에 절대적으로 의지하는 것은 궁극적으로 제국주의의 침략을 정당화하고, 이를 묵인하는 결과가 된다. 이와 같은 연구 경향은 논점을 아주 단순화시키면 결국 얼마나 '신사적인 침략'이었는가로 수렴될 것이기 때문이다.[10]

그리고 일본의 침략과정에서 체결된 조약들의 불법성과 합법성을 규명하기 이전에 무엇보다 먼저 해명해야 할 문제들이 있다. 그것은 러일전쟁으로 한국에 대한 직접적인 경쟁자가 모두 사라진 상태에서 일본은 한국의 주권을 완전히 박탈하기까지 왜 5년이라는 시간이 필요했는가라는 점이다. 또 일본은 군사력을 이용하여 1905년 이래 사실상 한반도를 점령한 상태임에도 불구하고, 무엇 때문에 굳이 불법적인 수단을 동원하여 조약 체결의 형식을 고집했는가라는 점이다.

이 책은 이 부분에 주목하여 일본의 한국 국권 침탈에 대해 서술한 책이다. 그렇게 할 때 일본의 한국 침략에 대한 불법적인 실상이 더욱 명확히 드러날 것이라고 생각한다.

---

10 한성민, 2016, 『乙巳條約 이후 일본의 '韓國倂合' 과정 연구』, 동국대학교 박사학위 논문, 19쪽; 한성민, 2021, 『일본의 '韓國倂合' 과정 연구』, 경인문화사, 31-32쪽.

부록

한국의 보호국화와 병합 연표(1989.10-1910.8)

연월일	주요 법령·정책 및 주요 사건
1897.10.11	국호를 조선에서 대한제국으로 변경
1897.10.12	황제 즉위식을 원구단에서 거행[계천기원절(繼天紀元節)]
1897.10.16	'목포·진남포 거류지 규정 규칙' 조인
1897.11.21	명성황후의 국장 거행
1897.11.20	조선의 독립을 상징하는 독립문 완공
1897.12.17	독일, 청국 화베이를 러시아 세력권으로 인정
1898.2.22	독립협회, 러시아 간섭에 대한 반대운동 시작
1898.2.25	러시아에 부산 절영도 조차 허가
1898.3.6	독일, 자우저우만 조차권, 자오지(膠濟)철도부설권, 광산채굴권 획득
1898.3.11	정부, 러시아 군사 교관 및 재정 고문 해고, 한러은행 폐쇄
1898.3.27	러시아, 뤼순·다롄 조차권, 남만주(南滿洲)철도부설권 획득
1898.4.21	미국-스페인전쟁 시작
1898.4.25	한반도를 둘러싼 러일 간의 타협인 '로젠-니시 협정' 체결
1898.5.26	성진·마산·군산의 개항과 평양을 개시장으로 정함
1898.8.8	『제국신문』 창간
1898.9.5	『황성신문』 창간
1898.9.21	청국 무술정변 발생, 서태후 실권 장악
1898.10.30	고종황제, 만민공동회가 요구한 「헌의6조」 윤허
1898.11.2	「중추원 관제 개정의 건」 공포
1898.11.3	'만국우편협약' 비준
1898.11~12	독립협회 해산과 주도 인물 검거, 민회 해산
1899.1.20	황국협회, 격일간지인 『시사총보』 창간
1899.1.30	대한천일은행 창립
1899.1.21	일본경인철도인수조합, 미국인 모스로부터 경인철도부설권 인수
1899.5.17	한성전기회사, 서대문-청량리 간 전차 개통
1899.5.19	정익서 등 영학당 조직, 척양배일 봉기
1899.5.30	「재판소 구성법 개정」 공포
1899.6.22	「원사부(元師府) 관제」 공포
1899.8.17	「대한국국제 의정」 반포
1899.9.6	미국, 열강에 청국의 문호개방 원칙 통고
1899.9.11	'한청통상조약' 체결
1899.9.17	청국 산둥 지역 의화단 [지도자 주훙등(朱紅燈)]의 기독교도 습격
1899.9.18	인천-노량진 철도 완성

연월일	주요 법령·정책 및 주요 사건
1899.10.10	열강과 '마산·군산·청진의 거류지 규칙' 조인
1899.10.12	영국, 보어전쟁 시작
1899.11.16	청국과 프랑스, '광저우만 조차 조약' 조인
1900.1.1	만국우편연합 가입
1900.1.27	베이징의 열국공사단, 청국에 의화단 진압 요구
1900.3.2	활빈당이 충남 금강 유역 및 연산에서 활동 시작
1900.3.3	러시아에 마산포 조차 허용
1900.7.25	지방대, 진위대로 통일,「우체사 관제 및 전보사 관제」반포
1900.8.1	「중추원 의사 규칙」공포
1900.8.19	의화단운동 진압을 위해 베이징에 출병한 8개국 연합군, 베이징 점령
1900.9.4	「육군법률 및 육군학교 관제」공포,「광무학과 관제」반포,「육군법원 관제」공포
1900.10.29	일본, 청국의 영토보전 및 문호개방에 관한 '영독협정'에 참여
1900.11.5	함흥-북청 간 전선 가설, 통신업무 개시
1900.11.12	서대문역에서 경인철도 개통식
1900.12.30	청국, 열강의 12개조의 강화조건 수락, 의화단운동 종결
1901.3.23	벨기에와 '한백수호수통상조약' 체결
1901.4.17	'한불우편협정' 조인
1901.5.28	제주도 교안 발생
1901.6.2	한국, 일본, 프랑스 군함, 제주도 교안 진압 위해 출동
1901.9.7	청국, 열강과 '신축화약' 체결. 의화단운동 배상 총액 4억 5천만 냥 지불
1901.9.21	경부철도주식회사, 부산 초량에서 경부철도 남부 기공식 거행
1901.10.20	지계아문 설치
1901.11.6	일본 의회, 일본인의 자유로운 한국 이주와 부동산 점유 허용을 의결
1902.1	러시아, 블라디보스토크-하바롭스크 간 시베리아 횡단철도 개통
1902.1.30	'영일동맹' 체결
1902.3.16	러불공동선언 발표. 한국과 청국의 독립 원칙 동의
1902.3.8	서울-개성 간 경의철도 기공식 거행
1902.5.13	'마산포일본전관조계협정서' 조인(일본인 단독거류지로 70만 평 허가)
1902.5.31	서울-개성 간 전화통신 개시
1902.6.28	독일, 오스트리아, 이탈리아 삼국동맹 6년 연장
1902.6.30	군산 일본인전용기지 조차 협정
1902.7, 15	덴마크와 '한정수호통상조약·부속통상장정' 조인
1902.12.22	제1차 하와이 이민 100명 출발
1903.4.21	러시아군, 용암포 점령

연월일	주요 법령·정책 및 주요 사건
1903.5.20	러시아, 삼림 채벌 시작. 용암포에 병력 200명 증파, 포대 설치
1903.8.12	러시아, 뤼순에 극동총독부 설치, 관동군사령관 알렉세예프를 총독으로 임명
1903.11	의주 및 용암포 개항 결정
1904.1.21	정부, 러일개전에 앞서 국외중립 선언
1904.2.6	일본군, 창원 부산전보사 점령
1904.2.8	일본군, 인천, 군산, 원산에 상륙, 9일 서울 진주. 일본 해군, 뤼순항에서 러시아 함대 공격
1904.2.10	일본, 러시아에 선전포고, 러일전쟁 시작
1904.2.12	러시아 공사 파블로프 철수, 한일의정서 체결 반대한 이용익은 일본으로 납치
1904.2.23	'한일의정서' 강제 체결
1904.3.10	일본정부, 한국주차군 사령부 및 예속 부대 편성 시작
1904.5.18	'한러수호통상조약' 폐기 및 러시아공사관 폐관
1904.6.6	일본공사 하야시, 황무지개간권 요구, 보안회 조직의 기폭제가 됨
1904.8.18	일진회가 유신회라는 이름으로 조직. 일제 식민지화에 앞장섰으나 병합 후 해산
1904.8.22	윤치호와 하야시 사이에 '제1차 한일협약(한일외국인고문초빙에 관한 협정서)' 체결
1904.9.8	홍천의병을 시작으로 의병운동 전개
1904.10.17	일본대장성 주무국장 메가타 다네타로(目賀田種太郞)를 탁지부고문으로 임명
1904.11.5	이승만, 고종 밀지 휴대하고 도미
1904.11.10	경부철도 완공
1904.12.27	미국인 스티븐스를 외교고문에 임명
1905.1.5	주한일본군사령관, 서울 일원 경찰권을 일본헌병대가 장악한다는 군령 발표
1905.1.31	「화폐조례」 공포, 제일은행에게 국고 취급 및 화폐정리사업을 위임
1905.2.22	일본, 독도를 '竹島'라 하고 시네마현에 편입
1905.4.8	일본 각의, 한국에 대한 일본의 보호권 확립 방침을 결정
1905.4.10	일본공사, 외국에 주재하는 한국공사의 소환 요구
1905.4.28	경의선, 용산-신의주 운전 개시
1905.5.27	일본, 대한해협에서 러시아의 발틱함대와 해전, 승리
1905.7.29	일본수상 가쓰라 다로(桂太郞)-미육군장관 태프트 밀약
1905.8.11	『대한매일신보』의 영문판인 The Korean Daily News 창간
1905.8.12	'제2차 영일동맹' 체결
1905.9.1	러일, '포츠머스 강화조약' 체결
1905.11.17	제2차 한일협약(을사조약) 강제 체결, 애국계몽운동 시작
1905.11.28	미국 공사 모건, 주한미국공관의 철거 통지
1905.12.1	천도교 창건
1905.12.11	일본 외무성, 한국의 체약국 주재 일본외교관들에게 한국공관 폐쇄 통고하도록 훈령

연월일	주요 법령·정책 및 주요 사건
1905.12.4	독일정부, 주한독일공사관 철수와 한국외교사무 도쿄공사관에 위임을 통고
1905.12.21	이토 히로부미(伊藤博文), 한국통감에 임명(1905.12~1909.6), 「한국 통감부 및 이사청관제」 공포
1905.12.22	'만주에 관한 청일(베이징)조약' 체결
1906.1.20	외부 폐지, 의정부에 외사국 설치
1906.2.1	한국 통감부 개청
1906.2.9	주한 일본헌병, 행정·사법·경찰권 장악
1906.3.13	정부, 일본흥업은행에서 1천만 원의 차관계약, 상환기간 10년, 해관 담보
1906.6.25	한국의 「재판사무에 관한 법령」 공포
1906.7.2	궁궐 출입 시 경무고문부의 출입 허가를 받아야 한다는 「궁금령」 공포
1906.10.18	'압록강·두만강 삼림경영에 관한 한일합동약관' 조인
1906.11.	일본정부, 제2회 만국평화회의준비위원회 조직
1906.11.16	「토지·건물전당집행규칙」 공포
1906.12.29	「지방세 규칙」 공포
1907.1.29	서상돈, 김광제 등 대구에서 국채보상운동 발기, 전국으로 확대
1907.2.4	러시아 외상, 일로협상 제안
1907.3.14	미국, 일본 및 조선인 이민 금지
1907.3.25	오적암살단, 을사오적 습격
1907.4	비밀결사 신민회 조직
1907.5.8	헐버트, 고종의 밀지를 받고 헤이그 특사를 돕기 위해 출국
1905.5.19	이토 히로부미, 한국의 헤이그 특사 파견에 대한 정보를 일본정부에 극비 보고
1907.5.20	박제순 내각 사퇴, 이완용 내각 성립(22일)
1907.6.10	'불일협약' 체결
1907.6.27	헤이그 특사, 만국기자협회에서 일본의 국권유린 및 외교권 탈취 연설
1907.7.12	일본정부, 한국정부에 대한 「처리요강안」 결정
1907.7.18	황제 강제퇴위 및 황태자 대리 조칙 발표
1907.7.24	'제3차 한일협약' 조인(차관정치 및 군대해산), 「신문지법」 제정
1907.7.27	「보안법」 공포, 집회·결사의 자유 제한, 무기 휴대 금지
1907.7.30	'러일협약' 체결
1907.8.1	군대해산, 박승환 대장 자결, 서울 시위대, 일본병과 충돌. 정미의병 촉발
1907.8.2	연호를 융희(隆熙)로 바꿈
1907.8.30	'영러협약' 체결
1908.1	항일의병 13도 창의군이 동대문 밖 30리 지점까지 육박
1908.1.19	기호흥학회가 기호지방 인사 105인에 의해 설립
1908.1.3	서북학회 창설

연월일	주요 법령·정책 및 주요 사건
1908.4.30	통감부, 「신문지규칙」 공포
1908.5.5	시정개선을 위한 경비 명목으로 2천만 원을 일본으로부터 차입
1908.8.27	일본, 「동양척식회사법」 공포. 12.28 서울에 본사 설립
1908.8.26	「사립학교령」, 「학회령」 공포
1908.11.13	'루트·다카히라(高平) 협정' 체결
1908.12.2	청국 선통제 즉위
1908.12.28	동양척식회사 설립
1909.1.7	순종황제, 남부지방 순행(이토 히로부미 동반) 시작
1909.1.15	나철의 대종교 창건
1909.1.27	순종황제, 북부지방 순행(이토 히로부미 동반) 시작
1909.2.23	「출판법」 공포(출판물 사전 검열과 압수)
1909.2.8	독일과 프랑스 '독불협정' 조인
1909.6.14	이토 히로부미, 통감 사직
1909.6.15	제2대 통감으로 소네 아라스케(曾禰荒助) 부임
1909.7.6	일본정부, '한국병합' 방침을 공식화한 「대한정책의 기본방침」, 「대한시설강령」 승인
1909.7.12	'기유각서' 체결(사법 및 감옥사무 박탈)
1909.7.31	군부 폐지
1909.9.2	일제, 남한대토벌작전 시작
1909.9.4	일본과 청국 간에 '간도협약' 체결
1909.10.14	이토 히로부미, 만주 시찰 출발
1909.10.18	「범죄즉결령」 공포, 「사법관청관제 및 감옥관제」 공포
1909.10.26	안중근, 하얼빈에서 이토 히로부미 처단
1909.10.28	일본정부, 이토 저격 사건 조사 및 사후처리 위해 외무성 정무국장 구라치 데쓰키치(倉知鐵吉) 만주 파견
1909.11	미국 국무장관 녹스(Knox), 「만주 제철도 중립화안」 발표
1909.12.9	소네 통감, 일진회에 대해 집회 및 연설금지 명령
1909.12.22	이재명, 매국노 이완용 처단 시도
1910.2.7	관동도독부 법원, 안중근에 대한 공판 시작
1910.2.14	관동도독부 법원, 안중근에 사형 선고
1910.3.26	안중근 사형 집행
1910.5.30	데라우치 마사타케(寺內正毅) 제3대 통감 임명, 일본정부의 육군대신 겸임
1910.6.3	일본정부, 「병합 후 한국에 대한 시정방침 결정의 건」 의결
1910.6.24	경찰권 박탈
1910.6월 하순	일본정부, '병합준비위원회' 조직

연월일	주요 법령·정책 및 주요 사건
1910.7.4	'제2차 러일협약' 체결
1910.7.8	일본정부, '한국병합 방침', 「병합실행방법세목」, 「조선인의 국법상 지위에 관한 규정」 의결
1910.7.23	제3대 통감 데라우치 마사타케 부임
1910.8.22	이완용, 데라우치와 '한국병합에 관한 조약' 조인
1910.8.23	「토지조사법」 공포
1910.8.25	「집회금지법」 반포
1910.8.26	연해주의 교민 독립군 결성 결의(책임자 이범윤)
1910.8.29	'한국병합에 관한 조약' 공포. 조선총독부 설치
1910.10.1	「조선총독부관제」(칙령 제354호), 「조선총독부 특별회계에 관한 건」(칙령 제406호) 공포

■ '한국병합' 관련 주요 조약 및 문서

1. 한일의정서(1904. 2. 23)

출전:『고종실록』권44, 41년(광무 8년) 2월 23일

제1조 한일 양국 사이에 항구적이고 변함없는 친교를 유지하고 동양 평화를 확립하기 위하여 대한제국 정부는 대일본제국 정부를 확고하게 믿고 시정개선에 관한 충고를 받아들인다.

제2조 대일본제국 정부는 대한제국 황실을 확실한 친선과 우의로 안전하고 편하게 한다.

제3조 대일본제국 정부는 대한제국의 독립과 영토 보전을 확실히 보증한다.

제4조 제3국의 침해나 혹은 내란으로 인하여 대한제국 황실의 안녕과 영토의 보전에 위험이 있을 경우 대일본제국 정부는 신속히 임기응변의 필요한 조치를 취할 수 있다. 그러나 대한제국 정부는 위 대일본제국의 행동을 용이하도록 충분한 편의를 제공한다. 대일본제국 정부는 전항의 목적을 성취하기 위하여 군사 전략상 필요한 지점을 상황에 따라 차지하여 이용할 수 있다.

제5조 대한제국 정부와 대일본제국 정부는 상호 간에 승인을 거치지 않고 후일 본 협정의 취지에 반하는 협약을 제3국과 체결할 수 없다.

제6조 본 협약과 관련한 미비한 세부 조항은 대일본제국 대표자와 대한제국 외부대신 간에 상황에 따라 협정한다.

광무 8년 2월 23일 외부대신 임시서리 육군참장 이지용(李址鎔)
메이지 37년 2월 23일 특명전권공사 하야시 곤스케(林權助)

2. 제1차 한일협약: 한일외국인고문 용빙에 관한 협정서
(1904. 8. 22)

출전: 국회도서관입법조사국 엮음, 1964,
『구한말조약휘찬』상, 국회도서관, 70쪽.

1. 대한정부는 대일본정부가 추천하는 일본인 1명을 재정고문으로 하여 대한정부에 용빙하고 재무에 관한 사항은 일체 그 의견을 물어 시행할 것.
2. 대한정부는 대일본정부가 추천하는 외국인 1명을 외교고문으로 하여 외부에 용빙하고 외교에 관한 주요 업무를 일체 그 의견을 물어 시행할 것.
3. 대한정부는 외국과의 조약을 체결하며 기타 중요한 외교 안건, 즉 외국인에 관한 특권 양여와 계약 등의 처리에 관해서는 미리 대일본정부와 협의할 것.

광무 8년 8월 22일 외부대신서리 윤치호(尹致昊)
메이지 37년 8월 22일 특명전권공사 하야시 곤스케(林權助)

3. 제2차 한일협약: 을사보호조약(1905. 11. 18)
출전: 국회도서관입법조사국 엮음, 1964,
『구한말조약휘찬』상, 국회도서관, 76-77쪽.

일본국 정부와 한국 정부는 양 제국을 결합하는 이해 공통의 주의를 공고히 하기 위하여 한국의 부강의 실(實)을 인정할 수 있을 때까지 이 목적을 위하여 아래와 같이 조관을 약정할 것임.

제1조 일본국 정부는 도쿄에 있는 외무성을 경유하여 금후 한국이 외국에 대하는 관계 및 사무를 감리·지휘할 것이요, 일본국의 외교 대표자 및 영사는 외국에 있어서의 한국의 신민 및 그 이익을 보호할 것임.

제2조 일본국 정부는 한국과 타국 간에 현존하는 조약의 실행을 완수하는 임무를 지며 한국 정부는 금후 일본국 정부의 중개를 거치지 않고서 국제적 성질을 가진 어떠한 조약이나 약속을 하지 않을 것을 약속함.

제3조 일본국 정부는 그 대표자로서 한국 황제폐하의 아래에 1명의 통감(統監)을 두되, 통감은 오로지 외교에 관한 사항을 관리하기 위하여 경성에 주재하고, 친히 한국 황제 폐하를 알현할 권리를 가짐. 일본국 정부는 또한 한국의 각 개항장과 기타 일본국 정부가 필요하다고 인정하는 지역에 이사관(理事官)을 설치하는 권리를 가지되, 이사관은 통감의 지휘 아래 종래 재한국 일본 영사에게 속했던 일절의 직권을 집행하고 아울러 본 협약의 조관을 완전히 실행하기 위하여 필요로 하는 일절의 사무를 처리할 것임.

제4조 일본국과 한국 간에 현존하는 조약 및 약속은 본 협약의 협약에 저촉하지 않는 한 모두 다 그 효력이 계속되는 것으로 함.
제5조 일본 정부는 한국 황실의 안녕과 존엄을 유지함을 보증함.

광무 9년(1905) 11월 17일 외부대신 박제순(朴齊純)
메이지(明治) 38년 11월 17일 특명전권공사 하야시 곤스케(林權助)

4. 1차 영일동맹(1902. 1. 30)
출전: 국회도서관입법조사국 엮음, 1964,
『구한말조약휘찬』 중, 국회도서관, 196-197쪽.

1조. 양체약국은 상호 간에 청국 및 한국의 독립을 승인하였으므로 양국은 다같이 침략적 의향에 제약당하는 일이 없음을 성명한다. 그러나 양체약국의 특별한 이익에 비추어, 즉 그 이익은 대영제국은 주로 청국에 대해, 또 일본은 그 청국에서 가지는 이익에 더해 한국에 있어서 정치상, 상업상 및 공업상 각별한 이익을 가지고 있으므로 양 조약 체결국은 만일 위의 이익이 다른 나라의 침략적 행동으로 인해 청국 또는 한국에서 양 조약 체결국 중 어느 한쪽이라도 그 신민의 생명과 재산을 보호하기 위해, 간섭을 필요로 하거나 소요의 발생으로 인해 침해당할 경우에는 양 조약 체결국은 해당 이익을 보호하기 위해 필요불가결한 조치를 취할 수 있음을 승인한다.
2조. 만일 대영제국 또는 일본국의 일방이 상기 각국의 이해를 지키기 위해 제삼국과 전쟁을 개시하게 되는 때에는 다른 한쪽의 체약국은 엄정중립을 준수함과 동시에 그 동맹국에 대해 타국이 교전에 가담하는 것을 방지하는 데 노력해야 한다.

3조. 상기 경우에 있어서 만약 어느 다른 한 나라 또는 여러나라가 해당 동맹국에 대해 교전에 가담하는 경우에는 조약 체결국의 다른 한쪽은 와서 원조하며 협동하여 전투에 가담하여야 한다. 강화 또한 역시 해당 동맹국과 상호 합의한 후에 이것을 행한다.

1902년 1월 30일
대영제국 황제 폐하의 외무대신 랜스다운(Lansdown)
대영제국 주차 일본국 황제 폐하의 특명전권공사 하야시 다다스(林董)

5. 러일강화조약: 포츠머스 조약(1905. 9. 5)
출전: 국회도서관입법조사국 엮음, 1964,
『구한말조약휘찬』 중, 국회도서관, 218-222쪽.

제2조. 러시아국 정부는 일본국이 한국에서 정치상·군사상 및·경제상의 단순한 이익을 갖는다는 것을 인정하고, 일본제국정부가 한국에서 필요하다고 인정하는 지도·보호 및 감리의 조치를 취함에 있어 이를 승인한다. 한국에서 러시아국 신민은 다른 외국의 신민과 동등하게 대우할 것이며 환언하면 최혜국의 신민 또는 인민과 동일한 지위에 놓을 것을 이해한다. 양 체약국은 오해의 원인을 피하기 위하여 한러 간의 국경에서

러시아국 또는 한국의 영토의 안전을 위협할 수 있는 하등의 군사상 조치를 취하지 않을 것을 또한 약정한다.

제3조. 러·일 양군은 랴오둥 반도 이외의 만주 지역에서 철수하며 만주에서 청나라의 주권과 기회균등 원칙을 준수한다.

제4조 일본국과 러시아국은 청국이 만주의 상공업을 발달시키기 위해 열국에 공동되는 일반적 조치를 취함에 있어 이를 방해하지 않을 것을 상호 약정한다. (문호개방 인정)

제5조. 러시아국은 청국 정부의 승락하에 랴오둥 반도(뤼순, 다롄) 조차권, 창춘-뤼순 간의 철도, 그 지선, 그리고 이와 관련된 모든 권리와 특권을 일본 제국에 양도한다.

제6조. 러시아국은 장춘-뤼순구 간의 철도와 그 지선, 부속하는 권리, 특권, 재산, 탄광 등을 보상받지 않고 일본국에 이전 양도한다.

제7조. 양국은 만주의 철도들을 비군사적인 목적으로 경영한다. 단 랴오둥 반도 지역은 예외로 한다.

제9조. 일본 제국이 배상금을 청구하지 않는 대신, 북위 50° 이남의 사할린 섬, 그 부속도서를 일본 제국에 할양한다. 그러나 이 지역은 비무장 지역으로 하며, 소야(宗谷), 타타르 해협의 자유 항행을 보장한다.

제11조. 동해·오호츠크 해·베링 해의 러시아 제국령 연안의 어업권을 일본인에게 허용한다. ……

메이지 38년 9월 5일, 1905년 8월 23일(양력 9월 5일)
고무라 주타로(小村壽太郎), 다카히라 고고로(高平小五郎)

세르게이 비테(Sergei Witte), 로젠(Rosen)

6. 「헤이그 특사 사건과 관련하여 한국정부에 대한 일본정부의 처리방침」(1907. 7. 12)

출전: 『日本外交文書』40-1卷, #474 「韓帝ノ密使派遣ニ關聯シ廟議決定 ノ對韓處理方針通報ノ件」, 455-456쪽.

처리요강안(處理要綱案)

제1안 한국 황제로부터 그 대권(大權)에 속하는 내치(內治), 정무(政務)의 실행을 통감에게 위임시킬 것.

제2안 한국정부로 하여금 내정에 관한 주요 사항은 모두 통감의 동의를 얻어 이를 시행하며, 또한 시정(施政) 개선에 대해 통감의 지도를 받을 것임을 약속하게 할 것.

제3안 군부대신(軍部大臣), 탁지부대신(度支大臣)은 일본인으로 이를 임명할 것.

제2요강안(第二要綱案)

한국 황제로 하여금 황태자(皇太子)에게 양위하도록 할 것.

장래의 화근을 끊기 위해서는 이 수단으로 나가는 것도 부득이한 것이다. 다만 본 건의 실행은 한국정부로 하여금 실행하게 하는 것이 좋다고 할 것이다. 국왕 및 정부는 통감의 부서(副署) 없이 정무를 실행할 수 없다[통감은 부왕(副王), 혹은 섭정의 권한을 가질 것]. 각 행정부의 주요부서는 일본정부에서 파견한 관료로 대신(大臣) 혹은 차관(次官)이 되도록 할 것.

7. 제3차 한일협약(한일신협약, 정미조약)(1907. 7. 24)

출전:『純宗實錄』, 순종즉위년 7월 24일,「韓日協約成」.

일본국(日本國) 정부와 한국(韓國) 정부는 속히 한국의 부강을 도모하고 한국 국민의 행복을 증진시키려는 목적으로 이하의 조항을 약정한다.

제1조. 한국 정부는 시정(施政) 개선에 관하여 통감(統監)의 지도를 받을 것이다.

제2조. 한국 정부의 법령의 제정 및 중요한 행정상의 처분은 미리 통감의 승인을 거칠 것이다.

제3조. 한국의 사법(司法) 사무는 일반 행정 사무와 이를 구분할 것이다.

제4조. 한국 고등 관리의 임면은 통감의 동의에 의하여 이를 집행할 것이다.

제5조. 한국 정부는 통감이 추천한 일본인을 한국의 관리로 임명할 것이다.

제6조. 한국 정부는 통감의 동의 없이 외국인을 초빙하여 고용하지 않을 것이다.

제7조. 메이지(明治) 37년(1904) 8월 22일에 조인한 한일협약(韓日協約) 제1항을 폐지할 것이다.

광무(光武) 11년(1907) 7월 24일
내각총리대신(內閣總理大臣) 훈2등 이완용(李完用)
메이지(明治) 40년(1907) 7월 24일
통감(統監) 후작(侯爵) 이토 히로부미(伊藤博文)

8. 한국 사법 및 감옥에 관한 사무 위탁에 관한 각서(1909. 7. 12)

출전: 『純宗實錄』, 순종2년 7월 12일,
「司法及監獄事務, 委託於日本政府約定書成」.

제1조. 한국의 사법과 감옥에 대한 사무가 완비되었다고 인정될 때까지는 한국 정부는 사법 및 감옥에 대한 사무를 일본 정부에 위탁한다.

제2조. 일본 정부는 일정한 자격을 가진 일본인과 한국인을 한국에 있는 일본 재판소 및 감옥의 관리로 임용한다.

제3조. 한국에 있는 일본 재판소는 협약 또는 법령에 특별한 규정이 있는 경우 이외에 한국 신민에 대해서는 한국의 법규를 적용한다.

제4조. 한국의 지방 관청과 공공 관리는 각기 그 직무에 따라서 사법 및 감옥 사무에 대해 한국에 있는 일본의 해당 관청의 지휘, 명령을 받거나, 또는 이를 보조한다.

제5조. 일본 정부는 한국의 사법과 감옥에 관한 일체 경비를 부담한다.

융희(隆熙) 3년(1909) 7월 12일
내각총리대신(內閣總理大臣) 이완용(李完用)
메이지(明治) 42년(1909) 7월 12일
통감(統監) 자작(子爵) 소네 아라스케(曾禰荒助)

9. 일본 정부의 '한국병합' 방침 결정(1909. 7. 6)

1) 「대한정책의 기본 방침」

출전: 『日本外交文書』 42-1卷, #144, 「對韓政策確定ノ件」, 79-180쪽.

제국의 한국에 대한 정책이 우리의 실력을 반도에 확립하고, 그것의 파악(把握)을 엄밀히 하는 것에 있음은 말할 필요가 없다. 러일전쟁 개전 이래 한국에 대한 우리의 권력은 점차 확장되어 마침내 재작년 한일협약(韓日協約)의 체결과 함께 이 나라에서의 시설(施設)은 크게 그 면목을 개선시켰음에도 불구하고, 이 나라에서 우리의 세력은 아직 충분히 충실함에 이르지 못하였다. 이 나라 관민(官民)의 우리에 대한 관계도 역시 아직 완전히 만족할 만한 것이 아니기 때문에 제국(帝國)은 이후 더욱 동국에서 실력을 증진하고, 그 기반을 깊이 하여 내외(內外)에 대하여 다투지 않을 세력을 수립함에 노력하는 것을 필요로 한다. 따라서 이 목적을 달성함에는 지금 제국 정부에서 아래의 대방침을 확립하고, 그것에 기초하여 제반의 계획을 실행하는 것을 필요로 한다.

① 적당한 시기에 한국병합을 단행할 것.
한국을 병합하여 그것을 제국 판도(版圖)의 일부로 하는 것은 반도(半島)에서 우리의 실력을 확립하기 위해 가장 확실한 방법이다. 제국이 내외의 정세에 비추어 적당한 시기에 단연 병합을 실행하여 반도를 명실공히 우리의 통치하에 두고, 또 한국과 여러 외국과의 조약관계를 소멸시키는 것은 제국 백 년의 장계(長計)가 되는 것으로 한다.

② 병합의 시기가 도래할 때까지는 병합의 방침에 기초하여 충분히 보호의 실권을 장악하도록 노력하고 실력배양을 도모해야 할 것.

전항과 같이 병합의 대방침이 이미 확정되었지만, 그 적당한 시기가 도래하지 않은 기간은 병합의 방침에 기초하여 우리의 제반의 경영을 추진함으로써 반도에서 우리의 실력을 확고히 하는 것을 필요로 한다.

2) 「대한시설대강(大韓施設大綱)」
출전: 『日本外交文書』 42-1卷, #144, 「對韓政策確定ノ件」, 79-180쪽.

제1 제국정부는 기정의 방침에 따라 한국의 방어 및 질서의 유지를 담임하고, 그것을 위해 필요한 군대를 이 나라에 주둔시키고, 또 가능한 한 다수의 헌병 및 경찰관을 동국에 증파하여 충분히 질서유지의 목적을 달성할 것.

제2 한국에 관한 외국 교섭사무는 기정의 방침에 따라 그것을 우리가 장악할 것.

제3 한국철도를 제국 철도원(鐵道院)의 관할로 이전하여 이 철도원의 관할하에 남만주철도(南滿洲鐵道)와의 사이에 밀접한 연락이 되도록 하여 우리 대륙철도의 통일과 발전을 도모할 것.

제4 가능한 한 다수의 본방인(本邦人: 일본인)을 한국 내에 이식(移植)하여 우리 실력의 근거를 튼실히 함과 동시에 한일 간의 경제관계를 밀접하게 할 것.

제5 한국 중앙정부 및 지방관청에 재임하는 본방인 관리의 권한을 확장하여 일층 민활하고 통일적으로 행정이 이루어지도록 노력할 것.

10. 한국병합에 관한 조약(1910. 8. 22)

출전: 일본외무성 편, 『日本外交年表竝主要文書』 上, 「韓國倂合に關する條約」, 340쪽.

제1조. 한국 황제 폐하는 한국의 전부(全部)에 관한 일체 통치권을 완전히 또한 영구히 일본 황제 폐하에게 양여한다.

제2조. 일본 황제 폐하는 전 조항에 기재한 양여(讓與)를 수락하고, 또 완전히 한국을 일본제국에 병합하는 것을 승낙한다.

제3조. 일본 황제 폐하는 한국 황제 폐하, 태황제(太皇帝) 폐하, 황태자(皇太子) 전하와 그 후비(后妃) 및 후예(後裔)로 하여금 각각 그 지위에 따라 상당한 존칭, 위엄 및 명예를 향유케 하고, 또 이를 보호하고, 유지하는 데 충분한 세비(歲費)를 공급할 것을 약속한다.

제4조. 일본 황제 폐하는 앞의 조항 이외에 한국의 황족(皇族) 및 그 후예에 대하여 각각 상당한 명예 및 대우를 향유하게 하고, 또 이를 유지하는 데 필요한 자금을 공여할 것을 약속한다.

제5조. 일본 황제 폐하는 훈공(勳功)이 있는 한국인으로서 특히 표창하는 것이 적당하다고 인정되는 자에 대하여 영예와 작위(爵位)를 주고 또 은사금(恩金)을 수여한다.

제6조. 일본국 정부는 위에서 기술한 병합의 결과로서 한국의 시정(施政)을 전적으로 담임하여, 그곳에서 시행할 법규를 준수하는 한국인의 신체 및 재산에 대하여 충분히 보호하고, 또 그 복리의 증진을 도모한다.

제7조. 일본 정부는 성의 있고 충실하게 새로운 제도를 존중하는 한

국인으로서 상당한 자격이 있는 자를 사정이 허락하는 범위에서 한국에서의 제국(帝國) 관리로 등용한다.

제8조. 본 조약은 한국 황제 폐하 및 일본 황제 폐하의 재가(裁可)를 경유한 것으로, 공포일로부터 이를 시행한다.

융희(隆熙) 4년(1910) 8월 22일
내각총리대신(內閣總理大臣) 이완용(李完用)
메이지(明治) 43년(1910) 8월 22일
통감(統監) 자작(子爵) 데라우치 마사타케(寺內正毅)

참고문헌

1. 자료

『(舊韓國)官報』, 『舊韓國外交文書』, 『大韓每日申報』, 『皇城新聞』, 『高純宗實錄』.

국사편찬위원회 편, 1972, 『大韓帝國官員履歷書』.

_____, 1998~2000, 『統監府文書』.

_____, 2000, 『駐韓日本公使館記錄』.

통감부, 『韓國施政年報』, 1906~1908.

김도형 편, 2008, 『大韓國人 安重根資料集』, 선인.

독립기념관 한국독립운동사연구소 편, 1999, 『안중근의사자료집』, 국학자료원.

박종효 편역, 2002, 『러시아 國立文書保管所 所藏 韓國關聯文書 要約集』, 한국국제교류재단.

송병기, 1972, 『통감부법령자료집』 상·중·하, 국회도서관.

송병기 외, 1972, 『한말근대법령자료집』 4, 국회도서관.

안중근, 1979, 「東洋平和論」, 『나라사랑』 34, 외솔회.

최홍규 역주, 1975, 『安重根事件 公判記』, 정음사.

한국사료연구소, 1970, 『朝鮮統治史料』 3·4: 韓日合邦(1·2), 宗高書房.

헐버트박사 기념사업회 편역, 2007, 『헤이그 만국평화회의 관련 일본정부 기밀문서 자료집』, 선인.

A·M 풀리 엮음, 신복룡·나홍주 옮김, 2007, 『하야시 다다스(林董) 비밀회고록』, 건국대학교출판부.

『公文類聚』第二十九編 明治三十八年 第七卷 外事・国際・通商(日本國立公文書館 소장문서).

『公文雜錄』明治四十年 12권(日本國立公文書館 소장문서).

『日本外交文書』.

『韓國併合ニ關スル書類』(日本國立公文書館 소장문서,『公文別錄』, 2A. 1.〈別〉139).

廣瀨順皓 監修・編集・解題, 2000,『近代外交回顧錄』1~5, ゆまに書房.

金正明 편, 1964,『日韓外交資料集成』제1권~제8권, 嚴南堂書店.

大山梓, 1966,『山県有朋意見書』, 原書房.

德富蘇峰, 1917,『公爵桂太郎傳』坤卷, 故桂公爵記念事業會 (原書房, 1967 재간).

寺內正毅, 1910,「朝鮮總督報告韓國併合始末」(일본국립공문서관 소장).

山本四郎 편, 1984,『寺內正毅關係文書』首相以前, 京都女子大學.

小松綠, 1919,「朝鮮併合事情」(上)・(中)・(下),『史林』4-1~4-3호, 京都大學校 史學研究會.

_____, 1920,『朝鮮併合之裏面』, 中外新論社.

有賀長雄, 1906,『保護國論』, 早稻田大學出版部.

_____, 1906,「保護國の硏究」,『外交時報』99, 外交時報社.

日本外務省 編, 1965,『日本外交年表竝主要文書』上, 原書房.

井上馨侯傳記編纂會, 1934,『世外井上公傳』5, 內外書籍株式會社.

朝鮮新聞社 편, 1936,『朝鮮統治の回顧と批判』(龍溪書舍, 1995 復刻).

朝鮮駐箚憲兵司令部 編, 1910,『日韓併合始末』(龍溪書舍, 2005 復刻).

朝鮮總督府, 1917,『朝鮮ノ保護及併合』.

春畝公追頌會, 1940,『伊藤博文傳』上・中・下, 統正社.

沢田章, 1926,『都築馨六傳』, 馨光会.

海野福壽, 2003,『外交史料韓國併合』上・下, 不二出版.

黑龍會, 1930, 『日韓合邦秘史』 上·下, 黑龍會出版部.

서울대 교육사고 편, 1994, 『19世紀 美國務省外交文書』 권 1-4.

이지순, 2018, 『근대 한불 외교자료』, 선인.

고려대학교 독일어권문화연구소 편, 2021, 『독일외교문서: 한국편』, 보고사.

동광출판사 편, 1997, 『한영외교사관계자료집』, 동광출판사.

A. N. Kuropatkin, 심국웅 옮김, 2007 『러시아 군사령관 쿠로파트킨 장군 회고록, 러일전쟁』, 한국외국어대학교출판부.

2. 단행본

강동진, 1995, 『한국을 장악하라:통감부의 조선침략사』, 아세아문화사.

강성학, 1999, 『시베리아 횡단열차와 사무라이』, 고려대학교출판부,

강창석, 2004, 『조선통감부 연구』, 국학자료원.

강창일, 2003, 『근대 일본의 조선침략과 대아시아주의』, 역사비평사.

김혜정 외, 2009, 『통감부 설치와 한국 식민지화』, 한국독립운동사연구소.

구대열, 1995, 『한국 국제관계사 연구-일제시기 한반도의 국제관계』 1, 역사비평사.

김기주, 1993, 『韓末在日韓國留學生의 民族運動』, 느티나무.

김영신, 2001, 『대만의 역사』, 지영사.

김용덕·미야지마 히로시 공편, 2007, 『근대교류사와 상호인식』 Ⅱ, 아연출판부.

김종준, 2010, 『일진회의 문명화론과 친일활동』, 신구문화사.

김현숙, 2008, 『근대 한국의 서양인 고문관들』, 한국연구원.

김호섭·이면우·한상일·이원덕, 2000, 『일본 우익 연구』, 중심.

로스뚜노프 외 전사연구소 편, 김종헌 옮김, 2004, 『러일전쟁사』, 건국대학교출판부.

남기정 옮김, 1978, 『일본의 한국사법부 침략 실화』, 육법사.

말로제모프 지음, 석화정 옮김, 2002, 『러시아의 동아시아 정책』, 지식산업사.

방광석, 2008, 『근대일본의 국가체제 확립과정 - 이토 히로부미와 '제국헌법체제'』, 혜안.

박영준, 2019, 『제국 일본의 전쟁 1868-1945』, 사회평론아카데미.

박종효 2014, 『한반도 분단론의 기원과 러일전쟁』, 선인.

서영희, 2003, 『대한제국 정치사연구』, 서울대학교출판부.

＿＿＿, 2019, 『일제침략과 대한제국의 종말』, 역사비평사.

심헌용, 2003, 『러일전쟁과 한반도』, 국방부 군사편찬연구소.

＿＿＿, 2011, 『한반도에서 전개된 러일전쟁 연구』, 국방부 군사편찬연구소.

오가와라 히로유키 지음, 최덕수·박한민 옮김, 2012, 『이토 히로부미의 한국병합 구상과 조선사회』, 열린책들.

와다 지음, 이경희 옮김, 2019, 『러일전쟁』1·2, 한길사.

윤대원, 2011, 『데라우치 마사다케 통감의 강제병합 공작과 '한국병합'의 불법성』, 소명출판.

이노우에 유이치 지음, 석화정·박양신 옮김, 2005, 『동아시아 철도 국제관계사』, 지식산업사.

이성환·이토 유키오 편, 2009, 『한국과 이토히로부미』, 선인.

이태진, 2003, 『한국병합의 불법성 연구』, 서울대학교출판부.

이태진 외, 2008, 『백년 후 만나는 헤이그 특사』, 태학사.

이태진 편, 1995, 『일본의 대한제국 강점』, 까치.

정성화 외, 2005, 『러일전쟁과 동북아의 변화』, 선인.

정재정, 1999, 『일제침략과 한국철도(1892~1945)』, 서울대학교출판부.

조항래 편, 1996, 『日帝의 大韓侵略政策史연구』, 현음사.

최문형, 2004, 『국제관계로 본 러일전쟁과 일본의 한국병합』, 지식산업사.

최덕규, 2008, 『제정러시아의 한반도정책』 경인문화사.

최덕수, 2005, 『대한제국과 국제환경』, 선인.

최덕수 외, 2010, 『조약으로 본 한국근대사』, 열린책들.

한명근, 2002, 『한말 한일합방론 연구』, 국학자료원.

한상일, 2002, 『아시아연대와 일본제국주의』, 오름.

_____, 2015, 『이토 히로부미와 대한제국』, 까치.

한성민, 2021, 『일본의 '韓國倂合' 과정 연구』, 경인문화사.

현광호, 2007, 『대한제국과 러시아 그리고 일본』, 선인.

하라다 게이이치 지음, 최석완 옮김, 2012, 『청일·러일전쟁』, 어문학사.

康成銀, 2005, 『1905年韓國保護條約と植民支配責任』, 倉史社(강성은 지음·한철호 옮김, 2008, 『1905년 한국보호조약과 식민지 지배책임』, 선인).

德富蘇峰, 1917, 『公爵桂太郞傳』, 故桂公爵記念事業會(原書房, 1967 재간).

鹿嶋海馬, 1995, 『伊藤博文はなぜ殺されたか』, 三一書房.

武井一, 2005, 『皇室特派留學生 - 大韓帝國からの50人』, 白帝社.

山辺健太郎, 1966, 『日韓倂合小史』, 岩波書店.

森山茂德, 1987, 『近代日韓關係史研究』, 東京大學出版會(모리야마 시게노리 지음, 김세민 옮김, 1994, 『근대한일관계사연구』, 현음사).

上垣外憲一, 1982, 『日本留學と革命運動』, 東京大學出版會.

釋尾春芿(釋尾東邦), 1926, 『朝鮮倂合史』, 朝鮮及滿洲社.

石田雄, 1979, 『近代日本政治構造の研究』, 未來社.

小松綠, 1927, 『明治外交秘話』, 中外商業新報社(原書房, 1966년 재간).

小川原宏幸, 2010, 『伊藤博文の韓國倂合構想と朝鮮社會』, 岩波書店.

松田利彦, 2009, 『日本の朝鮮植民地支配と警察 - 1905~1945』, 校倉書房.

手島益雄, 1915, 『廣島縣百人物評論』, 日本電報通信社名古屋支局.

信夫淸三郞, 1948, 『近代日本外交史』, 硏進社.

信夫淸三郎 編, 1974, 『日本外交史(1853-1972)』 1, 每日新聞社.

外務省百年史編纂委員會, 1969, 『外務省の百年』 上, 原書房.

伊藤隆·瀧澤誠 감수, 1997, 『明治人による近代朝鮮論影印叢書』 16 李王朝, ぺりかん社.

長田彰文, 2005, 『日本の朝鮮統治と國際關係』, 平凡社.

濟藤充功, 1994, 『伊藤博文を擊った男 革命義士 安重根の原象』, 時事通信社.

田保橋潔, 1972, 『朝鮮統治史論稿』, 成進文化社.

井上淸, 1968, 『日本帝國主義の形成』, 岩波書店.

中村菊男, 1958, 『伊藤博文』, 時事通信社.

千葉功, 2008, 『旧外交の形成』, 勁草書房.

波多野勝, 1995, 『近代東アジアの政治變動と日本の外交』, 慶應通信.

海野福壽, 2001, 『韓國倂合史の硏究』, 岩波書店(운노 후쿠쥬 지음·정재정 옮김, 2008, 『한국 병합사 연구』, 논형).

_____, 2004, 『伊藤博文と韓國倂合』, 靑木書店.

Lensen, 1982, *Balance of Intrigue*, Vol. 2, Univ. of Florida.

3. 논문

구대열, 1999, 「러일전쟁」, 『한국사』 42, 국사편찬위원회 편.

김기주, 1989, 「舊韓末 在日韓國留學生의 抗日運動」, 『역사학연구』 3.

김영수, 2004, 「러일전쟁 전야 제정러시아의 극동정책」, 『사림』 22.

김종준, 2013, 「식민사학의 '한국근대사' 서술과 '한국병합' 인식」, 『역사학보』 217.

김종헌, 2011, 「한국 주재 러시아 총영사 플란손의 착임과정에서 제기된 인가장 부여 문제에 관한 연구」, 『史叢』 72.

김현숙, 2020, 「미국공사 알렌의 사회적 관계와 협력망-스티븐스와의 협력관계를 중심으로-」, 『이화사학연구』 60.

김혜정, 2005, 「러일전쟁 이후 일제의 고문정치 실시와 목적」, 『한국민족운동사연구』 44.

도면회, 1995, 「일제의 침략정책(1905-1910)에 대한 연구성과와 과제」, 『한국사론』 25, 국사편찬위원회.

박경룡, 2002, 「통감부의 조직과 역할 고찰」, 『아시아문화』 18.

박배근, 2008, 「국제법상 시제법의 이론과 실제」, 『國際法學會論叢』 53-1.

박영준, 2005, 「인간, 국가, 국제체제, 그리고 일본의 전쟁」, 『국제정치학논총』 45(4).

박희성, 2012, 「러일전쟁 기간 국제관계와 한국 - 포츠머스 조약을 중심으로 - 」, 『사총』 75.

박찬승, 1999, 「1890년대 후반 도일유학생의 현실인식 - 유학생 친목회를 중심으로」, 『역사와 현실』 31.

_____, 2009, 「1904년 황실 파견 도일유학생 연구」, 『한국근현대사연구』 51.

방광석, 2010, 「'이토 히로부미 저격사건'에 대한 각국 언론의 반응과 일본정부의 인식 - 일본외무성 외교사료관 소장자료를 중심으로 - 」, 『동북아역사논총』 30.

_____, 2010, 「일본의 한국침략정책과 伊藤博文 - 統監府 시기를 중심으로 - 」, 『일본역사연구』 32.

석화정, 2004, 「러일협약과 일본의 한국병합」, 『역사학보』 184.

_____, 2005, 「한국 보호를 둘러싼 러·일의 대립 - 헤이그 밀사사건을 중심으로」, 정성화 외, 『러일전쟁과 동북아의 변화』, 선인.

松田利彦 지음, 신주백 옮김, 2011, 「일본에서의 한국 '병합' 과정을 둘러싼 연구 - 논점과 경향 - 」, 『한국근현대사연구』 56.

심비르체바, 2007, 「1907년 헤이그 평화회의의 개최과정과 성격」, 『한국독립운동사연구』 29.

안종철, 2007, 「'韓國倂合' 전후 미일 간 미국의 한반도 治外法權 廢止交涉과 妥結」, 『법사학연구』 36.

유바다, 2021, 「1905년 일본의 한국 보호국화 이론 도출에 대한 국제법적 고찰」, 『한국사학보』 85.

유재곤, 1993,「일제통감 이등박문의 대한침략정책(1906~1909)」,『청계사학』 10.

윤대원, 2015,「일제의 한국병합 방법과 식민 통치 방침」,『한국문화』 70.

윤해동, 2011,「동아시아 식민주의의 근대적 성격-'예'로부터 '피'로의 이행」,『아시아문화연구』 22.

이계형, 2008,「1904~1910년 대한제국 관비 일본유학생의 성격 변화」,『한국독립운동사연구』 31.

이석우, 2007,「보호령제도의 국제법적 성격」,『안암 법학』 25.

정구선, 1997,「통감부기 일본인 관리연구」,『국사관논총』 77.

정숭교, 2008,「이준의 행적 및 고종황제의 특사로 발탁된 배경」, 이태진 외,『백년 후 만나는 헤이그 특사』, 태학사.

정애영, 2007,「'병합사안'을 통해본 한국병합 인식-나카이 기타로(中井喜太郎)를 중심으로-」,『한일관계사연구』 27.

정태섭·한성민, 2008,「을사조약 이후 韓·清 간 치외법권 연구(1906~1910)」,『한국근현대사연구』 46.

최덕규, 1999,「비떼의 대한정책과 한러은행」,『슬라브학보』 14(12).

_____, 2004,「러일전쟁과 러일협상(1905~1910)-러일전쟁 이후 러시아의 동아시아정책을 중심으로-」,『아시아문화』 21.

_____, 2006,「이즈볼스키의 '외교혁명'과 러시아의 동아시아정책(1905~1910)-러일협약을 중심으로」,『동북아역사논총』 9.

최덕수, 1991,「구한말 일본유학과 친일세력의 형성」,『역사비평』 17.

_____, 2011,「'한국강제병합' 100년 일본역사학의 동향과 전망」,『한국사학보』 42.

최정수, 2008,「제2차 헤이그 평화회의와 미국의 '세계평화전략'-'국제경찰'과 '약한 국가' 처리문제를 중심으로-」,『한국사학보』 30.

한상권, 2004a, 「안중근의 하얼빈거사와 공판투쟁(1) - 검찰관과의 논쟁을 중심으로」, 『역사와 현실』 54.

한상권, 2004b, 「안중근의 하얼빈거사와 공판투쟁(2) - 외무성관리, 통감부 파견원의 신문과 불공정한 재판 진행에 대한 투쟁을 중심으로」, 『덕성여대논문집』 33.

한성민, 2008, 「이토 히로부미(伊藤博文)의 '韓國倂合'政策(1905~1909)」, 『역사상의 공화정과 역사만들기(2008년 역사학대회 발표요지)』.

_____, 2010, 「구라치 데츠키치(倉知鐵吉)의 '韓國倂合' 계획 입안과 활동」, 『한국근현대사연구』 54.

_____, 2014, 「황실특파유학생의 동맹퇴교운동에 대한 일본의 대응 - 구라치 데츠키치(倉知鐵吉)의 활동을 중심으로 - 」, 『역사와 현실』 93.

_____, 2015, 「제2회 헤이그 만국평화의 特使에 대한 일본의 대응」, 『韓日關係史硏究』 51.

_____, 2016, 「乙巳條約 이후 일본의 '韓國倂合' 과정 연구 - 日本人 실무관료의 활동을 중심으로 - 」, 동국대학교 박사학위논문.

_____, 2019, 「1907년 체제 성립과정에서 일본의 한국정책과 한국사회의 대응」, 『일본역사연구』 49.

_____, 2019, 「'한국병합'은 합법인가 불법인가?」, 남상구 편, 『20개 주제로 본 한일 역사 쟁점』, 동북아역사재단.

_____, 2021, 「'韓國倂合'에 대한 일본의 정책적 일관성 검토 - 「大韓施設綱領」과 「大韓施設大綱」의 비교를 중심으로 - 」, 『한일관계사연구』 72.

한승훈, 2008, 「을사늑약을 전후한 영국의 대한정책」, 『한국사학보』 30.

한지헌, 2014, 「이사청의 설치 과정」, 『사학연구』 116.

한철호, 2007, 「헐버트의 만국평화회의 활동과 한미관계」, 『한국독립운동사연구』 29.

_____, 2013, 「대한제국 외교고문 스티븐스의 외교권 장악과 친일외교」, 『사총』 79.

홍인근, 2007,「일본의 대한제국외교공관 폐쇄」,『국제고려학회 서울지회 논문집』9호.

吉岡吉典, 2009,「遺稿 戰後日本と'韓国併合条約'-私の体験を踏まえて」(上),『前衛』848.

許世楷, 1969,「伊藤博文暗殺事件-韓國併合の過程における一悲劇」, 我妻榮 外,『日本政治裁判史錄』明治·後, 第一法規出版株式會社.

南塚信吾, 2010,「世界史の中の'韓國併合'-1910年前後の國際關係の中で」,『歷史學研究』867.

木村幹, 1995,「李完用に見る韓國併合の一側面」(Ⅰ)·(Ⅱ),『政治經濟史學』351~352.

石野田, 2001,「近世後期の東アジア世界-韓國併合の再檢討のために-」,『創價大學經濟學部30周年記念論文集』, 創價大學經濟學會.

小田川興, 2004,「日本における安重根に対する見方の変化」,『聖学院大学総合研究所』14-3.

小川原宏幸, 2005,「伊藤博文の韓國併合構想と第3次日韓協約體制の形成」,『靑丘學術論集』25.

_____, 2005,「韓國併合と朝鮮への憲法施行問題-朝鮮における植民地法制度の形成過程-」,『日本植民地研究』17.

_____, 2010,「伊藤博文の韓国統治と朝鮮社会-皇帝巡幸をめぐって」,『思想』1029.

新城道彦, 2009,「韓国併合における韓国皇帝処遇問題」,『日本歴史』732.

原田敬一, 2010,「東アジアの近代と'韓国併合'」,『前衛』861.

伊藤之雄, 2009,「伊藤博文の韓國統治と韓國併合-ハーグ密使事件以降-」,『法學論叢』164.

田中慎一, 1977,「保護國の歷史的位置-古典的硏究の檢討」,『東洋文化硏究所紀要』71.

千葉功, 1996,「滿韓不可分論=滿韓交換論の形成と多角的同盟·協商網の模索」,『史學雜誌』105-7.

村瀨信也, 2007,「一九〇七年ハーグ平和會議再訪-韓國皇帝の使節」上·下,『外交フォラ

ム』2007年 6~7月號.

최서면, 1980, 「日本人からみた安重根義士」, 『韓』 94-5.

波多野善大, 1957, 「日露戰爭後における國際關係の動因」, 日本國際政治學會 編, 『日本外交史研究』(明治時代).

찾아보기

ㄱ

가쓰라 다로(桂太郎) 113, 292, 425
가쓰라-태프트 밀약 24, 203, 245, 433
가와카미 도시히코(川上俊彦) 313
가토 마스오(加藤增雄) 94, 150
각국 공동거류지 86
강석호(姜錫鎬) 140
거문도 59
거중조정 141
경무고문부 185
경부철도 279
경원철도 279
경의철도 279
고립정책 112
고마쓰 미도리(小松綠) 291, 350, 383, 385, 417
고무라 주타로(小村壽太郎) 113, 290
「고무라의견서」 363
고문정치 185
고이케 조조(小池張造) 313
고종황제 16, 253, 262, 265, 266, 269, 272, 417, 433, 434, 435

고치베 다다쓰네(巨智部忠承) 185
고토 신페이(後藤新平) 312
고하도 90
고하도 사건 81
「공고사」 259
공친왕(恭親王) 68
관동도독부 314, 315, 321, 325~327, 332~334, 336, 338, 341, 342, 354
「광업법」 182
교안(반기독교운동) 96
구라치 데쓰키치(倉知鐵吉) 256, 257, 259, 289, 315, 349, 352, 374, 376, 383, 384, 385, 404, 407, 408, 410, 416, 418
구로다 기요타카(黑田淸隆) 294
국제법 28
「군비의견서」 54
궁내부 144, 274
권중현 206, 434
기도 다카요시(木戶孝允) 48
기유각서 332, 339, 340
김홍륙 사건 81

ㄴ

난징조약 28
남만주철도 65, 279, 309
남만주철도주식회사 312
남한대토벌작전 277, 298, 423
네르친스크조약 56
넬리도프 252
노무라 모토노부(野村基信) 254
노즈 시즈타케(野津鎭武) 185
니콜라이 2세(Nicholas II) 64

ㄷ

다롄 312, 335
다카이시 신고로(高石眞五郞) 259
다카히라 고고로(高平小五郞) 167
『대동공보』 317
『대한매일신보』 216, 269, 271, 412
「대한방침」 179
「대한시설강령」 176, 179, 280, 307, 310
「대한시설대강」 307, 310
대한제국 138, 250, 423, 428, 434, 435
대한해협 91, 164
대한협회 355
데니(O. N. Denny) 59
데니슨 194
데라우치 마사타케(寺內正毅) 25, 265, 291, 350, 361, 383, 384, 393, 400, 407, 408, 412, 413, 417, 425, 436
도고 헤이하치로(東鄕平八郞) 165
도쿠토미 소호(德富蘇峰) 43
독도 160
동양척식주식회사 280
동청철도 62, 312, 329, 357
두 국가 기준(two power standard) 111
두만강 281
두바소프(F. Dubasov) 82, 92
드루아그(Deleogue) 147

ㄹ

람스도르프(V. Lamsdorff) 101, 125
람스도르프-양유 협약 102
러불공동선언 121
러불동맹 121
러시아 남하 53
러시아공사관 80
러일전쟁 14, 245, 246, 422, 423, 428
러일협약(1차) 245, 262, 282, 283, 298, 301, 358
러일협약(2차) 25, 291, 350, 358, 360, 383, 384, 445
러일협정(1차) 24, 243
러일화해 119
러젠드르(C. LeGendre) 49
러청비밀동맹 64, 66, 68, 69, 79

러청은행 125
로마노프(P. M. Romanov) 70
로젠-니시협정 84
루스벨트(T. Roosevelt) 123, 166, 169, 202~204, 207, 246
뤼순 312, 315, 317, 335
뤼순항 160
류큐(琉球) 30

ㅁ

마루야마 시게토시(丸山重俊) 185, 224
마르텔(E. Martel) 149, 247
마산포 64
마쓰카타 마사요시(松方正義) 294
마티우닌(N. Matiunin) 84
만주 111
만주 제철도 중립화안 357
만주철병 116
만주철병에 관한 러청협정 123
만한교환 115
만한교환론 23, 114
맥도널드(Claude MacDonald) 359
메가타 다네타로(目賀田種太郎) 186, 278
메이지정부 42
명성황후시해사건 36
모스크바 317
모토노 이치로(本野一郎) 301

목포 64
무라비예프(N. Muraviev) 78
무쓰 무네미쓰(陸奧宗光) 113
문호개방 109
민영기(閔泳綺) 434
민영찬 232
민영환 64, 140, 310

ㅂ

바그다드철도 251
바략호 155
바르도 조약 198, 213
박영효 267
박제순 143, 201, 434
반일결의안 260
발틱함대 57, 120, 164
배상금 168
백동화 278
밸푸어(A. Balfour) 112
베렝(Belin) 254
베베르(K. Waeber) 58
베이징의정서(신축조약) 101
베이징조약 52
베조브라조프(A. Bezobrazov) 124
「병합실행방법세목」 291, 292, 350, 386, 387, 389, 391, 392, 398, 399, 401, 403, 404, 407

병합준비위원회 291, 292, 350, 360, 383, 384, 386, 387, 389, 391, 392, 393, 395, 396, 398, 399, 400, 403, 404, 407, 417, 423

보안회 280

보어전쟁 98

보호관계 278

보호국 169

보호국론 182

보호국체제 23

보호국화 14

부동항 78

불일협상 252

불일협약 245, 254, 258, 259, 262, 282, 350, 353, 423

불평등조약 30, 41

뷜러(Bülow) 외상 111

브라운(McLeavy Brown) 67

브리네르(I. Briner) 127

블라디보스토크 317, 319

블라디보스토크항 52

비루코프(Birukoff) 158

비테(Sergei Yulievich Witte) 101

빌헬름 2세(Wilhelm II) 75

ㅅ

사세보 93

사이고 다카모리(西鄕隆盛) 42

사이고 쓰구미치(西鄕從道) 42, 294

사이온지 긴모치(西園寺公望) 416

산둥반도 76

삼국간섭 35, 51

삼국동맹 24, 112, 242, 282, 357

삼림협동조약 281

삼마철도 279

샌즈(S. F. Sands) 138

샤먼 점령 113

서계(외교문서) 48

서북학회 318, 355

서태후 97

서해해전 162

세계정책 75

세베레브(M.G. Shevelyev) 기선회사 89

소네 아라스케(曾禰荒助) 294

속방 35

속인주의 333

솔즈베리(R. Salisbury) 112

순종황제 276, 376, 410, 413, 436

슈타인(E. Stein) 94

스테드(William Stead) 260

스톨리핀(Pyotr A. Stolypin) 358

스트렐비츠키(Strelbisky) 87

스티븐스(D. Stevens) 183, 277

스페이에르(A. Speyer) 71

시데하라 다이라(幣原坦) 185

시모노세키조약 22

시베리아 철도 54
시정개선 178, 183
시제법 424, 430, 431
신노선 23, 121
신민회 216
『신한민보(新韓民報)』 436
신항로정책 75
심상훈 144
쓰즈키 게이로쿠(都築馨六) 256, 257, 259, 269, 350

ㅇ
아관파천 68
아오키 슈조(青木周藏) 98
아카시 모토지로(明石元二郞) 316, 412
아키야마 마사노스케(秋山雅之助) 292, 367, 373, 374, 383, 400, 402, 418
안중근 288, 289, 310, 313, 315, 316, 318, 319, 322, 323, 325, 327, 328, 329, 331, 333, 334, 336, 337, 341, 344, 354, 379
안중근 의거(하얼빈 의거) 25, 288~290, 311, 313, 315, 319, 322, 323, 325, 331, 348, 352, 354, 425
안중근 재판 289, 322, 325, 339, 348
알렉세예프(E. Alexeieff) 156
알렉세예프(K. Alexeieff) 71, 81
알렌(H. Allen) 58

압록강 127, 281
압록강 산림채벌권 126
압록강·두만강 삼림경영협동약관 182
애국계몽운동 216
야마가타 아리토모(山県有朋) 19, 294, 352, 401
양쯔강협정 111
연합군 96
연합함대 155
영독동맹 110
영불협정 122
영사재판 332, 334, 346, 405
영사재판권 33
영일동맹(1차) 108
영일동맹(2차) 24, 173, 201, 202, 242, 245, 433
영일동맹론 23
오미와 조베에(大三輪長兵衛) 208
『오사카마이니치신문』 259, 265
오쿠마 시게노부(大隈重信) 94
오쿠보 도시미치(大久保利通) 42
외교고문 180
외교고문용빙계약 191
외사국 219
요동반도 80, 160
용암포 64, 121, 129
용암포 사건 126
우덕순 318

웨이하이웨이(威海衛) 83
위안스카이(袁世凱) 35
유동하 318
유진율 317
윤치호 192
을사의병 310
의병운동 217, 323
의친왕 376, 396
의화단운동 23, 96
이강 317
이근택 206
이근택 434
이노우에 가오루(井上馨) 113, 294, 352
이도재 148, 267
이범윤 부대 158
이범진 232, 247, 317, 329
이사관 214
이사청 220
이상설 248, 255, 282, 310
이시이 기쿠지로(石井菊次郎) 333
이와쿠라 사절단(岩倉使節團) 46
이완용 206, 215, 266, 355, 412, 413, 434, 435, 436
이용익 176, 191, 433
이위종 248, 271, 282, 310
이재명 323
이준 243, 248, 255, 282, 310
이즈볼스키(A. P. Iswolskii) 102, 114, 250, 252, 357
이지용 177, 206, 433, 434
이집트 23, 179, 196
이토
이토 히로부미(伊藤博文) 19, 251~254, 258, 288, 294, 349, 425
이하영 434
이학균 433
이홍장(李鴻章) 30
인천항 155
인천항 위기 22
일본 외무성 219
일본 천황 399, 418
「일본제국헌법」 307, 333, 379, 388, 389, 392, 393, 394, 395, 399, 418
일진회 354, 355, 356

ㅈ

자복포 94
자오저우만(교주만) 75
자유무역 109
자유행동 118
재정고문 181
재정고문부 185, 187
재정정리사업 186, 188
전명운 310, 317
전시중립 136, 149
전시중립화 148

절영도 저탄소 81
정미의병 310
정한론 42
제2회 만국평화회의 24, 148, 211, 243, 245~247, 250~253, 255, 257, 259~261, 269, 270, 282, 283, 350
제2회 만국평화회의준비위원회 253, 256
제물포해전 157
조던(J. N. Jordan) 83
조도선 318
조병세 310
조병식 141
조선총독 400, 402, 418
조선총독부 398, 401, 402, 403, 418
「조선형사령」 345, 346, 348
조약항체제 31
조일수호조규(일명 강화도조약) 30
조청상민수륙무역장정 35
주권선과 이익선 52, 53
중립화안 139
즈푸(芝罘) 149
진남포 64, 87
진다 스테미(珍田捨己) 266

ㅊ

차관정치 185, 274
철도관리국 279

청국해관 67
청일전쟁 35, 68
체임벌린(N. Chamberlain) 112
총독부 398, 399, 400
최재형 317
최혜국 대우 168
추밀원(樞密院) 293, 401
치외법권 329, 331, 344, 381, 405

ㅋ

코레예츠호 155
코코프초프(Vladimir N. Kokovtsov) 311, 312, 331, 357
쿠로팟킨(A. Kuropatkin) 57
『쿠리에 드 라 콩페랑스』 260
크로머(E. B. Cromer) 24, 234

ㅌ

타이완 409
타이완 침공 49
태정관 160
태평양함대 91, 160
「토지건물전당집행규칙」 182
「토지건물증명규칙」 182
통감 214
통감부 23, 245, 267, 309, 423
통감부 및 이사청관제 218
통감부재판소 333, 334, 340

튀니지 195, 197
티르토프(S. Tyrtov) 93
티르피츠(Alfred von Tirpitz) 77

ㅍ

파블로프(A. Pavlov) 82
펑톈(奉天) 313
펑톈전투 163
포츠머스조약 15, 23, 166, 205, 245, 249, 266, 283, 358, 433
포코틸로프(D. D. Pokotilov) 69
표트르대제 46, 56
푸순(撫順) 313
플란손(G. A. Planson) 125, 250, 252

ㅎ

하기반란 42
하세가와 요시미치(長谷川好道) 207, 434
하야시 곤스케(林權助) 100, 114, 280
하야시 다다스(林董) 84, 199, 253, 301, 416, 450, 459
하얼빈(哈爾濱) 165, 288, 315, 317, 329, 334
하와이 371, 372, 373
하와이 합병 371
하트(R. Hart) 67, 109
한국 중립화 116
한국병합 25, 244, 249, 251, 288, 289, 290, 291, 292, 296, 298, 299, 301, 310, 315, 316, 322, 324, 328, 341, 345, 348, 349, 350, 353, 356, 357, 358, 360, 361, 362, 365, 366, 369, 370, 371, 372, 373, 374, 376, 377, 380, 381, 383, 384, 386, 389, 393, 394, 395, 398, 400, 401, 402, 403, 404, 405, 406, 407, 408, 409, 410, 411, 412, 413, 416, 417, 418, 419, 424, 425, 429, 430, 433, 436, 437
한국병합에 관한 조약 428, 429, 436, 437
한국시정개선협의회 222~224
한국주권 168
한국주차군 240, 276
한국통감 251, 258
한국해관 67
한국황실 373, 377, 396, 412
한규설 144, 208, 434
한러수호통상조약 57
한러육로통상조약 58
한영수호통상조약 73
한일비밀공수동맹안 149
한일양국인민 어로구역에 관한 조약 181
한일의정서 150, 275, 304, 428, 433, 437

한일통신기관협정서 279
한일합방 354, 356
한일협약(1차) 23, 182, 184, 194, 223, 277, 278, 428
한일협약(2차, 을사조약) 212, 428, 435, 448
한일협약(3차, 한일신협약, 정미조약) 25, 246, 261, 267, 272, 275, 283, 297, 339, 417, 428, 433, 435
한청통상조약 330, 331, 339
「합방청원서」 354, 355
항일의병투쟁 322
행동의 자유 200
헐버트(H. Hulbert) 215, 248, 254, 255, 263, 268, 282, 317
헤이그 246, 247, 255, 259
헤이그 특사 243, 310

헤이그 특사 사건 229, 245, 417, 435
현상건 147
현한근 부대 158
협정관세 33
화폐정리사업 188, 278
황무지개척 181
황무지개척권 280
『황성신문』 136, 192, 412
후쿠자와 유키치(福澤諭吉) 46
히비야(日比谷) 시위 172

기타

1907년 체제 24, 243
3B정책 242
3C정책 281
4국 앙탕트 122

동북아역사재단 일제침탈사 연구총서 04

일본의 한국 보호국화와 강제 병합

초판 1쇄 인쇄 2022년 12월 20일
초판 1쇄 발행 2022년 12월 30일

지은이 김현숙·한성민
펴낸이 이영호
펴낸곳 동북아역사재단

등 록 제312-2004-050호(2004년 10월 18일)
주 소 서울시 서대문구 통일로 81 NH농협생명빌딩
전 화 02-2012-6065
팩 스 02-2012-6186
홈페이지 www.nahf.or.kr
제작·인쇄 (주)동국문화

ISBN 978-89-6187-771-8 94910
　　　　978-89-6187-669-8 (세트)

- 이 책은 저작권법에 의해 보호를 받는 저작물이므로 어떤 형태나 어떤 방법으로도 무단전재와 무단복제를 금합니다.
- 책값은 뒤표지에 있습니다. 잘못된 책은 바꾸어 드립니다.